U0563450

首都师范大学历史学院中国近现代社会文化史研究中心　主办

梁景和　主编

中国近现代社会文化史论丛

北京市婚姻文化嬗变研究

（1949~1966）

Studies in the Transmutation of Marriage Culture in Beijing

(1949–1966)

李慧波　著

社会科学文献出版社
SOCIAL SCIENCES ACADEMIC PRESS (CHINA)

编 委 会

总 序

梁景和

中国改革开放这一新的历史时期到来之后，历史学与其他学科一样发生了重大变革，学术界迎来崭新的繁荣时期。中国近现代史与其他史学专业也都有了长足发展。中国近现代文化史、社会史、社会文化史犹如本专业的其他领域，亦展现着自己特有的新生魅力。20 世纪 80 年代初期文化史的复兴，80 年代中期社会史的复兴，80 年代末 90 年代初社会文化史的兴起，这三条线索所铸成的链环与其他领域紧密结合，呈现中国近现代史的强劲发展势头。其中社会文化史研究已经走过 20 多年的艰辛历程。

20 世纪 80 年代末就有学者提出文化史与社会史相互结合的问题。[①] 1990 年有学者撰文，[②] 提出“社会文化史”的学科概念。1991 年有学者在学术领域开始运用“社会文化史”[③] 的概念。1992 年与 2001 年，在北京先后召开了“社会文化史研讨会”和“近代中国社会生活与观念变迁”两次学术研讨会，[④] 会议集中探讨了社会文化史的理论方法问题。2005 年、2007 年、2009 年和 2011 年分别在青岛、乌鲁木齐、贵阳和苏州召开了 4 次中国近代

---

① 刘志琴（署名史薇）：《复兴社会史三议》，《天津社会科学》1988 年第 1 期；刘志琴：《社会史的复兴与史学变革——兼论社会史和文化史的共生共荣》，《史学理论》1988 年第 3 期。

② 李长莉：《社会文化史：历史研究的新角度》，参见赵清主编《社会问题的历史考察》，成都出版社，1992。

③ 梁景和：《辛亥革命 80 周年全国青年学术研讨会关于社会文化史问题的讨论述评》，《辽宁师范大学学报》（哲学社会科学版）1992 年第 2 期。梁景和于 1994 年在自己博士论文的提要中说明本论文的“社会文化史”的属性，认为自己的博士论文《近代中国陋俗文化嬗变研究》是“社会文化史研究范畴的一个具体领域”，参见《〈近代中国陋俗文化嬗变研究〉提要》，1994 年 5 月，未刊稿。

④ 参见李长莉《社会文化史：一门新生学科——“社会文化史研讨会”纪要》，《社会学研究》1993 年第 1 期；左日非：《“近代中国社会生活与观念变迁”学术研讨会综述》，《近代史研究》2002 年第 2 期。

社会史国际学术研讨会，会议有相当数量的社会文化史论文发表，[①] 也有关于探讨社会文化史的理论文章。[②] 2009 年 6 月和 10 月以及 2010 年 4 月在北京先后召开了 3 次“中国现当代社会文化学术研讨会”，[③] 这也是开始以社会文化命名的学术会议。

20 年来，社会文化史研究形成了一些自己的特征。

首先，社会文化史的本土化特征。中国社会文化史是中国史学自身发展逻辑的产物，是中国文化史、社会史、社会文化史发展链条上的一环。改革开放的大势，催发了文化史的复兴；改革开放的深入，迎来了社会史的兴盛。文化史研究偏重于精神层面，即关注思想观念、社会意识等问题的研究。社会史研究偏重于社会层面，即关注社会结构、社会生活等问题的研究。而社会文化史研究则关注两者的共生共荣。很多文化观念问题反映在社会生活等社会问题的层面上，很多社会问题与文化观念问题有着千丝万缕的联系，那么把两者结合起来进行研究的社会文化史就应运而生了。20 世纪 80 年代末，中国社会文化史的萌发是中国史学自身发展逻辑的产物，主要研究者是顺着文化史、社会史的研究而走向社会文化史领域的。

其次，理论探索的自觉。社会文化史的研究重视理论和方法的讨论，在 1992 年“社会文化史研讨会”和 2002 年“近代中国社会生活与观念变迁”学术研讨会上有很多学者展开了讨论，并发表了很多重要的理论见解。[④] 此外，刘志琴的《青史有待垦天荒——试论社会文化史研究的崛起》，[⑤] 梁景和的《关于社会文化史的几个问题》[⑥] 和《社会生活：社会文化史研究的一

---

① 参见吕文浩《“近代中国的城市·乡村·民间文化”学术研讨会综述》，《近代史研究》2006 年第 3 期；朱浒：《晚清以降的经济与社会》，《近代史研究》2008 年第 1 期；毕苑：《第三届中国近代社会史国际学术研讨会综述》，《近代史研究》2010 年第 1 期。

② 诸如梁景和的《关于社会文化史的几个问题》，见李长莉、左玉河主编《近代中国社会与民间文化》，社会科学文献出版社，2007。

③ 参见王红旗主编《中国女性文化》第 12 期，社会科学文献出版社，2010。参见梁景和主编《社会生活探索》第二辑，首都师范大学出版社，2010。

④ 参见李长莉《社会文化史：一门新生学科——“社会文化史研讨会”纪要》，《社会学研究》1993 年第 1 期；左日非：《“近代中国社会生活与观念变迁”学术研讨会综述》，《近代史研究》2002 年第 2 期。

⑤ 刘志琴：《青史有待垦天荒——试论社会文化史研究的崛起》，《史学理论研究》1999 年第 1 期。

⑥ 梁景和：《关于社会文化史的几个问题》，李长莉、左玉河主编《近代中国社会与民间文化》，社会科学文献出版社，2007。

个重要概念》,[1] 李长莉的《社会文化史：历史研究的新角度》[2] 等都属于社会文化史探索的理论文章。

最后，展现重要的研究成果。20 年来，社会文化史的研究取得了一些重要成果，发表了很多学术论文,[3] 也出版了一批学术专著，诸如刘志琴主编的三卷本《近代中国社会文化变迁录》（浙江人民出版社，1998），梁景和的《近代中国陋俗文化嬗变研究》（首都师范大学出版社，1998；修订本，2009）和《五四时期社会文化嬗变研究》（人民出版社，2010），李长莉的《晚清上海社会的变迁——生活与伦理的近代化》（天津人民出版社，2002）和《中国人的生活方式：从传统到现代》（四川人民出版社，2008），王笛的《街头文化：成都公共空间、下层民众与地方政治（1870—1930）》（中国人民大学出版社，2006），严昌洪的《20 世纪中国社会生活变迁史》（人民出版社，2007），乐正的《近代上海人社会心态（1860—1910）》（上海人民出版社，1991），忻平的《从上海发现历史——现代化进程中的上海人及其社会生活 1927—1937》（上海人民出版社，1996；上海大学出版社，2009），孙燕京的《晚清社会风尚研究》（中国人民大学出版社，2002），余华林的《女性的重塑——民国城市妇女婚姻问题研究》（商务印书馆，2009）等，均为重要的学术著作。[4]

社会文化史发展至今，在取得一定成绩的同时，存在的问题也是显而易见的。正如一些学者指出的，相关历史资料数量庞大，但非常分散、芜杂、缺乏整理。相当多的研究者尚缺乏运用新视角、新理论、新方法的自觉性和

---

① 梁景和：《社会生活：社会文化史研究的一个重要概念》，《河北学刊》2009 年第 3 期。

② 李长莉：《社会文化史：历史研究的新角度》，赵清主编《社会问题的历史考察》，成都出版社，1992。

③ 关于社会文化史研究的论文参见李长莉《社会文化史的兴起》（载《天津师范大学学报》（社会科学版）2003 年第 4 期），左玉河、李文平《近年来中国近代社会文化史研究评述》（载《教学与研究》2005 年第 3 期）、苏全有等《近十年来的中国近代风俗史研究综述》（载《安阳大学学报》2004 年第 2 期），黄延敏《当代中国社会文化史研究的新进展》（载《近代中国与文物》2009 年第 2 期）等文的介绍。

④ 重要的社会文化史学术著作还很多，诸如严昌洪的《西俗东渐记——中国近代社会风俗的演变》（湖南出版社，1991）和《中国近代社会风俗史》（浙江人民出版社，1992），李少兵的《民国时期的西式风俗文化》（北京师范大学出版社，1994），方平的《晚清上海的公共领域（1895—1911）》（上海人民出版社，2007），〔德〕罗梅君的《北京的生育婚姻和丧葬：十九世纪至当代的民间文化和上层文化》（以下简称《北京的生育婚姻和丧葬》）（王燕生等译，中华书局，2001），薛君度、刘志琴主编的《近代中国社会生活与观念变迁》（中国社会科学出版社，2001）等，此不赘述。

经验积累，缺乏研究范式上的建树。缺乏深入专精的高水平著作，研究者缺乏必要的社会学和文化学的知识训练等。[①] 这些都是具体的实际问题，需要学者们一点一滴地处理和一步一步地解决。

社会文化史已经走过了20年的历程，回顾过去，展望未来，我们盼望早日迎来社会文化史发展的新时期。2010年5月出版的《中国社会文化史的理论与实践》[②] 和同期召开的“中国近现代社会文化史研究的回顾与走向座谈会”，[③] 以及《光明日报》2010年8月17日刊发的《社会文化史：史学研究的又一新路径》一文，既是对以往社会文化史研究的一个总结，也是对社会文化史未来发展的一个期待。2010年9月25日和2012年9月22日在北京分别召开了“首届中国近现代社会文化史国际学术研讨会”和“第二届中国近现代社会文化史国际学术研讨”，2011年9月24日在北京召开了“西方新文化史与中国社会文化史的理论与实践学术研讨会”，希望通过这样的会议来推动中国近现代社会文化史的研究。我们坚信，以上面几项学术事项为契机，中国近现代社会文化史研究将会迎来崭新的发展。

社会文化史兴起之初就引起了诸多年轻学者的兴趣，如今则吸引着众多青年学者的关注，他们纷纷把社会文化史作为自己的学术向往和学术追求。这些年来，我们一直在思考一个问题，即准备编辑出版一套“中国近现代社会文化史论丛”，出版该论丛的主要目的就是要把热心研究中国近现代社会文化史的学者，特别是青年学者的研究论著发表出来，以促进中国近现代社会文化史研究的深入开展。现在本论丛已经陆续出版，希望其中能有优秀的研究成果问世。

2013年1月20日修改于幽乔书屋

---

① 参见李长莉《社会文化史的兴起》，《天津师范大学学报》（社会科学版）2003年第4期；参见左日非《“近代中国社会生活与观念变迁”学术研讨会综述》，《近代史研究》2002年第2期。

② 梁景和主编《中国社会文化史的理论与实践》，社会科学文献出版社，2010。

③ 毕苑：《“中国近现代社会文化史研究的回顾与走向”座谈会综述》，梁景和主编《社会生活探索》第二辑，首都师范大学出版社，2010。

目 录

绪　论

一　选题缘起与意义

婚姻是人类一个经久不衰的话题。近年来，与婚姻有关的话题出现得越来越多，“闪婚”“纸婚 ”“裸婚”“二奶”“小三”“啃老族”“凤凰男”等新名词以及与婚姻有关的影视剧成为许多人热聊的话题。面对新的变化，人们也尝试通过新的方式来适应之。继 20 世纪 80 年代婚姻介绍所出现后，21 世纪有人开始利用网络来选择配偶。2010 年江苏电视台开播的《非诚勿扰》婚恋交友真人秀节目更是引发了海内外亿万观众的兴趣。婚庆公司精心策划的别致婚礼在给新人带来美好纪念的同时，也伴随着高昂的花费以及奢侈攀比之风的盛行。参加婚礼者高举酒杯祝福新人的同时，也看到了持续上升的离婚率。这些问题使得人们对当代的婚姻问题进行了反思。改革开放 30 多年来，经济在发展，人们的生活水平在不断提高，可是为什么 30 多年前的婚变现象少之又少，而如今婚变问题却层出不穷呢？怀旧也好，趋新也罢，其实不同时期的婚姻文化，都反映了某一时期的社会生活以及人们的心态和价值取向。中华人民共和国成立后，原有的经济基础和政治制度被推翻，在此基础上，国家于 1950 年颁布了新中国成立以来的第一部法律——《中华人民共和国婚姻法》。新婚姻法的执行受到了政府的高度重视，加之基层干部中介的作用，在短时间内收到惊人的效果。但传统的婚姻文化不可能在短时间内就消失得无影无踪，在这样一个新旧交替的过渡时期，制度的变化与思想文化观念的更新必然要发生矛盾和冲突，因此制度的制定、执行与民众社会生活、文化观念的互动就成为笔者研究的主要目的。

笔者把研究时间和地点定位在 1949 ~ 1966 年的北京市，主要考虑到以下因素。第一，1949 ~ 1966 年间是中国共产党政权确立、巩固和发展时期，同时也是树立社会主义价值观和道德风尚的时期，移风易俗的观念在婚姻文化中有着集中体现。第二，北京市具有不可忽视的独特性。自元大都时期开始，经历元、明、清三朝的北京，积淀着深厚的历史文化。“天子脚下”的百姓，有着更为符合传统礼仪的“规范”生活。新中国成立后，新的政策、新的人员流动、新的生活方式影响着这里的人们，这种影响也体现在婚姻文化当中。比如，随着婚姻制度的变迁，民众的社会网络是如何重新建构的？老北京人与外地来京者的婚姻文化各有什么特征？不同群体、不同年龄的人们，其婚姻文化有哪些异同？不同群体的人们从抵制到开始接受并认可新的婚姻文化经历了什么样的过程？国家针对不同的群体又采取了哪些措施？在各种矛盾和冲突中，民众的新婚姻文化观是如何建立起来的？因此本文以北京市为中心，希望通过国家意识形态倡导的婚姻文化与现实生活中人们的婚姻文化之间的互动来揭示这一时期北京市社会变化的趋势及主要特征，以期为社会文化史研究作进一步拓展。由于婚姻文化体现着社会经济、政治等诸多方面的规律和特点，因此笔者也希望本研究能为现阶段如何正确处理国家、社会以及民众价值观念的关系提供一定的理论依据。同时希望本论著的研究结论能为现阶段存在的婚姻问题提供参考。

二　相关概念界定

1. 北京市

（1）北京市区域的界定

北京自辽代定都以来，历经金、元、明、清各朝代的发展，都城面积得到了扩展。抗日战争胜利后，北平内城区的划分稍有调整，即将崇文大街以西，宣武门大街以东，正阳门以北，天安门以南，划为内7个区，自东直门外始依顺时针方向分别称郊一区至郊八区，至此北平市共辖有20个区。1948年底，中共在北平市周围又划定一片军事管制区，沿建制分为12个区，至此北平市形成32个区的建制。1950调整为16个区，即内城5个区，外城4个区，郊区7个区。1952年将之前的16个区经重整后分别更名东单区、西单区、东四区、西四区、前门区、崇文区、宣武区、东郊区、南苑区、丰台区、海淀区、石景山区、门头沟区。1956年原昌平县改名昌平区，金盏、孙河等乡归东郊区。1958年河北省大兴、通县、顺义、良乡、房山5个县和通州市划归北京市，形成崇文区、宣武区、石景山区、丰台区、东城区、西城区、通州区、房山区、大兴区、顺义区、朝阳区、门头沟区，并将河北省的怀柔、密云、平谷、延庆4个县划入北京市管辖。至此，形成了北京市今

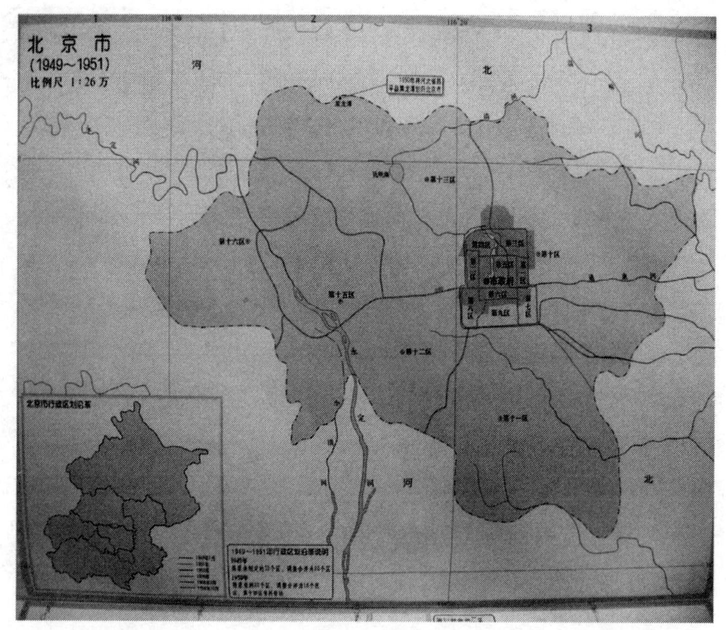

插图 0－1 1949～1951 年北京市行政区划沿革图

资料来源：陈潮、陈洪玲《中华人民共和国行政区划沿革地图集》，中国地图出版社，2003。

日的地域界线。插图 0－1 和插图 0－2 反映了北京市区域变迁情况。

（2）北京市的人口构成

清初各旗分区居住。以皇城为中线，“分为左右二翼”。[①] 外城居民主要包括正阳门附近的汉族官员和城东的百工、商贾、医卜、娼妓、佣夫和走卒等。《辛丑条约》签订后，大批生活困难的旗人迁离城区，戊戌变法之后，大批汉人迁入内城求学、任教、经商或从事其他服务行业。民国时期，特别是第一次世界大战期间，北京市的人口结构发生了很大变化。中华人民共和国成立后，北京市人口职业结构呈现多元化趋势：一方面，人们的受教育水平得到不同程度的提高；另一方面，大批干部进京，中央机关及其附属机构吸引了大批知识分子和技术人才。随着生产和建设的需要，大批劳动人口迁入北京。而且，商业、饮食业、服务业、城市基本建设等行业招收了大批职工，使北京市人口的职业结构呈现多元化的趋势。表 0－1 至表 0－4 及图 0－1 至图 0－4 分别描述了这一变化过程。

① 正黄旗居德胜门内，镶黄旗居安定门内，正白旗居东直门内，镶白旗居朝阳门内，正红旗居西直门内，镶红旗居阜成门内，正蓝旗居崇文门内，镶蓝旗居宣武门内。

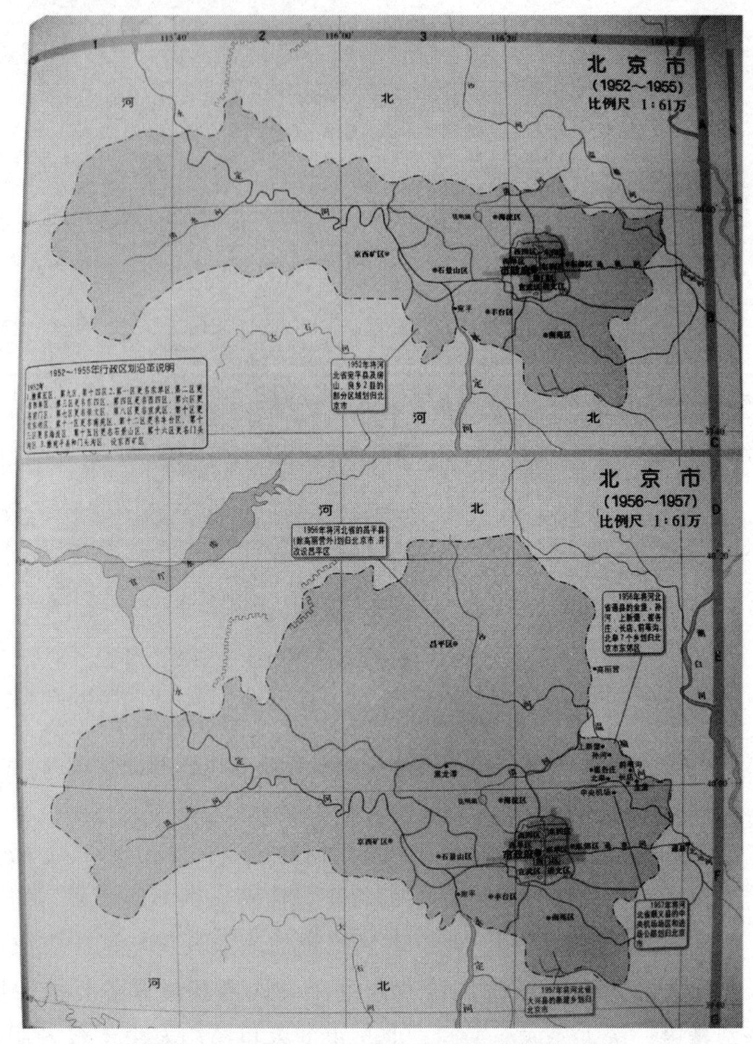

插图 0 -2　1952 ~1957 年北京市行政区划沿革图

资料来源：陈潮、陈洪玲《中华人民共和国行政区划沿革地图集》，中国地图出版社，2003。

表 0 -1　1908 年北京市民职业统计

单位：人

区	官　员	士　绅	工　业	商　业	兵　勇	杂　业
内　城	5591	4403	19475	40692	23328	28804
外　城	2529	453	45881	40046	—	44110
总　计	8120	4856	65356	80738	23328	72914

资料来源：周进《北京人口与城市变迁》，博士学位论文，中国社会科学院研究生院，2011。

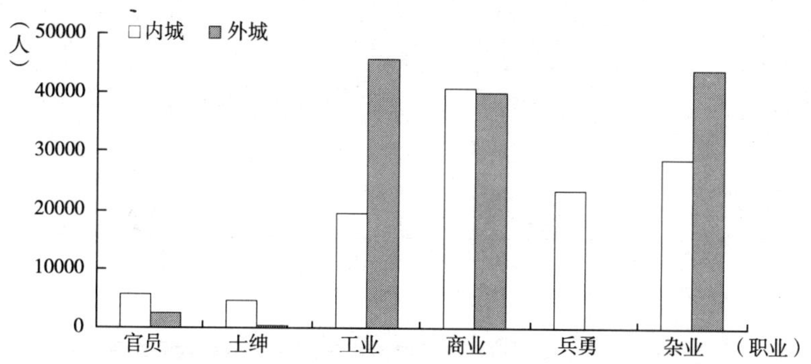

图 0－1 1908 年北京内、外城区市民职业分布图

表 0－2 1912 年和 1920 年市民职业统计

单位：人

年份	议员	官吏	公务员	教员	学生	农业	矿业	工业	商业	渔业	律师	医士	记者	僧侣教徒	稳婆	其他	无职业
1912	105	20318	2828	1405	31608	5115	21	28463	121926	190	29	512	608	4052	187	140563	367105
1920	344	19993	7024	2320	41216	5453	173	54541	161588	8176	207	865	587	5072	144	167941	372996

资料来源：周进《北京人口与城市变迁》，博士学位论文，中国社会科学院研究生院，2011。

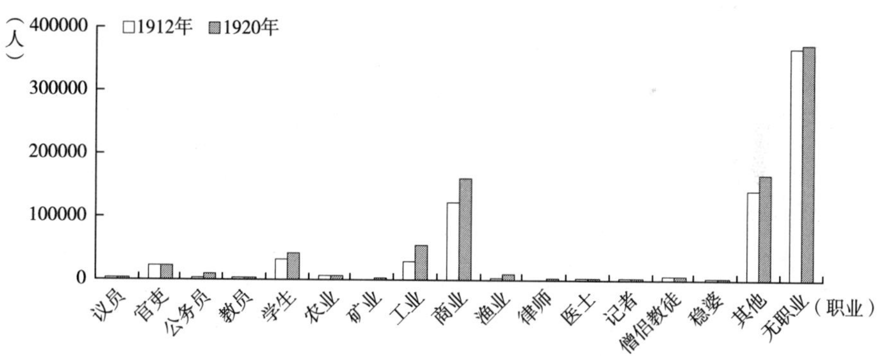

图 0－2 1912 年和 1920 年北京市民职业分布图

表 0－3 1937 年、1945 年和 1948 年市民职业统计

单位：人

年份	农业	矿业	工业	商业	交通运输业	公务员	自由职业	人事服务	无职业	其他
1937	66645	441	75500	134271	25258	15484	23347	62450	1101320	—
1945	168266	2309	158092	268640	34325	25462	67993	73026	852282	—
1948	206918	12591	123847	292619	52856	95449	73952	47553	486264	126525

资料来源：周进《北京人口与城市变迁》，博士学位论文，中国社会科学院研究生院，2011。

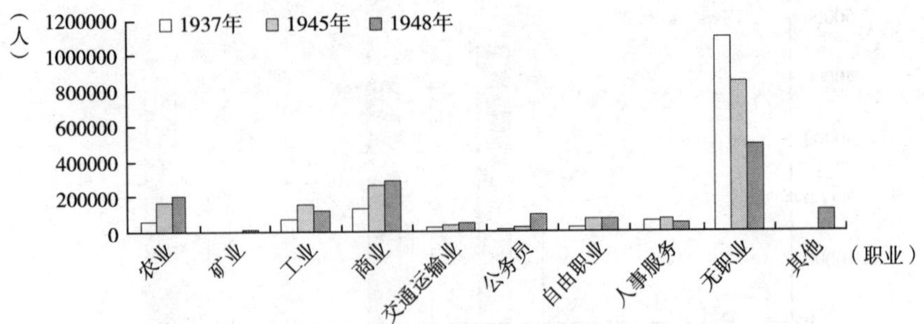

图 0－3　1937 年、1945 年和 1948 年北京市民职业分布图

表 0－4　1949 年、1952 年市民职业统计

单位：人

年份	机关团体	工矿企业	建筑业	交通运输业	公用事业	商业	银行保险	文教事业	农业	卫生事业
1949	37285	104565	20900	20264	3274	82430	3608	25330	69014	5905
百分比（%）	1.9	5.4	1.1	1	0.2	4.2	0.2	1.3	3.5	0.3
1952	81411	167853	117167	22619	12886	116968	6282	55418	62966	13415
百分比（%）	3.9	8	5.6	1	0.6	5.6	0.3	2.7	3	0.6
年份	大车三轮车搬运	个体从业人员	小商贩	自由职业	宗教职业	其他从业者	以剥削为生	失业无业者		
1949	31200	104736	97132	16875	2828	47855	52887	1222814		
百分比（%）	1.6	5.3	5.0	0.9	1.5	2.5	2.7	62.7		
1952	47080	76109	76324	12452	2288	1432	50658	1163654		
百分比（%）	2.3	3.6	3.7	0.6	0.1	0.1	2.4	55.8		

资料来源：周进《北京人口与城市变迁》，博士学位论文，中国社会科学院研究生院，2011。

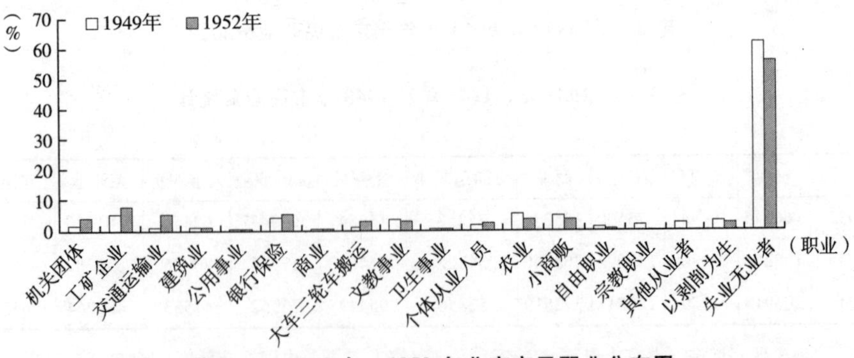

图 0－4　1949 年、1952 年北京市民职业分布图

本论著研究的区域限于北京市6个城区[①]和门头沟区。与远郊区相比，这6个区在新中国成立后经历了中心与边陲、都市文化与乡村文化的融合。这些特征使当地民众更容易化解不同文化，更容易选择不同文化背景下的婚姻礼仪模式，因而这6个区在婚姻文化的处理上更具有地方性特征。

2. 时间界定

本论著研究的具体时间段在1949年1月31日北平和平解放至1966年5月16日《五一六通知》的发布为止。

3. 婚姻

婚姻是人们在日常生活中使用频率极高的一个词语，但婚姻究竟如何定义，学界给出了不同的解释。如韦斯特·马克认为，婚姻是："得到习俗或法律承认的一男或数男与一女或数女相结合的关系，并包括他们在婚配期间相互所具有的以及他们对所生子女所具有的一定的权利和义务。"[②] 梁景和教授认为，"婚姻是人类两性之间通过被社会认同的方式而结成的一种配偶关系"。"婚姻生活是人类社会特有的现象。我们之所以认定动物和原始人的祖先（即非人）不存在婚姻生活，就在于婚姻除了存有本能的自然生活因素的构成外，还存有经济生活因素和精神生活因素的构成。""即人在各自的婚姻生活中，不但要满足自然本能的欲望，而且要满足经济生活的欲望，更要满足精神生活的欲望。"[③] 笔者认为，婚姻从广义上而言是配偶之间一种特定的社会结合。从狭义而言是规范和制度化的社会条件下的男女两性为满足生理、物质、精神和情感等多元需求而结成的关系。婚姻既包括自然属性，也包括社会属性，同时还有情感属性。婚姻不仅反映了政治经济和文化习俗，而且涉及伦理道德、社会意识等许多领域。不同时期、不同社会条件和文化背景下的人们所定义的婚姻是不同的。婚姻的质量，从狭义而言取决于双方期望的内容；从广义而言，取决于社会普遍认可的婚姻观，形成配偶的双方会关注他们的婚姻如何与社会期望的理想模式相符合。如果发现他们的关系与社会理想模式相符，双方就会对婚姻感到满意，情感也就会自然增加。如果感到与社会理想模式不相符，双方就会对婚姻不满，情感也就自然会降低。

---

① 6个城区分别是：东城区、西城区、朝阳区，海淀区、丰台区和石景山区，2010年宣武区并入西城区，崇文区并入东城区，目前市区共辖6个城区。

② 〔芬〕韦斯特·马克：《人类婚姻简史》，刘小幸、李彬译，商务印书馆，1992，第1页。

③ 梁景和：《近代中国陋俗文化嬗变研究》，首都师范大学出版社，2009，第29页。

4. 婚姻制度

婚姻制度是统治阶级制定的婚姻行为规范。它是统治阶级意志的体现。统治阶级总是利用婚姻制度来限制和束缚被统治阶级的婚姻文化，以维护和巩固自己所倡导的婚姻文化。统治阶级所倡导的婚姻文化辅助婚姻制度的实施，而婚姻制度则保护和传播统治阶级所倡导的婚姻文化。婚姻制度不仅体现统治阶级的婚姻文化精神，而且往往直接赋予某些婚姻文化以法律的强制力。婚姻制度与主流婚姻文化相辅相成，共同服务于统治阶级的利益。婚姻制度与婚姻文化依据各自的特点，相互配合，相互补充，共同成为维护婚姻秩序的有力武器。

5. 婚姻文化

婚姻文化是人们在社会实践中形成的具有普遍和自发性的婚姻价值取向和行为规范。它包括婚姻观念、婚姻行为、婚姻心理、婚姻习俗、婚姻模式和婚姻伦理等多个范畴。它是既具有制度的因素又具有人们内化的自觉行为。婚姻文化与婚姻制度有着密切的联系，婚姻制度中的相关规定都是在吸纳、改造和整合婚姻文化的基础上形成的。婚姻文化也随着婚姻制度的改变而发生变化。它们都具有调整和规范人们婚姻行为的功能，并成为指引、评价人们婚姻行为的尺度。它们共同作用于婚姻领域，使得婚姻秩序得以稳定。

三　学术史回顾

婚姻在民众的日常生活中占有重要地位，国内外研究者从不同的领域对这一研究给予了广泛关注，他们通过不同的概念框架以及观察婚姻的视角，让我们看到一幅幅异彩纷呈的画面。每个画面都有助于我们从某个方面来理解婚姻的本质及特征。所以有学者说：“关于亲属和婚姻的话题历史太长了，文献太多了，有些太深奥了。”① 国内外关于婚姻的研究主要包括以下几个方面。

1. 国外相关研究

国外学者对中国的婚姻研究主要集中于婚礼、亲属结构以及婚姻与政治

① Rodney Needham, “Introduction,” In Needham, Rodney ed., *Rethinking Kinship and Marriage*, London: Tavistock Publications. 1971.

的关系等问题上，非常注重国家制度和经济发展对婚姻的影响。1922 年苏维埃社会主义共和国联盟成立后，对婚姻社会学研究也非常重视，一些婚姻社会学著作不断问世，如社会学家阿·格·哈尔切夫的《结婚动机调查结果》《家庭的进一步巩固》《共产主义与家庭》，以及斯维得洛夫的《论人民民主国家婚姻家庭法》《苏维埃婚姻——家庭法》等。而且许多著作还被列为其他社会主义国家社会学的选修课程。中华人民共和国成立后，我国不断翻译和出版苏联、东欧等国的婚姻家庭专著，如 1954 年作家书屋出版的《苏维埃婚姻家庭法》《马克思主义论婚姻与家庭》《苏维埃婚姻与家庭的立法原则》等。

此外，Freedman Maurice、Toronto Plymouth、Ahern M. Emily 和 Croll Elsabeth Joan 注重婚姻与亲属结构之间的关系。① 萧凤霞、杨美惠、阎云祥等人提出礼仪与社会关系网络构建的关系。② Jennifer Holmgren 对中国北方婚姻制度、寡妇再婚、地缘关系、亲属结构与政治控制等问题做了分析。③ 罗梅君通过与近代欧洲婚姻对比的方法，详细描述了近代以来婚姻的实践过程以及每一过程的象征意义及社会功能。④ 关于新中国成立初期的婚姻问题，Neil J. Diamant⑤是一位多产的作者。他对婚姻登记工作进行了颇有见地的阐释。并以中国 1949～2007 年间的退伍军人为研究对象，论述了退伍军人在爱国

---

① Freedman Maurice, "Ritual Aapect of Chinese Kinship and Marriage," In *The Study of Chinese Society*, California: Stanford Univrsity Press, 1979; Toronto Plymouth, Ur. Jennifer Holmgren, "Marriage, Kinship and Power in Northern China," *Variorum*, 1995. Ahern M. Emily, "Affines and the Rituals of Kinship," In Wolf P. Arthur ed., *Religion and Ritual in Chinese Society*, Stanford: Standford University Press, 1974; Croll Elsabeth Joan, *The Politics of Marriage in Contemporary China*, New York: Cambridge University Press, 1981.

② Siu F. Helen, "Recycling Rituals: Politics and Popular Culture in Contemporary Rural China," In Link Perry, Madsen Richard and Pickowicz Paul G. eds., *Unofficial China*, Boulder: Westview Press, 1989; Siu F. Helen, "Reconstructing Dowry and Brideprice in South China," In Davis Deborah and Harrdll Steven, eds., *Chinese Families in the Post－Mao Era*, Berkeley: University of California Press, 1993; Yang Mayfair Mei－hui, Gift Favors and Banquets, *The Art of Social Relationship*, Ithaca: Cornell University Press, 1994; 阎云祥：《礼物的流动：一个中国村庄的互惠原则与社会网络》，李放春等译，上海人民出版社，2000；阎云祥：《私人生活的变革：一个中国村庄里的爱情、家庭与亲密关系：1949～1999》，上海书店出版社，2006。

③ Jennifer Holmgren, "Marriage, Kinship and Power in Northern China," *Variorum*, 1995.

④ 〔德〕罗梅君：《北京的生育婚姻和丧葬》，王燕生等译，中华书局，2001。

⑤ Neil J. Diamant, *Embattled Glory: Veterans, Military, Families and the Politics of Patriotism in China, 1949－2007*, Rowman & Little Field Publishiers Inc., Lanham Boulder, New York; Neil J. Diaman, *Revolutionizing the Family: Politics, Love and Divorce in Urban and Rural China, 1949－1968*, University of California Press (2000).

主义政治的荣耀下的家庭与婚姻状况。他还论述了 1949～1968 年间中国特殊政治条件下城市和乡村的爱情与离婚状况。此外，还有 Alford P. William [①] 和 Anita Chan[②] 也对中国的婚姻问题进行了颇有见地的阐释。

2. 国内相关研究

（1）著作类

20 世纪 30 年代以后，受国外婚姻进化论的影响，婚姻的相关研究也大多执着于追溯起源。如黄石在婚姻礼仪、性、产育等方面有很多成果。[③] 此外，还有陈顾远的《中国婚姻史》、潘光旦的《中国之家庭问题》、陶希圣的《婚姻与家庭》、费孝通的《生育制度》、董家遵的《中国古代婚姻史研究》等。其中吕诚运用比较与实地调查的方法对中国婚姻史进行了研究。但总的来看，这些学者主要是进行溯源式考察，[④] 而且多是以社会学和人类学的方法来进行研究的。

1949～1976 年期间，有不少宣传新婚姻制度的书籍，如《如何正确对待恋爱、婚姻和家庭问题》《我们夫妇关系为什么破裂》《论社会主义社会的爱情、婚姻和家庭》等。但大多数缺乏理论探讨，多是举典型事例，有的直接从各种报刊转载而来汇成书册。其中河南省民主妇女联合会宣传部编的《如何正确对待恋爱、婚姻和家庭问题》一书，对当时人们对待恋爱、婚姻和家庭的好坏典型作了评论，批评了资产阶级自由恋爱观和婚姻观，告诉人们什么是无产阶级真挚的爱情，以及社会主义社会家庭的性质和职能，并阐述了在恋爱、婚姻和家庭问题方面树立共产主义道德品质对社会主义建设的重要性。马起的《中国革命与婚姻家庭》[⑤] 一书描述了原始社会到社会主义社会婚姻与家庭的起源与演变，并揭示了中国婚姻制度在共产党领导的革命斗争中逐步演化、变革的轨迹和发展规律。但受时代的影响，该书带有浓厚

---

① Alford P. William, "Have You Eaten, Have You Divorced? Debating the Meaning of Freedom in Marriage in China," In *Realms of Freedom in Modern China* William C. Kirby ed., Stanford University Press, 2004.

② Anita Chan, *Richard Madsen, and Jonathan Unger Chen Village under Mao and Deng*, 1992, University of California Press, Berkeley, Los Angeles, Oxford.

③ 高洪兴：《黄石民俗学论集》，上海文艺出版社，1999。

④ 这类研究见：蔡献荣《中国多妻制度的起源》，《新社会学季刊》1931 年第 1 卷；陈怀桢《中国婚丧风俗之分析》，《社会学界》第 8 卷，1934；杨松江《中国婚俗之民俗学的研究》，原载《东方杂志》第 31 卷第 11 号，1934；费孝通《亲迎婚俗之研究》，原载《社会学界》第 8 卷，1934。

⑤ 马起：《中国革命与婚姻家庭》，辽宁人民出版社，1959。

的政治色彩和阶级意识。陈鹏的《中国婚姻史稿》[①] 于1957年完稿，作者认为中国封建婚姻制度具有以礼为本、辅律而行以及礼律往往与民俗悬殊的两大特色。

改革开放后，国内学者关于婚姻研究的队伍逐渐壮大，大量专著不断问世。总起来看，主要有五种思路。一是婚姻史的研究。如汪玢玲《中国婚姻史》[②]，张一兵、郎太岩《中国婚姻发展史》[③] 等，这类书籍多是介绍婚姻制度的沿革，而且多阐述古代到近代，新中国成立后的婚姻问题却过于简略。二是婚俗礼仪研究，如郭于华《仪式与社会变迁》，作者对择偶、婚姻支付、婚姻仪礼作了较为详细的研究。如吉国秀《婚姻仪礼变迁与社会网络重建：以辽宁省东部山区清原镇为个案》[④] 一书综合运用多学科的研究方法，将婚礼内容整合起来，并通过个案揭示在社会结构变迁中婚姻仪礼的传承与演变，对笔者写作本文有很大启发；潘允康《家庭社会学》一书对婚姻的本质、婚姻的主客观条件进行了探讨，如对新中国成立初期人们的择偶标准进行了探讨。三是婚姻法律的研究。如胡康生《中华人民共和国婚姻法释义》、李龙《新中国法制建设的回顾与反思》、韩延龙《中华人民共和国法制通史》等著作。[⑤] 四是婚育行为的研究。这类研究的主要特点是时效性强，如20世纪八九十年代的计划生育，改革开放后"性自由""性解放"思想的出现，21世纪之初的婚检、未婚女青年的人工流产、婚恋的心理干预、高级知识分子中大龄女性的婚恋以及婚姻中出现的种种法律纠纷等。五是婚姻经济的研究。如谭仁杰《婚姻经济学》中把婚姻行为和制度看作经济行为与经济制度的一种形态，用经济学的概念和观点对婚姻制度、婚姻行为及婚姻过程

---

① 陈鹏：《中国婚姻史稿》，中华书局，2005。

② 此类研究还有：孙晓《中国婚姻小史》，光明日报出版社，1988；苏冰、魏林《中国婚姻史》，文津出版社，1994；陶毅、明欣《中国婚姻家庭制度史》，东方出版社，1994；顾鉴堂、顾鸣堂《中国历代婚姻与家庭》，商务印书馆，1996；祝瑞开主编《中国婚姻家庭史》，学林出版社，1999（商务印书馆，1996）；孟韶华等《中国婚姻与婚姻管理史》，中国社会出版社，1992。

③ 张一兵、郎太岩：《中国婚姻发展史》，黑龙江教育出版社，1990。

④ 此类研究还有：吴诗池、李秀治《中国人的婚姻观与婚俗》，厦门大学出版社，1993；叶童、朗月《激荡的情史——1949～1999中国的婚恋》，中国文史出版社，1999；刘新平《百年时尚婚姻中国》，中国工人出版社，2002；白国琴编著《百年中国社会图谱：从旧婚丧嫁娶到新礼仪风俗》，四川人民出版社，2003。

⑤ 此类研究还有：张希坡《中国婚姻立法史》，人民出版社，2004；黄传会《天下婚姻：共和国三部婚姻法纪事》，上海文汇出版社，2004；巫昌祯《我与婚姻法》，法律出版社，2001；等等。

进行了说明和分析。

诸多著作中涉及20世纪五六十年代婚姻方面的为数极少。张志永的《婚姻制度从传统到现代的过渡：1950～1956年河北省婚姻制度改革研究》[①]一书中，作者运用大量的档案资料，集中研究了新中国成立初期，在婚姻制度改革过程中河北省婚姻制度发生的变化，介绍了这一地区婚姻制度改革对民众的影响，为全面认识中国婚姻家庭的变化特征和发展趋势、政府制定相关政策、法律等方面提供了参考，对笔者有很大启发。李立志在其《变迁与重建——1949～1956年的中国社会》[②]一书中以社会结构、社会生活和社会心理为分析的入口，从不同侧面展现了新中国成立初期这一段时间内民众社会生活状况，通过对婚姻制度和婚姻习俗的论述，认为婚姻制度的重大革新对婚姻家庭生活变迁产生了积极影响，对一个新社会的创作起到了积极的推动作用。王跃生《社会变革与婚姻家庭变动：20世纪30～90年代的冀南农村》[③]一书，作者从人口学角度，依据档案和河北省磁县的2个乡、6个村所做的婚姻家庭抽样调查资料，对不同所有制下婚姻家庭变动状况进行了系统考察，将社会制度、经济变革与婚姻变动联系起来，分为四个不同阶段（土改之前、过渡时期、集体所有制时期、家庭联产承包责任制时期）来寻求社会变革与婚姻家庭变动的关系，对笔者理解新中国成立初期婚姻家庭的变化与社会制度的互动关系有很大帮助。值得一提的还有中外学者合著的（冯立天、巴巴拉·安德森等编著）《北京婚姻、家庭与妇女地位研究》[④]一书。该书利用社会学的方法，做了大量调查研究，在此基础上对北京市的婚姻、家庭构成、变化、择偶方式、生育、节育、性别偏好、生育观特征和变化以及妇女在社会与家庭中的政治、经济地位进行了探讨，并提出了家庭生活质量、小康水平、家庭生命周期、婚姻状态等一系列的指标体系和量化方法。此外还有一些通俗读物，如《当代北京婚恋史话》[⑤]《金受申讲北京》[⑥]等作品，对笔者了解北京的风俗民情有很大帮助。

---

① 张志永：《婚姻制度从传统到现代的过渡：1950～1956年河北省婚姻制度改革研究》，中国社会科学出版社，2006。

② 李立志：《变迁与重建——1949～1956年的中国社会》，江西人民出版社，2002。

③ 王跃生：《社会变革与婚姻家庭变动：20世纪30～90年代的冀南农村》，三联书店，2006。

④ 冯立天、〔美〕巴巴拉·安德森：《北京婚姻、家庭与妇女地位研究》，北京经济学院出版社，1994。

⑤ 李劭南：《当代北京婚恋史话》，当代中国出版社，2009。

⑥ 金受申：《金受申讲北京》，北京出版社，2005。

（2）论文类

1949～1979年间主要刊物有《人民司法》及各省政报、公报，如《湖南政报》《云南政报》《山西政报》《陕西省人民政府公报》等。其中发表的一些婚姻问题的指示、案例或统计数据，① 为笔者提供了许多信息。其间，相关的学术论文主要有陆子奇的《关于当前婚姻财礼的性质及处理原则的探讨》②、龚义江的《几个传统剧目中的婚姻与爱情问题》③、马起的《婚姻和家庭在历史上的演变》④ 等，学者们从法学、文学、史学等不同角度进行研究。但总体而言这一时期有关婚姻的文章不仅数量少，而且带有浓厚的政治色彩。

改革开放后关于婚姻的文章在逐渐增多，学界注意到各学科之间的相互渗透，如法律学、伦理学、社会学、人口学、历史学相互吸收和探讨问题。但从研究内容看，基本上也是涉及法律、婚恋择偶、婚俗、婚育等方面。其中法律方面论文最多，反映出近年来学术界对婚姻法律问题的普遍关注。涉及新中国成立十七年的文章主要是从以下八个方面来研究。

第一，法律史角度。

研究者有的是从法理层面研究婚姻立法和婚姻诉讼，有的是通过对婚姻治理嬗变过程的梳理来窥探当时司法实践状况及婚姻家庭法从传统法向现代法的转变。前者研究如李秀清《新中国婚姻法的成长与苏联模式的影响》⑤ 和姚红梅《新中国第一部婚姻法若干问题探讨》等。后者如巫昌祯《中国婚姻家庭法学四十年》（上、下），孙宝俊、高海萍《观念的博弈——对

---

① 这方面的文章主要有：《山西省人民政府人民监察委员会关于文水县村干部王成丁非法干涉婚姻自由的处分通报》，《山西政报》1953年第3期；杨绍简《关于太白区地主阶级分子李生坤挑拨农民婚姻关系阴谋破坏土地改革案的处理》，《陕西省人民政府公报》1953年第10期；《陕西省司法厅关于个别法院及干部在军人婚姻问题上发生错判案件及违法乱纪的通报》，《陕西省人民政府公报》1956年第2期；王存惠《通过群众辩论会正确处理了一件离婚案件》，《人民司法》1958年第21期；《最高人民法院关于劳改犯配偶提起离婚案件管辖问题的通知》，《人民司法》1958年第21期；《关于调解婚姻案件的几点体会》，《人民司法》1958年第15期；《坚持调解，破镜重圆——记张安民、林宏威同志调解李淑兰诉陈远福离婚案的经过》，《人民司法》1958年第14期；《正确解决婚姻制度问题》，《云南政报》1950年第3期；《阳高县人民法院运用群众路线处理婚姻案件的情况》，《山西政报》1958年第35期；《北京市西城区人民法院1960年第一季度处理的离婚案件初步检查报告（稿）》，《人民司法》1960年第20期；等等。

② 陆子奇：《关于当前婚姻财礼的性质及处理原则的探讨》，《法学》1957年第5期。

③ 龚义江：《几个传统剧目中的婚姻与爱情问题》，《上海戏剧》1961年第10期。

④ 马起：《婚姻和家庭在历史上的演变》，《吉林大学社会科学学报》1956年第4期。

⑤ 李秀清：《新中国婚姻法的成长与苏联模式的影响》，《法律科学》2002年第4期。

1950～1953 年我国婚姻法贯彻活动的历史考察》，李亚娟《建国以来的婚姻法律与婚姻家庭变迁——从 1950 年婚姻法到 2001 年婚姻法修正案》[①] 等。

第二，文学史角度。

这类论文主要有贾鉴《郭小川 50 年代叙事诗中的革命与恋爱》。[②] 作者认为郭小川 1950 年代的叙事诗在处理革命与爱情关系时总体上服从国家意识形态的规范。但在一定程度上也瓦解了革命对爱情的压制。此外还有一些学位论文如陈宁《论“十七年”经典小说中的婚恋叙事》，作者采用结构主义透视方法进行文本分析，从对“十七年”经典小说中婚恋描写的解读入手，分析小说中婚恋叙事的具体特征及建构方式，认为这一时期，小说中的婚恋描写走上了一条日益窄化的道路，随着文本中革命理性的愈益增强，人的意识逐渐消失。刘芳波《论农业合作化小说中的婚恋叙事》[③] 一文认为，合作化小说拥有两大特质：一是文献价值大于审美价值；二是日常生活神圣化，陌生和狂欢并存。此外，还有王增文的《百花时代：短暂的激情与永久的规则》、王宗燕的《50 年代小说中的婚恋书写》等。虽然这些学者是从文学角度来研究，但从另一个侧面帮助笔者了解当时社会和人物心理。

第三，历史学角度。

这类研究主要有李若建《大跃进与困难时期的家庭、婚姻与生育研究》，[④] 作者通过相关统计数据分析了“大跃进”时期与困难时期婚姻家庭的变化与人口的波动情况。张志永《1950 年代初期中共干部婚姻问题初探》[⑤] 一文，

---

① 以上文章的出处分别为：姚红梅《新中国第一部婚姻法若干问题探讨》，硕士学位论文，中共中央党校，2006；巫昌祯《中国婚姻家庭法学四十年》（上、下）《中国政法大学学报》1989 年第 4、5 期；孙宝俊、高海萍《观念的博弈——对 1950～1953 年我国婚姻法贯彻活动的历史考察》，《法学与法制建设》2007 年第 2 期；李亚娟《建国以来的婚姻法律与婚姻家庭变迁——从 1950 年婚姻法到 2001 年婚姻法修正案》，硕士学位论文，西北工业大学，2003。

② 贾鉴：《郭小川 50 年代叙事诗中的革命与恋爱》，《上海大学学报》（社会科学版）2000 年第 3 期。

③ 刘芳波：《论农业合作化小说中的婚恋叙事》，博士学位论文，吉林大学，2009。相关研究还有：罗慧林《论解放区小说的爱情叙事》，硕士学位论文，福建师范大学，2004；杜晓光《论“红色经典”中的爱情叙事》，硕士学位论文，东北师范大学，2006；张翼《“革命 + 恋爱”再解读》，硕士学位论文，郑州大学，2003；王增文《百花时代：短暂的激情与永久的规则》，硕士学位论文，湖南师范大学，2009；王宗燕《50 年代小说中的婚恋书写》，硕士学位论文，西南大学，2010；等等。

④ 李若建：《大跃进与困难时期的家庭、婚姻与生育研究》，《开放时代》2000 年第 5 期。

⑤ http：//hi. baidu. com/% B4% F3% D1% A9/blog/item/9b19b7cabc25d187c9176891. html. 最后访问时间：2011 年 6 月 10 日。

从复员干部的婚姻状况入手，分析了当时社会舆论中干部“负心薄幸”的一套权势话语的形成。黄桂琴、张志永《建国初期婚姻制度改革研究》[①] 一文认为，新中国成立初期婚姻制度改革体现了由家庭本位到个人本位的过渡，而且对民众生活和社会发展产生了很大影响。肖爱树的《建国初期妇女因婚姻问题自杀和被杀现象研究》和庆格勒图的《建国初期绥远地区贯彻婚姻法运动》，都论述了1950～1953年绥远地区婚姻法运动的历程。[②] 此外，还有一些学位论文，如黄东《中国现代婚姻文化嬗变研究》，[③] 作者从社会文化史的研究角度，通过婚恋观的嬗变、城市婚姻和乡村婚姻的变迁、中国共产党对红色苏区和抗日根据地的婚姻改造三个方面来勾画出当时婚姻文化的变迁。姚立迎的《新中国十七年婚姻文化嬗变研究》和贾大正《新中国初期北京地区婚姻文化嬗变研究（1946～1966）》[④] 是对新中国“十七年”间婚姻文化的研究。前者主要通过婚姻观念、婚姻礼俗、新式婚姻生活及其局限来分析婚姻文化嬗变的特征；后者勾勒出了这一时期北京市婚姻文化的主要特征。但是对城区、城乡接合部、远郊区婚姻文化的差别，不同阶层、不同年龄段的人的婚姻情况，都没有进行深入探讨。李二苓《婚恋观转变与基层行政》[⑤] 一文通过关注新政权如何实现社会新旧观念的转化、磨合，以及在这一过程中国家与社会的冲突与合作的历史，明晰当时宣传施政的实践逻辑、策略和效果，并考察分析了新中国成立初期婚姻法在经济恢复、社会改革、政权建设等方面所起的作用。李兴峰《新中国初期北京地区家庭关系与家庭教育研究（1949～1966）》[⑥] 一文，通过观察新中国成立初期（1949～1966）北京地区家庭文化外在特征的变化，探索其背后人们价值观念的变化以及这个变化过程中社会条件对家庭文化的影响。葛世涛的《新婚姻法与建

---

① 黄桂琴、张志永：《建国初期婚姻制度改革研究》，《政法论坛》（《中国政法大学学报》）2004年第2期。

② 肖爱树：《建国初期妇女因婚姻问题自杀和被杀现象研究》，《齐鲁学刊》2005年第2期；庆格勒图：《建国初期绥远地区贯彻婚姻法运动》，《内蒙古社会科学》（汉文版）2000年第2期。

③ 黄东：《中国现代婚姻文化嬗变研究》，硕士学位论文，首都师范大学，2002。

④ 姚立迎：《新中国十七年婚姻文化嬗变研究（1949～1966）》，硕士学位论文，首都师范大学，2007；贾大正：《新中国初期北京地区婚姻文化嬗变研究（1946～1966）》，硕士学位论文，首都师范大学，2009。

⑤ 李二苓：《婚恋观转变与基层行政》，硕士学位论文，首都师范大学，2009。

⑥ 李兴峰：《新中国初期北京地区家庭关系与家庭教育研究（1949～1966）》，硕士学位论文，首都师范大学，2009。

国初期妇女婚姻家庭研究》，[①] 叙述了《中华人民共和国婚姻法》颁布与贯彻之后，新型家庭的出现以及给妇女带来的新气象，并对当时婚姻法在实施过程中存在的问题进行了探讨。

第四，民俗学、社会学角度。

相关文章主要关注择偶标准，如徐安琪《五十年变迁及其原因分析》[②] 一文对上海和哈尔滨两地3166个样本的择偶取向以及经过婚姻实践后目前新取向进行分析，建立了回归模型；吉国秀《文献、田野与自我：关于民俗学研究的方法论的反思——以〈婚姻仪礼变迁与社会网络重建〉为例》，[③] 作者以《婚姻仪礼变迁与社会网络重建》这部书为例，讨论文献与田野在论文写作中所扮演的角色，以及自我在文献与田野的平衡中所起到的作用；张丽华《择偶观与青年婚姻稳定性的关系研究》[④] 一文，在调查问卷的基础上，运用社会心理学理论分析长沙市青年的择偶状况以及择偶与婚姻稳定性之间的关系；徐莉《试论婚礼服饰的变迁》[⑤] 一文认为，中国传统婚礼服饰的西化，不仅仅只体现了人们抛弃了凤冠霞帔，而是抛弃了传统婚姻制度，接受的不仅仅是洁白的婚纱而是新时代下的思想和文化。此外，还有周云富《略论城乡婚姻礼俗的演变与改革》[⑥] 等文章。

第五，心理学角度。

甘琳琳的《当代中国人的择偶偏好及其影响因素》[⑦] 一文，运用征婚启事和问卷调查方法，在对西方理论进行检验的基础上研究当代中国人的择偶偏好，但此类文章较少见。

第六，哲学伦理学角度。

这类研究主要有王歌雅的《中国婚姻伦理嬗变研究》，[⑧] 作者探讨了中国婚姻伦理的变革以及中国现代婚姻伦理的理念超越。文齐贤的《中国传统贞节观的嬗变与当代婚姻道德》[⑨] 一文，从贞节观念的形成和演变入手，通

---

① 葛世涛：《新婚姻法与建国初期妇女婚姻家庭研究》，硕士学位论文，广西师范大学，2006。

② 徐安琪：《五十年变迁及其原因分析》，《社会学研究》2000年第6期。

③ 吉国秀：《文献、田野与自我：关于民俗学研究的方法论的反思——以〈婚姻仪礼变迁与社会网络重建〉为例》，《民俗研究》2005年第3期。

④ 张丽华：《择偶观与青年婚姻稳定性的关系研究》，硕士学位论文，湖南师范大学，2010。

⑤ 徐莉：《试论婚礼服饰的变迁》，《北京城市学院学报》2006年第3期。

⑥ 周云富：《略论城乡婚姻礼俗的演变与改革》，《西昌师范高等专科学校学报》2002年第4期。

⑦ 甘琳琳：《当代中国人的择偶偏好及其影响因素》，硕士学位论文，华中师范大学，2007。

⑧ 王歌雅：《中国婚姻伦理嬗变研究》，博士学位论文，黑龙江大学，2006。

⑨ 文齐贤：《中国传统贞节观的嬗变与当代婚姻道德》，硕士学位论文，中南大学，2009。

过婚外恋、离异等现象分析贞节观念的特征和表现，并提出当今社会条件下的人们建立贞节观念的方法。《北京工人恋爱、婚姻情况抽样调查简述》[1]一文则是在抽样调查的基础上，论述了北京工人中的恋爱和婚姻道德的产生及其存在的问题。

第七，语言学角度。

这类研究主要有胡姝昀的《中国传统婚礼中吉祥话的顺应性研究》和涂兵兰《从婚礼仪式用语看中西文化的差异》。[2] 前者从语言学角度，认为婚礼中，吉祥话产生是顺应了交际者生理需要、安全需要、归属和爱的需要、尊重需要，以及自我实现需要的心理动机的结果；后者通过中西婚礼仪式用语的对比，指出了人们在宗教信仰、婚姻观念、人生价值和人际关系上的差异。

第八，性别史角度。

姚周辉《论传统婚礼习俗中的性别歧视》[3] 一文，作者通过对传统婚礼习俗的分析，指出其中存在的性别歧视现象。

综上所述，随着婚姻问题的不断升温，学术界对 20 世纪五六十年代婚姻问题的研究已逐步增多，但笔者在追踪学术前沿和搜集、分析材料的过程中，仍然发现有许多尚待挖掘和探讨之处。首先，研究范围有待拓展。当前对婚姻问题的研究多集中于近年来出现的婚姻现象的研究，而对新中国成立初期的区域婚姻研究除张志永《婚姻制度从传统到现代的过渡：1950 ~ 1956 年河北省婚姻制度改革研究》一书尚有系统研究外，几乎无人涉足。实际上，那段时期婚姻制度、婚恋观对今天婚姻模式造成了极大影响。其次，目前对婚姻制度研究大都是从宏观着眼，而该制度的主体究竟是如何参与的则少有涉及，而参与者最具发言权，因而只有深入其所运行的历史现场，真实地反映当地民众的观念才能揭开真正的面纱。特别是深入某个微观区域考察，更能拓展社会文化史所强调的空间维度。再次，研究的系统性有待加强。新中国成立后，婚姻文化的嬗变过程既体现社会发展的历史延续性，又

---

① 中国人民大学一分校婚姻问题调查组（尹石执笔）：《北京工人恋爱、婚姻情况抽样调查简述》，《道德与文明》1983 年第 1 期。

② 胡姝昀：《中国传统婚礼中吉祥话的顺应性研究》，硕士学位论文，山西大学，2006；涂兵兰：《从婚礼仪式用语看中西文化的差异》，《湖南医科大学学报》（社会科学版）2003 年第 4 期。

③ 姚周辉：《论传统婚礼习俗中的性别歧视》，《云南师范大学学报》（哲学社会科学版）1998 年第 3 期。

隐含某种不以人的意志为转移的非延续性，是延续性和非延续性的统一，其中的区别与联系以及随之起伏的当事人的命运也是亟待揭示的主题之一。最后，对某些问题，如择偶、恋爱等，多采用抽样调查和问卷调查为主要的研究方法，这意味着事件运行的动态过程难以揭示。

四 资料介绍

1. 档案、方志

北京市档案馆和东城区、西城区、宣武区（2010 年 7 月并入西城区）、海淀区、石景山区、崇文区（2010 年 7 月并入东城区）、朝阳区、丰台区、门头沟区的档案馆为本研究提供了丰富的资料。馆藏内容主要包括北京市委、民政局、宣传部、妇联、各个区乡（镇）关于婚姻工作文件、总结、来往书信、政策指示、情况汇报、行政部署等。如北京市档案馆所藏“市委关于贯彻婚姻法运动的报告”（档案号：001－005－00105，1953）、“关于北京市四年来婚姻登记工作情况及今后意见的报告（初稿）”（档案号：002－005－00072，1953）、“民政局关于贯彻婚姻法的调查报告”（档案号：002－008－00060，1956）、“市妇联福利部关于北京市五年来宣传贯彻婚姻法情况和今后意见在城区郊区婚姻中存在问题等”（档案号：084－003－00028，1954）。这些资料为笔者梳理清楚了基层组织的形成及运作情况，对研究基层婚姻制度有很大帮助。又如西城区档案馆藏“北京市第四区人民政府民政科 1951 年离婚情况统计表”（档案号：4－2－89，1951）、“北京市西四区人民委员会民政科 1955 年婚姻登记统计表及领销婚姻证明书月报表”（档案号：4－2－153，1955）为笔者进行定量分析提供了翔实的数据。再如门头沟区档案馆藏“关于矿区军人婚姻情况的报告”（档案号：27－2－938，1954）、“门头沟区人民法院民事判决书”（档案号：27－2－1015，1963），海淀区档案馆藏“上庄公社革委会离婚案件”（档案号：39－101－538，1961）以及宣武区档案馆藏“第八区典型婚姻案件及处理意见的报告”（档案号：11－1－3，1951）等中有关婚姻案件的处理，为笔者进行个案分析提供了丰富的材料。

方志主要参考《北京志》，其中地理、历史、经济、人口、风俗文化等方面的描述，为笔者提供了北京市在新中国成立初期的发展历程和全貌。

2. 报纸、杂志

档案数据以其原始性受到史学界的青睐，报纸、杂志则体现史料的独特价值，可以帮助我们立体地了解婚姻工作的开展情况以及民众对其的认知程度。这一时期和本研究相关的报纸主要有：《人民日报》《北京日报》《光明日报》《工人日报》《中国青年报》等。如《人民日报》1950年4月28日第3版的《北京一年来的婚姻案件》，1951年12月5日第6版的《新社会幸福的婚姻和家庭》，1956年3月8日第3版的《实行新民主主义的婚姻制度》，1951年11月30日第3版的《坚决贯彻婚姻法，保障妇女权利！青年团支部不应该干涉团员的婚姻自由》等报道的一些婚姻事实和社论对笔者了解官方所倡导的婚姻观和全国的婚姻状况有很大帮助。《北京日报》的副刊也有许多婚姻问题的讨论和报道，如1963年3月21日第3版的《结婚多要彩礼为啥不好?》等文，都是笔者进行本研究的重要的参考依据。

杂志主要有《北京工人》《中国妇女》《北京妇女》《人民画报》《中国青年》《政法研究》《新体育》《大众电影》《前线》等。如《中国妇女》1958年第4期开辟了“对离婚问题的分析和意见”专栏。理论工作者和普通群众各抒己见，热烈争论。1964年该杂志在第5期的“选择爱人的标准是什么?”专栏又进行了此方面的讨论。《新体育》1964年第3期的《和运动员谈谈恋爱婚姻问题》，《中国青年》1963年第18期的《谈恋爱要不要考虑经济条件》《不应该做金钱的奴隶》《学习燕妮·马克思的好榜样》《我的教训》《在婚姻恋爱问题上要和资产阶级思想作坚决斗争》，《政法研究》1959年第5期的《新中国十年来婚姻家庭关系的发展》，《中国青年》1955年（总）第158期的《谈青年团组织在对青年进行婚姻恋爱问题教育中的几个问题》，《大众电影》1953年第4期的《关于婚姻问题的两部影片》，《前线》1964年第3期的《谈谈革命的恋爱观》等，使笔者详细地了解当时官方所倡导的婚姻观念和择偶标准。此外，还有近年来出版的一些刊物，如《党的文献》《兰台世界》《西城追忆》《中华魂》《北京纪事》《老年人》《老同志之友》《名人传记》等刊登的一些回忆性的文章，也为笔者写作本论著提供了参考。

3. 回忆录、传记

历事者本人及其子女或亲朋的回忆录也为作者研究本文起到重要作用。如《我和爹爹赵丹》[①]《红色家族档案——罗瑞卿女儿的点点记忆》[②]《郭小

① 赵青：《我和爹爹赵丹》，昆仑出版社，1998。

② 罗点点：《红色家族档案——罗瑞卿女儿的点点记忆》，南海出版公司，1999。

川1957年日记》《九死一生——我的“右派”历程》《炎黄痴子》《我嫁给了烈士遗孤——记罗西北的水电生涯》《钻石婚杂忆》《我的爸爸邵洵美》《倾听名人之后的讲述》及《梁思成传》《我的丈夫溥仪》等。① 这些回忆录的特点是从回忆者本人或家属、朋友的角度来叙述真实感受，可信度高，而且还附有照片，图文并茂，有很高的利用价值。但这类资料比较零散，需要点滴积累。

4. 文学作品、电影、戏剧

关于描述这一时期的文学作品、电影、戏剧有《无悔追踪》《我们夫妇之间》《李双双小传》《创业史》《登记》《小二黑结婚》《小女婿》《刘巧儿》等。由于文学作品是人类对具体历史事件进行层层分解和逐级抽象，存在本体历史学的成分，而且反映时代的共性和普遍性特征，所以各种文本所呈现的事件也可以作为笔者的论证和模型。

5. 口述史料

为了弥补公开发行史料带有政府舆论引导的不足，笔者除利用学长的口述史成果外，还做了一些访谈。因为“当事人大多还健在，很多口述者对这一时期的社会文化记忆犹新”。② 在口述中，笔者选择的访谈对象，更多的是普通人。至于访谈议题的中心，既调查婚姻情况也调查家庭状况，甚至关注他们的普通生活。访谈对象即使是名人或是某件重大事件中公认的代表人物，访谈议题也仍注重他的日常生活。这样不但可以弥补文献资料的不足，还可使口述史料和文献资料相互补充、相互印证，既有助于我们更接近历史的真实，又可使枯燥的历史研究借此变得鲜活、生动，增加可读性。

6. 文集

一些文集如《建国以来毛泽东文稿》《建国以来重要文献选编》《共和国五十年珍贵档案》《中国共产党八十年珍贵档案》《北京市重要文献选编》等，虽然没有提及婚姻的内容，但为本研究提供了宏观的历史背景。

---

① 分别见：郭小川著，郭晓蕙、郭小林整理《郭小川1957年日记》，河南人民出版社，2000；戴煌《九死一生——我的“右派”历程》，学林出版社，2000；郑闻慧《炎黄痴子》，中国青年出版社，2000；燕秋《我嫁给了烈士遗孤——记罗西北的水电生涯》，中国电力出版社，2001；周一良《钻石婚杂忆》，三联书店，2002；邵绡红《我的爸爸邵洵美》，上海书店出版社，2005；岩岩《倾听名人之后的讲述》，中国文联出版社，2005；窦忠如《梁思成传》，百花文艺出版社，2007；李淑贤忆述，王庆祥撰写《我的丈夫溥仪》，东方出版社，1999。

② 梁景和、王胜：《关于口述史的思考》，《首都师范大学学报》（社会科学版）2007年第5期。

7. 研究论著

迄今业已公开出版或发表的相关论著不仅有助于拓宽笔者的视野，激发灵感，而且作为本文研究的重要参照物，可以进行互相比较、分析，以便明晰其他地区情况，避免在区域研究中出现坐井观天的局限。

总之，以上资料可以从不同方面为本论文的撰写提供较为有力的论据，这为本论文的顺利完成奠定了良好的基础。

五 理论与方法

本研究是从婚姻制度与婚姻文化互动的角度来进行考察和研究的。笔者在借鉴前人研究成果的基础上，参考近年来国内外有关论著中的理论和研究范式。在第三章中用“价值内化理论”① 和“同类匹配”② 理论解释相近或者类似的异性更容易结为配偶，用“交换理论”③ 解释婚姻关系的形成。在第四章中用“婚姻市场理论”④（又称 SMI 理论）解释婚姻市场中存在的挤压现象及婚姻的成立过程。在第五章中用“社会比较理论”⑤ 解释个人对他

① 克拉斯沃尔（D. K. Krathwohl）和布卢姆提出“价值内化”是指，外在的价值观被个体接受的程度是可以变化的，接受的程度分为接受、反应、评价、组织、性格化五级水平。根据此择偶过程的“价值内化理论”认为，某一价值观会在社会化过程中内化于个体，这一内化的价值观就成为个体日后择偶的根据。相近的社会背景会产生相似的社会化过程和相同的价值观念，而这种过程和观念可以促进个体间的相互交流和相互理解，最终会转化为个体之间的相互吸引。

② 该理论认为，人们总是倾向选择与自己的年龄、居住地、教育、种族、宗教、社会阶级，以及价值观、角色认同等相近或者类似的异性为配偶。

③ “交换理论”可以追溯到英国人类学家 B. K. 马林诺夫斯基和法国社会人类学家 C. 列维 - 斯特劳斯的人类学研究。系统的“交换理论”是由美国社会学家 G. C. 霍曼斯结合心理学的有关理论与经济学的一些概念于 20 世纪 50 年代创立的。该理论认为，人的活动是商品，人们的社会活动就是旨在通过物质与非物质的交换来追求最大利润。由此来引申到择偶的“交换理论”则为：所有的行动者都会算计从他人那里接受价值及物力实用程度能否抵消他本人失去的物力和资本；所有的行动者之间都要算计以便使“得”超过“失”。

④ 该理论把择偶过程类比于交易过程，认为这个过程中存在寻找信息（searching）、匹配（matching）和互动（interaction）三个阶段，并认为未婚男女是市场潜在的交易伙伴，而优质的配偶是稀缺资源，所以这个市场的供求关系往往因为人口和社会原因而供求不平衡，因此男女双方都需要在婚姻市场付出相应的代价才能顺利找到配偶。

⑤ 该理论认为人们一般都通过与其他有关人的比较来评价自己，看看是否相同，是否于己不利，而且我们希望别人喜欢或接受自己而不是厌恶或拒绝自己。

人和自己的文化认同。在第六章中用“交换不均衡理论”① 解释婚姻的变异现象。用“择偶过滤理论”② 解释婚姻中的价值一致与互补关系。借助社会心理学理论分析婚姻文化中的“众从”和“从众”③ 现象分析民众的行为。并且在最后试图通过规范性社会文化理论为本研究作一个总结。

在方法上，第三章、第四章、第六章主要通过宏观与微观相互渗透，以定量分析和定性分析相结合的办法来分析择偶、恋爱和离婚的社会特征，第三章、第六章中通过总体与个案相结合、描述与实证相结合的办法来研究新中国成立十七年来北京市婚礼的特征以及婚姻发生变异的原因，力求把握调查资料的内在联系和规律性，并通过数据分析升华为理论认识。此外，从年龄（“30后”“40后”“50后”）、文化（文盲、半文盲、知识分子、高级知识分子）、阶层（工人、农民、干部、军人）职业构成差别的基础上进行分析比较研究，努力将婚姻文化、社会阶层、性别视角、法律实践、经济诱因、行政原则、基层策略等多个角度的内容糅合在文本的解读当中。

六　研究框架

本书共分八个部分。

绪论部分阐述选题的意义，梳理了国内外相关文献，对所用的资料作了简要分析，对一些概念做出界定，并且就研究思路、研究方法以及研究的难点与创新点予以说明。

第一章主要论述晚清时期和民国时期的婚姻制度及婚姻习俗，指出其特征，并对这一时期内婚姻文化变迁做出概述。

---

① 该理论认为婚姻是一个连续的过程，从择偶到建立家庭，男女双方处于一种交换状态。如果交换不均衡，婚姻中获得较多的一方常较依赖配偶并在日常生活中较顺从对方，而对夫妻关系中较少依赖配偶或相对缺乏兴趣的一方，更可能利用本身的资源影响家庭的决策。物质与精神上的重重压力，使得女性更容易接受男性的支配。因此女性也更容易放弃自己的权利。

② Alan Kerckhoff 和 Keith Davis 提出的“择偶过滤理论”主张在生命周期的不同阶段适用于不同理论，早期择偶阶段社会因素很重要，恋爱阶段价值标准一致更容易结为配偶。而婚姻的经营阶段则需要双方互补。

③ 法国社会心理学家 S. 莫斯科维克于 1966 年最早注意到群体中存在少数人对多数人的影响，即“众从”现象，认为社会影响一方面是少数人听从多数人意见，另一方面也存在多数人听从少数人意见。而“从众”是指个人的观念与行为由于群体的引导或压力，而向与多数人相一致的方向变化的现象。

第二章从《中华苏维埃共和国婚姻条例》《中华苏维埃共和国婚姻法》《晋冀鲁豫边区婚姻暂行条例》等入手，回顾中共苏区婚姻的演变和发展，并对苏联等社会主义国家婚姻法对中国的影响进行论述。在此基础上，尽量复原1950年《中华人民共和国婚姻法》颁布后国家的宣传和北京市民众的反映，并对1951年和1953年两次规模较大的宣传婚姻法运动进行描述，把当时行政体制的运作、宣传和实施过程中各阶层互动的实践列入考察的范围，分析它给民众的婚姻家庭状况和观念所带来的变化。

第三章致力于婚姻的起始阶段的研究，即民众的择偶情况。通过对择偶途径、择偶模式以及择偶标准的分析，发现不同群体间的人们的择偶状况。通过分析，笔者发现多数人是在群体范围内进行择偶的，其原因有多个方面，既有国家的因素，也有家庭和个人的因素。而且婚姻当事人在年龄和文化程度上具有相似性。这说明此种模式下结成的婚姻比较稳固。另外，笔者还对国家倡导的择偶观进行描述，以此略窥国家对私人领域的干涉程度。

第四章主要阐述恋爱方式在各个阶层的不同表现形式及特点，并分析了一种文化出现后，人们面对传统文化的破裂和新文化暂未建立时所产生的迷茫和困惑，以及国家在这种情况下采取的干预和引导措施。

第五章通过对婚礼日期的选择、婚礼仪式、婚礼参加人、婚礼中的各种象征性符号的分析，阐释婚礼在人们的社会活动中有哪些功能，并指出新的社会条件下，民众是如何对应国家制度和社会变迁的。

第六章涉及婚姻的变异，包括离婚、复婚和再婚。首先探讨了离婚的原因，并对这一时期档案资料所存的离婚案例进行了分析。继而分析了不同群体、不同年龄、不同结婚时间的离婚人群存在哪些特征。同时还通过档案材料对离婚案件的处理进行了分析，指出这一时期离婚案件存在哪些问题。在最后一节还对再婚和复婚进行了简要的阐述。

第七章主要对新中国成立“十七年”间的婚姻文化进行评析，并以规范性文化的形成及特征为本章做一总结。

七 难点与创新点

1. 难点

（1）在罗列大量事实的基础上进行理论提升。

（2）微观研究中抽取样本数量的确定。

2. 创新点

充分运用第一手资料，鉴于能得到大量的口述资料的优势，通过对一些已经熟知的事件和文化现象做出“民众的解释”，试图用“民众的声音”表述民众历史记忆和感受。写作当中努力将学术话语与民众话语并置，并力图将婚姻制度与婚姻文化联系起来，揭示社会结构变迁中婚姻文化的传承和演变。

第一章　晚清、民国时期北京的婚姻状况

本章主要考察中华人民共和国成立之前，北京市婚姻制度和婚姻礼俗具有什么特点，发生了哪些变化，以及对中华人民共和国的婚姻制度及婚姻文化产生了哪些影响。

第一节　晚清时期北京的婚姻状况

1840 年鸦片战争以后，中国被迫融入世界资本主义市场，在欧风美雨的浸润和冲击下，不少人开始反思和改革中国的婚姻制度。如 1911 年的《大清民律草案》，分为总则、债权、物权、亲属和继承五编。其中的“亲属编”即是调整婚姻家庭关系的法律规范。它引进了西方的婚姻理念，并按照德国“潘德克顿体例”[①] 模式，首次作为民法典的一编，在中国婚姻立法史具有重要意义。如第 1332 条规定：“男未满十八岁，女未满十六岁者，不得成婚。”“有配偶者不得重婚。”第 1339 条规定：“婚姻从呈报于户籍吏，而生效力。”[②] 妻子也拥有了一定的权利，如第 1355 条规定：“妻于寻常家事，视为夫之代理人。”第 1358 条规定：“妻于成婚时，所有之财产及成婚后所得之财产，为其特有财产。”虽然任命“夫有管理使用及收益之权”，但当“显有足生损害之虞者，审判厅因妻之请求，得命自行管理”。[③] 第 1368 条规定：“两愿离婚者，妻之财产仍归妻。”第 1366 条规定：“未及五岁者，母代任之。”离婚后，孩子的监护权虽然归父亲，“但审判衙门得计其子之利益，

---

① 法学上所说的潘德克顿体例的解释为：19 世纪中期以后，在德国围绕民法典的制定上，出现了潘德克顿法学派（强调罗马法是德国历史上最重要的法律渊源）。后来潘德克顿法学派按照罗马法的《学说汇纂》阐发的民法“五编制”体例，为德国民法典所最终采用。

② 杨立新主编《大清民律草案·民国民律草案》，吉林人民出版社，2002，第 171 页。

③ 杨立新主编《大清民律草案·民国民律草案》，第 173 页。

酌定监护之人”。第1369条规定呈诉离婚者，“应归责于夫者，夫应暂给妻以生计程度相当之赔偿”。[①] 并且婚姻当事人也有了一定的自由，如第1341条规定：“当事人无结婚意思”或者“因诈欺或胁迫而婚姻者，惟当事人得撤销之”。[②] 第1359条规定：“夫妻不相和谐而两愿离婚者，得行离婚。”[③] 可是，这些规定未来得及颁布清王朝就已灭亡。太平天国时期虽也曾进行过婚姻改革，并对延续几千年的婚姻制度造成了一定程度的冲击，但是随着其政权覆亡而未对清王朝的帝都——北京产生太大的影响。所以，晚清时期的北京，传统的婚姻文化仍占主导地位。

一　晚清时期北京婚姻制度的特点

第一，维护宗法制度，巩固等级秩序。

这一时期的婚姻秩序均以尊卑有序的伦理观念为核心。如不同等级间禁止通婚。有良贱不婚、士庶不婚、官民不婚等说法。在择偶时最突出的表现就是以男女双方家庭财产和门第（一般表现在阶级、阶层等方面）为基础的“门当户对”的婚姻。如《大清律例·户律》规定：“凡府州县亲民官任内娶部民妇女为妻妾者，杖八十。若监临官娶为事人妻妾及女为妻妾者，杖一百，女家并同罪。”“凡（文武）官（并）吏娶乐人妓者为妻妾者，杖六十，并离异（归宗不还乐工财礼入官）。若官员子孙应袭荫者娶者，罪如之，注册俟荫袭之日（照荫袭本职上）降一等叙用。”“凡家长与奴娶良人女为妻者杖八十，女家主婚人减一等……其奴自娶者罪亦如之家长。”[④]在慈禧太后于1902年通过的准许满汉通婚懿旨之前，满汉之间的婚姻也是受到限制的。[⑤] 民间也有“竹门对竹门，木门对木门”之说。在家庭内部，妻妾失序也要受到惩处，如《大清律例·户律》第103条规定：“凡以妻为妾者杖一百，妻在以妾为妻者杖九十，并改正。若有妻更娶妻者

① 杨立新主编《大清民律草案·民国民律草案》，第175页。

② 杨立新主编《大清民律草案·民国民律草案》，第172页。

③ 杨立新主编《大清民律草案·民国民律草案》，第174页。

④ 《大清律例·户律》，第115条，http：//eshuba.com/soft/30676.htm，最后访问时间：2011年1月12日。

⑤ 关于满汉通婚问题较为复杂，不同时期满汉的联姻政策有所不同。详见定宜庄《满族妇女生活与婚姻制度》（北京大学出版社，1999），在第七章“满汉民族的通婚”中有详细论述。

杖九十。"[①] 除了以上规定之外，在举办婚礼中也有严格的等级限制。同治至光绪年间，"婚丧用品，因官级高低而严格划分界线"。[②] 只有三品以上高官的轿夫才可穿带红点的绿色衣服，而一般官员的轿夫只能穿黑色衣服。迎娶的鼓乐手和灯笼数目也都有严格的限制，官员最多不超过 12 个，"普通百姓最多只能拥有 8 个"。[③]

第二，婚姻围绕家庭家族而展开。

我国古代家庭和家族是社会活动的中心，每一个人都被家庭和家族牢牢束缚着，在处理个人与家族关系的事务上，也均以家族利益为重，在婚姻方面亦是如此。"父母之命，媒妁之言"体现婚姻并非男女两性的私事，而是两个家族间的大事。《大清律例·户律》规定："嫁娶皆由祖父母、父母主婚；祖父母、父母俱无者，从余亲主婚；其夫亡携女适人者，其女从母主婚。"[④] 另外，婚姻的意义和目的主要是生育，以使宗族得以延续和扩大，"不孝有三，无后为大""夫婚万世之嗣也"均是孝道的表现。宣统二年(1910)，石印的《女子家庭模范》中也有"世人求妇，以育子持家为心；女子侍夫，亦以育子持家为主"[⑤] 之说。

第三，倡导夫权，维护男性本位。

夫妻之伦是婚姻伦理的主要内容之一，这首先表现在夫为妻纲、男尊女卑上面。妻子在家庭中没有独立的人格，更没有参与社会事务的权利，她们只能在家庭中承担繁重的家务，而且妻子侍从丈夫也被视为天经地义的事情。民间俗语"嫁鸡随鸡，嫁狗随狗"就是这一表现的生动写照。其次还表现在有妻更娶上面。虽然法律禁止多妻，但并不禁止纳妾。在离婚方面，七出、义绝、和离以及呈诉离婚均体现对夫权的高度遵从。

二　维新思想家的婚姻主张

戊戌维新时期是中国近代思想的萌芽时期，维新思想家的婚姻主张既源

---

① 《大清律例·户律》，第 103 条，http://eshuba.com/soft/30676.htm，最后访问时间：2011 年 1 月 12 日。

② 北京市档案馆：《婚丧仪品业调查总结》，档案号：22－10－79。

③ 转引自〔德〕罗梅君《北京的生育婚姻和丧葬》，王燕生等译，2001，第 233 页。

④ 《大清律例·户律》，第 101 条，http://eshuba.com/soft/30676.htm，最后访问时间：2011 年 1 月 12 日。

⑤ 转引自毛信真《透视围城——婚姻行为的经济学分析》，http://bbs.cenet.org.cn/html/board92523/topic8342.htm，最后访问时间：2011 年 1 月 12 日。

于对近代以来中国的历史现状的反思，又源于西方思想文化的启迪。其主要内容主要包括以下几点。

第一，批判“三纲”，倡导男女平等。

“三纲”之一即“夫为妻纲”。维新思想家认为“三纲之说之中于人心也，已至于不可救药……以夫为妇纲，而奴隶伏于床笫”。“贱儒为此谬说，且诬为圣人之制作，以蛊惑天下。”① 在批判“三纲”的同时，维新思想家分析了男尊女卑的社会根源，认为社会压迫妇女、歧视妇女、残害妇女并非由于妇女在生理上和才智上不及男子，而完全是由专制制度、宗法制度和封建礼教造成的。以致在经济上“女子二万万，全属分利，而无一生利者，惟其不能自养，而待养于他人也，故男子以犬马奴隶畜之，于是妇人极苦”。② 提出男女应该完全平等，“男女中分，人数之半，受生于天，受爱于父母，匪有异矣”。③ 指出中国要救亡图存、兴国智民，就须解放女性，使女性与男性享有平等的政治地位、经济地位和社会地位。以康有为、梁启超、谭嗣同等人为代表的维新派，第一次将妇女问题作为一个社会与文化问题明确提出来，并且以禁止缠足、兴办女学和提倡妇女参政来发动妇女运动，以期实现女性身体和思想的全面解放。

第二，批判包办婚姻，倡导婚姻自主。

维新运动时期，一批先进思想家批判包办婚姻，认为这是近代中国人不平等、不自由、不独立的表现，是野蛮恶习且违背人性。正如维新思想家所说：“不得自由之事，莫过于强行牉合，夫夫妇为终身之好，其道至难，少有不合，即为终身之憾。”④ “本非两情厢愿，而强合，漠不相关之人，絷之终身，以为夫妇，夫果何恃以伸其偏权而相若哉？实亦三纲之说苦之也。”⑤ 关于婚姻自主，维新思想家提出了夫妻择偶判妻，皆由“两情相愿”。大同世界男女婚姻“皆由本人自择，情志相合，乃立合约，名曰交好之约”。“异趋者许其别约而改图”。⑥ “天既生一男一女，则人道便当有男女之事。既两相爱悦，理宜任其有自主之权。”⑦ 在倡导结婚自主的同时也倡导离婚自

① 伤心人：《说奴隶》，《清议报》第69册，1901年1月11日。

② 梁启超：《变法通议·论女学》，华夏出版社，2002，第17页。

③ 梁启超：《戒缠足会叙》，《中国近代史资料丛刊·戊戌变法》（四），上海人民出版社，1957，第431页。

④ 康有为：《大同书》，中华书局，1956，第136页。

⑤ 《谭嗣同全集》（增订本）下册，中华书局，1981，第235页。

⑥ 康有为：《大同书》，第164～167页。

⑦ 《实理公法全书》，《康有为全集》第1集，上海古籍出版社，1987，第281页。

主。“夫妇不合，辄自离异，夫无河东狮吼之患，妻无中庭相哭之忧，得人道自立之宜，无终身相缠之苦。”① 即是维新思想家对离婚自由的主张。

第三，批判了早婚、守节和索取高额聘礼等陋习。

关于早婚的陋习，维新思想家指出：“（早婚）所生之子女，饮食粗弊，居住秽恶，教养失宜，生长于疾病愁苦之中，其身必弱，其智必昏，他日长成，必有嗜欲而无远虑，又莫不亟亟于婚娶。于是谬种流传，代复一代。”② 关于女性守节的陋习，维新派指出其违背了人道主义的精神。康有为认为，寡妇守节有四大害：“一，苦寡妇十年之身，是为害人；二，绝女子天性与生育之事，是为逆天；三，寡人类孳生之数，是为损公；四，增无数愁苦之气，是为伤和。”所以，寡妇守节“万不可行”。③对于因索取聘礼而造成的人人争相竞奁的奢靡之风，维新思想家主张婚姻礼仪应该简单化。如谭嗣同认为“无论家道如何丰富，总以简省为宜，女家不得丝毫需索聘礼”，“女家置备嫁奁，亦应简省，男家尤不得以嫁奁，遽存菲薄之意”，“古礼既然不适于今，能依大清通礼固亦可矣；有时不能不从俗从宜，总择其简便者用之”。④

维新思想家的这些具有斗争性和批判性的主张推动了传统婚姻文化向近代的转变。但这些主张仅仅在一些维新思想家当中出现，并未在当时社会生活中得到普及，而且绝大多数女性的婚姻观念还没有达到自我解放的程度。由此可见，婚姻文化改革的艰巨性和复杂性。

三　晚清时期的婚礼

晚清时期的北京主要存在着两种形式的婚礼，即汉俗婚礼和满俗婚礼。清代入关以后，满族风俗传入北京，经过长期的文化融合，除几点显著的区别外，满汉之间的婚俗大致趋同。

1. 汉俗婚礼

与注重排场的官场派满俗婚礼相比，汉俗婚礼更注重传统的礼仪制度。这种特征体现在婚礼各个环节当中（见表 1－1）。

---

① 康有为：《大同书》，第 138 页。

② 《保种余义》，《严复集》第 1 册，中华书局，1986，第 87 页。

③ 康有为：《大同书》，第 159 页。

④ 《谭嗣同全集》（增订本）下册，第 396～397 页。

表 1－1　晚清时期的汉俗婚礼

阶段		内容
提亲		男女到了结婚年龄，“则父母晤年长之戚”或托职业媒人为其子女寻找配偶（以双方家庭的社会地位、经济状况的“门当户对”为原则）
说媒		媒人打听、对比双方的情况；如果相当，男方家庭会托媒人向女方家提亲，如果对方同意，媒人会作为证人写入婚姻契约并作为上宾参加结婚仪式和订婚仪式
议婚		两家互换八字帖；请算命先生测算男女婚姻当事人的命相是否相配，如匹配则进一步测算订婚、送聘礼、过嫁妆和结婚的时间，甚至具体到新娘上下轿和夫妇拜天地的地点和方向
相亲		一般是在男女双方各自家庭中进行，男女当事人不直接见面，也不正式介绍给客人；相亲的目的主要是看男女各自的品貌和家庭环境
放小定		男方家要给女方家送一些首饰和食品，首饰主要包括一枚银戒指或一枚包金戒指和一对包金耳环，食品主要有茶叶和大馒头；数目和品种按品级来划分，但要成双；婚约生效后，如想解除非常困难①
放大定		男方家准备肉汤面、烧酒和八道菜，然后由全福太太（即丈夫健在、儿女双全的女性）带队，男方的母亲或姑姑至少有一人作为代表前往女方家送礼；主要有双绒花、银镯子、两枚戒指和各色食品；亲友人数依礼物多少而定，但必须成双；新娘家重要女眷要迎接，上茶敬烟；新娘要低头羞怯，表示恭顺谦和
婚前		女方大定之后要留在家中做针线活或刺绣，为将来做妻子和儿媳妇做准备；不再参加娱乐活动，而且要避开和男性的接触，甚至是男性亲友
婚礼	过礼（婚礼前几天）	结婚时间多为二月到八月的双数月份；在迎娶前几日，男方家给女方家送龙凤帖，请求女方家允许完婚；此帖具有正式婚书的功效，又是全部仪礼的规划；具体到上下轿、拜天地时间和方向，结婚线路以及送亲人的属相等； 女方家同意后，即回复“谨遵台命”的字样，并送上女方婚礼服装尺寸和一些小礼物，如糕点等；男方家也会备礼物，一般为一鹅一酒，上层社会有的人家会送一对鹅；食物一般为八抬或六抬，多为龙凤饼、茶叶、干鲜蜜饯、果品、猪腿、羊腿、活鲤鱼、烧酒、衣物首饰等；衣物一般是八套或六套冬夏装，材料有皮、棉、单、纱、蟒袍、玉带、凤冠、霞帔等；首饰包括翡翠、金银、珠宝、戒指、耳环和头簪等，规模不等，主要看男方家庭状况；礼品会由男方眷中一两位全福太太带队，送至女方家；女方家会以三元饼、水晶糕、尺头靴帽和文房四宝作为回礼；事后女方人家把猪羊腿送给媒人，龙凤饼和果品分给亲友。这既是通报女儿出嫁的消息，又是发出邀请之意；分食过龙凤饼和食品的亲友要为出嫁的姑娘“添箱”；添箱的礼物多为衣服、化妆品、鞋、手套等 收到龙凤帖后，亲友会请姑娘吃“上轿饭”，与女伴亲友话别，因为婚后如果没有经婆婆的允许，是不能随便出去探访亲友的

① 如《大清律例·户律》第101条规定：“写立婚书依礼聘嫁若许嫁女已报婚书及有私约而辄悔者笞五十。”“其应为婚者虽已纳聘财期约未至而男家强娶及期约已至而女家故违期者，笞五十。”

续表

阶　段	内　容	
婚　礼	婚礼前一天（过嫁妆）	结婚前一天女方家派一人带着垃圾铲清扫新郎的房间，并整理第二天要用的物品；新郎家准备礼仪用具，如酒壶和四只酒杯等；结婚前夜新娘沐浴，其母亲或其他女性长辈会为她讲一些为妇之道以及性方面的知识 迎娶前一晚或当天，女方雇用绿衣（或红青衣）者戴皂帽，顶插红翎，把嫁妆送到男方家；包括男方送来的妆奁，亲朋“添箱”赠送礼物，以及新娘父母给的陪嫁；后两者为女方个人财产；嫁妆以抬数计，多少依财力而定
	婚礼第一天	男方家人到祠堂献酒祭祖 喜轿未到女方家之前，娶亲太太先到新娘家帮新娘开脸梳头 备绣彩凤和牡丹花的花轿，迎亲队伍出发，包括抬灯笼和仪仗的执事（如清道飞虎旗及肃静、回避等牌）、吹鼓手和4~8位娶亲者（新郎不去迎亲） 新娘家大门关闭，乐队在门外吹奏，等候吉时，甚至得“与门包”（约十枚铜钱）才能进入 新娘父亲到家祠祭拜祖先，新娘在闺房祭拜祖先 女方家请两位双全妇人帮新娘穿“五紫衣”*、蟒袍和凤冠 上轿之前新娘给父母叩头行礼，父母教诲女儿为妇之道 新娘由父亲或叔父抱到轿子上，娶亲太太和送亲太太分乘红轿和绿轿随行 新娘轿子到新郎家门口，以铜钱数十枚撒与门内，即撒“满天星”，并放鞭炮 跨过木炭火盆，以除去新娘之前的火性，也带有兴旺的意思 新娘在轿子里吃苹果，下轿前由一位漂亮姑娘给擦粉点脂 喜堂供寿星牌位，新郎分别向喜堂和喜轿一拜 娶亲太太、送亲太太扶新娘下轿，两个十一二岁女孩为伴姑，新娘脚踏红毡子不能着地 新娘入喜堂，夫妻交拜 请亲友中老年双全者以喜杖击新人头部，祝词 鼓乐齐奏，由亲友中十岁以内的男孩执烛前导送新夫妇入洞房 新夫妇坐幛，全福太太两人以汤丸、水交替喂新娘和新郎 夫妇饮交杯酒 赞礼人念喜词，并向幛中撒干果 新郎用祝寿之杖掀盖头，新郎随赞礼人退出 全福太太为新娘施粉黛 新夫妇拜祖祭灶 新娘“坐幛”期间吃“子孙饺子”、闹洞房

续表

阶段		内容
婚礼	婚礼第二、三天	新娘送上作为处女佐证的白麻布巾 新娘拜灶王爷和其他神灵，一般为观世音菩萨和财神爷 新娘拜祖宗牌位 到全家面前“分大小”；新夫妇跪拜长辈，辈分小的跪拜新夫妇 新夫妇或新娘单独去上坟磕头；上层社会还有去祠堂进行祭拜的 “会新亲”即娘家的主要代表如祖父母、父母、叔叔、姑姑、婶婶作为贵宾受到婆家的款待
	婚礼第四天	新夫妇“回门” 新郎在岳父家吃团圆饭，祭拜祖宗、“分大小” 午饭前新夫妇离开
	婚礼后数天	新婚夫妇到男方亲戚家里拜访；新娘由婆婆领着拜访，新郎单独与男亲戚交往；婚后第 9 天或第 18 天，女家的女亲眷带酒、茶叶、糕点和肉类拜访男家的女眷；婚后数天或一个月后娘家来接新夫妇，并在娘家过夜，称“住对月”

* 紫棉袄、紫裤、紫围腰、紫裤带、紫腿带。

参考资料：中国第二历史档案馆《北京民间婚姻礼俗》，《民国档案》1994 年第 3 期；〔德〕罗梅君《北京的生育婚姻和丧葬》，王燕生等译，中华书局，2001。

2. 满俗婚礼

满族入关后，从顺治皇帝开始就已经崇尚汉族文化了，其后一直不断地经历着同化与融合。老北京的婚礼习俗正是融合了满汉婚俗文化而成的，如纳彩、问名本是汉族的风俗，后来成为老北京的婚俗。又如喜轿进入男方家后要经过火盆、马鞍并对轿射箭，后来汉族人也采纳。在满汉习俗互融的同时，在某些方面仍保存着各自固有的特点，如满族人在结婚前数日不许无关者进入洞房。满族的合卺礼有萨满跳神、祝神祝颂，这些是汉族习俗里所没有的。满族婚礼的主要程序见表 1－2。

表 1－2　晚清时期的满俗婚礼

阶段	内容
提亲	多由亲友或女佣“说媒”；之前要写好“门帖”，包括哈拉、穆昆、学历、经历、功名、现任职务、有何世职及男女生辰属相等内容，如相符，两家交换庚帖
小定	男家备包有玉质或银质的小如意荷包一对送往女方家
大定	男方家备首饰、如意等送女方家，一般为六抬或八抬

续表

阶 段	内 容
过 礼	迎娶前 10 ~ 20 天，男方家去女方家送龙凤帖、酒和鹅（其中鹅是效法汉俗）；送给女方的衣服有红棉袄、红裤子等，此外还要送荷包和如意；女性在出嫁前一月要由家中一位年长的太太陪同禀告祖宗，称“开锁礼”
过嫁妆	婚前一日把女方所有妆奁送男方家
迎 娶	迎亲时，轿子为大红喀喇呢官轿，而且不允许空着，一般由一位八九岁的押轿童子坐着去新娘家 新郎到新娘家不马上下马，要等岳父给压腰钱，然后小舅子来牵马；进屋时走靠东台阶并献上野鹅行叩头礼，而且不能立刻进屋见新娘 离开时给岳父叩头“谢亲”，走靠西的台阶 所用带“喜”字角执事 6 ~ 42 对不等，鼓手多寡也不等，一般视财力而定；鼓手、执事所穿之衣一般为红、绿、青三种 女方左手执金、右手执银，由哥哥或叔叔抱着上轿；娶亲太太和送亲太太乘轿车（大鞍车） 轿子到男方家轿子须经过瓶、马鞍、火盆等 新郎向轿虚发三箭，以去“煞气” 新娘下轿，红纱遮面，足不着地 在司仪的指点下，新娘新郎行合卺礼或拜天地，夫妻各手捧一束香，行一跪三叩头礼 司仪一般由亲友中熟谙礼仪的人担任 新娘新郎入喜堂，新郎用秤杆将新娘的红面纱揭去 与新娘属相相犯者无论亲疏均回避 新娘坐定的对面须贴红“喜” 全福太太为新娘“开脸”*、梳龙凤形头即“上头”，改变发型，表明已婚 新郎新娘喝交杯酒，吃黄白二色米饭及插有刀的羊后臀，满语谓“养乌赤”，再吃“子孙饽饽” 送亲人与新郎退席，新娘独坐；洞房外有萨满跳神为新夫妇祈福 送新娘装有五谷和金银锭的“宝瓶”（合卺礼后或婚后第三天，新婚夫妇要把瓶中的东西倒入口袋里） 喜宴主要有酒和八大碗肉菜如“四喜丸子”“米粉肉”等；以“封汤”结束酒席，女客一般把红包放在盘中 新郎为送亲太太斟酒，称“栏门盅” 新郎新娘单独在一起，吃长寿面或宽心面 若续娶之妻，新娘须拜床，以防先妻魂灵骚扰
婚 后 第一天	新娘之母或姨姑为新娘“开脸”，如娘家人未至，则男方家人为新娘“开脸” 娘家人来，新娘下地，抱柴拜帘，即“三日入厨”之意；然后拜祖先、父母、亲友 亲眷入门时，新郎须跪门口敬酒三杯，然后两亲家互相道喜，行圆饭礼；新郎按桌叩拜敬酒，新亲离开时，新郎也要敬酒

续表

阶 段	内 容
回 门	婚后 4～6 天，新夫妇一般在子夜时分回门，因为新人不能看到屋上的瓦；新娘先行，新郎后至；新娘先避席，新郎吃完离开后，新娘在日落前回去
回 酒	新夫妇回娘家后的三日或九日内，再次“归宁”；新娘住娘家大概一月，称“住对月”

* 又称绞脸，由全福太太用新镊子、五色丝线或钱币去掉新娘面部的汗毛，剪齐额发和鬓角的仪式。

参考资料：中国第二历史档案馆《北京民间婚姻礼俗》，《民国档案》1994 年第 3 期；张蕾《满汉传统婚礼习俗的研究》，《才智》2010 年第 11 期；〔德〕罗梅君《北京的生育婚姻和丧葬》，王燕生等译，中华书局，2001。

通过表 1－1 和表 1－2 对汉俗婚礼和满俗婚礼程式的描述，我们看到清代婚礼的短暂过程却包含着生老病死整个人生礼仪中，具有以下特征。

第一，程序烦琐，花费巨大。

在整个婚礼过程中，男方家都要尽可能地准备更多的物品。20 世纪初，北京郊区挂甲屯一带迎娶的规格如下：新娘花轿一顶，迎娶太太和返程时送亲太太的轿子一顶，分别由 4 位轿夫和 1 名轿头来抬。还有 20 名吹鼓手、9 副锣鼓和 20 名执事。[①]（见插图 1－1）有的人为了在公众面前显示地位和权势，把贵重的物品尽情地展示给路人。林语堂在《京华烟云》中描绘宣统元年姚木兰的嫁妆如下：

插图 1－1　晚清时期行在胡同的婚礼乐队

资料来源：刘鹏《老北京的婚姻风俗》，《北京档案》2008 年第 11 期。

① 1908 年崇文区合顺轿局主要物品及数量：轿子 4（抬），大鼓 24（个），大号 2（个），鼓架子 3（个），轿圈子 4（个），花车 3（辆），鼓圈 3（个），顶珠 4（颗），高凳 3（条），红绸 2（匹），扇 3（把），筛镜 2（面），铜锣 3（面），大褂衣 58（件），套裤 24（条）（参见北京市档案馆藏《东四、东单、西四、西单、前门、崇文、宣武、朝阳区 1956 年婚丧仪品业租被业基本情况卡片》，档案号：67－1－23）。

下午三点钟光景，木兰的嫁妆开始陆续到来。除去新郎这边派去的八个人去迎接嫁妆的，新娘那边也来八个陪送嫁妆的。嫁妆是分装七十二抬，一路敞开任人观看的。按先后顺序是金、银、玉、首饰、卧房用物、书房的文房四宝等物，古玩、绸缎、皮毛衣裳、衣箱、被褥。

送嫁妆的行列吸引了好多群的观众，把东四牌楼的交通阻塞了好久，没有看见这个送嫁妆的行列的女人，都以失去看北京最大的嫁妆行列，而觉得错过了眼福……他父亲给木兰花五千块钱备办嫁妆，古玩还不在内，那些古玩有些是无价之宝呢……每一抬有两个人抬着，较为贵重的珠宝、金银、玉器，都用玻璃盒子罩在上面……一个金如意（是一种礼器，供陈设之用），四个玉如意，一对真金盘、龙镯子，一对虾须形的金丝镯子，一个金锁坠儿，一个金项圈，一对金帐钩，十个金元宝，两套银餐具，一对大银瓶，一套镶嵌银子的漆盘子，一对银蜡台，一尊小暹罗银佛，五十个银元宝；一套玉刻的动物，一套紫水晶，一套琥珀和玛瑙（木兰自己的收藏品），一副玉别针、耳环、戒指儿，一个大玉压发，两条头上戴的大玉凤，一个大玉匣子，一个小玉玛瑙匣子，一个旧棕黄色玉笔筒，一对翡翠镯子，一对镶玉镯子，两个玉坠儿，一尊纯白玉观音有一尺高，一颗白玉印，一颗红玉印，一支玉柄手杖，一尊玉柄拂尘，两个玉嘴旱烟袋，一个大玉碗，六个玉花水晶花瓣的茶杯，两个串珠长项链，一副珍珠别针，一副珍珠簪子、珍珠耳环，珍珠戒指、珍珠镯子各一个，珍珠项饰一个。然后是若干个古表铜镜，若干个新洋镜子，福州漆化妆盒子，白铜暖手炉，白铜水烟袋，钟，卧房家具，扬州木浴盆，普通的便器。再随后而来的是文具、古玩，如檀香木的古玩架、古玩橱、凳子、古砚、古墨、古画，成化和福建白瓷器，一个汉鼎，一个汉朝铜亭顶上的铜瓦，一玻璃盒子的甲骨。再随后是一匣子的雕刻的象牙，再往后是十大盒子的绸、罗、缎，六盒子的皮衣裳，二十个红漆箱子的衣裳，十六盒子的丝绸被褥，这些一部分是新娘自用的，一部分是赠送新郎的亲属，作为新娘的礼物。①

对女方家人而言，因为阔绰讲究的嫁妆能为女方家庭争来颜面，提高声望，同时也能保证女儿在婆家有较高的地位。所以，有的人家为了保住颜

① 林语堂：《京华烟云》（上），作家出版社，1995，第322~323页。

面，为女儿置办好嫁妆而不惜举债。还有的人家不得不租赁用过的嫁妆来充当门面。“各个多少还有一点财产的阶层为了能保住面子、名声和现有的财产，都想通过女儿的嫁妆——哪怕是借来的、租赁的——达到自己长远的经济利益。为此公开展示自己的财富和与新的姻亲建立友好和休戚与共的关系都是实现这长远目标的必不可少的手段。”①

大户人家在举办婚礼期间还要唱一天或几天的堂会。亲朋好友参加婚礼时要准备礼金，礼金的数量取决于两家的交往程度。但一般不少于通常的标准。否则会使某一方失去面子，甚至会中断正常的交往。

> 送礼也不一样。一般的叫 GONGHUI（音译），还有一个 BAIQIAN（音译）。参加 GONGHUI（音译）吧，就是你给我上多少，我给你回礼，也给你上多少，叫随份不随礼。但 BAIQIAN 不上帐（账）。100 块、300 块、500 块不等。这个钱不上帐（账）。比如俩（两）人挺好的，但有穷富啊，如果 BAIQIAN（音译）给不起，好像俩（两）人就不能见面啦。②

在结婚礼俗的实践上，平民百姓和上层社会之间没有本质的区别。只是由于财产和社会地位的不同而在数量和质量上有所差别而已。

第二，家庭利益至上，漠视个人利益。

从最初的提亲阶段开始，男女双方家庭首先要权衡的是对方家庭所拥有的物质资本和社会地位，其次才是对男女个人信息的关注。新郎和新娘虽是婚事的主角和诸多礼俗的承受对象，但整个婚礼过程是由双方家长来组织和筹划的。而且婚礼的规格不是按新郎的身份而是按家长的身份来定的。特别是上层社会，其联姻可能会扩大家庭势力范围和交际范围。所以布尔迪厄认为，“婚姻策略客观上在于保护和扩大家庭拥有的物质资本及象征资本，它不仅与继续策略相关联，而且还与生育策略、教育策略相联系，构成了一套生物的、文化的和社会的再生产策略系统。这种再生产策略是策略的总和，通过它，个人或家庭巩固并努力提高其在社会结构中的位置而再生产某种生产关系”。③

第三，儒家伦理规范贯彻于婚姻缔结的整个过程。

婚礼的举办过程中处处体现着儒家伦理规范。首先是婚姻以家族为中

① 〔德〕罗梅君：《北京的生育婚姻和丧葬》，王燕生等译，第 196 页。

② 笔者的访谈：M 先生，1927 年生，籍贯北京。

③ 转引自孙淑敏《农民的择偶形态——对西北赵村的实证研究》，社会科学文献出版社，2005，第 31 页。

心，如婚前送到女方家的礼物中，有一部分要用作祭祖的供品。在迎娶前，新郎先要到祠堂祭祖，新郎的父亲要向祖先供奉烧酒并行礼。结婚的首要任务是为传宗接代服务，如枕头套上绣“麒麟送子”图样。嫁衣里的兜肚，绣着行房图样。“上头”后要戴上两朵抱着南瓜男孩图形的绒花，以表达早生贵子的祝愿。“送子”礼俗中娶亲太太会把从女方家偷来的“子孙饽饽”递给新娘和新郎，问“生不生”？即“生不生孩子”的谐音。新郎和其他在场者要回答“生”！枣、花生、桂圆和栗子，放在一起表示“早生贵子”的祝愿。种种祈求生育的象征物，一再重复地表示婚姻是为家族延续后嗣服务的。婚礼中表现儒家伦理规范的另一个特征是，在喜宴上不仅男女不同席，而且宾客的座次是由亲戚关系的远近和宾客的社会地位决定的。

第四，女性受到限制和歧视。

新娘在整个婚礼过程中要受到种种限制。首先要保证身体的贞洁。因此，不出门、不与男人接触便成为新娘防范贞操的主要措施。婚前三天新娘不正常进餐，只吃婆家带来的干果等食品，意味着涤除净化的意思。如果婚后发现新娘不是处女身，会遭到各方的歧视与非议，甚至还有可能遭到男方的遗弃。而且在婚礼一整天，她连厕所都不能去。在“坐幛”的礼俗中，新娘子要低头不语，以表示温顺谦和，甚至还要在闹洞房的礼俗中遭到同辈男性的调戏。整个婚礼过程中新娘都是孤立无援的，只能被动地服从。

尽管在婚礼中有娶亲太太作为男家代表，送亲太太作为女家代表争夺盖头这一环节，即双方争着把盖头摆放到对自家有利的位置上去。娶亲太太把盖头放在地下预示着新媳妇地位卑下受压制，而送亲太太争着把盖头挂在高处，象征着提高新娘在婆家的地位；或者是新郎和新娘争盖头，如果新郎抢过来坐在身下，表明妻子以后会怕他，如果妻子提前抓住，表明丈夫日后就会怕妻子；但是婚礼中种种环节终究还是改变不了女性从属于丈夫的命运。新娘“过门”之后，彻底解除了对原来家庭的义务，开始承担起为人妻、为人儿媳妇的新义务。

第五，接纳一个新人时的种种恐惧。

从择偶开始一直到婚礼结束，婚姻礼仪中都夹杂着神秘和可怕的成分。如请算命先生测算生肖是否相克，并选择吉祥的时辰和方向进行活动。去接新娘之前，男方家要请一位父母双全的男孩“压炕”。在洞房里敲锣，大声拍巴掌以消除妖邪；新郎父亲或娶亲太太点燃九炷香“熏轿”，同时还用镜子照射轿内四角以驱邪；新娘离开娘家，在去往夫家的路上要避开庙宇和水井，同时还要避开孕妇、寡妇及与新娘新郎属相相冲的人出入洞房或出席婚礼；红盖头是新娘从娘家到婆家必备的物品，用来防止被打扮得漂亮的新娘在下轿时被精灵冲撞。婚礼中的唢呐和鞭炮也用来帮助祛除邪气；新娘月经期间不宜结婚，以免给全家带来灾祸；新郎不随迎亲队伍走，而且必须在新娘回来之前赶回家中，回家路上千万不能碰到花轿，以防轿子旁的妖魔会盯住他不放。新娘胸前要挂一面镜子，镜面要朝外，以避邪。轿子不走原来的路线，谓之“不走回头路”，否则会引发早逝。新娘要迈过放在洞房门槛上用红头绳捆扎的木炭火盆以驱邪。有的还请一位男孩坐在轿子里手持一把水壶放在新娘的红盖头上。新娘“坐幛”时要马上脱鞋，据说穿着鞋“坐幛”会克公婆。吃团圆饭时新娘要坐在靠西边的位子上，新郎要坐到东边的位子上。新媳妇在“回门”时，一定要在黎明前回赶到娘家，因为她不可看到房上的瓦。也不能见与她属相相冲的人。

第六，对美好生活的祝愿和期盼。

在恐惧的同时，举办婚礼也带着美好的期盼与祝愿。如送的礼物要成双成对，以表示夫妻百年好合。插到新娘头上的双绒花代表荣华富贵，银镯子代表金玉满堂或白头到老。满族人家还会给新娘一个如意，代表吉祥如意。大定时带队送礼的人和结婚时收拾婚床的人是由丈夫健在、儿女双全的全福太太来完成的。挂在洞房里的长命灯要通宵点燃，并用小孩辫子上的红头绳作灯芯，以表达多子多孙的愿望。五谷和金银锭的“宝瓶”是财富的象征。铺床时四角放四个苹果，是平安的祝愿。希望吃了宽心面，心里宽绰；吃了长寿面，生命绵长。

第七，短暂的性闹剧。

清朝末期特别是在汉族人当中，不仅在新人吃团圆饭时，而且当新娘坐在炕上时，新郎的同辈或晚辈会讲一些猥亵性笑话，甚至会去触摸她，在一个礼法甚为严格的空间里，显然逾越了男女交往的禁区。但在婚礼这一天，两性接触上的严格限制和性的忌讳可以被打破。而且还以“三天不分大小”“越是胡闹才显得热闹”等说法来解释这种违反社会道德规范的举止。“阿斯考把这种习俗解释为对年轻女子自持力的考验，当她在这些粗俗的暗示面前不动声色时，她就会被认为具有符合社会期望的妇德，有自我控制能力。而且还证明今后她会是能忍让和宽容的女人。”罗梅君认为，“对于这种‘胡闹’的男性参与者来说，他们这些旨在要弄和贬低新娘的‘攻击’和‘挑逗’是针对所有女性的。男人们感到女性以性吸引力和生育子女的能力为控制和威胁他们的资本，他们在玩笑中以发泄对这两者的攻击作为一种乐趣，并证实他们有制伏和驾驭女子的威力。这一切在喜事中又以热闹和喜庆吉祥的说道给掩饰起来了”。[①] 除此之外，笔者认为，在礼法甚严的社会里，这种活动可以让未婚男子借用这个时机接触到异性，以使得生理欲望得到一定程度的满足和发泄。所以，即使是那些甚懂礼法的男性也乐意去完成这项“使命”。

总的来说，在晚清时代的北京，无论是吸纳了婚姻礼俗的婚姻制度，还是规范与诠释了婚姻制度的婚姻礼俗，都体现了儒家礼教的准则和秩序。婚姻礼俗的短暂实践表达了人们对美好生活的向往以及对无法预测的疾病和灾难的恐惧。这一时期的婚姻制度和文化方面也有了趋新之势，如维新思想家对婚姻陋俗的批判以及提出的婚姻改革主张，对推动婚姻文化和制度的变革都起了推动作用，但是对其革新的范围以及程度都不能估计过高。正如有人所回忆的那样，“20 世纪初十年，北京出现了照相、西餐馆、公园、电影、时装新戏、体育运动会、马戏表演等新的餐饮娱乐方式，甚至还有了整容等新行业，引得‘贵胄名族联翩而至’。但是，新的生活方式在数量上并不占优，真正大众化的娱乐活动还是抖空竹、放风筝、斗蟋蟀、养鸽子、养鸟、听京戏、玩票……李声振丙戌（1886）年间辑录的《百戏竹枝词》所述游戏活动除‘影戏’内容不甚了了外，其余全部是旧式玩好”。[②] 可见，没有经济基础的变化及政治变革的成功，社会文化的转变是不易发生的。

第二节　民国时期北京的婚姻状况

一　婚姻制度的改革

中华民国成立后，司法部颁发的《中华民国暂行民律草案》，其体例条文与《大清民律草案》相似，“实际上就是《大清民律草案》的翻版”。[③] 直

① 〔德〕罗梅君：《北京的生育婚姻和丧葬》，王燕生译，第 207 ~ 208 页。

② 汪康年：《汪穰卿笔记》卷二，上海书店，1997。

③ 肖爱树：《20 世纪中国婚姻制度研究》，知识产权出版社，2005，第 134 页。

至北洋政府时期，依旧宣称援用清末的民事商法规，明确规定："前清现行律关于民事各系，除与国体及嗣后颁行成文法相抵触之部分外，仍应认为继续有效。"[①] 1914年，北洋政府法律编查馆开始修订民律草案，1915年编成《民律草案》，史称"第二次民草"。1925年《民国民律草案》起草工作全部完成，史称"第三次民草"。但正值北京政变不久，国会被解散，尚未正式颁布。1926年，司法部通令各级法院将其作为法理引用。与《大清民律草案》相比，《民国民律草案》具有进步意义。

第一，规定更为详尽。

单从数量而言，与只有38条的《大清民律草案》相比，70条的《民国民律草案》对婚姻之成立、婚姻之无效及撤销、婚姻之效力、离婚等有了更为详尽的规定。比如在"婚姻之成立"中专门对"订婚"一项进行了详细的规定，涉及婚约的效力，婚约的解除等方面。"结婚"一项中还专门增加了再醮一条。在"婚姻之效力"一项，对"夫妇财产制"作了详尽的规定。

第二，妻子的法律地位有所提高。

《大清民律草案》给予女方一定的权利，在其基础上，《民国民律草案》对妻子在家庭事务和财产方面的权利有了更为明确的规定，如第1120条规定，夫妻日常的共同生活事务中虽然"由夫主持"，但是"如系夫滥用职权，致妻受有侮辱或损害之虞者，妻无遵从之义务"。[②] 而且妻子在财产方面也有了一定的管理权和自主权，如第1125条规定："妻得夫允许为一种或数种营业者，在其营业范围内，对于一切营业事务，有自由处决之权。"第1138条规定："夫于管理开始时，须即开具特有财产清册，交付于妻，并因妻之请求，有定期开具清册及随时报告管理情形之义务。"[③]第1141条规定："夫以妻之名义借债，或让与特有财产，或以其特有财产供担保或增加重大负担者，须得妻之同意。""妻欲处分其特有财产，夫无正当理由不与允许，而妻能证明其处分为有利益者，无须经夫允许。"[④] 第1127条还规定："妻不经夫允许，得自立遗嘱。"[⑤]

---

① 北洋政府司法部：《司法公报》第三次临时增刊，1915年10月30日；转引自肖爱树《20世纪中国婚姻制度研究》，第134页。

② 杨立新主编《大清民律草案·民国民律草案》，第353页。

③ 杨立新主编《大清民律草案·民国民律草案》，第355页。

④ 杨立新主编《大清民律草案·民国民律草案》，第356页。

⑤ 杨立新主编《大清民律草案·民国民律草案》，第354页。

第三，照顾无过失一方的原则。

《民国民律草案》第1155条规定：起诉离婚中“无责任之一方，对于有责任之一方，得请求损害赔偿或抚慰金”。[①] 第1156条还规定：“不问离婚原因，无责任之一方，因离婚而陷于非常贫困者，他之一方纵亦无责任，应按其资力，对彼方给以相当之抚养费。”[②]

1930年12月南京国民政府颁布了《中华民国民法》，其中的“亲属编”既继承了《大清民律草案》以来历次民法草案“亲属编”的立法成果，又吸取了大陆法系如德国、日本、瑞士等国家的民法“亲属编”和英美法系以及苏俄婚姻家庭法的立法理念。正如“亲属编草案”呈文中所称：“其编制兼采大陆、英美两派之长，仿最近苏俄、瑞士等国民法之先例。”[③] 它具有如下特点。

第一，男女婚后保持各自独立的人格，各自有独立的财产义务。这在一定程度上表现法律上的男女平等关系。如第1040条规定：“共同财产关系消灭时，除法律另有规定或契约另有订定外，夫妻各得共同财产之半数。”第1044条规定：“分别财产，夫妻各抱有其财产之所有权、管理权及使用收益权。”[④] 与之前的夫妻一体主义相比，这种夫妻别体主义的取向不能不说是个进步。

第二，采用了世界上较先进的罗马法亲等制（罗马法亲等制是种计算法）。从立法技术上来看，《中华民国民法·亲属编》承续了清末以来中国法律近代化的步伐，在清末及北洋政府时期立法成果的基础上，大量借鉴了近代西方资本主义各国的亲属法，尤其是德国民法典和日本民法典的亲属法。在体例上有章、节、款、目、条5个层次，全编共7章，达171条之多。对亲属分类及亲等计算、婚约、结婚条件及程序、夫妻财产制、离婚条件及程序、父母子女关系、未成年人及禁治产人之监护、扶养、家制、亲属会议等问题做了详细的规定，内容相当细致完备。对直系血亲、旁系血亲、姻亲等亲属分类作了明确的界定，并且使用了大量言简意赅、措辞精当的术语，有些规定甚至走在了当时世界的前列，这一方面反映了20世纪初期中国经济、政治、文化的发展与进步，另一方面也体现西方婚姻立法理念对20

① 杨立新主编《大清民律草案·民国民律草案》，第357页。

② 杨立新主编《大清民律草案·民国民律草案》，第358页。

③ 谢振民编著《中华民国立法史》下册，中国政法大学出版社，2000，第750页。

④ 谢振民编著《中华民国立法史》下册，第779页。

世纪中国的渗透和冲击，以及中西文化进一步融合的趋势。这些法规有一定的超前性，在当时的社会条件下还不可能完全贯彻，但是对促进婚姻制度和婚姻文化的改革起着重要的引导作用。

二　新社会阶层[①]对传统婚姻的抨击和修正

中华民国成立后，在经济变动、政治运动和文化革新的背景下，封建专制制度受到了猛烈的抨击。特别是五四运动时期，民主思想更是成为一支不可抗拒的潮流。新社会阶层的部分人士开始提出新式婚姻，以民主、平等、自由、爱情和社会责任的名义对宗法制家庭的传统婚姻提出批判。这对破除封建婚姻制度产生了深远的影响。其内容主要体现在以下几个方面。

第一，抨击包办婚姻，强调婚姻自由。

新社会阶层对以双方家庭的社会地位作为择偶的前提条件提出抗议。1934 年，潘光旦在对北京大学学生的民意测验发现，男女更注重的是对方的品行，"家庭出身的重要性在男性被调查者中占第 7 位，在女性中占第 8 位"。"男性的选择标准依次为健康、教育、擅长家政、好的容貌和良好的举止、性关系上的贞节、家庭出身、经济状况、母性的慈爱和嫁妆。"女性择偶的标准为"品行、健康、实际能力、教育、性关系上的忠贞、外表良好、经济状况、家庭出身、父性的慈爱和家庭财产"。[②] 新社会阶层还批判了以家族为中心的婚姻观念，认为婚姻的目的不是繁衍后代，而是男女双方以爱情为基础的结合。夫妻之间是一种平等和睦的生活伴侣关系，如果夫妻之间缺乏感情可以通过离婚来解除，这种观点为当时的青年知识分子所倡导。

第二，在强调个体作用的同时，指出婚姻对国家和社会应承担责任。

20 世纪 30 年代社会学家麦惠庭详尽地论证了婚姻对国家对种族的重要性。他强调婚姻成立后的首要任务不只是繁衍后代，"而是应通过养育'健康的国民'来使国家和民族的未来以及一个健康的种族的延续得到保证"。[③] 其他还有一些人用西方的优生学、人种学、人口论等证明这种观点。

---

① 主要是指在经济和社会地位都不依赖于传统的家庭经济，且接受过教育的知识分子、执政者和国家机关职员。这类人主要包括民族资产阶级、知识分子（包括留学生）。

② 转引自〔德〕罗梅君《北京的生育婚姻和丧葬》，王燕生等译，第 248 页。

③ 转引自〔德〕罗梅君《北京的生育婚姻和丧葬》，王燕生等译，第 248 页。

第三，强调简单朴素的新式婚礼。

新社会阶层如麦惠庭等人提倡举行种简单而经济的茶话会式的结婚典礼。[①] 在城市的新社会阶层中，这种思想不仅只是提倡而且还得到了贯彻。继 1924 上海举办第一次集团婚礼后，北京也开始组织集团婚礼。并随着国民党提倡的新生活运动而使之得到更有力的推广，以之来减轻家庭开支和对国民经济无益的费用。还有一部分人有意识地彻底拒绝了传统的家庭权威，如北京有些大学的学生，穿着便装，在没有结婚证书和喜庆装饰的情况下，在少数朋友的圈子中举行了婚礼。这属于极个别现象，在当时并不占主流。

第四，强调女性的自由与解放。

这一时期，传统的“三纲”和“三德”等受到了冲击。在新文化运动中，几百种白话文刊物纷纷面世。《新青年》是新文化运动中的一个重要刊物。知识分子大量翻译西方书籍，茅盾在 1920～1925 年间曾就婚姻问题翻译了 160 多篇文章。胡适和罗家伦共同翻译的《玩偶之家》在当时产生了巨大反响。鲁迅在《娜拉走后怎样》一文中指出，“在目下的社会里，经济权就见得最要紧了”，强调女性的经济独立的重要性。他在《我之节烈观》中，批判了儒家贞节观对女性的压抑和束缚。陈独秀在《孔教与现代生活》一文中，竭力呼吁“尊重妇女的个性和权利是目前社会进步的实际需要”。[②] 反对单方面要求妇女贞洁、寡妇自杀的孔教。除了这些男性的文学作品外，冰心等一批女性作家也开始崭露头角，在婚姻爱情问题上发出女性自己的声音。如陈衡哲发表了《一个著名作家》《傍晚的来客》《旅行》《隔绝》等一系列作品，表达了女性对封建包办婚姻的反抗，以及对婚恋自由的追求。

第五，一部分人开始进行改变旧式婚姻的实践。

五四时期，新社会阶层的婚恋也呈现明显的时代特点，他们的婚姻中出现了传统与现代的撞击。鲁迅、郭沫若、徐志摩等人不得不接受父母包办的婚姻，但他们后来又在追求爱情的同时，否定和背叛了传统的婚姻观念。这一代人处在这样一个过渡时期，他们一方面追求新潮的婚姻，另一方面又受到传统的压制，陷于传统与现代的痛苦挣扎之中。在整个社会还处于旧式婚姻观念的包围之下，这些新上层人士所倡导的婚恋自由和对传统道德的反抗犹如大海中的孤舟、夜空中的孤星。可见，婚姻改革步伐的艰难性和曲折性。

---

① 即举行一个茶会，由新人介绍恋爱经过，然后吃茶点，最后主持人宣布散会，新夫妇离去。

② 转引自刘文明、刘宇编著《性生活与社会规范：社会变迁与多元文化视野中的性》，武汉大学出版社，2006，第 150 页。

这一时期，一部分女性也开始自觉地挣脱封建专制的牢笼，一些受过教育的女子甚至采取了独身主义。有的女性自发地挣脱束缚，在经济方面和人身方面争取独立。如 1920 年初，北京女子高等师范学校的学生缪伯英、张人瑞等人呼吁“处黑暗家庭，受种种束缚”的青年妇女，“本互助精神，实行半工半读”，参加女子工读互助团。同时筹款 400 元，在北京东安门北河沿 17 号开始活动，成员每天工作 4 小时，主要从事织袜、缝纫和刺绣等方面的工作。其中有逃婚的女学生李欣淑和易群先。面对种种严酷的现实，这个女子组织的工读互助团在维持了一段时间之后就宣布解散，但它反映出女性自发争取婚姻自由与独立的愿望，具有一定的进步性。

三　民国时期的婚礼

民国时期的北京，主要有两种结婚方式；一种是按照传统方式来举办的婚礼形式，这往往在农民和城市下层人群中比较普遍；另一种是新社会阶层提倡的“文明结婚”或集团婚礼，这种结婚仪式由个人、家庭和国家共同主导，个人作为社会成员的作用开始凸显。

1. 旧式婚礼的改革

针对新社会人士对传统婚姻礼俗的改革，旧上层人物也做出了回应。1915 年，翰林院研究礼仪机构的顾问曹元璧说：“过去几年中出现了不少十分离奇的谬误之说，摧毁了人伦的关系和义务。”① 并竭力希望通过一些规则来扭转这一衰败的过程。1928 年，张鸿从“六礼”出发，依据《大清通礼》和朱熹的评注，补充了十条礼仪。其中也包括一些当时已开始流行的交换戒指等做法。还有人在 1927 年提出婚丧仪礼的新规范，如以鞠躬代替磕头等。总的来说，旧上层人物认为，对传统礼法规则的破坏是社会衰败的表现，在此后的几年中，他们致力于按照传统模式去建立一个新的规范体系，试图把对礼仪的“正确”解释，列入新的法典之中。然而“流水落花春去也”，随着社会的变化，严格按照传统的婚姻模式来举办一场婚礼已成为一去不复返的历史。

在上层人物的对传统婚礼进行改革的同时，普通老百姓也在日常生活中改革传统的婚姻礼俗。民国时期，人们为节省时间和金钱，尽可能把婚礼压缩或集中在一起完成。例如清代的“送礼”是先送婚书，再送聘礼，在民国时期两者是放

① 〔德〕罗梅君：《北京的生育婚姻和丧葬》，王燕生等译，第 241 页。

在一天进行的。清代的“回门”是在婚礼第四天进行，而且是新婚夫妇分头出发，到民国时期特别是在农村，多是新夫妇同时被接回去。城市有些人为了节省时间，在结婚当天就“回门”。下面是笔者有关这一时期婚俗的采访记录。

访谈一：M先生，1926年生，籍贯河北，1938年来京，1945年由父母包办结婚。

采访者：您记忆当中解放前北京的婚礼有什么特点？

受访者：解放前，有钱人（的婚礼）就（办得）复杂，没钱人（的婚礼）就（办得）简单。有钱人家八抬大轿，这席那席位的。没钱人家走一块去就算结婚了。

采访者：有去饭店吃饭吗？

受访者：一般不去饭店，有钱人家也不去，就是在自己家里头搭一个席棚，请厨师来做。看院子的大小，吃完一拨再吃一拨。用的是八仙桌，一桌八个人。一头两个。那时候喝白酒或者喝黄酒。

访谈二：夫妻二人，妻子，1928年生，籍贯北京；丈夫，满族，1930年生，籍贯北京。

受访者：北京老式的结婚（仪式），就看你有钱没钱啦！有的相当讲究，陪嫁完了这边要送，那边要送，但那只是少数；穷人多，仪式比较简单。

访谈三：M先生，1937年生，职业为工人。

受访者：见个面，不能当面问，远远的告诉你是哪个人，互相看看，也不说话，互相满意后递个帖。

可见，民国时期的人们已不再按照传统的严格程式来举办婚礼了。而且少数男女当事人特别是女性有了相对的自由。“比较好的是男女双方能对相对看，男女双方能在婚前会见一面。”[①] 而且，婚礼中的“坐幛”已经不大流行，城市中的新媳妇给婆家长辈跪拜叩头的礼仪大多已改为按辈分和年龄长幼依次敬茶。

2. 新式婚礼

新式婚礼是相对于传统婚礼而言的，指的是西方的婚礼仪式。近代以来，

① 北京市档案馆：《（1951年）第十一区一九五一年婚姻工作总结》，档案号：9－1－114。

国人对西方婚姻习俗的关注最初源于洋务运动。如在张德彝、郭嵩焘、王韬等人在其游历欧美时的记录中就曾提及西方的婚礼。另外，西方传教士也在报纸上发表文章介绍西方的婚俗，抨击中国婚姻中的陋俗。这些都推动了西方婚姻文化在中国的传播。1930 年的《中华民国民法》规定，“妇女有平等的继承权，在法律上与男子平等”。有的女性还进入学校读书，毕业后在社会的公共领域中从事秘书、教职员等工作，进而从家庭的封闭状态中走了出来。另外，20 世纪 30 年代和 40 年代的内战和抗战，使得一些正值结婚年龄的青年大量频繁地迁徙流动，这种流动使得他们解除了对家庭的义务和对家庭权威的绝对服从，从而使她们有可能自由地选择配偶，这对于摒弃传统的婚姻礼俗也起到了积极的推动作用，同时也为他们举办新式婚礼提供了可能。

（1）“文明结婚”（见表 1－3）。

表 1－3　“文明结婚”仪式程序

阶　段	内　容
前期准备	新娘、新郎及其家长分别邀请各自的亲朋好友
结婚日期	一般选择双月份或双日
庆　典	饭店门前饰以国旗，宾客胸前戴纸做的大红花 六位轿夫把轿子从轿行抬到饭店，或以轿车代替，然后再去迎娶新娘 客人品尝酒菜或观看展示的礼品 父母及两位年轻的伴娘陪同新娘到来 新郎到门口迎接新娘 走在红色地毯上，客人抛掷彩色纸屑，乐队演奏《婚礼进行曲》 新娘到饭店顶层房间，由新郎家中的年轻长辈为她梳头
庆　典	进入挂满喜幛、对联和红色小旗的房间举行仪式；由新郎家长主持，新娘的父亲，双方的媒人坐在左边，同时邀请一位相识的知名人士担任证婚人 证婚人讲话 司仪宣布主婚人讲话 司仪宣读婚约条文，同时宣读附在上面的嫁妆清单 新郎新娘向长辈鞠躬，互相鞠躬，向客人鞠躬 主婚人讲话 新郎新娘讲话，交换戒指 燃放鞭炮 朋友表示祝贺 开始婚宴，新郎新娘依次敬酒 婚宴后新夫妇乘坐汽车离开饭店

参考资料：〔德〕罗梅君《北京的生育婚姻和丧葬》，王燕生等译，中华书局，2001。

1947 年袁永熙与陈琏就是以“文明结婚”的方式举办婚礼的（见插图 1－2、插图 1－3），其过程简述如下。

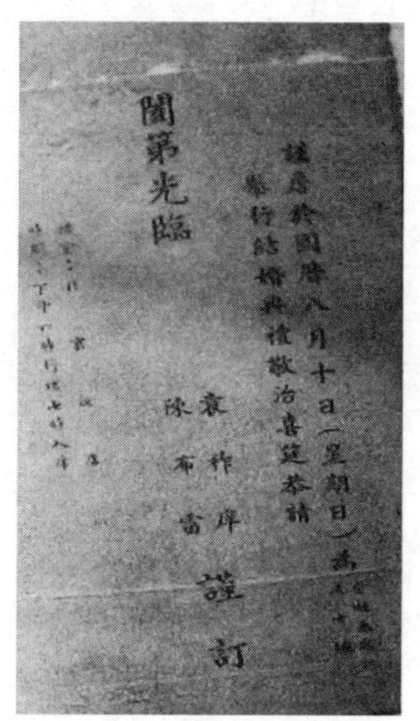

謹詹於國曆八月十日（星期日）為
舉行結婚典禮敬治喜筵恭請
闔第光臨
袁祚庠
陳布雷
謹訂

插图 1－2　1947 年袁永熙与陈琏的结婚请柬

图片来源：谷斯涌《两代悲歌——陈布雷和他的女儿陈琏》，团结出版社，2006，第 215 页。

插图 1－3　1947 年陈琏与袁永熙的结婚照

图片来源：谷斯涌《两代悲歌——陈布雷和他的女儿陈琏》，第 215 页。

1947 年 8 月 9 日、10 日，北平最大的报纸《华北日报》一连两天，第一版的头条广告，是则醒目的结婚启事。内容是：袁祚庠为舍侄永熙、陈布雷为次女琏结婚启事，订于 8 月 10 日在北平六国饭店结婚，敬告诸亲友。参加者中“有的西装革履，有的长袍马褂，也有的身着威武的戎装，其中有许多文化界、金融界以及北平军政机关的头面人物，如胡适、成舍我、胡政之、丁履进等等”。因为“一个月前，陈布雷刚被加封为‘总统’的‘国策顾问’，又肩负极重要的中央宣传小组召集人的重任，他的女公子喜结良缘，自然会有大批高朋贵宾光临致贺”。

1947 年 8 月 10 日“下午 4 时，六国饭店的大厅里响起了《婚礼进行曲》，所有的彩灯亮起来了，新娘戴着亮闪闪的头饰、披着拖地的纱裙，新郎穿了笔挺的燕尾礼服，戴着黑缎领结。他俩由男女傧相陪同，从大厅前部的侧门，沿着红地毯徐徐前行，前面有男女孩童各一人引路。当新娘、新郎缓缓行进时，各色的纸花似彩色的雪雨纷纷扬扬地洒落在他们的头顶、两肩和身上”。主婚人是上海申报馆的第一号人物陈训。证婚人是北平市长何思源。“婚宴开始。嘉宾、贵客依次在两排长桌的两边入座，用的是西餐”。①

（2）集团婚礼（见表1－4）。

表1－4　集团婚礼仪式的程序

阶　段	内　容
前期准备	双方递交申请并写明各自姓名、年龄、居住地、通信地址、家庭出身、职业及出生年月日、时辰、家长姓名、主婚人与申请人的具体关系，双方婚史、订婚的时间、地点、介绍人姓名及通信地址
庆　典	铜管乐队奏《洛亨格林》曲子，警察组成防护线，群众在线外观看 全体新娘手持花束，穿浅红色服装，戴浅红网状面纱排成一队走向新郎 全体新郎穿蓝色长袍、黑色马褂、戴红色徽标 新娘从西侧、新郎从东侧拾阶而上，走进圆形前厅 证婚人在舞台等候，舞台由红色和金色装饰，上面写“百年之喜” 每次两对新人同时从左侧和右侧上台，站在悬挂着中华民国国旗、中国国民党党旗和孙中山像前 司仪宣布新人分别向孙中山像、中国国民党党旗和中华民国国旗鞠躬三次 新夫妇相互鞠躬 向证婚人鞠躬 新夫妇领取结婚证书和镌刻着李树花纹的银盾 新夫妇再次相互鞠躬 所有夫妇上台完成以上仪式后，成对排列，由仪仗队手执灯笼引导走出大厅

参考资料：〔德〕罗梅君《北京的生育婚姻和丧葬》，王燕生等译，中华书局，2001。

通过以上婚礼程序，我们看到，与传统的结婚仪式相比，“文明结婚”和集团婚礼（见插图1－4）的仪式趋于简单化。特别是取消了关于占卜星相等神秘的成分。除此之外，民国年间的新式婚礼还具有以下特征。

第一，婚礼呈现新旧杂陈、亦中亦西的局面。

除了极少数人是完全按照西方婚礼（见插图1－5）的仪式举办婚礼以外，还有很多人并不完全按照西方婚礼仪式来举办婚礼，而是将传统婚礼与新式婚礼合二为一。比如有的人家以汽车取代轿子使新娘完成少女到妻子的

① 谷斯涌：《两代悲歌——陈布雷和他的女儿陈琏》，第215页。

插图 1－4　1935 年集团婚礼

资料来源：刘鹏《老北京的婚姻风俗》，《北京档案》2008 年第 11 期。

过程。或以深色眼镜代替红盖头。新娘可以穿红色嫁衣或白色婚纱，新郎可以穿中式长衫或西装（见插图 1－6 和插图 1－7）。这种新旧交错的局面还可以从当时婚礼租赁业务的物品上看出来。在表 1－5 中，我们看到，这一时期租赁的婚礼用品中既有传统的花轿、宝瓶、宫灯等物品，又有彩车、洋鼓、洋号等现代化的婚礼用品。插图 1－5、插图 1－6、插图 1－7、插图1－8 也反映了此种现象。

表 1－5　民国时期北京市婚礼租赁业项目清单

名　　称	地　址	开业日	业务内容
和顺轿铺	东　四	1915 年	服装 94（件）、喜轿 1（抬）、大鼓 3（个）、大号 2（个）、喇叭 2（个）、广锣 4（个）、帅镜 3（面）、大扇 1（件）、宫灯 4（盏）、宝瓶 3（个）、小合子 4（个）、八把启 8（个）、鹅匣 4（个）
艺　　宫	西　四	1915 ~ 1943 年之间	彩车 1（辆）、礼服 4（件）、乐队服装 9（件）、乐器洋鼓 3（个）、洋号 2（个）
新新商行	西　单	1943 年	男大礼服上衣 7（件）、男礼服裤子 1（条）、女缎子礼服 29（件）

资料来源：北京市档案馆藏《婚丧仪品业租被业基本情况卡片》，档案号：67－1－23。

插图 1 –5　民国时期穿西服的新郎和穿婚纱的新娘

图片来源：刘鹏《老北京的婚姻风俗》，《北京档案》2008 年第 11 期。

插图 1 –6　民国时期中西结合的婚礼（1）

图片来源：刘鹏《老北京的婚姻风俗》，《北京档案》2008 年第 11 期。

插图 1 –7　民国时期中西结合的婚礼（2）

图片来源：刘鹏《老北京的婚姻风俗》，《北京档案》2008 年第 11 期。

插图 1－8　20 世纪 30 年代的迎亲队伍

图片来源：刘鹏《老北京的婚姻风俗》，《北京档案》2008 年第 11 期。

第二，女方的地位有所提升。

传统婚礼仪式中的新娘处于一种被动服从、孤立无援的境地，在新式婚礼中，新娘与新郎是一种平等的关系。如女方的父母可以参加婚礼；结婚契约由新娘新郎和双方父母共同签字；司仪宣读婚约条文的同时还要宣读附在上面的嫁妆清单。因为嫁妆是新娘的财产，新郎虽然有使用权，但不能转为其他财产。“文明结婚”中，新娘不仅可以在婚礼上公开讲话，而且还要和新郎挨桌为客人敬酒或敬烟敬茶，与传统婚礼中新娘一整天“坐帷”的礼俗形成巨大反差。

第三，家长的权威受到遏制，国家意识形态介入婚礼之中。

新式婚礼基本是建立在双方家庭和婚姻当事人共同赞成的基础之上，而且国家意识形态开始介入婚礼当中。无论是“文明结婚”还是集团婚礼都反映出结婚不只是对家庭负责，同时也应对国家和社会负责。如“文明结婚”要在饭店大门前饰以国旗，集团婚礼中的各种仪式更是表现浓厚的国家色彩，新夫妇要在挂着的中华民国国旗、中国国民党党旗和孙中山像前鞠躬三次，取代了在传统的“天地桌”前的磕头。政府部门的代表参与婚礼当中并承担了家长的部分职责，如市长送新夫妇李树花纹银盾作为礼物。当然双方家长及介绍人也要出席，以表示该桩婚姻得到了家庭的支持。这种个人、家庭和政府共同参与的局面，在很大程度上遏制了传统的家庭权威。民国时期的新社会阶层在婚姻的改革实践中已经或多或少地实现了新式结婚理念，但是我们也应看到，举办这种婚礼的当事人中，其家长多属于社会中的上层人士，虽是一场新式婚礼，但主办者和决定者有的仍是以家长为主，如陈琏和袁永熙的婚礼，完全违背了婚姻当事人的意愿。“以她（陈琏）的心愿，就想把自己的婚事办得平民化、简单化。但因为是陈布雷的女儿，所以不能够‘享受’这种自由。”①

总之，民国时期，国家对婚姻制度的改革又迈出了一步。既吸收了近代以来历次民法草案“亲属编”的立法成果，又吸取了大陆法系诸如德国、日本、瑞士等国家的民法“亲属编”和英美法系以及苏俄婚姻家庭法的立法理念。各项规定详尽具体，而且开始注重男女的独立人格以及妻子在家庭中的财产、地位和权利。这不能不说是一个巨大的进步。在经济变动、政治运动和文化革新的社会背景下，这一时期还出现了受过高等教育并有相当经济能力的“新上层人士”。这部分人追求人格的独立和个性的解放，强调经济、理性地举办婚礼，点燃了反对传统婚姻文化的星星之火，而且国家出于经济方面的考虑也提倡举办新式婚礼，越来越多的人开始接受和认同这种新的仪式。这表明传统的以家族和男性为中心的婚姻观念开始衰落，继而出现的是国家、个人、家庭三者“分庭抗礼”的局面。尽管这一时期婚姻礼俗有了很大的改变，但由于缺少意识形态的合法背景和权力干预，因此出现一种“雷声大雨点小”的局面。无论在时间上、地域上，还是在社会各个阶层中的婚姻文化的变革都是不平衡的，既具有地域的差异性也具有身份的差异性。城市中的新上层人士在婚姻实践当中更为趋新和超前，而在广大下层劳动人民当中特别是农村地区，家庭的利益和势力仍占主导地位，这一部分人的婚姻实践仍以传统的规格为主。如“在京郊农村中青年们的婚事多由父母做主，本人不得过问，在订婚前后，一般女方公开向男方要彩礼（现款），结婚仪式上一般是用花轿、搭棚、办事、请客、铺张浪费。”② 可见婚姻文化改革的曲折性和艰难性。

本章小结

晚清时期和民国时期，国家对婚姻制度的改革迈出了一大步。在继承传统的同时，又吸收了其他国家先进的立法理念，具有一定的超前性。但鉴于当时的实际状况，难免会出现与现实相脱节的问题。晚清时期的北京，无论

---

① 谷斯涌：《两代悲歌——陈布雷和他的女儿陈琏》，第216页。

② 北京市档案馆：《（1951年）第十一区一九五一年婚姻工作总结》，档案号：9－1－114。

是从婚姻制度方面来看，还是从人们的文化观念方面来看，多数人还是遵照着传统的婚姻模式。民国时期，执法机关并没有坚决彻底地贯彻执行国家制定的婚姻政策，而是采取一种极度妥协的态度。这使得新的婚姻制度和婚姻观念并没有得到切实执行和改变。当然，与晚清时期相比，民国时期由于社会经济、政治的变动以及文化的革新，人们的思想有了更进一步的解放，特别是新环境下出现的新阶层，他们抨击旧的婚姻制度，并身体力行参与婚姻文化的改革实践，成为婚姻文化改革的先驱和楷模。但由于缺乏婚姻近代化的坚实基础，他们的行为犹如大海中孤舟、夜空中的孤星。传统的生活方式仍然深深地根植于民众的意识形态之中，并强烈地影响着人们的行动。

蒋贤平先生认为：法律制度的意义“主要在于引导人们的认同和接受制度本身展现出的价值观念和法律理念，正因为现实的落后才更需要先进理念作为引导”。“只有法律事先提供了一定的行为规则，人们才能根据规则作出适当的行为调整和选择，这才是法与人们行为之间的时序逻辑关系。”① 这不禁会令我们反思法律在多大程度上引领理念的变化这个问题。因为晚清和民国时期，法律规定和社会事实基本是不对称的。笔者认为，制度对文化的影响取决于多个层面，既与经济基础有关，也与政治变革的程度有关，因为没有经济基础的变化及政治变革的成功，社会文化的转变是不易发生的，当然这也与人们的经历、受教育程度、所处的社会地位以及生活境遇有关。

① 蒋贤平：《论南京国民政府 1930 年离婚法》，http：//www. china1840 - 1949. com/modern/shownew. asp? NewsID = 53，转引自肖爱树《20 世纪中国婚姻制度研究》，第 183 页。

第二章　新式婚姻制度的建立

新中国的婚姻制度是中国共产党在不断的革命实践中形成和发展起来的。革命根据地时期，许多地方通过了改革婚姻制度和解放妇女的法令，在借鉴苏联婚姻模式的基础上制定了男女平等、婚姻自由、一夫一妻、保护妇女和子女利益的原则，将斗争的矛头指向“男尊女卑”“三从四德”的封建主义，以全新的视角构建了新民主主义所倡导的婚姻模式，为新中国的婚姻文化改革奠定了基础。

第一节　革命根据地的婚姻立法

一　苏联的婚姻立法内容

十月革命后，苏维埃政府于1917年12月颁布了《关于解除婚姻关系》和《关于民事婚姻、子女及户籍登记》的法令，这标志着苏维埃婚姻家庭立法史的开端。1918年苏维埃政府又颁布了《苏俄婚姻、家庭及监护法典》。在其基础上，1926年通过了《俄罗斯苏维埃联邦社会主义共和国的婚姻、家庭及监护法典》（以下简称《法典》）。这两个法典是世界上最先使婚姻立法脱离了民法而成为独立体系的法规。1947年修改的《苏联宪法》第14条“明确规定了家庭立法的单独存在，要求苏联最高苏维埃负责制定关于婚姻与家庭的立法原则，而不应把它包括在将要制定的苏联民法之内”。[①] 这种将婚姻法以单行法典的模式予以立法的编制方法，为后来一些社会主义国家包括我国所模仿和遵循。苏联的婚姻家庭法之所以成为独立的体系，基于其以马克思主义理论为指导和为公有制的社会制度服务的理念。因为民法主要是

① 李秀清：《新中国婚姻法的成长与苏联模式的影响》，《法律科学》2002年第4期。

与财产有关，而在社会主义制度下，财产虽然对家庭有影响，但不是公有制社会中家庭的主导。因此与婚姻、收养及血统等为主要对象的家庭法独立于以财产为主的民法。关于苏联家庭婚姻的立法内容见表2－1。

表2－1　苏联的婚姻立法内容

<table>
<tr><th>项　目</th><th>内　容</th><th>出　处</th></tr>
<tr><td rowspan="3">结婚条件</td><td>婚姻是夫妻自由与自愿的结合</td><td rowspan="2">1926年《法典》第4条</td></tr>
<tr><td>已达法定婚龄，一定范围的血亲禁止结婚，一定范畴的疾病禁止结婚</td></tr>
<tr><td>一夫一妻制</td><td>1936年《苏联宪法》第122条</td></tr>
<tr><td rowspan="2">夫妻平等关系</td><td>双方婚姻当事人各有选择职业的完全自由；管理家庭事务的办法，应由双方协议之</td><td>1926年《法典》第9条</td></tr>
<tr><td>妇女在经济、国事、文化和社会政治生活等各方面均享有与男子平等的权利；女子与男子平等获得工作、劳动报酬、休息、社会保险及享受教育等权利；夫妻得就财产问题，依法许可的方式，自由订立契约</td><td>1936年《苏联宪法》第13条、第122条</td></tr>
<tr><td rowspan="3">登记制度</td><td>不准许已与他人有婚姻关系的人再申请婚姻登记</td><td>1917年《关于解除婚姻关系的法令》</td></tr>
<tr><td>结婚须在户籍登记机关登记</td><td>1926年《法典》第2条</td></tr>
<tr><td>因破坏一夫一妻制而发生的婚姻无效</td><td>1945年修改后的《法典》第6条</td></tr>
<tr><td rowspan="4">保护妇女和儿童的原则</td><td>一切强制妇女结婚及诱拐妇女使其结婚的行为均被视为氏族旧习惯残余的刑事犯罪</td><td>1936年《苏联宪法》第122条</td></tr>
<tr><td>国家补助多子女的母亲以及单身母亲，妇女在产前产后赋予保留原薪之休假，普遍设立助产院、托儿所及幼稚园</td><td rowspan="2">1936年《禁止堕胎法》</td></tr>
<tr><td>国家对孕妇、多子女母亲及单身母亲增加补助，扩大对母亲及儿童的保护，设立“英雄母亲”光荣称号，设置“荣誉母亲”勋章及“母亲奖章”的命令</td></tr>
<tr><td>规定禁止堕胎，增加对产妇的物质帮助，规定国家对多子女母亲的帮助</td><td>1926年《苏俄刑法典》</td></tr>
</table>

续表

项　目	内　容	出　处
保护妇女和儿童的原则	强迫妇女结婚的，或者强迫妇女继续有婚姻关系的，同居的，或者抢夺妇女以便结婚的，判处2年以下的剥夺自由	1926年《苏俄刑法典》第197条
	保护非婚生子女的合法权益，赋予非婚生子女享有与婚生子女同等的权利	
离婚制度	适用单一的诉讼程序；离婚的效力涉及子女的抚养及离婚后的救济、俄联邦的离婚救济以扶养费的形式给付	

参考资料：李秀清：《新中国婚姻法的成长与苏联模式的影响》，《法律科学》2002年第4期；《中国妇女》1950～1956年刊载的文章。

二　革命根据地婚姻立法内容

婚姻制度的改革是中国革命事业的重要组成部分。早在新文化运动时期，陈独秀、李大钊、毛泽东等人就对传统的婚姻制度进行了猛烈的抨击，认为传统婚姻制度弊端的根源在于社会制度。所以中国共产党成立之后，婚姻问题成为发动思想革命和妇女解放运动的一个主题。国共合作时期，在中国共产党的推动下，工农革命所到之处，传统的婚姻制度受到不同程度的冲击。但是中国共产党对传统婚姻制度的改革进行到法律层面上，则是在1927年大革命失败后创建革命根据地时期。当时，随着各地革命政权的建立，许多地方通过了改革婚姻制度和解放妇女的法令。受苏联婚姻立法的影响，大都将婚姻法视为一个独立的法规（见表2－2）。

表2－2　革命根据地时期的婚姻立法

时　期	婚姻立法
根据地时期	《（闽南永定县溪南区苏维埃政府）婚姻条例》《（鄂豫皖根据地）婚姻问题决议》《中华苏维埃共和国宪法大纲》《中华苏维埃共和国婚姻条例》《中华苏维埃共和国婚姻法》等
抗日战争时期	《晋冀鲁豫边区婚姻暂行条例》《晋察冀边区婚姻条例》《修正陕甘宁边区婚姻暂行条例》《陕甘宁边区婚姻条例》《辽北省关于婚姻问题暂行处理办法（草案）》《陕甘宁边区抗属离婚处理办法》《修正陕甘宁边区优待抗日军属条例》《湘赣苏区婚约条例》等

续表

时 期	婚姻立法
解放战争时期	《陕甘宁边区婚姻条例》《冀南行署关于处理婚姻问题的几个原则》《华中行政办事处、苏北支前司令部关于切实保障革命军人婚姻的通令》《华北人民政府司法部关于婚姻问题的解答》《修正山东省婚姻暂行条例》《绥远省关于干部战士之解除婚约及离婚手续一律到被告所在地之县政府办理的通令》等

1928 年 8 月，闽南永定县溪南区苏维埃政府颁布了《婚姻条例》。随后，鄂豫皖根据地也颁布了《婚姻问题决议》。这些条例都提出了婚姻自由，废除包办、买卖婚姻、纳妾和童养媳等种种陋习。1931 年 11 月，中华苏维埃共和国在江西瑞金成立，通过了《中华苏维埃共和国宪法大纲》，从法律上规定了妇女的解放以及包括婚姻在内的各种权益。如规定苏维埃政权领域内的人们“不分男女、种族、宗教，在苏维埃法律前一律平等”。“中国苏维埃政权以保证彻底地实行妇女解放为目的，承认婚姻自由，实行各种保护妇女的办法。”[①] 同年 12 月，颁布了《中华苏维埃共和国婚姻条例》，该条例对结婚、离婚及离婚后子女抚养和财产问题的处理做出了规定。其基本原则是男女平等和婚姻自由。如规定“确定男女婚姻，以自由为原则，废除一切封建的包办强迫和买卖的婚姻制度，禁止童养媳”，“实行一夫一妻制，禁止一夫多妻”，“结婚的年龄，男子须满二十岁，女子须满十八岁”，“男女结婚须双方同意，不许任何一方或第三者加以强迫”。“确定离婚自由，凡男女双方同意离婚的，即行离婚，男女一方坚决要求离婚的，亦即行离婚。”[②]《中华苏维埃共和国婚姻条例》的颁布，是革命根据地婚姻制度的一场革命。革命根据地还通过诸如报刊、宣传单以及山歌等进行多种形式的宣传。中华苏维埃的机关报《红色中华》经常解答新的婚姻条例在实施过程中的一些疑难问题。由于废除了买卖婚姻和实行离婚自由，赣东北 1932 年 10 月的一项报告称，“当地在 4 至 6 月份共计办理离婚案件 809 件，结婚登记 656 件”。[③]“各处乡政府设立之初，所接离婚案子日必数起，多是女子提出来的”，“十个离婚案子，女子提出来的占九个，男子提出来的不过一个”。“离婚多半是

① 韩延龙、常兆儒：《中国新民主主义革命时期根据地法制文献选编》第 4 卷，中国社会科学出版社，1984，第 789 页。

② 韩延龙、常兆儒：《中国新民主主义革命时期根据地法制文献选编》第 1 卷，中国社会科学出版社，1981，第 9 ~ 11 页。

③ 转引自肖爱树《20 世纪中国婚姻制度研究》，第 167 页。

男子舍不得女子”，[①] 造成男子特别是红军战士的恐慌。

婚姻条例在实施过程中也遇到了一些问题。首要的问题是妇女的权益不能得到完全有效的保障，所以“中央要求各根据地在‘三八’妇女节期间普遍检查《苏维埃婚姻条例》和《劳动法》的执行情况”，[②] 并“要求各根据地坚决维护妇女的权利和执行《苏维埃婚姻条例》，政府中谁要反对或不执行《苏维埃婚姻条例》即给予处罚”。[③] 同时，中华苏维埃共和国中央执行委员会通过对其修改、补充和完善，于 1934 年 4 月正式颁布了《中华苏维埃共和国婚姻法》。它的颁布具有重要意义，作为婚姻立法的样板，成为各个革命根据地婚姻立法的依据，并对新民主主义时期以及社会主义建设时期的婚姻立法产生了巨大影响。除了规定婚姻自由、一夫一妻、废除包办、强迫买卖的婚姻制度和禁止童养媳等陋俗外，还具有以下特点。

第一，缔结和解除婚姻的条件和程序更加规范。《中华苏维埃共和国婚姻法》在婚姻的成立上，缺省了中国传统社会里由家庭来主办婚事等一系列的烦琐程序以及高额的聘礼和嫁妆。规定“男女结婚，须同到乡苏维埃或‘市区’苏维埃进行登记”，婚姻随即成立。离婚的程序是男女双方“须向乡苏维埃或‘市区’苏维埃登记”，如果一方有争议可到裁判部进行解决。

第二，保障了妇女和儿童的权益。因为女子刚刚从封建压迫下解放出来，她们的身体受了很大的损害（如缠足），经济尚未完全独立。所以，在离婚判决中，偏重于保护女方利益。如规定离婚后，“男女同居时的共同债务，由男子负责清偿”。“男女原来的土地、财产、债务各自处理。在结婚满一年，男女共同经营所增加的财产，男女平分。”关于离婚后子女的处理，规定：“所有归女子抚养的小孩，由男子负担小孩必需的生活费的三分之二，直至十六岁为止，其支付办法，或支现金，或为小孩耕种分得的土地。”而且离婚女子第一次在法律上拥有属于自己的土地权。离婚后女子如果移居别的乡村，“得依照新居乡村的土地分配率应分得土地。如新居乡村已无土地可分，则女子仍领有原有的土地，其处置办法，或出租，或出卖，或与别人交换，由女子自己决定”。“离婚后女子如未再行结婚，并缺乏劳动力，或没

① 江西省妇联、江西省档案馆编《江西苏区妇女运动史料选编》，江西人民出版社，1982，第 428 页；转引自肖爱树《20 世纪中国婚姻制度研究》，第 168 页。

② 《中央关于扩大劳动妇女斗争决议案》，1931 年 12 月 11 日，转引自肖爱树《20 世纪中国婚姻制度研究》，第 169 页。

③ 转引自肖爱树《20 世纪中国婚姻制度研究》，第 169 页。

有固定职业，因而不能维持生活者，男子须帮助女子耕种土地，或维持其生活。”《中华苏维埃共和国婚姻法》照顾了妇女和儿童的利益，对传统的夫权社会进行了破坏和颠覆。妇女因各种原因提出离婚后，有权获得土地和财产，这为女性挣脱封建枷锁提供了条件。从那时起，妇女自身的命运就与民主革命紧紧联系在了一起。

第三，为适应战争需要，红军战士的婚姻受到法律的特殊保护。《中华苏维埃共和国婚姻法》规定：“红军战士之妻要求离婚，须得其夫同意。”这是在当时特殊的战争环境下，为稳定军心保证战争顺利进行的需要而制定的。同时又规定在通信便利的地方，“经过两年其夫无信回家者，其妻可向当地政府请求登记离婚；在通信困难的地方，经过四年其夫无信回家者，其妻可向当地政府请求登记离婚”。从一定程度上照顾了妇女的利益。

随着革命事业的进一步发展，各个革命政权陆续颁布了婚姻和家庭方面的法律。据统计，“我党领导下的革命政权颁布的婚姻法规达 26 个之多”。[①] 如抗日战争时期的《晋冀鲁豫边区婚姻暂行条例》和实施细则、《晋察冀边区婚姻条例》以及《陕甘宁边区婚姻条例》等，都是与《中华苏维埃共和国婚姻法》一脉相承的法律规范。其主要特点有如下几点。

第一，制定政策的灵活性。

中国地域广阔，不同的地方有着不同的文化特色，所以在制定婚姻法规的过程中，各个根据地针对不同情况，对婚姻条例进行了不同程度的变通和调整。如《晋冀鲁豫边区婚姻暂行条例》中规定：“订婚时，男女双方均不得索取金钱，或其他物质报酬。”默认了订婚合法性。在婚龄问题上，各个解放区也做了变通。如晋察冀边区规定男女的最低婚龄分别为 20 岁和 18 岁。而在陕甘宁边区，则规定男女的最低婚龄分别为 18 岁和 16 岁（陕甘宁边区后来又规定男女的最低婚龄分别为 20 岁和 18 岁），有的地方还规定男女的最低婚龄，男为 18 岁，女为 17 岁。

在严酷的战争环境中，婚姻立法全部采用单行法规的形式，而且在结构上比较简单，有的分章，有的仅按条排列，篇幅较为简短。即使是《中华苏维埃共和国婚姻法》这样一部系统的法规，也只有 21 条。与全编共 7 章达 171 条之多的《中华民国民法·亲属编》相比简略许多，而且使用法律专业

---

① 转引自郑长兴、上官绪智《中华苏维埃共和国婚姻法对我国婚姻家庭制度的影响》，《黄河科技大学学报》2009 年第 3 期。

术语较少，多是日常生活中使用的口语。如《湘赣苏区婚姻条例》中规定“禁止聘礼、送肉等不好习惯”，“男女有一方患有残疾、精神病或其他带有传染性的花柳病的，以及有妨碍生育不能做事的，对方可以提出离婚，但红军官兵因带花而残废者不在此限”。[①] 再如《辽北省关于婚姻问题暂行处理办法（草案）》规定“姑娘出门、寡妇改嫁，将应得之土地、浮产均可带走”，“娶媳妇与接养老女婿，其姓由本人自己决定，其子女姓亦由子女自己决定”。“夫妻离婚或散伙时，得各自带走之应得财物”。[②] 使用这些日常生活中常用的口语可以更容易让老百姓理解和执行。

第二，婚姻改革与土地改革同时进行。

土地改革是婚姻改革成功进行的重要保障，它不仅粉碎了传统的封建家庭制度得以存在的经济基础，而且还伴随着农村社会阶层的流动。土地改革后，一些贫雇农获得了土地，打破了他们在择偶方面的局限。如毛泽东在《兴国调查》中写道：“中农贫农从前无老婆的，多数有了老婆，没有的很少了。”[③] 美国记者安娜·L. 斯特朗也曾在笔记中写道：“新婚姻法带来了一个有趣的结果，就是姑娘的价钱倒便宜了。那个农业劳动模范老李到我的窑洞来谈新社会的情况时对我说，他闹革命倒弄到一个老婆，只花了二十元，他从来不敢想他会娶得上老婆。”[④] 这一方面使我们看出中国共产党的土地革命给贫困农民带来了自身需要的实际好处，另一方面也使我们看到了广大贫苦农民极力拥护中国共产党的一个重要原因。

第三，发动妇女自己解放自己。

“婚姻自由”“男女平等”不只是口头禅。在革命根据地，妇女救国会、妇女会等组织不断培训农村妇女干部。这为妇女运动的深入开展积聚了力量。与南京国民政府颁布的《中华民国民法·亲属编》只是在大城市中少数有产阶级妇女和知识女性中的普及不同，革命根据地的各级妇救会帮助许多妇女解除了不合理的婚姻，“她们为受虐待的妇女撑腰，甚至把虐待妇女、酿成婚姻悲剧的典型人物带到群众大会上进行批斗并加以惩办”。婚姻自由逐渐在解放区推行开来。正如来自美国的尼姆·韦尔斯所说：“对于一夫一妻制的现代婚姻，苏维埃妇女的态度是坚定不移的，这不仅因为婚姻权利平

① 韩延龙、常兆儒：《中国新民主主义革命时期根据地法制文献选编》第4卷，第789页。

② 韩延龙、常兆儒：《中国新民主主义革命时期根据地法制文献选编》第4卷，第891～892页。

③ 《毛泽东农村调查文集》，人民出版社，1982，第222～223页。

④ 转引自刘文明、刘宇编著《性生活与社会规范：社会变迁与多元文化视野中的性》，第154页。

等在东方是一个具有革命意义的观念，而且是‘新女性’为捍卫自己而牢固建立起来的一座战斗堡垒。”① 当越来越多的妇女参加革命和接受新的思想教育后，婚姻制度的改革不仅仅只是一种启发和教育，她们开始自发地用学到的新标准来审视自己的婚姻，并试着摆脱封建枷锁的羁绊。

第三，婚姻的缔结融入了意识形态的内容。

在宣传婚姻政策的同时，各个革命政权还不断加进意识形态方面的思想内容，以此为中国共产党领导下的无产阶级政权服务。如《湘赣苏区婚姻条例》规定：“男女因政治意见不合或阶级地位不同，无论男女可以提出离婚”。②《辽北省关于婚姻问题暂行处理办法（草案）》规定：“政治思想立场观点发生对立，不能维持夫妻关系者”，“夫妻一方得向当地司法机关提出离婚。”③

第四，实践过程中的不断修改和补正。

《中华苏维埃共和国婚姻法》在实施过程中并不是一帆风顺的。大多数解放区位于交通闭塞之处，多数人还是按照传统的风俗习惯来举办婚礼的。不履行登记的事实婚姻还广泛存在。而且很多农村领袖在被说服与旧制度决裂、实施新制度的时候，往往会面临着艰难的抉择，他们往往会自觉或不自觉地站在旧制度的一边。最能反映这个事实的就是《小二黑结婚》中的小芹和小二黑的原型智二艮和岳冬至恋爱的悲惨遭遇。事情发生在山西省辽县（现更名为左权县）一个叫横岭的村子，智二艮与同村男青年岳冬至恋爱。但此前岳的父母已为之收养一个八九岁的童养媳。两人恋爱之事被发现后，岳冬至被村长石某打死。对于一些比较复杂的婚姻纠纷，群众与政府之间出现了严重的对抗，影响到抗战的进行以及抗日民主政权的稳定。而且革命根据地一些人对“婚姻自由”产生了误解，地方政府在处理案件的过程中也存在简单化倾向，导致抗日根据地离婚案件增多。广大民众特别是贫困的男性农民和红军战士感到困惑。如有人说，“八路军什么都好，就是离婚不好”，“这样下去只有富人干部有老婆，穷人就没有老婆了”。④ 有的地方甚至发生在政府判决离婚后，村民联名上书要求撤销判决的典型事件。⑤

---

① 〔美〕尼姆·韦尔斯：《红色中国内幕》，马庆军、万高潮译，华文出版社，1991，第155页。

② 韩延龙、常兆儒：《中国新民主主义革命时期根据地法制文献选编》第4卷，第190页。

③ 韩延龙、常兆儒：《中国新民主主义革命时期根据地法制文献选编》第4卷，第191页。

④ 崔兰萍：《陕甘宁边区婚姻制度改革探析》，《西北大学学报》（哲学社会科学版）2000年第4期。

⑤ 秦燕：《陕甘宁边区婚姻法规变动及其启示》，《妇女研究论丛》1994年第4期。

鉴于在婚姻实践中发生的种种问题，革命根据地不断地修改政策。如允许买卖婚、包办婚、养童养媳等婚姻陋俗不同程度地存在，同时对一些法规做出修改和完善。如闽西第一次代表大会决议指出：“不要制止妇女离婚，使妇女失望，也不要鼓动妇女离婚，使农民恐慌。”[①]《陕甘宁边区抗属离婚处理办法》规定：“凡有条件的部队每一年半要安排战士一个月的回乡探亲假，以密切夫妻关系、减少婚姻纠纷。”[②]《修正陕甘宁边区优待抗日军属条例》详细规定了优待军属政策和具体项目。1944 年《修正陕甘宁边区婚姻暂行条例》中取消了“禁止包办、强迫及买卖婚姻，禁止童养媳及童养婚”的规定。1946 年冀南行署在处理婚姻问题时，这样规定：“有夫之妇为灾荒所造，另嫁他人者，不以重婚论。”“为图生存将女方出卖他人者，不以买卖人口论”，“女方由原夫出卖，或恶意遗弃改嫁者，由女方自择”。[③] 并限制了“抗属”离婚的条款，如规定“抗日军人之配偶，在抗战期间原则上不准离婚，至少亦须五年以上不得其夫音讯者，始能向当地政府提出离婚之要求”。“抗日军人与女方订立之婚约，如男方三年无音讯或虽有音讯而女方已超过结婚年龄五年仍不能结婚者，女方得申请当地政府解除婚约。”[④] 而且删除一些保护妇女的条款。可见中国共产党为了争取更多的民众以壮大和巩固自己的社会根基，因地制宜地修改了婚姻政策，使之更加贴近社会的现实状况和适应社会的发展需要。

解放战争时期，多数解放区沿用了抗日根据地的法规。如 1946 年《陕甘宁边区婚姻条例》《冀南行署关于处理婚姻问题的几个原则》，1948 年的《华中行政办事处、苏北支前司令部关于切实保障革命军人婚姻的通令》，1949 年的《华北人民政府司法部关于婚姻问题的解答》《修正山东省婚姻暂行条例》《绥远省关于干部战士之解除婚约及离婚手续一律到被告所在地之县政府办理的通令》及《辽北省关于婚姻问题暂行处理办法（草案）》等。这些法令基本上重审了抗日战争时期的婚姻原则。当然也适时适地地做了一些修改和补充。如关于少数民族婚姻，规定了在不违反婚姻法规的情况下尊重其习惯。

1949 年 1 月北京解放后至 1950 年 5 月 1 日《中华人民共和国婚姻法》颁布之前，北京市一直以《晋冀鲁豫边区婚姻条例》中的相关规定来处理婚

① 中华全国妇女联合会编《中国妇女运动史》，春秋出版社，1989，第 300 页；转引自肖爱树《20 世纪中国婚姻制度研究》，第 185 页。

② 转引自肖爱树《20 世纪中国婚姻制度研究》，第 178 页。

③ 韩延龙、常兆儒：《中国新民主主义革命时期根据地法制文献选编》第 4 卷，第 882 页。

④ 转引自肖爱树《20 世纪中国婚姻制度研究》，第 178 页。

姻问题。表 2－3 为北京市人民法院收结的婚姻案件及处理情况。

表 2－3　1949 年 3～4 月北京市人民法院收结的婚姻案件处理情况

单位：件

时　间	案件类型	已　结	未　结	旧案件	新案件
1949 年 3 月	离　婚	11	18	3	26
	解除婚约	—	1	—	1
	虐　待	3	6	—	—
1949 年 4 月	离　婚	30	23	18	95
	解除婚约	—	21	1	2
	虐　待	5	12	—	—

资料来源：北京市档案馆藏《北京市人民法院收结民事案件（民国 38 年）》，档案号：2－20－945。

与发达资本主义国家以及传统的婚姻立法包含在诸法合体的法律体系中不同，中国共产党颁布的婚姻法规一开始就成为一项独立的体系。在立法内容上，吸纳了苏联婚姻立法的基本原则并顾及本土的婚俗。如《俄罗斯联邦婚姻、家庭和监护法典》中没有婚约这一概念，而在有的革命根据地的婚姻法规中则变相承认了其存在的合理性。与晚清和民国时期的具有超前性的婚姻立法理念也不同，中国共产党在土地革命、抗日战争和解放战争三个时期内颁布的一系列婚姻法规，都是从最底层民众的需要开始的，婚姻法规在实施过程中不断地经过调整以适应战争和地方文化的需要，使得它得到广大贫困农民的拥护，促进了革命战争事业的顺利进行，在全面解放民众的同时也壮大和巩固了自己的社会根基。同时，也与贫苦农民的切身利益特别是妇女的解放紧密地联系起来。广大民众开始并乐于接受新观念的洗礼，农村中的婚姻文化开始发生质的改变。虽然战争时期婚姻法规只是在中国共产党领导下的革命政权的有限空间范围内实施的，但是无论从理论上还是实践上，它都为新中国的婚姻立法和婚姻法改革奠定了法制基础和思想基础，为新中国婚姻文化的普及提供了宝贵经验。

第二节　《中华人民共和国婚姻法》的颁布

一　《中华人民共和国婚姻法》的颁布

中华人民共和国成立前夕，除少数地区外，我国的广大地区仍然流行着传统的封建婚姻家庭制度，包办、买卖婚姻还大量存在，因婚姻问题而自杀和他杀事件时有发生。因此，改革旧的婚姻家庭制度就成了当务之急。1948年秋，在西柏坡召开的解放区妇女工作会议期间，刘少奇提议中共中央妇女委员会起草新中国第一部婚姻法。中央妇女运动委员会随即成立婚姻法起草小组，由法制机关及妇女工作机关负责主持并邀请其他有关部门合作开始着手婚姻法的起草。

1950年1月，中央妇女委员会将几经修改的《婚姻条例》草案呈送党中央。“婚姻法的初稿拟定后，进行了广泛征求各民主党派、各人民团体、各司法机关及其他有关方面的意见，举行了多次座谈会，对婚姻法初稿的内容和文字作了多次的修改。以后又经过中央人民政协全国委员会常委、中央人民政府委员会及政务委员会等三方面的两次联席座谈会作了最后的修改”,[①] 1950年4月13日，时任中央法制委员会主任王明，向中央人民政府第七次会议提交《中华人民共和国婚姻法草案》，并在会上作了《关于中华人民共和国婚姻法起草经过和起草理由的报告》。获得通过后，毛泽东发布中央人民政府主席令，宣布新中国第一部《中华人民共和国婚姻法》（以下简称《婚姻法》）自1950年5月1日起开始施行。

新《婚姻法》共8章27条，有人把它总结为：体现了“四元制观念”,[②] 即婚姻自由、一夫一妻、男女平等、保护妇女和子女的利益。除此以外，它还具有以下特点。

第一，它是在移植苏联模式的基础上，同时参考了东欧其他社会主义国家[③]的婚姻法制理论和立法体例而形成的。其立法精神是要推翻以男权为中心的夫权制社会，并保护妇女儿童的合法权益。巫昌祯教授曾指出，20世纪50年代，我国婚姻家庭法学研究的内容主要有两个方面：“一是抨击以包办强迫、男尊女卑、漠视子女利益为特征的封建主义婚姻家庭制度；二是宣传婚姻自由、男女平等、保护妇女儿童合法权益的新民主主义婚姻制度。”[④]

---

① 邓颖超：《关于中华人民共和国婚姻法的报告》，《新中国妇女》1950年第12期。

② 王歌雅：《中国婚姻伦理嬗变研究》，中国社会科学出版社，2008，第281页。

③ 如1948年阿尔巴尼亚的《婚姻法》、1945年保加利亚的《婚姻法》、1945年波兰的《婚姻法》、1949年捷克斯洛伐克的《家庭法》。

④ 《王家福法学研究与法学教学六十周年暨八十寿辰庆贺文集》，法律出版社，2010；《〈婚姻法〉与婚姻家庭法学研究》，http：//www. iolaw. org. cn/showarticle. asp？id = 2790，最后访问时间：2011年5月4日。

第二，与革命根据地时期的婚姻立法相比，新中国成立后颁布的《婚姻法》更为统一、规范和彻底。中国共产党取得政权后，拥有了在全国范围内统一实施《婚姻法》的条件。所以除了对少数民族的婚姻有特殊的规定之外，全国范围内执行统一的规范和标准。取消了革命根据地时期“因地制宜”地制定婚姻法规的做法，把结婚年龄统一规定为“男二十岁，女十八岁”，并绝对禁止重婚、纳妾和童养媳，实行严格的一夫一妻制。

第三，继承传统，承认事实婚姻。事实婚姻是相对于合法登记的婚姻而言的。它未经依法登记，本质上属于违法婚姻。《婚姻法》颁布后，对于新中国成立前包办未履行法定程序的婚姻，采取承认的态度。这种措施考虑到了当时中国的国情，因为在当时这种情况具有公共性、长期性和群众公认性的特征，为了维持多数人婚姻关系的稳定，所以没有进行大范围的变动。并且对以前重婚纳妾的事实，采取了不告不理的态度。也就是说，如果这种家庭可以和平共处，法律不进行干涉。如《对婚姻法中一些问题的解答》中指出：“对于婚姻法公布前既成的纳妾事实，法律上可以不告不理。如有告发，自当依法办理。”[①] 这些规定体现了新旧婚姻过渡时期婚姻的特殊性以及国家根据当时实际情况而采取的变通措施。

第四，新《婚姻法》存在着盲点，而且缺少深层的文化意识。1950年《婚姻法》的立法指导思想是宜粗不宜细，它只是粗放型地提出原则性问题，并没有对一些规定做出特别的司法解释和执行的标准。如果由法院来衡量，将会出现很大的主观性，使得《婚姻法》的真正落实尚有一定难度。比如《婚姻法》规定要保护妇女的权益，但在夫妇离婚的案件中，侵犯妇女财产权益的现象时有发生。它规定的“一方生活困难，另一方给予适当的帮助”，那么生活困难的标准如何界定？如何进行帮助？在协议离婚中，有些人为了早日摆脱不幸的婚姻，往往放弃了财产权益。如何避免妇女的财产受损，法律也未有切实的措施。还有，妇女被虐待的情况也缺乏有效的监督与保护机制。种种问题说明新《婚姻法》存在着盲点，尚有很多法律空白需要填补。另外，《婚姻法》对无过错方所受到的隐形伤害难以给予补偿。比如夫妻一方与他人通奸、姘居或重婚，无过错方的身心往往会受到严重的伤害。对受害者进行精神上的补偿十分重要，但采取何种措施尚缺乏明确的规定。

---

① 《对婚姻法中一些问题的解答》，《新中国妇女》1950年第11期。

二 《婚姻法》的实施

1.《婚姻法》颁布以来的各项婚姻法规

国家关于婚姻制度的改革，除了《婚姻法》以外，立法者在实施过程中根据具体情况不断更正，相继颁布了一系列婚姻方面的规范性文件（见表2-4）。

表2-4 婚姻制度改革与婚姻立法纪事年表

时 间	发布/通过单位	内 容
新《婚姻法》颁布前	—	《晋冀鲁豫边区婚姻暂行条例》
1949年9月	—	《北平市人民法院请示诉讼当事人双方均在解放区但不在同一地区之离婚案件应如何处理及华北人民政府的指令》
1950年4月13日	中央人民政府委员会第七次会议	《中华人民共和国婚姻法》
1950年4月30日	中共中央	《中共中央关于保证执行婚姻法给全党的通知》
1951年9月26日	中央人民政府政务院	《关于检查婚姻法执行情况的指示》
1953年2月1日	中央人民政府政务院	《关于贯彻婚姻法的指示》
1953年2月18日	—	《中共中央关于贯彻婚姻法运动月工作的补充指示》
1954年4月8日	—	《中央人民政府政务院关于处理华侨婚姻纠纷问题的指示》
1954年9月20日	第一次全国人民代表大会第一次会议	《中华人民共和国宪法》
其 他	《中华全国总工会等五团体关于拥护婚姻法给各地人民团体的联合通知》《中央人民政府人民革命军事委员会总政治部和内务部关于教育动员革命军人与家庭互通音讯的通知》及《中央人民政府法制委员会对有关婚姻法施行的若干问题的解答及法制委员会主任陈绍禹关于婚姻法起草经过的报告》等。	

资料来源：张希坡《中国婚姻立法史》，人民出版社，2004，第557～558页。

2.《婚姻法》的宣传

这一时期，婚姻法的宣传品开始大量出现（见表2－5），但是要经过相关部门的严格审查。如果有违背“婚姻法”的内容和有任何关于性暗示或者避孕知识等内容，就会受到限制，出版社或者作者也会受到处罚。如1950年10月由王明道所著的《基督徒与婚姻》一书，拟出口寄往新加坡，在北京关口送审时，因发现该书中有一些与婚姻法相悖的内容（见表2－6），便下令禁止出口，“并约请该书出版者来处面读，劝令其将现存该书全部自动收回，停止继续在国内出售”。①

表2－5　《婚姻法》的宣传资料

类　型	名　称	出版单位	作　者	资料来源
宣传《婚姻法》文章	《老解放区农村婚姻的变化》	—	董边	《新中国妇女》1950年第2期
	《革命与家庭》	—	帅孟奇	《新中国妇女》1950年第3期
	《老解放区劳动妇女迫切要求婚姻自由》	—	—	《新中国妇女》1950年第9期
	《婚姻法》	—	—	《新中国妇女》1950年第11期
	《坚决拥护婚姻法——各人民团体发布联合通知》	—	—	《新中国妇女》1950年第11期
	《对婚姻法中一些问题的解答》	—	司良	《新中国妇女》1950年第11期
	《实行婚姻法与肃清封建残余》	—	—	《新中国妇女》1950年第11期
	《关于中华人民共和国婚姻法的报告》	—	邓颖超	《新中国妇女》1950年第12期
	《婚姻法及其有关文件》		中央人民政府法制委员会编	《新中国妇女》1952年12月号

① 北京市档案馆：《（1950年）〈基督徒与婚姻〉一书的研究报告》，档案号：8－2－584。

续表

类　型	名　称	出版单位	作　者	资料来源
宣传《婚姻法》文章	《婚姻问题文集》	中华全国民主妇女联合会	—	《新中国妇女》1952 年 12 月号
宣传《婚姻法》文章	《坚决贯彻执行婚姻法》	中南人民出版社	—	《新中国妇女》1952 年 12 月号
宣传《婚姻法》文章	《关于贯彻执行婚姻法专辑》	华南人民出版社	—	《新中国妇女》1952 年 12 月号
宣传《婚姻法》文章	《婚姻法讲话》	人民出版社	人民出版社编辑	《介绍几本有关婚姻法的书》，《中国青年》1953 年第 5 期
宣传《婚姻法》文章	《在贯彻婚姻法中青年团员应该注意些什么?》	青年出版社	青年出版社编辑	《介绍几本有关婚姻法的书》，《中国青年》1953 年第 5 期
宣传《婚姻法》文章	《谈谈婚姻法》	青年出版社	杨贵昌、林今编，娄霜插画	《新中国妇女》1951 年第 25、26 期
宣传《婚姻法》文章	《婚姻法讲话》	人民出版社	—	《新中国妇女》1953 年第 3 号
宣传《婚姻法》文章	《婚姻法通俗讲解材料》	人民出版社	—	《新中国妇女》1953 年第 3 号
宣传《婚姻法》文章	《婚姻案件处理经验》	人民出版社	—	《新中国妇女》1953 年第 4 号
宣传《婚姻法》文章	《婚姻法带来的幸福》	人民出版社	政务院政治法律委员会宣传组编	《新中国妇女》1953 年第 4 号
宣传《婚姻法》文章	《向执行婚姻法的模范看齐》	人民出版社	—	《新中国妇女》1953 年第 4 号
宣传《婚姻法》文章	《如何贯彻婚姻法》	人民出版社	—	《新中国妇女》1953 年第 4 号
宣传《婚姻法》文章	《贯彻婚姻法工作指南》	人民出版社	—	《新中国妇女》1953 年第 4 号
宣传《婚姻法》文章	《婚姻》	人民出版社	—	《新中国妇女》1953 年第 4 号
小说、诗歌等	《结婚》	人民文学出版社	马烽等	《新中国妇女》1952 年 12 月号
小说、诗歌等	《漳河水》	人民文学出版社	阮章竞	《新中国妇女》1952 年 12 月号
小说、诗歌等	《李二嫂改嫁》	—	王安左	《新中国妇女》1952 年 12 月号
小说、诗歌等	《喜事》	—	柳溪	《新中国妇女》1952 年 12 月号
小说、诗歌等	《强扭的瓜不甜》	—	谷峪	《新中国妇女》1952 年 12 月号
小说、诗歌等	《小二黑结婚》	—	赵树理	《新中国妇女》1952 年 12 月号
小说、诗歌等	《郜秀英孙田均自由结婚的故事》	—	高寿江等著	《新中国妇女》1952 年 12 月号

续表

类　型	名　称	出版单位	作　者	资料来源
小说、诗歌等	《登记》	工人出版社	赵树理	《新中国妇女》1952 年 12 月号
	《挑对象》	大众书店	柳溪	
	《新事新办》	河北人民出版社	谷峪原作，思奇编剧	
连环画报	《宣传婚姻法》	人民美术出版社	—	《新中国妇女》1951 年第 25、26 期
	《婚姻法图解通俗本》	华东人民出版社	—	《新中国妇女》1952 年 12 月号
	《婚姻法图解通俗本》	人民出版社	全国美术工作者协会上海分会	
	《婚姻自主的故事》	人民美术出版社	祝融	
国外论著	《苏联的家庭婚姻与母性》	新华书店	斯维得洛夫著，张亦名译	《新中国妇女》1951 年第 25、26 期
	《新家庭论》	—	斯维得洛夫著	
	《婚姻》	人民出版社	付昌文译	
	《苏俄婚姻、家庭和监护法典》	中国人民政府法制委员会	王增译	
		法律出版社	郑华译	
	《苏俄婚姻、家庭及监护法全书》	三民图书公司	—	
	《苏维埃婚姻及家庭之立法》	广东司法厅	张福译	
	《苏维埃婚姻——家庭法》	作家书店	方城译	
	《社会主义与家庭》	—	K. 谢明诺夫	《新中国妇女》1950 年第 1 期
	《论自由恋爱》	—	列宁	《新中国妇女》1950 年第 2 期
	《论人民民主国家婚姻——家庭法》	—	斯维得洛夫	《新中国妇女》1950 年第 10、11 期
	《保尔·柯察金的爱情生活给我们的启示》	—	竹可羽	《中国青年》1950 年第 36 期
	《论社会主义社会的爱情、婚姻和家庭》	—	弗·柯尔巴诺夫斯基	《新中国妇女》1952 年第五、六月合刊）（七月号）

续表

类　型	名　称	出版单位	作　者	资料来源
国外论著	《列宁谈妇女、婚姻和性的问题》	—	—	《新中国妇女》1953 年第 12 号，1954 年第 1 号、2 号、3 号
	《苏维埃婚姻与家庭的立法原则》	人民出版社	斯维得洛夫著，李世楷译	《新中国妇女》1953 年第 4 号
	《真实的故事》	《共青团真理报》编辑部	—	《新中国妇女》1953 年第 4 号
	《苏联健康的婚姻》	苏联国家医学书籍出版局后由东北人民政府卫生部节译出版	—	《新中国妇女》1953 年第 4 号
	《家庭是友爱的集体》	—	契卡洛娃	《新中国妇女》1954 年第 5 号
歌剧、话剧、戏曲、评剧、相声、鼓词	《刘巧儿》	—	韩起祥、袁静等	《新中国妇女》1952 年第 12 号
	《柳树井》	—	老舍	《新中国妇女》1953 年第 3 号
	《赵小兰》	—	—	《新中国妇女》1953 年第 3 号
	《锁不住的人》	—	—	《新中国妇女》1953 年第 3 号
	《新事新鲜》	—	—	《新中国妇女》1953 年第 3 号
	《婚姻与迷信》	—	侯宝林	刘红庆：《侯宝林：江湖江山各半生》，齐鲁书社，2010，第 80 页
	《杨兆兴结婚鼓词》*	华北人民出版社 1951 年	—	黄新原：《真情如歌——五十年代的中国往事》，中国青年出版社，2007，第 32 页

* 扫盲补充读物，总计四回：第一回“旧风俗刘二嫂守寡，新社会杨兆兴得妻”，第二回“怕丢脸李庆元告状，因结婚杨兆兴蹲区”，第三回“众村干到区取保，李庆元三番寻闹”，第四回“打通思想庆元认错，进行检讨兆兴结婚”。

又如 1953 年 5 月北京私营兴华书店发行的汪进、张仲瑞《歌唱婚姻法》一书，除了个别词语错误，如“第十五页‘养父母与养子女互相间的关系’

应为‘相互’”，“第廿二页‘双方须向区人民政府登记’应为‘应向’”等细节处有错误外，又因其违反了管理书刊出版业、印刷业、发行业暂行条例第八条第八款的规定，“翻印了婚姻法的全部条文”，对其处理意见是：“为了维护管理书刊出版业、印刷业、发行业暂行条例，你们可以召见该社负责人，告以不该擅自翻印法令文件，令其售完为止，今后不得明知故犯，否从从严处理，绝不宽待。”① 表2－6和插图2－1至插图2－3为当时宣传《婚姻法》的各类型资料。

表2－6 禁止出售《基督徒与婚姻》一书的理由

出 处	内 容	禁止出售的理由
篇 二	“父母之命，媒妁之言”是很有真理的……有贤明的父母做主，再有敬畏神的人做媒妁，这种婚姻无异有了两重的保障	提倡封建主义婚姻制度，与《婚姻法》第一条原则不合
篇 三	信的人若与不信的人结合，便是故意违背神的命令，而且不信的人都是与神为敌的	与《婚姻法》第三条“结婚须男女双方本人完全自愿，不许任何一方对他方加以强迫，或任何第三者加以干涉”精神相背
篇 四	自愿结婚与自由离婚的办法无异给狡诈和愚昧的青年男女大开方便之门，使他们可以肆无忌惮，为所欲为。现代所谓“新人物”的痛责纳妾，却不知道自己离婚再娶比那些纳妾的人所犯的罪更大	与《婚姻法》第十七条男女离婚自由的精神相悖

资料来源：北京市档案馆藏《（1950年）〈基督徒与婚姻〉一书的研究报告》，档案号：8－2－584。

插图2－1 韩少云饰演的小女婿剧照

图片来源：《人民画报》1952年5月号。

插图2－2 罗汉钱剧照

图片来源：《北京日报》，1952年11月20日，第4版。

① 北京市档案馆：《（1953年）关于〈歌唱婚姻法〉一书的错误》，档案号：8－2－469。

插图 2－3　《北京日报》所刊登演出广告

图片来源：《北京日报》，1952 年 11 月 21 日，第 3 版。

我们看到，《婚姻法》颁布初期，其宣传途径比较单一而且宣传品的印刷和散布受到较为严格的监督和限制。虽然有各类报纸、杂志对之进行宣传，但如《中国妇女》杂志一样进行大规模宣传的为数极少，而且当时的人特别是妇女多数为文盲，其宣传力度和成效可想而知。而《中国妇女》杂志为全国妇女联合会创办的刊物，其大规模宣传也反映了妇女为求得婚姻自由和自身解放所作出的努力。

三　成效与问题

《婚姻法》颁布后，许多男女建立起了新型的婚姻关系，获得了婚姻自由。据统计："1950 年 5 至 10 月，北京市自由结婚的有 6686 对。受婚姻之苦的广大男女，纷纷向司法机关提起控诉。""1951 年上半年离婚案达 985 起。"① 广大妇女脱离了夫权的桎梏，不仅从事生产，而且有了经济决定权，成为一支不可或缺的力量参与到新社会建设的滚滚洪流之中。无论是支持抗

① 转引自肖爱树《20 世纪中国婚姻制度研究》，第 208 页。

美援朝的捐献还是参加合作社，无论是夜校识字班还是宣传新思想，都能看到广大妇女积极参与的身影。随之而来的是男女地位的进一步平等以及平等和睦家庭关系的形成。

然而，虽然在法律上规定废除旧的婚姻制度，但《婚姻法》在实施过程中仍遇到了强大的阻力。主要表现在：包办、买卖、强迫婚姻的现象依然大量存在；虐待妇女的问题非常严重，致使许多妇女不堪忍受折磨而自杀；一些干部宗法思想严重，在执行《婚姻法》的过程中采取敷衍了事的态度，使得不少争取婚姻自由的妇女因孤立无援而自杀或被杀。民政部门和司法部门的执法人员"左"的思想和官僚主义作风相当严重。而且干部滥用权力非法逼婚的现象也非常严重。这一方面是由于传统思想的影响，另一方面是由于他们对《婚姻法》不了解。再加上"解放之初，由于大家都集中力量搞土改、镇反和抗美援朝运动，对婚姻法没有大力的宣传和贯彻执行"。[①] 使得人们对《婚姻法》的内涵没有完全真正地了解。下面是1951年《北京妇女》杂志收到的一封来信，从中可以略窥当时一部分人的思想：

> 我今年廿四岁了。前些日子有人给我介绍一个对象，对方我见过两三次，是个很老实、能吃苦的工人，思想也很进步，去年加入的青年团。论起他的家庭成分和思想，我都没有意见，因为我自己也是个工人，又是青年团员，我喜欢我自己本阶级内思想先进的对象。可是还有好些地方让我感到为难。结了婚，挣的工资还能供养娘家吗？要是我先讲好了可以养娘家，结了婚以后又变了卦怎么办？其次，我们才见过两三面，互相还不很了解，我也想要深入的认识对方，可又怕家里不乐意，又怕落后的工友们笑话。因为我妈不喜欢他是工人出身，也不喜欢他文化低（这些我都不嫌）。工友们当中还有些思想封建的，爱起哄。还有一点就是对方比我小四岁，这是不是不合乎婚姻法上男二十女十八的规定？[②]

我们看出，该女子对自己的婚姻存在重重顾虑：不知道结婚后工资能否供养娘家；想深入了解对方，又怕爱起哄的工人笑话；母亲嫌弃对方是工人

---

① 宣武区档案馆：《（1962年）怎样以共产主义道德原则对待爱情、婚姻和家庭向工青妇等团体基层作报告的参考提纲（草稿）》，档案号：11-2-50。

② 张玉凤：《这样的对象好不好》，《北京妇女》1951年第19期。

出身，不知母亲是否同意；把《婚姻法》上规定的“男二十女十八”错误地理解为女性一定比男性小两岁才行。这些顾虑和问题，一方面反映出人们并没有完全了解《婚姻法》的真正内涵，另一方面也反映出，国家颁布的法律没有得到有效的宣传与普及。

总之，1950年颁布的《婚姻法》是新中国成立后出台的第一部具有基本法性质的法律。它不仅吸纳了苏联法关于婚姻法的单行法典编排模式及立法理念，而且也总结了革命根据地时期婚姻立法经验和婚俗改革的成果。它作为共和国立法的“头生子”，为解除包办、买卖婚姻，实现婚姻自由，推动妇女解放提供了制度保证，被外国学者誉为新中国“恢复女性人权宣言”。而且国家还通过各种方式进行宣传，维护了婚姻当事人婚姻自由的权利，特别是广大妇女摆脱了旧思想的束缚，参加到社会的建设中来，从而保障了新中国成立初期生产的顺利进行。但是新中国成立之初，国家面临着诸多的问题要解决，《婚姻法》的贯彻执行并没有真正提到日程上来，新旧文化冲突还时有发生。所以在《婚姻法》颁布后的相当长一段时间内，中央和地方各级政权以及各种群众组织都为其贯彻实施付出了巨大的努力，才使得体现婚姻自由、一夫一妻、男女平等的婚姻制度逐步变为现实。

第三节　婚姻制度的初步实施

一　《婚姻法》执行过程中存在的问题

《婚姻法》颁布初期，北京市的大部分干部和群众还存在着封建残余意识，而且对《婚姻法》规又缺乏系统的学习与经常的宣传，以致影响到新《婚姻法》的贯彻与执行。大体来说，《婚姻法》在贯彻执行过程中主要存在以下几方面问题。

第一，婚姻自由受到限制。

首先是自由恋爱受到压制。尤其是老年人，对自由恋爱看不惯。好多老太太说：“这成什么世道了，大姑娘大小子自己搞对象，这不乱了，有什么好处啊！”① 以致海淀区正在谈恋爱的青年沈澄说：“我和朱谦（恋人）在农

① 海淀区档案馆：《北京市第十四区关于检查婚姻法执行情况的总结》，档案号：1－104－16。

村走总有些不自然，怕群众反映。”① “北郊东营房村淑英和青年团支部宣传委员袁荣在一起谈话、开会之中产生了恋情。但是淑英的爹妈都不同意，她爹说：“淑英要是和那个穷小子结了婚，我就没这么个闺女。她若要进我的门，我就砸断她的腿！”“村干部明明知道，但没有人过问。团支书说袁荣没有通过组织，也不愿管。淑英和袁荣决定去找妇女会主任王喜霞，甚至有的村干部说：‘妇女会主任也多管闲事。’”② 整个事件中，只有妇女会主任支持，可见，《婚姻法》的实施是异常艰难的。

在自由恋爱受到限制的同时，包办婚姻依然存在。“如德外二街李张氏曾两次威逼女儿，李立卿反抗，遭到五次毒打，并把立卿捆起来关在屋里，强迫订约。一保证不找工作，二找到婆家就嫁，三到婆家要‘眉（埋）头苦干’，四不给政府去信。如犯以上条件，跳水坑淹死。”③ 同时，再婚和离婚也受到限制。好多人还认为“寡妇改嫁是‘丢丑’‘现眼’”，“要求离婚的‘不是好人’”。④ “东营房老村长和十四区民政科干部石同志干涉寡妇王氏结婚，私设法庭”。团员的离婚要求受到干部的干涉，如“大红门村团支部书记、团组织委员、团小组长竟因团员董桂英要离婚，就停止了她的组织生活”。⑤

第二，虐待和伤害妇女的事件时有发生。

由于男性存在着封建思想意识，加上执行机构的干部对虐待妇女的情况不够重视（见插图2－4），以致很多女性还受到丈夫的打骂虐待。如海淀区执行《婚姻法》的干部李永明说：“过去下乡认为，打媳妇，工作组管这个干什么。”白木说：“西北旺田启山把媳妇的胎儿打下来了，工作组没有重视。”⑥ 在这种思想意识的支配下，女性受到伤害的事件屡有发生。如“安外大街贾宗绪经常打骂老婆德淑琴”。据（海淀）分局一个单位的统计：“婚姻法公布后还有9人打过（爱人）。”⑦ 干部尚且如此，普通群众中虐待

① 海淀区档案馆：《北京市第十三区婚姻法执行情况检查委员会成立会议记录》，档案号：2－103－42。

② 郑潜：《东营房村妇联主任支持了婚姻自由》，《北京妇女》1951年第38期。

③ 海淀区档案馆：《北京市第十四区关于检查婚姻法执行情况的总结》，档案号：1－104－16。

④ 海淀区档案馆：《北京市第十四区关于检查婚姻法执行情况的总结》，档案号：1－104－16。

⑤ 王真贤：《大红门村村干部阻挠董桂英离婚》，《北京妇女》1951年第38期。

⑥ 海淀区档案馆：《北京市第十三区婚姻法执行情况检查委员会成立会议记录》，档案号：2－103－42。

⑦ 海淀区档案馆：《北京市第十四区关于检查婚姻法执行情况的总结》，档案号：1－104－16。

妇女的现象就更为普遍了。

一年四季，概不處理　　華君武

插图 2－4　执法干部漠视妇女受虐待的现象

图片来源：《新中国妇女》1953 年第 2 期。

第三，人们对《婚姻法》存在着误解。

在学习《婚姻法》的过程中，许多人认为婚姻有问题的人或者正在找对象的人才学习《婚姻法》，甚至有人片面地认为打过妻子的人才学习《婚姻法》。如海淀区委会在讨论时，一部分干部甚至工会办事处的人认为："我没打媳妇，我无封建思想。"中国人民银行海淀办事处马振才说："学习婚姻法就是叫没结婚的找对象。"① 可见，人们对《婚姻法》存在着种种误解。

第四，男女的正常交往受到限制。

受男女授受不亲等思想的影响，在日常生活中，男性和女性的正常交往也受到人们的非议。1951 年 11 月 3 日《光明日报》读者来信中反映了一起男女正常交往中，女干部被非法拘禁的事件。"被囚禁者马静是北京市东郊卫生所的助产士，第十区妇女代表会议的代表。她和朝阳市场街屠宰场兽医李华杰有过普通朋友的来往，所内人事干部郁文等认为她搞不正当的男女关系。在所长鲁景岱、工会主任李文斗的支持下，先后开过几次名为生活检讨的斗争会，胁迫她承认和李华杰曾发生肉体关系。她没有承认。郁文就把马静囚禁起来，不许她打电话，不许她接见人，不解决她的伙食，甚至剥夺了她的政治权利，不许她参加正在召开的第十区妇女代表会议。囚禁十九天以后，被该区妇

① 海淀区档案馆：《北京市第十三区婚姻法执行情况检查委员会成立会议记录》，档案号：2－103－42。

联主任韩建英同志发觉，对郁文提出意见，马静才恢复自由。”①

可见《婚姻法》颁布一年多以来，人们对其理解还存在着很大的偏差，不仅干涉婚姻自由、虐待妇女的现象还很严重，而且干部和群众没有从思想上真正接纳《婚姻法》。因此中央人民政府政务院于1951年9月发出《关于检查婚姻法执行情况的指示》，希望人们在深入检查思想和工作作风的同时，再一次进行《婚姻法》的学习，指出，这是对“干部是否愿意彻底反封建主义的严重考验，也是能否严格地遵守人民政府法令的严重考验”。② 并要求把《婚姻法》的宣传教育工作，“当作是一个长期的经常的政治任务”。

二　检查《婚姻法》执行情况委员会的建立

以海淀区为例，《婚姻法》执行情况检查委员会于1951年11月9日成立，由区政府、宣传部、西郊分局、审判庭、妇联会、青委会、工会、工商联和文教科等机构组成。在学习过程中采取自上而下的办法，决定先由区干部进行学习，检查自身的思想，然后再贯彻到其他干部当中，最后深入村庄，对村干部及群众进行宣传。

首先在各机关党支部宣传联席会上，说明贯彻《婚姻法》的意义。从1951年11月中旬开始，除中国人民银行西郊办事处以外，各机关均已进入《婚姻法》的学习与检查阶段。“均利用早晨学习时间进行，占两天至五天不等”，③ 目的是让干部既要明确了《婚姻法》的重要性，又要批判本身存在的封建思想。同时还要干部明确以下认识：“（1）恋爱和乱爱的分别；（2）虐待问题，干涉婚姻，民不告官不管；（3）组织上批准是否干涉婚姻。”④ 在机关干部中普遍展开学习和检查《婚姻法》落实情况的同时，“派出所两个检查小组到重点村（东营房后屯）进行调查，吸取经验，推动全盘”。⑤ 随后再在海淀区其他基层干部中展开学习。（见表2－7）

① 《中华全国民主妇女联合会等五团体：为进一步协助政府贯彻婚姻法的联合通知》，《新中国妇女》1951年第24期。

② 《中央人民政府政务院关于检查婚姻法执行情况的指示》，《新中国妇女》1951年第24期。

③ 海淀区档案馆：《第十三区委宣传部学习贯彻婚姻法》，档案号：1－103－93。

④ 海淀区档案馆：《第十三区委宣传部学习贯彻婚姻法》，档案号：1－103－93。

⑤ 海淀区档案馆：《北京市第十四区关于检查婚姻法执行情况的总结》，档案号：1－104－16。

表 2－7　1951 年海淀区干部参加学习《婚姻法》人数

宣传地点	参加单位	人数（名）
区委会	区委会干部	30（多）
区政府	区政府干部	48
分局	分局干部	120
合作社	合作社西郊分社	30
卫生所	全体	42
税务分局	全体	60
中国人民银行	中国人民银行海淀办事处干部	150
各派出所	所长及民校专任教员	100
	合　计	580

资料来源：海淀区档案馆藏《十三区婚姻法学习、贯彻、检查情况汇报》，档案号：2－103－42。

因为当时农村忙于秋收，《婚姻法》执行情况检查委员在农村只能有选择性地进行宣传（见表 2－8）。先“集中各村妇联主要干部（180 余人）传达并讨论贯彻婚姻法问题”，[①] 她们一方面反映村中包办婚姻、干涉恋爱、虐待妇女及自由恋爱的情况，一方面找出了回去检查与宣传的办法。回村后她们先向妇女群众进行宣传。另外，“民校专任教员（30 余人）经区讲解，回村后也在民校中展开宣传”。[②]

表 2－8　1951 年海淀区基层干部参加学习《婚姻法》人数

宣传地点	参加单位	人数（名）
焙乙中学	业余学校、民校学员及教员	300
焙乙中学	海淀基层干部、人民代表、妇女代表及工商联宣传员	200
海淀	各村妇联会主任	84
海淀	海淀镇妇女代表	100
海淀	民校冬学教员	250
海淀	各村主要干部（党、团、妇联和农会等干部）	250
上园村	党、团、妇联和农会等干部	67
中关村	党、团、妇联和农会等干部	82
白家河	党、团、妇联和农会等干部	50

① 海淀区档案馆：《第十三区委宣传部学习贯彻婚姻法》，档案号：1－103－93。

② 海淀区档案馆：《第十三区委宣传部学习贯彻婚姻法》，档案号：1－103－93。

续表

宣传地点	参加单位	人数（名）
白 家 疃	党、团、妇联和农会等干部	50
一 亩 园	党、团、妇联和农会等干部	54
大 觉 寺	村干部及群众	230
三 里 河	村干部及群众	200
罗 道 庄	附近村各党、团、妇联、农会宣传员和积极分子	183
蓝 靛 厂	村干部	80
合　　计		2280

资料来源：海淀区档案馆藏《十三区婚姻法学习、贯彻、检查情况汇报》，档案号：2－103－42。

征收任务完成之后，海淀区“于十一月十六日在全体村主要干部大会上具体布置了如何学习宣传和检查婚姻法的执行情况”。[①] 学习之后，各村都派有《婚姻法》执行情况检查委员。先在干部中进行学习和检查，如肖家河的党支书，检讨了自己有封建思想，“在自由恋爱的问题上落后（于）群众”。“苑家村民政委员也检讨自己打妻子不对。”蓝靛厂有一个村干部说：“我那女儿还没有过大礼，吹了（表示不再包办女儿的婚姻）。”[②] 与此同时，区妇联、团工委会及民政科干部也下乡，主要了解虐待妇女与干涉婚姻自由的情况。村干部思想被打通之后，各村开始检查干涉婚姻自由和虐待妇女等行为，同时给村里的群众讲解《婚姻法》，如“三里河村学习了六天，四王府学习了一星期”。[③]

三　检查和处理情况

通过《婚姻法》执行情况检查委员的检查，发现男性普遍地存在着“男尊女卑”的观念，有的认为老婆靠我生活，打几次也没关系，甚至还把老婆当作自己的私有财产，对她可以任意怀疑和侮辱。“如区政府干部王文义过去见他老婆和人家说一句话，心里就不痛快。分局二科治安股副股长梁鸿仪无故怀疑他老婆李淑玉（党员，清河制呢厂劳模）不是处女，

① 海淀区档案馆：《北京市第十四区关于检查婚姻法执行情况的总结》，档案号：1－104－16。

② 海淀区档案馆：《第十三区委宣传部学习贯彻婚姻法》，档案号：1－103－93。

③ 海淀区档案馆：《十三区婚姻法学习、贯彻、检查情况汇报》，档案号：2－103－42。

让民警孙忠厚约她看电影加以试探，因此经常吵闹。他还经常和别人说：'她要跟人，我就拿枪打死她。'分社人事股长杨贵田经常和老婆打架'总是她（老婆）吃亏'。"①

此次检查还得到广大妇女与青年的积极支持与拥护，很多人检举或告发了不少违反《婚姻法》的行为（见表2－9）。海淀区半个月内"各村至区检举或告发违法婚姻法事件已达38起"。② 如"海淀检举的战淑英受母亲虐待逼其逃走问题"，③"六郎庄妇女代表为告发村中一婆婆虐待儿媳案件，来区二次，带来群众提出的处理意见"，④"蔡旗庙村一工人写信给派出所检举一贯道家坛主李茂荣和他妹妹共同虐待妻子的罪行（曾打得流产）"。⑤

表2－9　1951年海淀区检举和告发的违反《婚姻法》行为

反馈情况	数　量	备　注
自报	1	反馈内容大部分为虐待、干涉婚恋自由、童养媳和私生子等问题
村干部检举	6	
群众检举	7	
区干部了解	23	
群众到区里告发	16	

资料来源：海淀区档案馆藏《第十三区委宣传部学习贯彻婚姻法》，档案号：1－103－93。

除各单位、各行政村进行普遍的检查之外，妇联、民政科、团工委组织检查小组还对一些问题进行重点处理，如"（海淀）区政府妇联会、青工会组成调查小组认真调查研究区蓝靛厂许志敏因自由恋爱被封建家长管制（的问题）以及巴沟通惠寺童养媳受婆婆虐待的问题"。⑥ 同时，法院对以前处理的案件进行重新审查，对一些错判的婚姻案件进行了重新判决。1951年自11月3日起至11月21日止，共检查出婚姻问题52件（见表2－10），据法院统计，"（1951年）十一月份受理（婚姻）案件比以前各月增加40%多"。

① 海淀区档案馆：《北京市第十四区关于检查婚姻法执行情况的总结》，档案号：1－104－16。
② 海淀区档案馆：《第十三区婚姻法贯彻至村的情况》，档案号：1－103－93。
③ 海淀区档案馆：《十三区婚姻法学习、贯彻、检查情况汇报》，档案号：2－103－42。
④ 海淀区档案馆：《第十三区委宣传部学习贯彻婚姻法》，档案号：1－103－93。
⑤ 海淀区档案馆：《北京市第十四区关于检查婚姻法执行情况的总结》，档案号：1－104－16。
⑥ 海淀区档案馆：《北京市第十三区婚姻法执行情况检查委员会成立会议记录》，档案号：2－103－42。

表 2－10 1951 年 11 月海淀区法院检查出的婚姻问题

单位：件

婚姻问题	数 量	备 注
与部队战士搞恋爱	4	
不正常恋爱	1	
限制并虐待妾	4	
虐待养女	1	
虐待子女和丈夫	2	
因通奸而被虐待	3	
虐待童养媳	3	
通奸自杀、被杀	1	
婆婆限制儿媳自由	2	共计 52 件
受丈夫、婆婆虐待	14	
因生理有缺陷而离婚	1	
离婚后子女纠纷	1	
婆婆挑拨夫妻不和	2	
姘度	2	
非婚生子女问题	4	
干涉婚姻自由	4	
父兄包办	3	

资料来源：海淀区档案馆藏《十三区婚姻法学习、贯彻、检查情况汇报》，档案号：2－103－42。

截至 1952 年 5 月 21 日，各部门处理的婚姻事件情况如下（见表 2－11）。

表 2－11 1951 年 11 月～1952 年 5 月海淀区处理的婚姻事件情况

单位：件

	总 数	法 院	工 会	民政科妇联
已处理	11	3	1	7
未处理	21	12	—	9

资料来源：海淀区档案馆藏《十三区婚姻法学习、贯彻、检查情况汇报》，档案号：2－103－42。

各区在处理婚姻事件时，针对不同的情况，采取了不同的处理方式。如海淀区六郎庄李玉平之妻经常打骂儿媳，对其惩处的办法是“写《婚姻法》”并“联合召开群众会向干部群众承认错误”。[①]而对一些典型案件则是通过公开处理的方式来进行的。如第三派出所所长杨德庆打其妻陈淑英，“在市公审，判处徒刑3年”。“西苑张葛民虐待童养媳经过数次教育不改，开公审会，判处徒刑一年，缓刑一年”。一亩园村陈李氏与郑贵来（妇女代表）自当介绍人，包办、强迫李桂贞与北京师范大学附属中学工友任建举（结婚），并威胁李母。对其处理办法是，“在附近十个村的联席会上，结合婚姻法的宣传，将定（聘）礼衣服等物退回，事后并将陈李氏扣押”。[②]

四　宣传形式与方法

除了对特别严重的婚姻问题给予处罚和判刑之外，这次运动主要以宣传教育的方式为主，党团员、妇女干部、宣传员、民校和青年积极分子为主要的宣传力量，宣传形式多种多样。

这次运动中，首要的宣传方式是做报告、贴标语和办讲座。仅海淀区贯彻执行《婚姻法》运动委员会的委员“在群众与干部会议上作了10次报告，受到教育的有2000人以上”。[③]同时还利用其他各种会议与场合做报告。在交通要道及人多场所，写《婚姻法》墙报，以供人们随时浏览。如八里庄在“‘彻底肃清封建残余，坚决贯彻婚姻法，打倒封建的铁锁链，获得幸福生活’四条大标语后面写着婚姻法条文”。[④]为了使贯彻《婚姻法》的工作经常化，有的区还举办了长期的《婚姻法》讲座。此外，还举办了各种会议和文艺节目。在宣传中，干部与民警配合，利用大会、片会、婆婆会、青年会、快板、民校、冬学、读报组、黑板报、屋顶广播等方式进行宣传。如“后屯村党支部宣传员小组曾利用17块黑板报和4片屋顶广播”。“个别的还采取了秧歌舞、话剧的方式进行街头集会宣传”。如“五合村以青年男女作骨干（因该村只有两个宣传员）组织了80多人的宣传队，随时随地进行宣传”。这种活动在当时文化娱乐较为单调贫乏的农村不失为一道亮丽的风景，引起了老百姓的关注。下面是笔者对海淀区一位宣传《婚姻法》经历者的访谈。

---

① 海淀区档案馆：《北京市第十三区婚姻法执行情况检查委员会成立会议记录》，档案号：2-103-42。

② 海淀区档案馆：《第十三区婚姻法贯彻至村的情况》，档案号：1-103-93。

③ 海淀区档案馆：《北京市第十四区关于检查婚姻法执行情况的总结》，档案号：1-104-16。

④ 海淀区档案馆：《十三区婚姻法学习、贯彻、检查情况汇报》，档案号：2-103-42。

M女士，1933年生，籍贯北京，高校行政干部，1963年与在校大学生结婚。

受访者：宣传《婚姻法》的时候，村里头老百姓也都编剧也都演，系一个大绸子扭秧歌。就是“锵锵骑锵起，锵锵骑锵起”这个调子。那时候只要一敲鼓就围上了一大堆人。当地的老百姓没有欢乐，见这个就热闹。扭到哪，跟到哪，大人跟着跑，孩子也跟着跑。

除以上宣传方式之外，还举办公审大会。公审大会一般是对性质极为恶劣而又有代表性的婚姻案件进行审判的。这对审判者是一个严惩，对参加大会的群众也是一个警告。使得群众受到深刻的教育，起到杀一儆百的作用。如“杨德庆处理了以后，大钟寺一个经常打老婆的再也不敢打了”。[①] 海淀区组织的一次《婚姻法》公审大会上“参加者就有5000人以上”。[②] 在有收音机的村庄，“又组织群众收听公审”。[③] 但是，在当时北京市宣传《婚姻法》的过程中，这种方式不占主导地位。

宣传方法也讲究技巧。在群众大会上一般只是讲解《婚姻法》，在片会及各种座谈会上，着重以实际例子进行对比，让群众达到自我教育的目的。如五合村在宣传中选择了几则案例进行对比，用本村董瑞珍的离婚（事件）后新组成的美满家庭以及寡妇杨立源再婚后生产积极向上的状况来说明新婚姻政策的好处；“又以蔡福泉的大女儿（父母包办）婚后感情不合（和），过不好日子及燕淑琴六岁时就给人家作童养媳挨打受气的现象，来说明旧婚姻的不合理”。[④]

五 成效与问题

1. 成效

（1）干部进一步明确了政策。

这次运动后，一般干部对《婚姻法》的认识以及执法干部的政策水平均有了提高。他们通过学习，进一步明确了对以下问题的处理意见，如恋

① 海淀区档案馆：《十三区婚姻法学习、贯彻、检查情况汇报》，档案号：2-103-42。
② 海淀区档案馆：《北京市第十四区关于检查婚姻法执行情况的总结》，档案号：1-104-16。
③ 海淀区档案馆：《第十三区婚姻法贯彻至村的情况》，档案号：1-103-93。
④ 海淀区档案馆：《北京市第十四区关于检查婚姻法执行情况的总结》，档案号：1-104-16。

爱和乱搞的区别、对虐待和干涉婚姻自由应采取的态度、对寡妇再嫁的处理、对女性提出离婚时的财产处理、对待老干部离婚的处理、对处理离婚案件时片面照顾一方利益等。这为以后婚姻制度的贯彻执行提供了条件和保障。

（2）自由离婚和自由结婚的人数增多。

这次运动后，自由结婚和自由离婚的人数明显增多，而且女方主动提出的案件占有很大的比例。运动前后，自由恋爱和结婚的比例出现了很大的反差（见表2－12）。此后，自由恋爱的比重在不断增加，据统计，1952年1～8月，“全（北京）市结婚13846对，其中经过恋爱的7070对，即50%强”。[①]“从（1951年）十月份至十二月十号统计，经审判庭处理的案件中有51件是有关婚姻问题方面的，占民事案件45%强，其中49件是离婚案，经女方主动提出离婚的37件，占总数的75%强。”[②]

表2－12　1951年海淀区民校检查《婚姻法》执行情况前后自由恋爱和结婚人数的对比

时　间	民校学员（人）	结　婚	
		总数（对）	自由恋爱（对）
10月9日至11月15日	4550	67	7
11月16日至12月20日	4950	87	13

资料来源：北京市档案馆藏《（1951年）第15区婚姻工作总结》，档案号：9－1－114。

（3）女性的思想和人身自由得到进一步解放。

运动开始后，民校的女性人数在不断增加。通过学习，她们不仅懂得了婚姻自由的内容，而且通过宣传的内容与自身的实际情况进行对比，甚至还敢于告发和斗争。如肖家河魏玉英反对父母包办，斗争胜利后，“与党员李之林结婚不坐轿，在小学内举行新式结婚”。在一次婚姻座谈会上，当场就有5位妇女提出控诉，其中有两个青年妇女要求退婚。如民政委员董洪祥的女儿董兰芳当着众人质问她的父母说：“我父亲是民政（委员），我娘也是干部（妇女代表），我的事（指退婚）都不给解决，还给人家办事呢，我要求马上退婚。”[③]这些女性自身得到解放后，步入了社会，带动更多的女性获

① 北京市档案馆：《关于贯彻婚姻法运动准备工作计划和进行情况的报告》，档案号：1－5－105。

② 海淀区档案馆：《北京市第十四区关于检查婚姻法执行情况的总结》，档案号：1－104－16。

③ 海淀区档案馆：《第十三区婚姻法贯彻至村的情况》，档案号：1－103－93。

得解放。她们“更以无比热情唱着妇女翻身、婚姻自由的歌曲，调节群众的情绪，积极结合征收工作挨家访问宣传。这样也推动了征收工作的顺利完成（在四个多小时内完成了七万两千斤公粮的包装）”。[①] 可见，妇女的解放，对于国家生产建设具有积极的作用。

（4）部分老年人思想有了转变。

经过这次《婚姻法》的检查和宣传，一部分老年人的思想也有了转变，如海淀区杨老太太听了宣传后说：“我那个儿子我可不给他包办了，叫他自己搞对象，免得感情不和，吵嘴打架，闹厉害了还要上吊自杀。”大钟寺有一老太太向另一老太太说：“别干涉你女儿了。”[②]

（5）寡妇解除思想顾虑，敢于要求改嫁。

通过宣传，有的寡妇敢于改嫁了。如“后屯村寡妇奚张氏丈夫死去还不到二年，因缺乏劳动力，生活困难就把几间房子卖了，地也典出去了。‘早想改嫁’唯恐‘村里人耻笑’。这次宣传《婚姻法》当中，她解除了思想顾虑，已于十一月二十七日结婚”。[③] 另有一个寡妇马淑琴，以前不敢再嫁，听了《婚姻法》宣传后，也“改嫁了”。[④] 大钟寺一个寡妇要求改嫁（婆婆也已同意）。[⑤] 下面是笔者对北京郊区 M 女士的访谈，这位女士出生于 1925 年，18 岁由父母包办结婚，19 岁守寡，新中国成立后嫁给一名退役军人。

采访者：您一个人孤单吗？

受访者：习惯了也不难受了，我十九岁就一个人，在家待了十年。

采访者：如果不是解放您还打算再找对象吗？

受访者：不是解放就不找对象啦，就那样待着呗。

（6）虐待现象有所转变。

虐待指的是一个人以胁迫的方式控制另一个人的行为，既包括人身暴力，又包括精神和情感的伤害。这次运动后，虐待妇女的现象大为减少。如北顶村王李氏结婚两年以来一直受丈夫和婆婆的虐待，甚至干活

① 海淀区档案馆：《北京市第十四区关于检查婚姻法执行情况的总结》，档案号：1－104－16。
② 海淀区档案馆：《第十三区婚姻法贯彻至村的情况》，档案号：1－103－93。
③ 海淀区档案馆：《北京市第十四区关于检查婚姻法执行情况的总结》，档案号：1－104－16。
④ 海淀区档案馆：《十三区婚姻法学习、贯彻、检查情况汇报》，档案号：2－103－42。
⑤ 海淀区档案馆：《第十三区委宣传部学习贯彻婚姻法》，档案号：1－103－93。

都受到监视，丈夫已半年不与他同房住，《婚姻法》运动后，“与她同房了”。[①] 牛街的马玉琦经常打骂妻子，检查组召集所有打骂过媳妇的男人开会，大伙就马玉琦的问题展开了讨论。“马启明说：‘烧被子不是成心烧的，打人就是不对。’来玉林说：‘打人就是犯法……要是咱们大男人犯了错，老婆打咱一顿行吗？’李文说：‘要是你老婆不在家起早睡晚地帮你弄丸子馆，不给你洗衣裳，做饭，你能过日子吗？……快散会的时候，他忍不住站起来说：‘我错了，我就是让封建思想给迷糊住了，多谢同志和街坊们指点我，我向大伙保证往后绝不打骂老婆，要和和气气过日子。’”[②]

（7）童养媳的地位和生活条件有了改善。

童养媳指的是未成年女子由其父母亲为其选择配偶并订婚的现象。未成年女子一般在10岁左右或者更早来到男家，等两个人达到结婚年龄的时候后再择日结婚。童养媳从订婚到结婚，经历的时长短则数年，长则十几年。这个期间主要在婆婆的主使下从事劳动。由于她很早就承担起儿媳妇的责任，与在娘家长大的同龄女孩相比，其受到的生理和心理上苦痛是难以言表的。这次《婚姻法》运动后，童养媳的处境有了明显改善。如西坝河村在运动中后，就有四五人提出“愿意把童养媳退回娘家（该村有十几个童养媳，现已送回娘家的二人）”。“小黄庄妇女金淑英女儿给京南六十里某家童养，现已准备‘叫回’”，“东营房两个童养媳已送回娘家”。[③]

2. 存在的问题

在取得成效的同时，也存在着一些问题。从组织工作本身而言，这次运动缺乏长期系统的规划，而且组织机构不够灵活，分工也不明确，致使有的部门“有时感到人手缺乏，工作繁忙，有些问题不能及时处理”。在宣传过程中，组织内部还出现了干涉现象，“如北极寺妇联干部为了主动宣传婚姻法召开干部会议，研究如何计划宣传，遭到人民代表付联刚的反对……妇联又提出用广播、黑板报等方式进行宣传，他仍不允许”。而且还存在过“左”过激的情绪和行为。又如“德外一街团支书田振和干涉女团员张桂兰、赵玉祥与他人通信，认为是乱搞，让她两人坦白。不坦白就在黑板报上公布。限三天一汇报。桂兰玉祥曾急的（得）要跳水自杀”。[④] 党团干部的

① 海淀区档案馆：《北京市第十四区关于检查婚姻法执行情况的总结》，档案号：1－104－16。

② 秦岭：《这回可打通思想了——记马玉琦参加“丈夫会”》，《北京妇女》1952年第40期。

③ 海淀区档案馆：《北京市第十四区关于检查婚姻法执行情况的总结》，档案号：1－104－16。

④ 海淀区档案馆：《北京市第十四区关于检查婚姻法执行情况的总结》，档案号：1－104－16。

分歧尚且如此，运动的执行效果可想而知。

从思想层面而言，无论是干部还是群众，无论是男性还是女性，无论是老人还是中青年，都摆脱不了旧思想的束缚。如东冉村间长赵德全对其妻说："你以后别叫她们（三个女儿）去识字班啦，她们要听了婚姻法，以后都自由了，咱就管不了啦。"黑塔村代表主任萧禄说："这民校男的女的在一块，更不像话，我要有闺女把她砸死也不叫她上民校，给丢人现眼去。"海淀区读报组通过读报宣传了《婚姻法》，有一个老太太说："再读这个明日不让我闺女来听了。"[①] 有的男子认为："老婆靠我生活，打几次也没关系。"甚至把老婆当作自己的私有财产，对她可以任意怀疑侮辱，一言一行都得受限制。还有些妇女也摆脱不了旧思想的束缚，如"五路居村民政委员陈又玲（妇女主任）在解放前嫁给一个结过婚的男子，婚后两个人感情始终不和，丈夫时常打她，现在变更方式来虐待她，想出种种方法找她的错误，限制她的社会活动，想逼迫她提出离婚，但陈又玲又怕离婚后会遭到群众的耻笑，又担心以后的前途问题，虽痛苦也不愿离婚。"[②]

总的来说，1951 年政务院发出的检查《婚姻法》执行情况的运动是在不影响生产的情况下，国家运用法律的手段自上而下地展开的。它是国家介入了民众婚姻的又一举措，这对于废除封建婚姻制度起了很大作用，在一定程度上改变了人们的观念、思想和行为。这次运动中干部是政策的决策者也是执行者，他们在这次运动中受到了教育，思想发生转变，能够较正确地执行政策，推动《婚姻法》运动更进一步开展。群众在这次运动中是一支不可或缺的力量。正是他们检举、告发和监督日常生活中存在的种种婚姻问题，才使得决策者和执行者能够对症下药，更好地执行政策，并且采取了以群众教育群众的这种方式，使得这次运动取得了很大的成效。

一种文化，真正为民众所接受，不是一次运动、一个口号所能解决的。一方面，我们看到当时民众认为的婚姻问题多样，既包括包办、干涉自由恋爱，也包括丈夫及其家庭对妻子的虐待，同时还有姘度、通奸、离婚、非正常恋爱等问题，甚至牵涉到男女两性之间的问题等，都被归结为婚姻问题，而且女性与夫家成员的关系也被列入婚姻问题的范畴。另一方面，我们也看到婚姻文化的复杂性。比如不少青年男女积极争取婚姻自由，并在这一基础

---

① 海淀区档案馆：《第十三区婚姻法贯彻至村的情况》，档案号：1－103－93。

② 海淀区档案馆：《北京市第十四区关于检查婚姻法执行情况的总结》，档案号：1－104－16。

上结成了美满婚姻，而中年人和老年人却对此或多或少地带有一些偏见。从思想层面理解，传统思想在他们心中根深蒂固，难以一时转变。从其行为来看，并非没有一定的道理，他们要保证子女的利益，无论是包办子女婚姻还是干涉自由恋爱，他们都希望子女找到他们心中认为“合适”的伴侣。因为他们比较注重家庭的整体与社会的稳定。而《婚姻法》刚开始贯彻时，不少人会歪曲其中的思想，部分人利用婚姻自由，乱搞乱谈，对一部分人特别是对女性造成了伤害。所以，对这些人的反对意见需要理性地考虑。此外，我们还看到，在贯彻《婚姻法》的过程中，有人并非自愿地从思想上真正转变，而是在特殊情况下采取了一种“不得已而为之”的行为方式。如有人在公审大会以后说：“以后可不敢打了，政府干部打老婆还判三年徒刑呢。”一部分老太太并未真正从思想上接受自由恋爱，而是怕犯法，她们说：“连政府也不答应你。”[①]婚姻问题的多重性及复杂性注定了婚姻文化改革的艰巨性。所以，不久后政务院下达了《中央人民政府关于贯彻婚姻法的指示》和《中国共产党中央委员会关于贯彻婚姻法运动月工作的补充指示》，在全国范围内又发动了一次全面贯彻《婚姻法》的运动。

第四节　1953 年“贯彻婚姻法运动月”

1951 年 9 月中央人民政府政务院发出《关于检查〈婚姻法〉执行情况的指示》后，随即展开了一场大规模的检查《婚姻法》执行情况的运动。但因“三反”“五反”运动的开展，“使这个刚刚发展到高潮的运动不得不暂告停止”。[②] 北京市民众的婚姻问题仍然非常严重。据北京市妇联、民政局在前门区椿树下头条、宣武区自新路、崇文区关王庙街等 3 个派出所管界（9100 户，37562 人）的调查，“自 1951 年 12 月到 1952 年 10 月，10 个月间共发生违反婚姻法的大小问题 276 件，其中虐待 148 件（包括丈夫虐待妻子、公婆虐待儿媳、父母虐待子女），占 53% 强，干涉婚姻自由 24 件，占 9%，早婚 9 件，重婚 3 件，通奸 21 件，强奸 4 件，弃养父母 2 件，侮辱妇女 2 件，家务纠纷 32 件，其他 31 件，此外妇女自杀或被杀 1463 人”。又据

① 海淀区档案馆：《第十三区委宣传部学习贯彻婚姻法》，档案号：1－103－93。
② 海淀区档案馆：《（1952 年）北京市海淀区为展开大张旗鼓贯彻婚姻法的准备工作计划》，档案号：2－104－67。

公安局统计，1952 年 7 月至 10 月，“四个月间全市被杀或自杀的大部分与婚姻问题的妇女共 88 人，其中已死 12 人”。[①] 前门区检查出婚姻问题共 100 件，“其中虐待问题 43 件（包括丈夫虐待妻子 22 件、公婆虐待儿媳 11 件、嫂子小姑子虐待弟妹 1 件、虐待使女 1 件、父母虐待子女 8 件），家庭不和 23 件（包括夫妻不合 11 件、婆媳不和 8 件、妯娌不和 3 件、姑嫂不和 1 件），一般婚姻纠纷 8 件，一般家务问题 2 件，其他 11 件，通奸妨害家庭 6 件，解放后重婚 1 件，解放后公开姘度通奸 2 件，干涉婚姻自由 4 件（包括父母干涉子女的 3 件，其他 1 件）。整个问题涉及到 266 人，占全段人口的 30%，占总户数的 3.5%”。[②] 1952 年 10 月至 12 月 3 个月的时间内，宣武区“在自新路派出所和妇联平常谈的问题以及在牛街派出所输入胡同的统计，共有各种婚姻事件 149 件，其中虐待 68 件，包括婆婆虐待儿媳妇、丈夫虐待妻子，占总案件的 46% 强，其次是家庭不和 20 件，强奸 10 件（其中强奸幼女 6 件），离婚 6 件，干涉婚姻自由 7 件，通奸 6 件，干涉参加社会活动的 11 件，不够年龄结婚的 5 件，夫妇性生活不正常的 5 件，其他 11 件”。[③]

贯彻《婚姻法》的干部也存在很多问题。

首先，对《婚姻法》的认识较差。“贯彻婚姻法运动月”之前，前门区“曾在区政府、妇联、法院、人民银行等六个单位 224 人中进行了一次婚姻法的测验，测验结果 96% 答的不完全，很多都是一知半解，有的根本没有学过婚姻法，如夫妻间的权利义务，民政干事邓铭回答成‘是性欲的义务’。对男女平等问题，区政府任达三答成‘男女两方在集会、结社、信仰、出版、言论方面平等’。答的好的，只占 4%”。[④]

其次，经常死板机械地执行政策。比如在年龄问题上，“差一两天都不给结婚登记。黑砖窑厂有一家花轿都准备好了，因年龄不够，让人家停止。还有一家，已把媳妇娶到家来，又让把女方送到她姐姐家中去”。有的干部还片面强调介绍信。“有一个干部结婚因介绍信简单，让人家跑了三趟。最后人家拿着简历表来，又嫌写得太多”。[⑤] 对事实婚并已经有几个子女的夫

---

① 北京市档案馆：《（1952 年）北京市为大张旗鼓宣传婚姻法运动的准备工作》，档案号：1－6－753。

② 北京市档案馆：《（1953 年）前门区婚姻法办公室工作计划、报告、总结》，档案号：38－2－77。

③ 宣武区档案馆：《（1953 年）宣传贯彻婚姻法试点总结》，档案号：11－1－7。

④ 北京市档案馆：《（1952 年）贯彻婚姻法工作简报》，档案号：38－2－77。

⑤ 宣武区档案馆：《（1953 年）宣武区宣传贯彻婚姻法运动工作报告——干部学习及检查婚姻法执行情况》，档案号：11－1－7。

妇，登记户口时，派出所仍不写成“夫妇关系”，“民政科认为是违反婚姻法，应当离婚，妇联也这样认识”。[①]

再次，在对离婚、再婚与婚外恋事件处理方面也存在着问题。如在“贯彻婚姻法运动月”之前，法院查出“不少案件不应判离而过去草率的调解和判决离了”。“大部分申请离婚的问题比较简单。有时问几句就批准了。更重要的是有要求复婚的，干部很不满意，以为是和法院开玩笑，有的男女双方坚持复婚，到法院请求了三次，干部因为男女年龄相差太多（女19岁，男47岁）肯定没有爱情，坚决打回。”“民政科干部曾动员寡妇结婚，第一个成功了，第二个引起了人家的不满。”“一个不愿意嫁给人家做妾的妇女要求离婚，民政科登记干部让人家回去考虑考虑。法院接受了一男与小老婆离婚的案件，本来是来协助离婚的，但干部认为发现离婚，判了一年徒刑。”[②]“有的部门或干部认为中心任务已经过去”，“对于有关妇女的事件都往妇联、法院推”。[③]

以上出现的种种问题，说明在全民范围内进行《婚姻法》的宣传教育还很有必要。在1952年底全国范围内的土地改革基本结束，城市内厂矿的民主改革也基本完成 而且“三反”“五反”等运动也基本结束的情况下，中共中央和政务院分别在1952年11月26日和1953年2月1日发出了《中央人民政府关于贯彻婚姻法的指示》，规定1953年3月为“贯彻婚姻法运动月”，号召在全国范围内（少数民族地区和土改尚未完成的地区除外）开展一个检查和贯彻《婚姻法》的运动，以期在干部群众中划清新旧婚姻制度的界限，摧毁数千年的封建婚姻制度。并指出“贯彻婚姻法是当前各级人民政府和全国人民重要的政治任务”。[④]

一 “贯彻婚姻法运动月”前的准备

这次运动的目的是“达到从思想上划清封建主义婚姻制度与新民主主义婚姻制度的界限。宣传工作的深度上，务求达到对《婚姻法》家喻户晓、深入

① 西城区档案馆：《（1953年）西四区贯彻婚姻法运动总结》，档案号：4－1－198。

② 宣武区档案馆：《（1953年）宣武区宣传贯彻婚姻法运动工作报告——干部学习及检查婚姻法执行情况》，档案号：11－1－7。

③ 海淀区档案馆：《（1952年）海淀区婚姻法执行检查委员会分会及办公室的成立与今后工作意见》，档案号：2－104－67。

④ 《新华月报》1953年第4号。

人心，从而改变风气、移风易俗”。[①] 这次运动的具体的任务主要包括：“（一）集中力量在社会上解决包办婚姻、干涉婚姻自由、杀害妇女、虐待妇女的问题，基本上制止因虐待和干涉婚姻自由产生的死人的现象。同时还要防止把运动的目标转到一般的男女关系上，以免扩大打击面或造成人民内部混乱，甚至死人更多的现象。（二）普遍深入地进行一次婚姻法教育，务求达到家喻户晓、深入人心，从而改变风气、移风易俗。（三）有效地揭发和纠正干部中特别是区村干部中干涉婚姻自由和包庇封建行为，揭发和纠正党政民男女干部中漠视妇女权利和痛苦的官僚主义作风以及司法人员的执法观点。（四）建立各级贯彻婚姻法的组织，并建立群众性的调解委员会，以打下今后经常贯彻婚姻法的基础。”[②]

通过以上任务和目的，我们看到，国家进一步明确了此次运动所要解决的婚姻问题，一般的男女关系问题并不包括在内，并再次强调保护广大妇女的权益。而且这次运动在性质上是人民内部反封建的自我教育运动，是要克服民众关于婚姻问题方面的封建思想。废除旧社会遗留下来的封建的婚姻制度。运动中采取的是以教育为主、惩罚为辅的方针。因为婚姻问题在性质上属于人民内部的纠纷，所以只有“极少数虐待、虐杀妇女以及干涉婚姻自由而造成严重恶果，致民愤很大的严重犯罪分子，才按法律予以应得的惩处”。时任北京市市长彭真指出：“贯彻婚姻法的关键是肃清封建残余、包办婚姻干涉婚姻自由及残余思想，这是长期的艰巨的复杂的工作，对于蔑视妇女利益的现象，主要是运用批评和自我批评的武器来进行教育，但对于违法压迫、虐待妇女严重的，则应依法予以处理。”[③] 关于这次运动的具体计划和各个阶段的任务见表 2－13。

表 2－13　北京市“贯彻婚姻法运动月”计划

进展阶段	时　间	主要任务
第一阶段	1952 年 12 月 17 日至 1953 年 1 月中旬	北京市人民政府和北京市委的直属机关、各城区、郊区、工矿、学校的贯彻婚姻法委员会办公室配备干部学习政策，制订计划，进行重点试验

① 门头沟区档案馆：《北京市贯彻婚姻法宣传工作计划》，档案号：22－3－9。
② 北京市档案馆：《（1952 年）北京市为大张旗鼓宣传婚姻法运动的准备工作》，档案号：1－6－753。
③ 北京市档案馆：《（1952 年）彭真同志关系工人评级、工厂工作、贯彻婚姻法等问题的指示记录》，档案号：1－9－259。

续表

进展阶段	时　间	主要任务
第二阶段	1953 年 1 月初到 2 月中旬	宣传部门根据北京市的情况和典型试验的材料，准备好指导运动的各种文件、宣传品和教育材料，并由市委宣传部举办对全市宣传干部、报告员、宣传员的报告会；同时，由司法部门收集各类典型婚姻案件及司法改革中查出的错判的婚姻案件加以调查研究，以便在处理中全面地显示政策，教育干部和群众；并组织一批作家、画家、记者参加试点工作以体验生活，搜集创作材料；1 月 25 日前试点工作单位写出总结（见图 2－1）
	1953 年 1 月 25 日前	
第三阶段	2 月中旬以前	完成干部、学生学习材料的编印工作，创作 7 套连环画、4 幅招贴画、86 部幻灯片及 10 本说唱材料
	2 月中旬到 2 月底	全市干部、学生、民警学习并完成训练宣传员和群众宣传队员的任务；同时组织机关干部普遍学习《婚姻法》和中央指示，并检查机关干部中的思想认识和《婚姻法》的执行情况
	1953 年 3 月	对工人、农民、市民进行普遍宣传

资料来源：门头沟档案馆藏《北京市贯彻婚姻法宣传工作计划》，档案号：22－3－9；北京市档案馆藏《明年（1953 年）三月计划分工》，档案号：84－1－32。

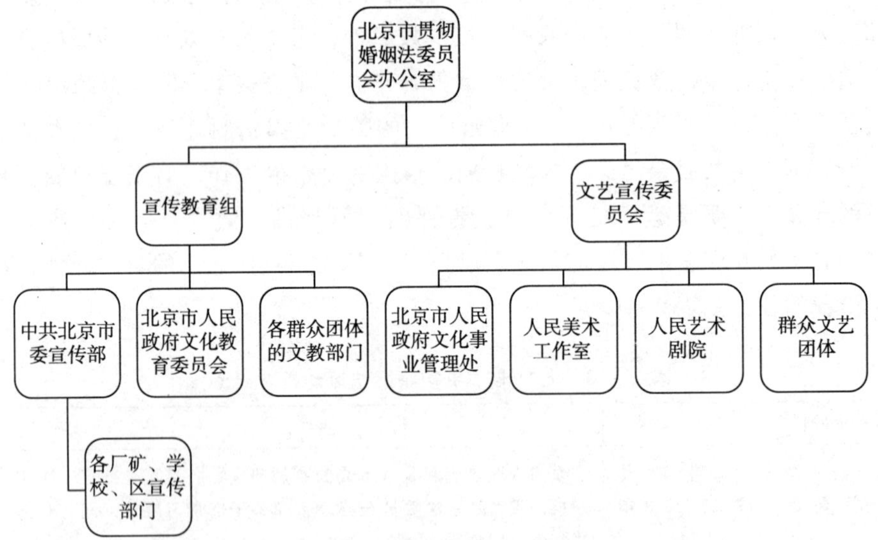

图 2－1　“贯彻婚姻法运动月”宣传机构组织情况

资料来源：海淀区档案馆藏《1953 海淀区贯彻婚姻法计划》，档案号：1－105－23。

二　“贯彻婚姻法运动月”的开展

1952 年 12 月 17 日在北京市委的领导下，以北京市政府和北京市妇联为主，由各党派、各团体和各机关共26个单位组成北京市贯彻《婚姻法》运动委员会，29人为委员，并推选张友渔为主任委员，张晓梅、王斐然、柴泽民、范瑾、万丹如等人为副主任委员。当日举行第一次会议，准备工作计划，成立办公室，以张晓梅兼办公室主任。办公室下设秘书组（民政科、法院、妇联、区委办公室）、调查研究组、宣传教育组（区委宣传部、文化馆、文教科、妇联宣传部、工商联、曲艺界）、群众接待组（法院）四个部分。另在13个城、郊区和工矿、学校、机关等系统成立分会。贯彻《婚姻法》运动委员会内成立党组，指定张晓梅、王斐然、柴泽民、范瑾、刘莱夫（工会）、张大中（青年团）、万丹如、李续纲（市府文委）、梁柯平（妇联）等人为党组委员，并以张晓梅为书记，王斐然为副书记。

1. 试点工作的开展

进行重点试验的单位主要有北京被服厂第四分厂、京西城子矿、东单区遂安伯胡同派出所管界、西单区学院胡同、西四区门弦胡同、前门区河沿等派出所管界、东郊区慈云寺和姚家园两村、京西矿区燕家台村、北京大学医学院和中国人民银行北京分行。各区抽调干部与市里派出的干部组成工作组。其工作步骤如下。

（1）干部学习和检查思想。

北京市各区关于干部学习和检查的内容基本相同。如前门区将办公室及负责宣传工作的干部330人集合起来进行关于贯彻《婚姻法》方针、政策、目的的学习，并检查《婚姻法》的执行的情况。检查范围为："对婚姻法是否学习过，是否了解，是否赞成，现在学习是否了解是否赞成；过去在处理群众有关婚姻和家庭问题时，是否正确的执行了婚姻的规定；是否干涉过别人的婚姻自由；对于受迫害的妇女，有无见危不救，死了不问，甚至参与迫害的行为。"①

（2）组织积极分子检查思想并发现问题。

在对组织干部进行教育的同时，也组织积极分子进行学习和检查思想。如前门区西河沿试点，"工作一开始首先组织了全段220个积极分子进行学习，反复交代方针政策"。"为了使他们能更好地掌握婚姻政策和中央的指示精神，特于工作开始前，组织了三天的政策学习，并印发了贯彻婚姻法运动

① 北京市档案馆：《（1952年）前门区贯彻婚姻法运动月工作计划》，档案号：39-1-305。

学习材料。"[①] 在组织学习的同时，检查他们思想中存在的问题，并按片组织材料揭发群众中出现的婚姻问题（见表 2－14）。

表 2－14　"贯彻婚姻法运动月"中积极分子揭发出的婚姻问题

类别		数量（件）	牵涉人数（人）
虐　待	丈夫虐待妻子	22	50
	公婆虐待儿媳	11	36
	父母虐待子女	8	23
	嫂子小姑子虐待弟妹	1	4
	虐待使女	1	3
干涉婚姻自由	父母干涉子女婚姻自由	3	10
	限制寡妇婚姻自由	1	2
	新中国成立后重婚	1	3
	新中国成立后公开姘度同居	2	6
	一般通奸，妨碍他人家庭	6	18
家庭不和	婆媳不和	8	25
	夫妻不和	11	25
	妯娌不和	3	9
	姑嫂不和	1	3
	一般婚姻纠纷	8	19
	一般家务纠纷	2	5
	其他问题	11	28
总　计		100	269

资料来源：北京市档案馆藏《1953 年登记情况》，档案号：38－2－77。

（3）向群众展开宣传。

在宣传过程中，基本上是依靠组织力量进行动员的，其动员技术类似于天文学上的彗星形，"即是干部作为核心，核心之外，团结着一批积极分子，作为领导骨干；吸引着中间分子；而在之一切的后面，拖着一条'落后分子'的细长的尾巴"。[②] 这种自上而下宣传模式（见表 2－15）通过深入群众、分化群众，通过群众内部形成竞争与压力，进而得以控制、动员群众，

① 北京市档案馆：《前门区婚姻法办公室工作计划、报告、总结》，档案号：38－2－77。

② 赵超构：《延安一月》，上海书店，1992，第 93 页。

最终形成以群众控制群众，或者以群众动员群众的局面。

表 2－15　北京市“贯彻婚姻法运动月”组织情况

机　构	领导者	备　注
厂矿企业分会、学校分会和各城郊分会	北京市贯彻《婚姻法》运动委员会	—
大厂矿企业（包括铁路、煤矿、市政、工厂联合会建筑等产业）	厂矿企业分会（原属市总工会领导）	—
城区各派出所所长、民政干事和民警	市公安局领导下的各分局	—
高等学校	学校分会	—
小学教职员工、中小工厂企业、市民（包括工商界）	各区分会（并设若干工作小组分片负责督促检查）	一般工厂、企业、医院等后来按理论学习系统由主管单位领导
中等教职员	教育局	—
市区各级机关干部	市委宣传部	按理论学习系统进行
街道和村镇	派出所所长、民政干事或村长、村党支部书记、新民主主义青年团、村支书、妇联主任等组成；各派出所和村镇设支会（并设若干小组分片负责督促检查）	在区分会领导下负责推动街道和村镇的宣传工作

资料来源：海淀区档案馆藏《北京市贯彻婚姻法运动月工作计划（草案）》，档案号：1－105－107。

（4）总结报告并布置以后工作。

运动结束后，各级组织由主管部门写出总结，并为以后长期贯彻执行《婚姻法》做出系统的规划。

2. 宣传工作的开展

遵照中国共产党中央委员会和中央人民政府政务院《关于贯彻婚姻法的指示》以及《中国共产党中央委员会关于贯彻婚姻法运动月工作的补充指示》，并根据北京市具体情况和重点试验的经验，1953 年 1 月，宣传《婚姻法》的运动在全市范围内开展。工作步骤基本与试点地区相同，表 2－16 至表 2－18 分别是宣武区、海淀区和前门区的工作步骤。

表 2－16　宣武区“贯彻婚姻法运动月”工作计划

时　间	机　构	工　作
1953 年 1 月 9 日至 15 日	—	成立宣武区贯彻《婚姻法》委员会，并设办公室，下设秘书组、宣传教育组
1953 年 1 月 16 日至 25 日	—	各单位搜集干部和群众中的婚姻问题汇交办公室研究分析；制订全区的宣传教育计划；训练宣传员，制订宣传计划；法院收集典型婚姻案件及司法改革中错判案件的材料进行调查研究，并准备好处理意见
1953 年 2 月初	贯彻《婚姻法》运动委员会	完成各项准备工作
1953 年 2 月 28 日至 3 月 6 日	机关干部及小学教员	学习《婚姻法》及有关《婚姻法》的各项文件
1953 年 2 月 26 日至 3 月 13 日	办公室	领导贯彻《婚姻法》运动委员会办公室干部、妇联、民政科及法院作婚姻工作的干部学习，并检查《婚姻法》的执行情况
1953 年 3 月 13 日至 20 日	由办公室干部、派出所所长、民政干事、妇联主任以及主要积极分子组成贯彻《婚姻法》宣传小组	负责推动街道的宣传工作（牛街派出所全部和枣林前街派出所一部为回民地区，不进行宣传）
	训练宣传员、工会基层干部及街道积极分子	工厂、街道（包括工商户、摊商）两个系统采取做报告、分组讨论的方式；主要涉及贯彻《婚姻法》运动的方针政策，《婚姻法》的基本精神及问题解答
1953 年 3 月 21 日至 30 日	—	开展大规模的宣传《婚姻法》的运动

资料来源：宣武区档案馆藏《宣武区贯彻婚姻法运动工作计划》，档案号：11－1－7。

表 2－17　海淀区“贯彻婚姻法运动月”工作步骤

时　间	任　务
1953 年 2 月 28 日至 3 月 15 日	区干部与各单位的学习检查

续表

时　间	任　务
1953年3月15日至3月18日	各村村长、党团支书、妇联主任、民政委员、民兵队长400多人参加学习
1953年3月20日	全区共分8个宣传《婚姻法》小组（其中农村6组）到各片负责推动掌握运动的开设，并由区聘请了42个大部分是科长以上的干部负责到各村向群众作贯彻《婚姻法》的报告
1953年3月20日至4月5日	由报告员和选择较强的区干部30余人到村里向群众做报告
1953年4月7日	全区分26片，由报告员向各村干部、宣传员作结束工作报告及今后如何经常化的具体计划

资料来源：海淀区档案馆藏《（1953年）海淀区贯彻婚姻法工作总结》，档案号：1－105－23。

表2－18　前门区“贯彻婚姻法运动月”工作步骤

时　间	机　构	工　作
1953年2月18日至30日	健全区领导机构	设四个组即宣传教育组（10人）、联络组（38人）、接待处理组（3人）、秘书组（6人）
	成立各系统的分会或各大单位的办公室	由政工会、青年团、青工部组成分会，领导工人、店员的运动；由区委统战部、工商科、工商联组成分会领导工商界；由文教科、青年团、教育工会、区委宣传部一部组成分会领导中小学教员；百人以上的机关企业成立办公室
	训练干部——主要学习《婚姻法》的基本精神，运动的方针、政策和目的，介绍试点经验	抽调50名左右干部参加市里学习；训练工会基层干部300名左右；训练街道骨干积极分子和工商联的基层干部，每个派出所15～20人，共计400～500人
1953年3月	向全体群众进行《婚姻法》的宣传	—
	检查全区《婚姻法》的执行情况	婚姻情况、家庭情况以及违反《婚姻法》的事实和问题（特别是虐待妇女和干涉婚姻自由的事件）
	培养典型	经斗争得到婚姻自由的民主和睦家庭；子女受旧制度摧残，现已认识清楚，通过现身说法达到教育群众的目的；培养一些虐待妇女、干涉婚姻自由的典型进行自我检讨，达到揭发改正的目的
	处理个别严重违法案件和一些亟待解决的婚姻纠纷	—

资料来源：北京市档案馆藏《（1953年）对贯彻婚姻法运动准备工作和运动员工作计划的意见》，档案号：38－2－77。

3. 宣传内容

此次运动在宣传内容上主要是以《婚姻法》《中央人民政府政务院关于贯彻婚姻法的指示》《中国共产党中央委员会关于贯彻婚姻法运动月工作的补充指示》和《中央贯彻婚姻法运动委员会所公布的贯彻婚姻法宣传提纲》为主。在“系统地讲清婚姻法的主要内容和基本精神，并说明贯彻婚姻法运动的方针和目的”[①] 的基础之上，着重宣传以下几点。

（1）说明旧婚姻制度的害处，新婚姻制度的好处，把违反《婚姻法》的事例予以分析批判，对其中的封建残余予以充分揭发，使大家对封建主义婚姻制度深恶痛绝，并自觉地拥护新《婚姻法》。

（2）结合群众切身利益，说明贯彻《婚姻法》是为树立男女平等、婚姻自由的新民主主义婚姻制度，建立民主和睦、团结生产的幸福家庭服务的。同时树立向封建婚姻制度斗争获得胜利的典型，培养模范夫妇、模范婆媳的典型，以对群众进行活人活事的教育。

（3）对旧婚姻制度下建立起来的家庭主要是使其家庭和睦，改善夫妻婆媳关系。说明实行《婚姻法》并不是提倡离婚，只对极少数夫妻关系十分恶劣经过调解仍无法继续维持的才准予离婚。这次运动主要集中在解决包办婚姻、干涉婚姻自由、杀害妇女和虐待妇女等问题上，而对一般的男女问题不过度干涉。

4. 宣传形式

此次运动是由大会到小会、由干部到群众、由闾到户、由互助组参选到每个人，由上至下，逐步深入地进行的。宣传教育方式多种多样，主要包括以下几种。

（1）报告会。

报告会是这次运动中主要的宣传方法，其优点是能向群众全面地交代政策。如在运动开始之前，为了使工作组成员能更好地掌握婚姻政策和中央指示的精神，除了学习编印的《婚姻法》运动学习材料外，所有成员于“1952年12月24日至26日学习三天，听一天报告，王斐然同志作动员报告，张晓梅作专题报告，内务部同志作河南武胜县贯彻婚姻法的经验的报告，民政局同志作北京市婚姻情况和过去经验的报告”。[②] “群众中恐慌情绪和对婚姻

① 北京市档案馆：《（1953年）关于贯彻婚姻法运动准备工作计划和进行情况的报告》，档案号：1-5-105。

② 北京市档案馆：《（1952年）北京市贯彻婚姻法运动委员会党组》，档案号：1-6-753。

法的各种片面的与错误的思想主要是通过报告会解决的。”①

（2）典型人物现身说法。

活人活事的典型报告是一种非常有效的宣传方法。运动中所选取的一般是“家庭民主和睦团结的，青年争取婚姻自由的和旧家庭转变成新家庭的”典型；培养的办法是本人自愿，家庭同意，并能在工作组的教育与培养下提高认识。通过他们的报告，能给群众指出努力方向，能使群众自觉自愿地向他们学习。这一时期，各地区各单位作典型报告的不下百人，“被服厂的刘景廷、孙广海，丰台车辆厂的毕兰香，街道的米月兰，农村的杨淑琴、王堂，学校的孙秀兰的典型报告都能打动人心，并且成了群众学习榜样”。② 麻线胡同派出所典型王×在大会报告后，群众都表示：“你看老太太多好，一家子是模范，咱们得好好向她学习。棉花丁二条的典型边敬芬报告了自己通过家庭会议，达到了夫妻和睦互相帮助的事迹后，许多群众表示，回去也要开好家庭会。”③

（3）图片宣传。

图片宣传是这次运动中的又一主要宣传方式。运动中，宣武区就曾联合北京市美工室和中央美术学院举办贯彻《婚姻法》运动的美术展览会，“并动员群众到文化馆、北海公园看展览”。④ 而图片讲解的方式更适应文化程度较低的人群。在运动后期，这种方式开始出现在街头，并深入各院各户。“数千个街道和农村积极分子带着宣传画、连环画在文化馆、文化站、庙头、街头、大杂院等广泛地向群众讲解，形成在群众中流动的千百个小型展览会。男女老幼特别是文化低的都很爱听。”⑤ “李铁拐斜街派出所的图片固定在两处，讲解一天即有群众 1339 余人……图片流动至孝顺胡同时，群众坚决不让离开，他们请讲解员喝水，喝完了又让讲，因而足足讲了一整天，许多老太太对图片感到极大兴趣。讲瞎婆婆和她儿媳妇时，老太太指着瞎婆婆说，你看你多□（字迹无法辨识，下同），脑筋还不如我呢！有的指着小姑子说，你多缺德呀！”⑥

① 北京市档案馆：《北京市工矿企业贯彻婚姻法运动基本总结》，档案号：101－1－412。

② 北京市档案馆：《北京市贯彻婚姻法运动总结第二稿》，档案号：1－6－753。

③ 北京市档案馆：《（1953 年）北京市工矿企业贯彻婚姻法运动基本总结》，档案号：101－1－412。

④ 宣武区档案馆：《宣武区贯彻婚姻法运动工作报告（街道方面）》，档案号：11－1－7。

⑤ 北京市档案馆：《北京市贯彻婚姻法运动总结第二稿》，档案号：1－6－753。

⑥ 北京市档案馆：《北京市工矿企业贯彻婚姻法运动基本总结》，档案号：101－1－412。

（4）文艺演出。

文艺演出的主要参加者既包括文化馆的文工团员，也包括业余剧团的工人和市民。主要节目有《赵小兰》《夫妻之间》《喜事》《柳树井》《婚姻自由》及《双满意》等。节目演出后，反响也很大，如："麻线胡同每次演剧发一千张票，总来二千多人，椿树上头条派出所许多老太太看了《赵小兰》后说：'可不是吗？过去就是老头子说了算，就是火坑也得往下跳。'又说：'赵小兰说的对，自己找的对象多好，你看她姊妹父母包办的多受罪，最后痛苦的不得不离。演至小兰回家时，全场鸦雀无声，许多老太太都哭了。'"①有些群众反映说："我就和那个老张一样，非改不可了，那个老头顽固就是我，不能再包办了。"②"下青水有的老太太说："这回看了《柳树井》的童养媳的受的苦处，真没有两样，有闺女死也不做那样事。"③除了这些节目以外，还有电影、话剧、民歌、地方戏等，有的还根据已发现的具体材料，编成大鼓、快板和相声。

（5）群众大会。

因为当时《婚姻法》的宣传是在不影响生产的前提下进行的，所以以群众大会这种方式来进行宣传的比较少。下面是西河沿派出所组织的一次宣传《婚姻法》的群众大会。

> 西河沿派出所的贯彻婚姻法报告大会吸收了积极分子，存在着婚姻问题、虐待问题的群众参加，1000人左右，会上首先由李区长交待（代）政策，说明运动的方针意义，同时总结这一段工作的报告。并由区办公室龚同志揭发了存在的问题，当场指名与不指名给予批评及处理方针的报告，而后是三个典型讲话，一个是李××报告他虐待老婆的检讨，一个是张老太太的经过婚姻法的宣传后家庭转变和睦的情况，最后我们请了北京市曲艺一团、三团演出了大鼓、单弦、相声，内容都是有关婚姻法的，如早婚害处、新旧婚姻等。很受群众欢迎。
>
> 优点：
>
> （1）这次大会再一次说明讲解婚姻法的政策及其运动的目的，并结

① 北京市档案馆：《北京市工矿企业贯彻婚姻法运动基本总结》，档案号：101－1－412。

② 北京市档案馆：《北京市贯彻婚姻法运动总结第二稿》，档案号：1－6－753。

③ 门头沟区档案馆：《清水区贯彻婚姻法总结汇报》，档案号：7－1－9。

合所揭发的问题，针对群众思想情况的二个报告，扭转了一下群众对婚姻法的误解，使一些群众对贯彻婚姻法重要意义有了更进一步的体会，有人听见报告后说，政府真是为了让咱们过好日子使家庭和睦。

（2）到会人很多，并且都很聚精会神的听报告，听得很入神。

（3）典型报告中，张老太太讲完他经过婚姻法宣传后，婆媳感情极好的时候，台下有人带头喊，向张老太太学习等口号。

缺点：

（1）整个会的时间拖得太长，以致在曲艺没终了时，有人便离开了会场。

（2）典型讲话事先没有很好的培养，提高觉悟，更没有从思想上解决□□，所以虐待老婆的李××的检讨很不深刻，他只有描绘了如何打老婆，并未检讨他虐待老婆的思想根源及其虐待意图，最后他并非诚意承认错误，而把这些事全部归根到旧社会去，因此引起群众对他检讨不满。

（3）会前在工作组干部的思想上对这次会的目的不明确。

（4）干部分工不明确，以至会场上一些事形成无人负责或乱抓。[①]

可见，群众大会一方面不易组织，另一方面还会出现预料不到的突发情况，有可能达不到预期的效果，所以在宣传中很少使用这种形式。

（6）小型群众会议。

小型群众会议的形式主要包括片会、院会、座谈会、互助组会、地头会、老头儿会、老婆婆会、青年男女会、媳妇会、光棍会等。首先，片会、院会、座谈会、互助组会、地头会这种小型座谈会的好处是容易集合参会者，且座谈深入，能解决具体问题，适合于在人群比较分散的农村进行。如海淀区李广玉互助组就是结合互助生产的特点来进行宣传《婚姻法》的，宣传组成员“一边干活，一边讨论”。[②]“在城市居民中主要的宣传方式是片会、院会和家庭会。其次，针对不同对象着重讲解符合于他们切身利益的内容。比如针对青年讲解婚姻自由，针对老年人讲解尊婆爱媳，针对妇女讲解

① 北京市档案馆：《前10区贯彻委员会〈专题报告〉》，档案号：38－2－77。

② 海淀区档案馆：《海淀区贯彻婚姻法运动委员会简报》，档案号：1－105－23。

男女平等。“在父母亲会上讲包办婚姻的坏处、自由婚姻的好处”；在基层干部中，主要是“学习检查思想，充分了解掌握方针政策”；在工人中主要“针对工人阶级是先进阶级的特点进行阶级教育和前途教育来打通他们的思想”；针对教职员“主要是通过学习文件，检查思想，从政治上思想上认清封建主义与新民主主义的婚姻制度的区别”；① 针对家属“着重批判‘嫁汉嫁汉穿衣吃饭’的依赖思想……指明积极学习政治和文化，准备就业条件，争取将来参加祖国建设才是彻底实现男女平等的正确道路”。②

（7）诉苦会。

诉苦会主要是通过回忆对比，让群众用自己的亲身经历揭发批判封建习俗带来的痛苦，以划清新旧思想的界限。一般是先通过小组会进行，选出典型后，再举行大会来开展普遍的回忆对比，以达到“使新旧婚姻对比成为群众交谈的中心，人人痛恨旧社会婚姻制度”的目的。如双唐涧村召开由320个妇女参加的诉苦会。说到童养媳所受的痛苦时，在场的4个童养媳“流下了眼泪”。梁家铺村李永兰14岁就当童养媳，“听到讲当时就哭起来”。③ 这种方式在某种情感的影响下，个体很容易获得一个群体的心理特征。因为所有的人同时体验着同样的情境，很容易受到情境暗示，而且情感色彩较为强烈。因此，以这种方式取得的效果不易被忽视。

（8）其他形式。

在宣传中，还有其他的宣传方式，如速成班和民校“成立了很多临时性的读报组”；④ “《北京日报》开辟贯彻婚姻法专栏，北京人民广播电台增设贯彻婚姻法特别节目”，“北京中苏友好协会编选介绍婚姻家庭制度的文章，并介绍苏联的婚姻、家庭制度”，宣武区有的派出所组织了秧歌队，还组织了2.4万多人“收听婚姻法特别节目的广播”，⑤ “马栏村白天写了黑板报，晚饭后打着灯笼，集中了二十来人由张庆江讲解（婚姻法）”。⑥

我们看到所有的宣传基本是在群体当中进行的，无论是报告还是各种形式的会议，无论是听广播还是看戏剧，都属于集体行动。在这种条件下，群

① 北京市档案馆：《对贯彻婚姻法运动准备工作和运动员工作计划的意见》，档案号：38－2－77。

② 海淀区档案馆：《（1953年）海淀区贯彻婚姻法计划》，档案号：1－105－23。

③ 海淀区档案馆：《海淀区贯彻婚姻法运动委员会简报》，档案号：1－105－23。

④ 宣武区档案馆：《宣武区贯彻婚姻法运动工作报告（街道方面）》，档案号：11－1－7。

⑤ 宣武区档案馆：《宣武区贯彻婚姻法运动工作报告（街道方面）》，档案号：11－1－7。

⑥ 门头沟区档案馆：《清水区贯彻婚姻法总结汇报》，档案号：7－1－9。

体会表现不同于单独个体所具有的特点。“聚集成群的人，他们的感情和思想全都转到同一个方向，他们自觉的个性消失了，形成了一种集体心理。”[①]这种场合下的人们是绝不能提出其他不同意见的，否则会遭群起而攻之。这种情况下，他们也不可能根据自己的推理形成自己独特的看法。虽然这种心理状态是暂时的，但它表现了一些非常明显的特点。当人们多次受到同样的共同情感刺激时，它们就会无意识地受到暗示，使得群体心理特征内化到自身并转化为行动。

5. 工作方式的特点

（1）策略的灵活性。

工作方式的灵活性除了体现在针对不同群体采取的不同宣传方式以外，还表现在其他方面。如在学习时间的安排上，“学校为十五天，城郊区为二十余天至三十余天”；又如根据运动进行的实际情况来决定结束时间，一般而言，1953 年 4 月 10 日前运动就已结束，但“京西矿区因情况较复杂，运动开始的较晚，到 4 月 13 日才结束”；[②] 再如海淀区“第一类型是菜地村共 8 个，（1953 年）4 月 3 号结束，第二类型是一般村，于（1953 年）本月（4 月）5 号结束。第三类型是重点村，在（1953 年）本月（4 月）10 号前结束工作”。[③] 而且不同类型的干部学习的内容也不同，高、中级班的干部，学习《中华人民共和国婚姻法》、《中共中央关于贯彻婚姻法指示》（党员阅读）或《中央人民政府政务院关于贯彻婚姻法的指示》（非党员干部阅读）、《中国共产党中央委员会关于贯彻婚姻法运动月工作的补充指示》、《苏联人民崇高的共产主义道德》、《谈社会主义社会中的爱情》、《集体与个人》；而初级班干部则“不学《谈社会主义社会中的爱情》，其他学习文件同中级班。文化班干部则是学习《婚姻法宣传提纲》”。[④] 而且在学习方法上也不同，理论学习班的学习方法是听报告、自修和讨论，而文化班干部则只是听报告和讨论。

（2）在不影响生产的前提下进行。

在“贯彻婚姻法运动月”中，无论是在厂矿还是在农村，都是在不影响

---

① 〔法〕勒庞著《乌合之众：大众心理研究》，冯克利译，中央编译出版社，2005，第 12～13 页。

② 北京市档案馆：《北京市贯彻婚姻法运动委员会的向市委报告、请示》，档案号：1－6－753。

③ 海淀区档案馆：《海淀区婚姻法工作汇报》，档案号：1－105－23。

④ 北京市档案馆：《北京市干部学习婚姻法计划》，档案号：1－12－128。

生产的前提下进行的。工厂一般是利用业余时间做报告一次、讨论一次、解答问题一次。机关、学校的工作人员可自行阅读文件，所需时间比工厂要少。在农村一般是利用大会、地头会、家庭会进行宣传，如前所述，海淀区宣传《婚姻法》时“一边干活，一边讨论”。[①] 又如京西矿区金鸡台小区的口号是“黎明早期搞生产，白天生产闹春耕，晚上开会贯彻婚姻法，时间不超过两点钟（八点至十点）”。[②]

（3）以教育为主，群众自愿为原则。

此次运动以教育为主，“通过树立新风气，指明新制度的优越性，对比除（出）旧制度的腐朽和危害。要在群众中造成一片欢天喜地的气氛”。揭发是次要的，在揭发时也不把错误归结为个人而是归罪于旧制度。这样就避免引发个人情绪出现对立的情况。如京西矿区报告员做报告时首先交代三句话，“一婚姻法没变，二登记户口与婚姻法无关，三不斗争，四坚持教育的方法”。[③] 西河沿派出所在运动中共发现婚姻问题88件，根据其情节与性质，分别做如下处理：“情节重大送法院惩办的4件，一般问题大会批评检讨的1件，小会批评检讨的33件，当众不指名警告的8件，做个别教育、警告具结[④]立案处理的42件。”[⑤] 而且在宣传过程中，坚持自愿原则，明确提出不以派出所名义召集会议，防止了强迫命令的现象。

下面是笔者的访谈。

访谈一：M先生，1924年生，籍贯北京，工人，1942年包办结婚。

> 采访者：当时怎么宣传《婚姻法》的？
>
> 受访者：划片，如三元街这一片，再分大组、小组。
>
> 采访者：动员每一家都去吗？
>
> 受访者：也有不去的。
>
> 采访者：有没有强迫？
>
> 受访者：没有。
>
> 采访者：与其他运动有什么不同？

---

① 海淀区档案馆：《海淀区贯彻婚姻法运动委员会简报》，档案号：1－105－23。

② 门头沟区档案馆：《京西矿区妇联关于贯彻婚姻法运动月总结报告》，档案号：26－1－22。

③ 门头沟区档案馆：《清水区贯彻婚姻法总结汇报》，档案号：7－1－9。

④ 指对自己的行为愿意承担法律责任的表示，具结与写保证书具有相同的作用。

⑤ 北京市档案馆：《（1952年）西河沿派出所贯彻婚姻法工作简报》，档案号：38－2－77。

受访者：只是宣传教育。其他运动比如反右那是敌我矛盾。

采访者：您去参加过关于《婚姻法》的公审大会吗？

受访者：没有。公审大会在“三反”“五反”中比较多。

访谈二：M 先生，1937 年生，籍贯北京，1960 年从郊区来京工作，技术干部，1963 年与一名农村妇女结婚。

采访者：您记得农村怎么宣传《婚姻法》的？

受访者：把群众召集在一起，开个大会，由村长给讲讲。那时候的农村干部在群众中根基特别深，他要去上面开两个钟头的会，他回来能讲四个钟头。那时候没有扩音器，有的拿纸卷做喇叭筒，有的什么都不用，直接摆一张桌子站上去就能讲，而且把本村的事与上级的精神都有声有色地融会在里头。那时候农村干部都是这样。

（4）密切联系群众，依靠积极分子。

积极分子是由具有较高的政治觉悟、关心群众生活、对工作认真负责、对当地情况较了解的人组成的。在贯彻《婚姻法》运动中，京西矿区“村干、宣传员积极分子成为运动的骨干，二百村的统计（共）一万一千（个）积极分子（经过集训的）”。[①] 前门区通过由群众审查和领导批准的办法，“在宣传组员中选拔了报告员 53 人，培养与挑选了群众积极分子 1892 人，其中包括图片讲解员 232 人，故事讲解员 241 人，幻灯放映员 57 人，各种演员 74 人，典型 31 人，组成了强大的宣传队伍”。[②] 鉴于他们在运动中出色的表现，所以，有人建议“运动后要着重巩固重点的成绩，培养积极分子，并当地提拔他们参加基层政府会议工作如陪审登记工作”。[③]正是有这样一批人的积极参与，才使得《婚姻法》运动能够高效率、高质量地贯彻执行下去。

（5）在有组织、有计划、有步骤、有准备的前提下，严格有序地加以宣传。

与 1951 年检查《婚姻法》执行情况的运动相比，此次运动准备得更加充分，执行得更加严格有序。北京市各个机构的贯彻《婚姻法》委员会办公室宣传组，事先调配好干部进行业务学习，制订出工作计划后，以典型的区

---

① 门头沟区档案馆：《京西矿区妇联关于贯彻婚姻法运动月总结报告》，档案号：26 - 1 - 22。

② 北京市档案馆：《前门区贯彻婚姻法的工作总结》，档案号：38 - 1 - 81。

③ 北京市档案馆：《北京市贯彻婚姻法运动总结第二稿》，档案号：1 - 6 - 753。

域为试点，通过积极分子了解该地区《婚姻法》的贯彻情况，“把大体个人所了解的违法婚姻法事件翻了出来，随即又按各群众组织系统分小组谈”，并“将各方面材料汇总作了分类登记”，[①] 为后来全面贯彻《婚姻法》运动打下了基础。在宣传开始前，制定了严格的“请示、汇报制度”。[②] 并用通过宣传组员向积极分子试讲，以积极分子提意见的办法来选拔报告员。“培养出一批懂得贯彻婚姻法的方针和婚姻基本精神并善于向群众通俗易懂地讲解这些基本精神的干部和报告员”。[③] 同时，严格控制由积极分子组成的宣传队伍，规定报告员报告内容必须经区批准。如“丰台区订了十不准，如不准斗争，不准查男女关系，不准开坦白会，不准在回民中宣传”，坚持“准备不好不准出兵”等原则。“特别是开检讨大会及典型会，事先要经过办公室批准，自己不懂的问题不要乱回答”，[④] 尽量避免和减少错误。为了保证这次运动不致发生混乱，中央又规定在这次活动运动月中，“人民群众中的婚姻案件，应当按照正当法律手续，由区人民政府或县市人民法院加以处理，而各级贯彻婚姻法运动委员会及工作组等，不得代替政府或法院加以处理”。[⑤]

（6）提出宣传贯彻《婚姻法》的经常化工作。

《婚姻法》的宣传并没有因这次运动的结束而停止，一些部门如民政科、妇联、法院等开始设定专人负责这项工作。民政局训练了一批登记工作人员，在各区“依法办理登记并向群众进行宣传”。法院也有重点、有步骤地“建立婚姻法庭并抽调干部担任庭长和审判员”。一些宣传部门如报社、电台、美工室、文联、文化宫在一些重大节日，如“每年三八节进行一次有关婚姻法的宣传”。宣武区政府、妇联、法院、工会、文化馆等单位还组成联席会议，“研究经常的宣传婚姻法工作”。[⑥]京西矿区在运动结束后就把贯彻《婚姻法》委员会改为了调解小组，以加强婚姻纠纷中的调解工作。在宣传教育的同时，还为因婚姻问题陷入困境的妇女提供援助，如北京市贯彻《婚姻法》运动委员会在西单头条3号设置的“婚姻问题招待所”，以临时安置那些“为争取婚姻自由（结婚或离婚）而受到阻

① 北京市档案馆：《前门区外二七段婚姻法执行情况典型调查工作报告》，档案号：39－1－145。

② 海淀区档案馆：《北京市贯彻婚姻法宣传工作计划》，档案号：1－105－107。

③ 门头沟区档案馆：《（1953年）北京市贯彻婚姻法宣传工作计划》，档案号：22－3－9。

④ 北京市档案馆：《（1952年）西河沿派出所贯彻婚姻法工作简报》，档案号：38－2－77。

⑤ 《健康有力地开展贯彻婚姻法运动月的工作》，《新中国妇女》1953年第3期。

⑥ 宣武区档案馆：《宣武区贯彻婚姻法运动工作报告（街道方面）》，档案号：11－1－7。

挠和迫害，以致生活无着甚至有遭到伤害和有生命危险者”或者“上诉审理期间生活无着者”。[①] 运动结束后，北京市民政局于1953年6月5日接办“婚姻问题招待所”，[②] 为那些因婚姻问题而生活困难或受迫害者提供帮助。

（7）个人与国家的联系更加紧密，家长权威对个人的影响逐渐减弱。

为了缩小打击面，这次运动中，把所有的原因归结为旧思想和旧制度，让每一个人都去批判。并且通过新旧对比，让每个人在体会到新制度好处的同时，把原因归结为新社会和政治领袖的功劳。例如柏彦庄群众赵全林说：“我今年四十岁了，想起旧社会真是痛苦，旧社会有苦没处说，现在施行婚姻自由，小两口你爱我，我爱你，结婚就想把生产搞好，怎么说生活不好呢？我越想毛主席越好，比现在爹娘还亲。”[③] 一个姓孙的寡妇说：“我们寡妇有活头了，毛主席真好，我明天买张毛主席的像贴上。”金鸡台区的群众反映：“毛主席号召真是好，让干什么，你们就干吧，没有错。”[④]“毛主席的政策条条为人民。”还有人说：“感谢毛主席，想的（得）真周到，要家家都过好日子。”[⑤]可见，人们对领袖、权威崇拜的历史由来已久。因为中国是个有两千多年封建统治的国家，对政治领袖的忠诚往往与爱国联系在一起，在老百姓心里，政治领袖就代表着整个国家，即使是新中国成立后，很多人思想里还有这种观念。长期以来生活在天子脚下的百姓更是有这种切身的感受，他们更容易把某一方面的成果归于政治领袖的功劳。

三　成效与问题

1. 成效

（1）基本上达到了家喻户晓的效果。

这次运动的组织力度以及规模可以说是空前浩大。仅参加运动的宣传人员就超过了6万。北京市各个阶层的人群基本上接受《婚姻法》的宣传教

---

① 海淀区档案馆：《关于婚姻问题招待所的任务及招待范围之规定》，档案号：2-105-108。

② 入住婚姻问题招待所的人员有如下限制：因通奸怀孕而发生问题者，应由当地政府和人民团体设法安置；干部离婚问题在处理期间，女方生活应由干部服务机关负责设法解决。凡属最高人民法院或华北人民法院处理之婚姻案件的当事人，则不属招待范围。

③ 海淀区档案馆：《海淀区贯彻婚姻法工作进行情况简报》，档案号：1-105-23。

④ 门头沟区档案馆：《京西矿区妇联关于贯彻婚姻法运动月总结报告》，档案号：26-1-22。

⑤ 北京市档案馆：《市委宣传部关于北京市宣传婚姻法情况向市委的报告》，档案号：1-12-128。

育。海淀区“全区86个行政单位，除一回民村外，已全部开展婚姻法的宣传，全区有40500户，受到教育的有32900余户，占总数的81.2%”。[①] 前门区在20多天的宣传活动中，“共举办了大小报告会471次，听众达38225人，文艺演出41场，群众达49840人。放映幻灯44场，观众达1742人，召集座谈217次，到会群众3967人，此外通过图片讲解的群众有126255人，收听3月21日全市贯彻婚姻法广播大会的群众有24753人，听过典型报告的群众有4364人，听过故事的群众有3374人，总计，20多天内收到各种宣传的人数共达163580人”。在对受过宣传的801人的调查访问中，“其中懂得婚姻法基本精神的624人，占访问人数的78%，了解不够全面的133人，占访问人数的17%，了解较差的或有错误的44人，占访问人数6%”。[②] 门头沟龙门街，“全街的总人口二千五百四十一人，成年人一千四百六十一，受到教育的一至四次，这次实际受到教育的一千四百五十四人，只有七人没有受教育（妇女生孩子的，老人、生病的未受教育）。又如门头镇、圈门里第五选区共六十户，男一百二十一人，女一百一十一人，没有受教育的只有三个人”。[③] 工矿企业的“十万零五千个职工中受到婚姻法宣传的约占85%以上，三万七千多集中居住的家属中受到教育的也有70%。”[④] 可见，这次婚姻运动中，工厂、机关、学校、街道和农村的成年人基本上受到了宣传教育，而且人们对《婚姻法》的认识已有了显著进步。婚姻自主、男女平等、民主和睦、团结生产的新观念已在群众中产生了广泛影响。

（2）提高了干部的思想水平和业务水平。

通过学习，干部检查和批判了在工作中干涉婚姻自由的思想和行为。如小磨村干部说：“过去认为搞《婚姻法》运动，就是要搞斗争，现在认识到这是人民内部的事，不应斗争，应用说服教育的办法；过去认为贯彻《婚姻法》是提出离婚，现在知道了贯彻《婚姻法》是让男女平等，家庭和睦。”大钟寺村的干部张振元说：“听了这次报告知道了过去动员寡妇结婚是错误的。”[⑤] 京西矿区贾长云说：“我对过去宛平县妇联会的官僚主义是很严重的，1949年史维兰的案件，1952年妇联才知道，证明对妇女问题不太关心了，

① 海淀区档案馆：《海淀区贯彻婚姻法工作总结》，档案号：1－105－23。

② 北京市档案馆：《前门区贯彻婚姻法的工作总结》，档案号：38－1－81。

③ 门头沟区档案馆：《京西矿区妇联关于贯彻婚姻法运动月总结报告》，档案号：26－1－22。

④ 北京市档案馆：《北京市工矿企业贯彻婚姻法运动基本总结》，档案号：101－1－412。

⑤ 海淀区档案馆：《海淀区贯彻婚姻法工作进行情况简报》，档案号：1－105－23。

我过去对妇女利益是不够重视的。"[①] 由于干部认识的提高，婚姻案件也得到了较迅速的处理。如市法院在贯彻《婚姻法》运动后，到当年的6月份"共受理初审离婚案件4203件，杀害妇女案件28件，虐待妇女案件284件，强奸妇女案件254件，通奸案件212件"。[②] 特别是对男女群众因婚姻问题而自杀或被杀以及司法机关对杀人罪犯和逼死人命案件进行了处理。

(3) 解决了群众对《婚姻法》的模糊认识。

这次运动，基本上消除了群众在运动中的种种顾虑和对《婚姻法》的错误认识。如四王府村教师鄂利权说："以前认为父母包办就劝离婚，自己搞对象就是乱搞，听这次报告后认识了把过去包办的旧家庭造成为新家庭，使他们和睦起来，认识到结婚和离婚不应该是随随便便的。"[③] 有一个妇女积极分子说："丈夫是两个老婆，整天提心吊胆，通过训练，不但都解决了，而且还明确了那（哪）些应该'不告不理'那（哪）些应'不告也理'。"[④]

(4) 民主和睦、团结生产的新家庭普遍受到群众的欢迎。

此次运动首先解决了家庭婚姻纠纷，一些不和睦的家庭正在改善关系。据前门区法院统计：1952年伤害妇女按每日计算平均13起，1953年三四月份贯彻婚姻法运动办公室（每日）仅收到虐待案2起，约减少了84.6%。[⑤] "海淀镇镇政府过去每天平均处理家庭纠纷五六件，运动后减至两件。姚家园村政府过去每天都要处理家庭纠纷，自1953年1月宣传后到3月初未发现一件因家庭纠纷找到村政府来的。"一些区法院、派出所及村政府也普遍反映，运动月以来，婚姻家庭问题显著减少。即使发生的也较易调解。在此基础上，夫妇、婆媳之间逐渐转变为平等和睦的关系。"如北京被服四厂张惠原来经常与老婆吵架无心生产，十三天只能完成七天定额，每半月只能领工资八九万元，这次经过婚姻法运动宣传后，转变了夫妻关系，家庭和睦快乐，生产劲头很大，最近生产已超过定额的三分之一，半月可领工资三十多万元。"[⑥] 校场口64号何佩田夫妻几十年不和好，这次运动后，竟带着老婆

① 门头沟区档案馆：《京西矿区妇联关于贯彻婚姻法运动月总结报告》，档案号：26-1-22。
② 北京市档案馆：《北京市婚姻工作联席会议情况报告》，档案号：14-2-35。
③ 海淀区档案馆：《海淀区贯彻婚姻法工作进行情况简报》，档案号：1-105-23。
④ 宣武区档案馆：《宣武区贯彻婚姻法运动工作报告（街道方面）》，档案号：11-1-7。
⑤ 北京市档案馆：《前门区贯彻婚姻法的工作总结》，档案号：38-1-81。
⑥ 北京市档案馆：《北京市贯彻婚姻法运动委员会的向市委报告、请示》，档案号：1-6-753。

去逛万寿山，其妻高兴地说："真是没有的事，这是婚姻法的好处！"[①] 在夫妻关系转变的同时，婆媳关系也有了很大的转变，如"小六条冯家过去婆媳不和，现在儿媳也上了夜校。还学习缝纫。婆媳关系很和睦"。[②] 东郊区县共方村一妇女因婆媳不和经常睡到12点不起床，说："饭还不想吃呢，哪有心生产。"运动后，"主动团结婆婆改善了家庭关系，每天早下地、挑水、施肥生产很起劲"。[③]

（5）从家庭走向社会的妇女的人数不断增加。

此次《婚姻法》运动带动了更多的妇女走出家庭，走向社会。她们不仅成为这次运动的积极参与者，而且成为生产建设的重要力量。如"门头沟赵兰香，是贯彻婚姻法的副主任……周口店于从云是下乡小组长……主任于德芝不论黑夜白天都是很积极的参加会议"。"门头镇副主任王秀英，自运动开始到结束，总是不怕辛苦的进行宣传工作，有时自己连饭都顾不得吃，到各户进行宣传。"[④] 海淀区"各乡妇联干部和代表都积极的参加宣传工作。像东下庄妇女委员佟永珍、傅立和妇女代表刘凤芳等三人冒着雨，踏着泥，衣服淋得湿湿的，饭也不顾吃，一直宣传了30多户。运动结束后，涌现出1230个积极分子，其中大部分是妇女"。[⑤] 在积极参与《婚姻法》宣传的同时，很多妇女参加生产劳动，成为国家建设队伍中的一支重要力量。如"高里庄村经过宣传婚姻法后，有24个妇女从前未参加劳动，现在参加了互助组"。"八里庄自然村就有20多个妇女参加了春耕生产，如赵文亮、李兴之妻，从不下地，现在也参加了互助组。"[⑥] 同时妇女也认识到参加生产光荣，懂得了只有参加生产，妇女才能得到彻底的解放。如崔国旺的妻子说："往年妇女谁作地里活呀？谁要种地就不找汉子啦！这回才知道妇女提高要从劳动上提高。"而且妇女的自卑心理也开始消除，如有的妇女说："妇女在家也是劳动，不能轻视妇女，解放后妇女开飞机和火车呢，男女不是一样吗？"[⑦]

（6）新的婚姻观念开始为人们所接受。

这次贯彻《婚姻法》运动鼓舞了男女自由恋爱的勇气，有些过去不敢公

---

① 宣武区档案馆：《宣武区贯彻婚姻法运动工作报告（街道方面）》，档案号：11－1－7。
② 宣武区档案馆：《关于宣武区贯彻婚姻法运动的总结》，档案号：11－1－7。
③ 北京市档案馆：《北京市贯彻婚姻法运动总结第二稿》，档案号：1－6－753。
④ 门头沟区档案馆：《京西矿区妇联关于贯彻婚姻法运动月总结报告》，档案号：26－1－22。
⑤ 海淀区档案馆：《海淀区1953年工作总结》，档案号：8－101－2。
⑥ 海淀区档案馆：《海淀区贯彻婚姻法工作总结》，档案号：1－105－23。
⑦ 宣武区档案馆：《关于宣武区贯彻婚姻法运动的总结》，档案号：11－1－7。

开恋爱关系的男女，在运动后能够大方地交往了。如一位工人说："过去的情况是，两人在厂里越是当着别人表示冷淡，那就是在心里越好的时候。现在空气变了许多，许多青年在职工休息天公然成双成对进出玩乐了。"① 许多老年人的思想也逐渐转变，开始接受婚姻自由的思想，如"罗道庄村刘老太太在运动前曾干涉女儿刘淑兰的亲事，运动后，她自动将女儿的未婚夫王世荣请到家里，说：'我应该支持你们'，并给王世荣作面条吃，补裤子"。②

同时，人们对寡妇再嫁改变了认识。通过《婚姻法》运动的宣传，人们慢慢地认为寡妇改嫁不再是"不体面"的事情。大钟寺村的霍林听了《婚姻法》报告后说："我儿媳是寡妇，她爱改嫁就改嫁。"平安里一个老太太说："我还有一个长媳是寡妇，这回她愿走就走我也不管啦。过去我搞不通，这回可搞通啦。"③ 寡妇本人对再嫁也有了新的认识，前门区石虎胡同 6 号寡妇张香兰说："我过去以为寡妇改嫁是羞耻，今天明白了改嫁不改嫁，谁也不能干涉我。"④ "福绥镜头条 39 号守了 20 年寡的□已经 50 多岁了，经过宣传找了个老伴结婚了。她说，婚姻法鼓舞了我，支持了我。群众再也不说这是可耻的缺德的事了。"⑤ "后屯村寡妇奚张氏丈夫死去还不到二年，因缺乏劳动力，生活困难就把几间房子卖了，地也典出去了。早想改嫁唯恐村里人耻笑，这次宣传婚姻法当中，她解除了思想顾虑，已于十一月二十七日结婚。"⑥

2. 运动中存在的问题

（1）"左"的倾向严重。

在此次贯彻《婚姻法》运动中，由于部分干部对传统的婚姻制度和婚姻伦理思想的影响估计不足，企图一次性解决问题，加之许多干部经历过土地改革、镇压反革命和"三反""五反"等运动，其间积累了很多经验，他们当中有人提议把这些经验搬出来用于贯彻《婚姻法》运动当中。如有的干部认为，贯彻《婚姻法》就要在群众中普遍地进行查思想、查虐待、查包办等

① 北京市档案馆：《北京市贯彻婚姻法运动总结第二稿》，档案号：1－6－753。

② 宣武区档案馆：《宣传贯彻婚姻法试点总结》，档案号：11－1－7。

③ 海淀区档案馆：《海淀区贯彻婚姻法训练班在工作汇报》，档案号：1－105－23。

④ 北京市档案馆：《（1953 年）前门区贯彻婚姻法的工作总结》，档案号：38－1－81。

⑤ 西城区档案馆：《（1953 年）北京市西四区贯彻婚姻法运动工作运动总结报告》，档案号：4－1－198。

⑥ 海淀区档案馆：《北京市第十四区关于检查婚姻法执行情况的总结》，档案号：1－104－16。

“三查”，并要求有问题的人公开做检讨。还有个别干部认为，“贯彻婚姻法也要‘杀、关、管’一批，甚至还估计出杀、关、管的百分比来了”。[①] 大钟寺村民政委员赵怀义说：“贯彻婚姻法时，把乱七八糟的（男女关系）、包办、虐待儿媳妇重的判他几回，轻的斗争他几件；要贯彻就得彻底。”妇会主任说：“我们把材料准备好了，到那时候就开火了。”[②] 群众积极分子的急躁情绪更为严重，“薛家湾派出所运动尚未开始，积极分子已开始给群众排队”。“史家胡同派出所积极分子袁宝瑞在学习时表示要养足运动劲儿好好的搞它一下。”[③] 这种情况，导致很多有问题的人心中不安。为此，中共中央发出《中国共产党中央委员会关于贯彻婚姻法运动月工作的补充指示》，告诉人们以宣传为主。但是在具体的执行过程中仍然存在“左”的倾向。如“朱房村干部有盲目过左情绪，报告完后，就召开一个厉害婆婆和不爱劳动媳妇的会，共 21 人，会议闹的很恐慌”。[④] 有的干部甚至在会上逼问口供，强迫群众带头检讨，以致造成当事人自杀的事件。“积极分子史志国自杀（未死）就是由于工作方式生硬，布置史‘检讨’引起的”。[⑤]

（2）宣传的不平衡性。

这次宣传《婚姻法》运动的重点放在了对街道零散居民的宣传教育上，放松了对工人、干部等有组织群众的宣传教育。而且受到宣传的女性多于男性，老年人多于青年人。另外，宣传者自身素质也存在着参差不齐的现象。尽管《中国共产党中央委会员关于贯彻婚姻法运动月工作的补充指示》规定，“报告一定使用‘报告员’或经过训练的工作人员”，但有的报告员对《婚姻法》的认识仍然很模糊。如有的报告员讲解婚姻自由时说：“只要人家二人看得上，谁看谁都顺眼，嫁个秃子也好，可以省理发钱。嫁个独眼也好嘛，一个眼打枪瞄得更准。”有的报告员在作男女平等的宣传时，把“妻子给丈夫倒茶、打洗脚水、夫妻吃两样饭等琐碎事情不分别具体情况都一概加以反对”。有的报告员说：“将来就不会有离婚的了。”丰台区一个报告员

① 杨耳：《老一套的经验不能硬搬》，《新中国妇女》1953 年第 3 号。
② 海淀区档案馆：《海淀区贯彻婚姻法工作总结》，档案号：1－105－23。
③ 北京市档案馆：《前门区贯彻婚姻法的工作总结》，档案号：38－1－81。
④ 海淀区档案馆：《海淀区婚姻法工作汇报》，档案号：1－105－23。
⑤ 北京市档案馆：《北京市贯彻婚姻法运动委员会的向市委报告、请示》，档案号：1－6－753。

说："我不能说错一个字，你们也不能听错一个字，我说错一个字有生命危险，你们听错一个字也有生命危险。"[①] 这种情况下，造成宣传结果也是不平衡的。这次《婚姻法》运动贯彻情况大体可分三种类型：第一种类型，一般是原来工作基础较好，干部质量较高的，而且积极分子能在运动中充分发挥作用，对群众的宣传达到了家喻户晓、人人皆知的程度。而且风气舆论开始转变并出现了一些新气象。例如海淀区的六郎庄、杨彦庄等村。第二种类型，一般是属于"干部健全，责任心差，并有依赖思想，但能完成任务"。[②] 例如京西矿区的门头村就属于这种类型。第三类型，由于干部组织基础差，或处于边缘地区，未能充分宣传，不少群众仍未能划清新旧思想的界限。三种结果呈现一种两头小、中间大的不平衡状态。

（3）表面化形式化现象严重。

此次运动中，宣传的形式主义也相当普遍。有的工作组强调挨户访问，尽可能做到人人皆知，结果发生积极分子为了赶任务，一天宣传了几十户，表面上似乎都已"家喻户晓"实际却未"深入人心"。有的干部还把宣传工作狭隘地理解为扭秧歌、黑板报的形式，而不研究宣传工作的政策性和思想性。有的宣传员在宣传中翻来覆去地重复宣传内容，不能打动人心。如"董四营村在一晚上都开了座谈会，每个座谈会差不多50多人，结果讨论不深入，形式主义的过去了，没有解决什么问题"。[③]

（4）一些群众对《婚姻法》仍然存在着误解、恐惧心理和抵触情绪。

在运动中，不少群众对《婚姻法》存在着片面的理解，对运动普遍存在着恐惧心理。运动中"因曾包办婚姻，干涉婚姻被检举或对贯彻婚姻法运动的目的不了解而疑惧自杀的有8人"。[④] 重婚的人怕离婚或受法律制裁，如"小席胡同一个重婚的资本家说，'五反我都蹲了几天，这会又贯彻《婚姻法》我算完了，三月份有牢狱之灾'"。十间房一个重婚的资本家张志勉在运动开始时和大老婆商量说："这次非把咱们拆开不行，还得上台坦白，趁早准备一下。难过地把小子也送了人。虎坊桥治疗所的大夫把他小老婆寄放

---

① 北京市档案馆：《市委宣传部关于北京市宣传婚姻法情况向市委的报告》，档案号：1-12-128。

② 海淀区档案馆：《海淀区婚姻法工作汇报》，档案号：1-105-23。

③ 海淀区档案馆：《海淀区婚姻法工作汇报》，档案号：1-105-23。

④ 北京市档案馆：《关于贯彻婚姻法运动准备工作计划和进行情况的报告》，档案号：1-5-105。

在宣武区朋友家，名义上作了朋友老婆，以逃避运动。有的几天吃不下东西，三番几次找积极分子打听运动的搞法”。[①] 有个工商户在讨论会上被主席指定发言，他说：“大哥大哥，请高抬贵手，让我过关吧！”[②] 有些受气的媳妇也因怕丈夫或婆婆被扣，不敢积极参加运动。有的婆婆说：“以后不管媳妇了，多烧香，少说话。”“京西矿区东辛房村有七个老太太暗自约定，要坦白一块上台，要禁闭一块进监狱。丰台区杨老太太，因过去对儿媳不好，怕斗争躲到南苑区。”[③] 由于群众的这种心理，以致出现了谣言。如黑山扈、肖家河等村有人说：“贯彻《婚姻法》后政策就变了，要结婚时男到二十五岁女二十二岁才行。”[④]“45 岁以下包办的婚都得离，都上税。”[⑤]

（5）部分干部对运动不重视，对婚姻政策认识较差。

运动中，除了一部分夫妻关系和睦的干部认为《婚姻法》与自己关系不大外，尚未结婚的干部还认为，“我没什么问题，我连老婆都没有”。一些干部对《婚姻法》学习重视不够。如税务局单位在讨论时，有男性干部开玩笑地说：“这是妇女法，与我没关系。”[⑥] 有的干部认为生产是主要的，不重视《婚姻法》的学习，个别单位在运动开始好几天后，“（婚姻法）学习（还）尚未开始”。这种态度也导致了一些干部对《婚姻法》的模糊认识。如海淀区某村村长李永平说：“婚姻法不许离婚，怎么还有人离婚。”[⑦]当群众中出现了《婚姻法》即将变化的谣言后，有的村干部也抱着相信或半信半疑的态度。例如董四营副村长支瑞明，群众问他是否有此种传说时，他说：“不知道。”肖家河支部党员米恩全听到谣言后，对群众说：“要是妇女到二十二岁再结婚就难生孩子啦?”群众听了之后立刻采取行动。如“黑山扈村李德新女儿本来半月后才结婚，听到此种传说准备很快到政府登记结婚，而事后怕政策变了”。[⑧]“有个贯彻婚姻法的试点工作已经做完了，工作组一看村里还有一些寡妇没有改嫁，觉得任务没有完……就动员一个有儿有媳的四十五岁

① 北京市档案馆：《前门区贯彻婚姻法的工作总结》，档案号：38－1－81。
② 北京市档案馆：《北京市贯彻婚姻法运动委员会的向市委报告、请示》，档案号：1－6－753。
③ 北京市档案馆：《北京市郊区贯彻婚姻法运动总结》，档案号：84－1－32。
④ 海淀区档案馆：《通知》，档案号：1－105－23。
⑤ 北京市档案馆：《北京市贯彻婚姻法运动总结第二稿》，档案号：1－6－753。
⑥ 海淀区档案馆：《海淀区贯彻婚姻法办公室汇报》，档案号：1－105－23。
⑦ 海淀区档案馆：《海淀区村干部和群众对婚姻法的一些认识》，档案号：1－105－23。
⑧ 海淀区档案馆：《北京市海淀区街卫生院妇幼保健组 55 年全年总结》，档案号：1－105－23。

的寡妇改嫁给她的二十岁的干儿子。原来禁止干涉寡妇婚姻自由，却变成强迫寡妇改嫁，引起群众不满。”① 一个干部不懂得婚姻政策，就拿了一个本子挨户去调查婚姻的情况，访问每一人的婚姻是自主还是包办。群众问他：“包办的是否都得离婚？”“我们虽然是包办的，但不想离婚是否可以？”那个干部很“慎重”地说：“我们已登记上了，以后怎么办，由上级决定。”②

（6）新的婚姻秩序尚待健全和完善。

经过这次运动后，封建的婚姻制度和思想受到了打击。群众中出现了两个迫切要求：一个是要求男女有正常往来的机会，一个是要求知道旧家庭改造成新家庭的具体方法。比如工人店员对男女社交的要求反映较强烈，他们说：“婚姻自由我赞成，就是如何自由法？我也不能到街上乱搞啊！”由于各个工厂的休息时间不一致，加深了男女交往的困难。有的工人说：“自由婚姻倒是好，就是自由了反倒找不上。”有的工人甚至要求政府成立婚姻介绍所。被服厂工人曾编歌说：“政府为了节约电，咱们休息在礼拜三，咱们二人不见面，咱们的事儿怎么办？”③

总之，1953 年“贯彻婚姻法运动月”是在土地改革改变了农村的基层政权、在厂矿的民主改革粉碎了封建制度、在“三反”“五反”等运动使得新政权更加巩固的基础上，主要依靠包括党、政府、武装部门、青年团、法院、妇联等系统的干部和群众积极分子进行的。由于《婚姻法》运动是家庭内部夫妻间、婆媳间、父母和儿女间的事情，所以，对其处理方式是以教育和调解为主，只有非常严重的婚姻案件才交由法院处理。与 1951 年检查《婚姻法》执行情况的运动相比，这次运动的实施步骤更为完善和详尽，宣传的方法也更为多样化和专业化，发动的力量也更为广泛、更具规模，为以后长期贯彻《婚姻法》打下了基础。但运动过程中存在的问题和不足也应当引起我们对国家制度、干部素质、群众接受程度等方面的深刻思考。

本章小结

中国共产党在法律层面上对传统婚姻制度的改革，是从 1927 年大革命

① 海淀区档案馆：《海淀区村干部和群众对婚姻法的一些认识》，档案号：1－105－23。
② 《好事不要办坏了》，《中国青年》1953 年第 5 期。
③ 北京市档案馆：《市委宣传部关于北京市宣传婚姻法情况向市委的报告》，档案号：1－12－128。

失败后创建革命根据地时期开始的，是在吸纳苏联相关法规，经过在土地革命、抗日战争、解放战争中间不断实践、总结、完善和修改的基础上形成的。从内容上看，《婚姻法》是以婚姻为主线，涉及家庭关系等诸多层面，实际上是一部婚姻家庭法。它一方面让人们克服封建思想，保护了妇女、儿童的合法权益，维护婚姻当事人的权利；另一方面在男女平等的基础上建立自由自主的婚姻制度，达到民主、和睦、团结的目的。“作为政治问题，法律表现为社会生活中占据优势地位的利益集团总是尽可能地将自己的利益、需求和愿望融入法的构架中，以其作为全体社会成员之间社会关系的调整器。”① 战争年代，颁布婚姻法的目的是为了实现战争的胜利。新中国成立后，颁布婚姻法的目的是为了夫妻和睦、家庭民主，但最终目的是为了国家的生产建设。所以，从前属于家族管辖范围内的婚姻开始由国家控制，个人的婚姻在受到国家保护的同时也受到国家的监督。

《婚姻法》带有一定程度的超越性和反传统性。这就决定了在其颁布后相当长一段时间内不断强制性地向人们灌输一种与传统不同的新思想。1951年和1953年搞的两次大规模的《婚姻法》运动，就是希望清除人们的封建思想意识，使夫妻相亲相爱，家庭民主和睦，能够团结生产。这两次运动都是在中共中央和政务院的指示下有计划、有秩序地进行的。后一次运动与前一次运动相比更为深入和广泛，基本达到了预期的效果——家喻户晓，深入人心。可见，《婚姻法》运动的警示力和强制力在一定程度上加快了人们对新文化的接受，促进了婚姻文化的传播，并为婚姻文化的更新和超越提供了法律保障。同时我们还应看到运动所带来的另外一个结果，即传统的家长权威对个人的影响逐渐衰落，国家权力直接深入个人生活，个人生活开始与国家的命运紧紧联系在一起。以致在此后相当长一段时间内，婚姻文化中表现的政治化倾向越来越明显。另外，《婚姻法》运动基本是在群体持有别人赋予他们意见的情况下进行的，个人情感和思想转向了组织化的人群方向；这种场合下，人们往往缺乏理性，他们不可能根据自己的推理形成独特的看法，而且也绝不会提出其他不同意见。这种方式所达到的效果往往会给人一种假象，即把封建思想的阻挠看成是微不足道的，认为只要讲清楚道理，人们就会受到教育，思想就能发生变化，进而解决了所有问题。然而，人们的

① 蒋贤平：《论南京国民政府1930年离婚法》，http：//www.china1840－1949.com/modern/shownew.asp？NewsID＝53；转引自肖爱树《20世纪中国婚姻制度研究》，第183页。

这种非理性状态只是暂时的，事后所有的事情还会不同程度地“复归原位”。国家也意识到这种情况，因此采取了其他的措施来固化已有的成果，例如给政策的追随者一些实际利益，当时主要采取的方式是给予荣誉，吸收为党团员或吸收为当时最为流行的组织——互助组成员等。对参与者而言，他们往往会认为这是在履行国家的义务，不仅会获得实际的好处，而且还会有一种至高无上的优越感和自豪感。这种行为会因为舆论的反复宣传而更为强大，从而使得其他想获得同样资源的人通过模仿以达到“众从”的效果。因此《婚姻法》的颁布及两次《婚姻法》运动所逐步实现的婚姻自由、尊重个体、两性平等、家庭成员之间的平等和睦，以及女性走向社会，实现了人生价值和对自我身份的认同等效果，都是不可忽视和低估的。

第三章　择偶的社会模式

择偶，即选择配偶，指男女双方通过自身资源与对方的资源进行交换，以期得到最大的收益。它是婚姻成立的必要条件，也是未来家庭成立的基础。择偶模式指的是，流行于一定社会条件下的人们的择偶价值观、道德观、行为方式、心理趋向的标准和样式。不同时期、不同社会条件下，人们的择偶模式是不同的。因为择偶不只是两性间的私事，还包含了经济、制度、习俗、文化、宗教、道德、伦理及法律等多种因素，一定程度上被社会化了。这些因素在婚姻关系缔结时都成为一种有形或无形的制约力量。所以有人指出："人类社会在其不同形态的演进中，逐渐形成了各具时代特色的婚姻规范、模式和道德伦理，由此也界定了社会成员特定的婚姻关系范畴，超越了规范、模式和道德伦理的制约，就会引起矛盾和冲突。"① 不同年代，人们的婚姻价值取向不同，择偶标准也不同，或者说，不同历史时期、不同社会，影响择偶的因素会发生变化。择偶模式直接或间接地反映当时社会婚姻的本质与特征，而且也往往成为一个时代的缩影。本章主要通过对已婚男女的职业层次差距、文化程度差距以及年龄差距来阐明当时社会的择偶模式及当时人的择偶标准。

第一节　不同群体的择偶模式

中华人民共和国成立后，社会阶层中主要包括工人、农民、干部、知识分子和市民②。在干部和工人中又可以分为若干级别。笔者试把不同阶层的人划分为若干群体，通过对其职业层次差距的分析来阐明当时社会的择偶模式。

① 转引自李秀华《婚姻家庭妇女法律地位实证研究》，知识产权出版社，2004，第22～23页。

② 这里的市民指除工人、农民、干部、知识分子外有城市户口但无固定职业的人。

一　不同群体择偶模式的比较

1. 不同群体的择偶标准

一般而言，影响择偶的因素除了自身因素如身高、年龄、婚史、健康状况以外，还包括社会因素，如社会地位、家庭背景、个人职业、文化程度等。人们通过这些资源的相互比较，寻求适合自己的配偶。笔者根据北京市海淀温泉公社 1964 年 1～12 月结婚登记男女的职业情况，试分析不同人群的择偶标准（见表 3－1、表 3－2）。

表 3－1　海淀区温泉公社 1964 年不同职业男性的择偶标准

单位：%

配偶职业 / 男性职业	工人	农民	学生	市民	职员/技术员	军人	医生/护士	教师
工人百分比	28.58	57.14	4.76	4.76	4.76	—	—	—
技术员/职员百分比	33	—	—	—	50	17	—	—
干部百分比	—	50	—	—	—	50	—	—
农民百分比	—	90.00	—	—	—	—	—	10.00
军人百分比	9.10	18.18	—	—	9.09	45.45	18.18	—
教师百分比	—	27.27	—	—	9.10	—	9.09	54.54

资料来源：海淀区档案馆藏《温泉公社 1964 年 1－12 月婚姻登记情况统计表》，档案号：55－101－302。

表 3－2　海淀区温泉公社 1964 年不同职业女性的择偶标准

单位：%

配偶职业 / 女性职业	工人	农民	职员/技术员	军人	医生/护士	干部	教师
工人百分比	67	—	22	11	—	—	—
职员/技术员百分比	16.66	—	50	16.67	—	—	16.67
农民百分比	27.27	59.10	—	4.54	—	2.27	6.82

续表

配偶职业 女性职业	工人	农民	职员/ 技术员	军人	医生/ 护士	干部	教师
军人百分比	—	—	14.29	71.43	—	14.29	—
医生/护士百分比	—	—	—	67	—	—	33
教师百分比	—	—	—	—	—	—	100
市民百分比	100	—	—	—	—	—	—
学生百分比	100	—	—	—	—	—	—

资料来源：海淀区档案馆藏《温泉公社 1964 年 1－12 月婚姻登记情况统计表》，档案号：55－101－302。

表 3－1 和表 3－2 中不同人群配偶职业的柱形图分别如图 3－1 至图 3－14 所示。

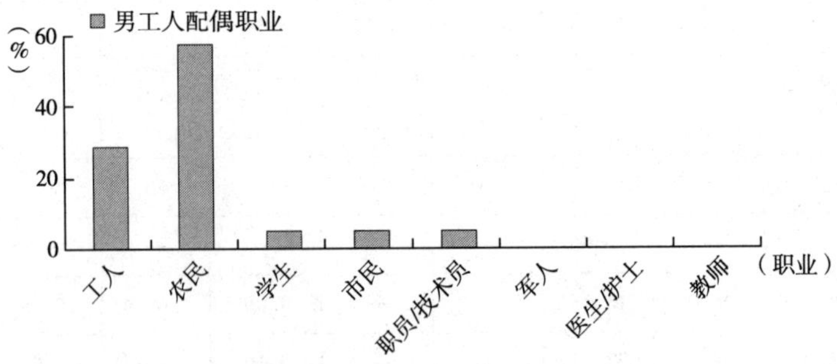

图 3－1　1964 年海淀区温泉公社男工人配偶职业状况

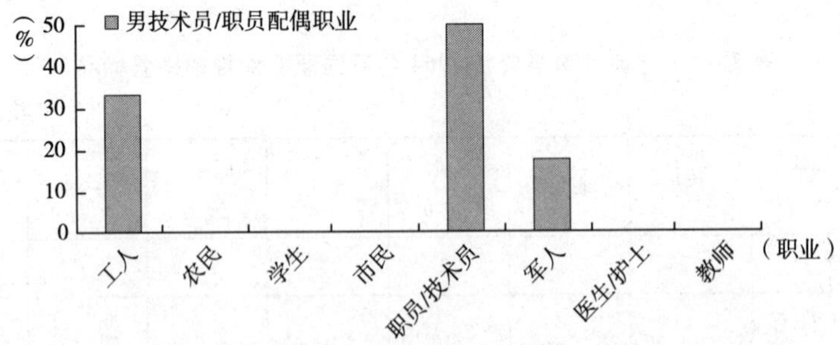

图 3－2　1964 年海淀区温泉公社男职员/技术员配偶职业状况

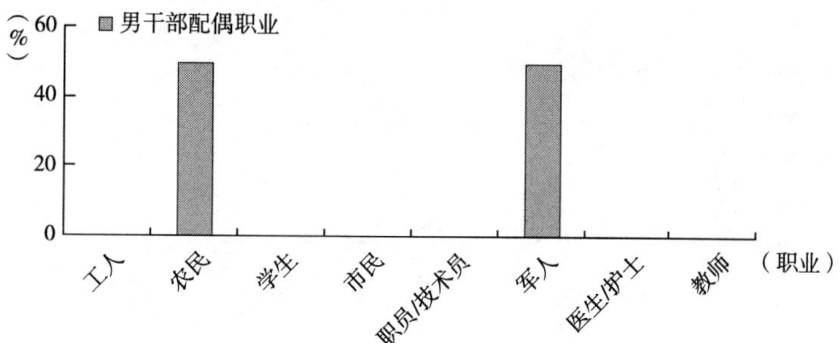

图 3－3　1964 年海淀区温泉公社男干部配偶职业状况

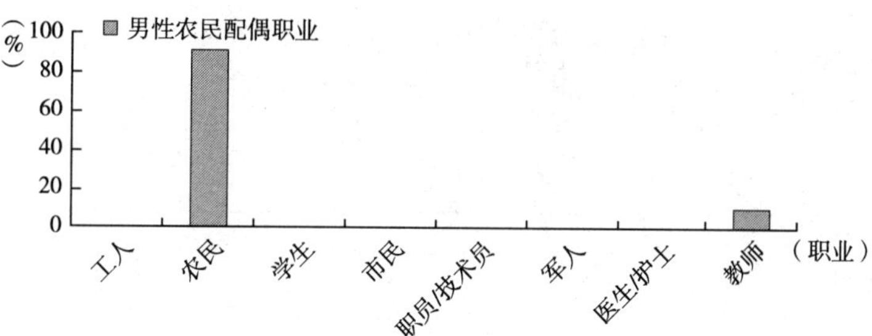

图 3－4　1964 年海淀区温泉公社男农民配偶职业状况

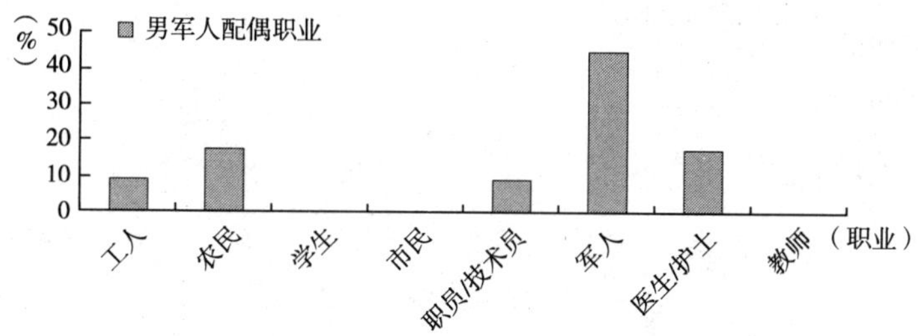

图 3－5　1964 年海淀区温泉公社男军人配偶职业状况

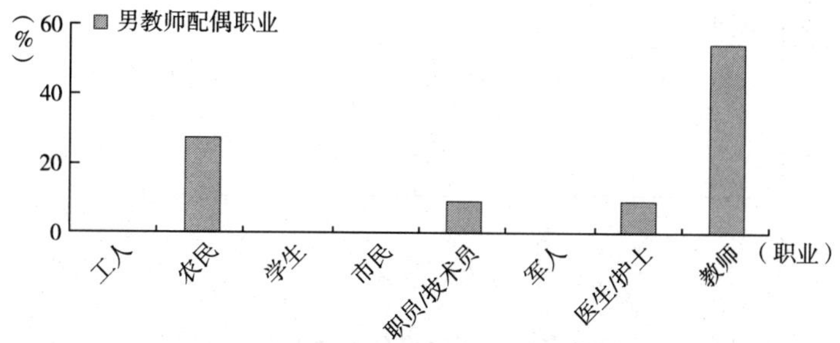

图 3－6　1964 年海淀区温泉公社男教师配偶职业状况

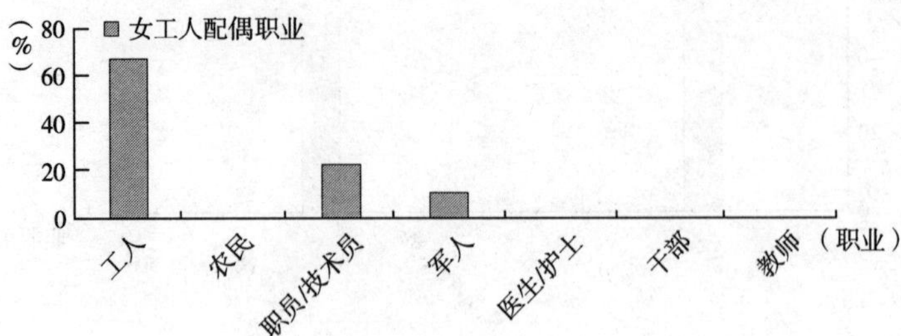

图 3 -7　1964 年海淀区温泉公社女工人配偶职业状况

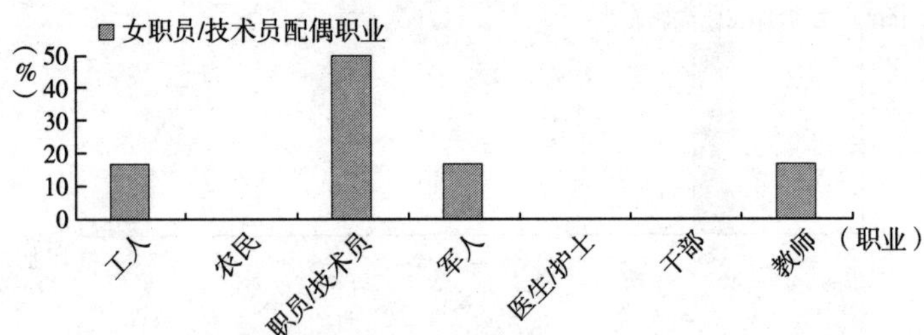

图 3 -8　1964 年海淀区温泉公社女职员/技术员配偶职业状况

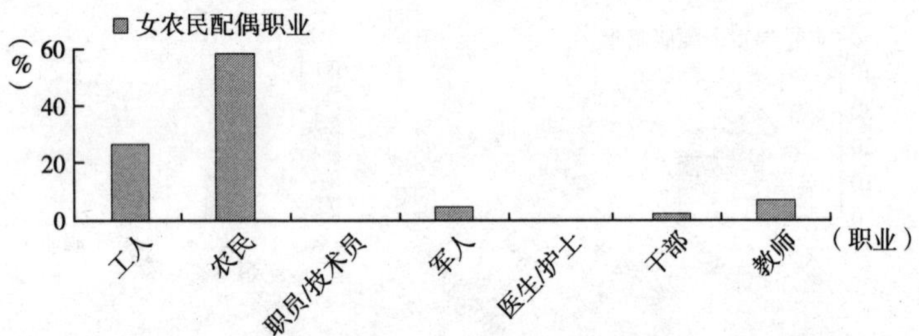

图 3 -9　1964 年海淀区温泉公社女农民配偶职业状况

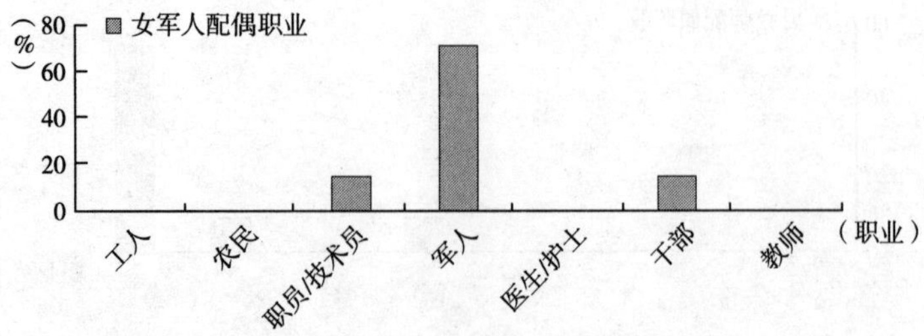

图 3 -10　1964 年海淀区温泉公社女军人配偶职业状况

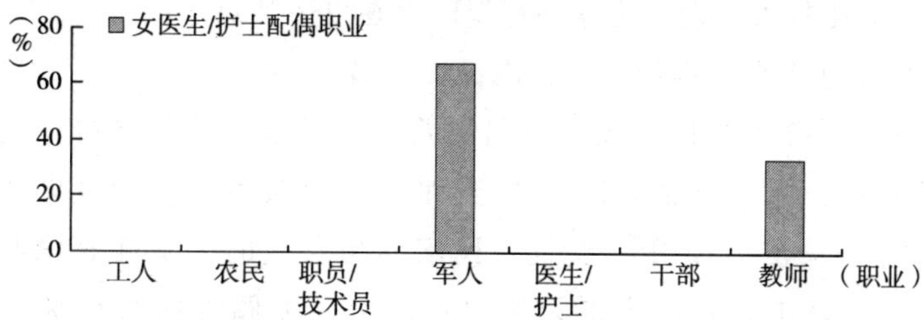

图 3 - 11　1964 年海淀区温泉公社女医生/护士配偶职业状况

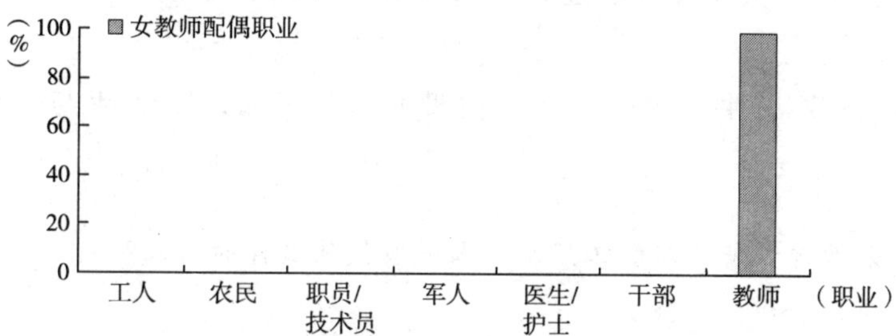

图 3 - 12　1964 年海淀区温泉公社女教师配偶职业状况

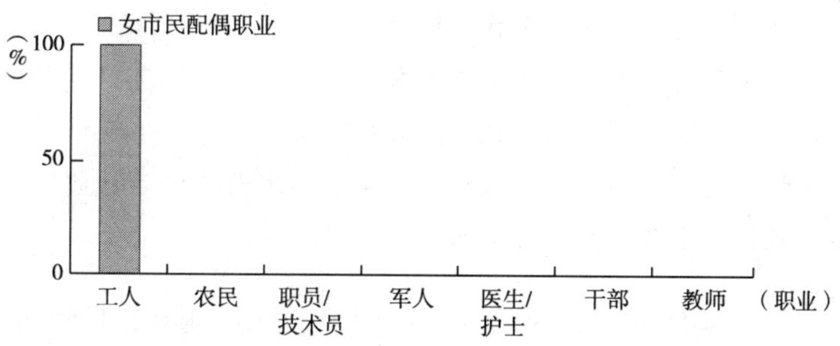

图 3 - 13　1964 年海淀区温泉公社女市民配偶职业状况

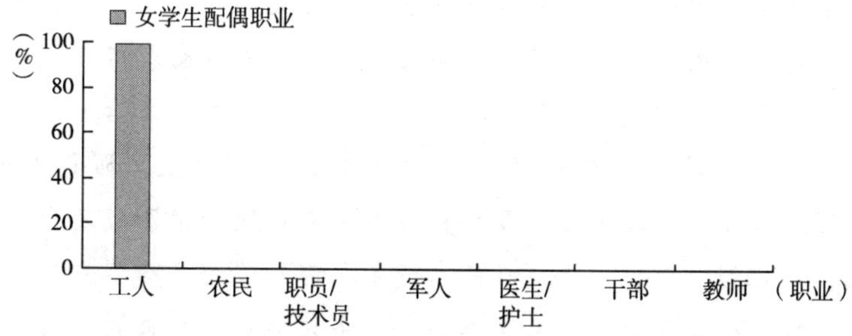

图 3 - 14　1964 年海淀区温泉公社女学生配偶职业状况

通过以上比较可以发现男女在择偶时存在以下特点。

（1）男女基本是在本群体范围内寻找配偶。

我们发现，除了男性工人的配偶主要是农民以外，其他群体主要是在本群体内寻找配偶的。如表3－1中男性农民配偶为农民的占男性农民配偶总数的90%。表3－2中，女性农民配偶为农民的占女性农民配偶总数的59.1%；女性工人配偶为工人的占女性工人配偶总数的67%。也就是说妻子是工人，丈夫可能从事各种职业，但以工人职业为最多；妻子是农民，其丈夫可能从事各种职业，但以农民职业者为最多。下面是笔者的访谈。

访谈一：Z先生，1933年生，籍贯北京，工人，1958年与一名工人结婚。

采访者：您所在的工厂里工人一般找什么样的对象？

受访者：工人找工人。

采访者：找知识分子、干部的多吗？

受访者：不太多。

采访者：有没有女工人找干部的？

受访者：有，大部分还是找工人。

采访者：本厂里有相互找对象的吗？

受访者：有，不太多，我们厂女工基本上是找大工厂的工人。她们看不上我们这小集体厂的男工人。

访谈二：王淑敏女士，1936年生，农民，籍贯北京，1959年与军人结婚。

采访者：当时的农民一般找什么样的对象？

受访者：农民找农民的多。介绍人知道我各方面都不错，才给我介绍军人。那时候都愿意搞军人搞工人，军人你放心，政治可靠。搞工人呢，算比较先进的。因为1958年“大跃进”的时候，那会儿我积极，先入团后入党。在我们玉渊潭公社领着老百姓做糖做酒，还卖呢！我劳动好，学习好。人们一提起我来，好多人都知道啊。四季青公社主任就给我介绍了个军人。我们玉渊潭公社的书记说：“王淑敏，你可真会搞啊！其他人都找社员，你找了个军队的。”

访谈三：M 女士，农民，1935 年生，籍贯河北，1956 年结婚来京，丈夫为工人。

> 采访者：您当时嫁给您爱人是看上他什么啦？
>
> 受访者：他主要是当工人有工资，又是北京的嘛！
>
> 采访者：当时您河北老家嫁来北京的姑娘多吗？
>
> 受访者：那时候也少。
>
> 采访者：为什么呢？
>
> 受访者：也没人（介绍）。
>
> 采访者：谁给您介绍来北京的？
>
> 受访者：我们村的一个人跟他（爱人）是一个厂的。

通过以上访谈我们发现，工人、军人是大多数青年青睐的对象。但是由于自身条件的限制，比如职业、地理位置等因素的影响，人们一般还是在本群体内寻找配偶。访谈二中王淑敏女士是因为自己出色的表现，赢得了老百姓和领导的认可，利用其社会关系与军人结婚。而访谈三中的 M 女士能从河北来到北京，更是出于偶然，利用乡亲的关系，才来北京与工人结婚。

（2）对男性而言，学历层次或社会待遇越高，择偶的范围越大。

如表 3－1 中，男性军人配偶为军人的占军人配偶总数的 45.45%，为医护人员和农民的各占 18.18%，配偶为职员/技术员和工人的分别占 9.09% 和 9.1%。而职务和学历低下的男性，很少找到比其职务或学历高的配偶，如男性农民只能在农民群体范围内寻找配偶。

（3）与男性相比，学历层次或社会地位越高的女性选择配偶的范围则相对窄小。

特别是受过良好教育的女性往往希望与受过教育或职业地位与自己相当或比自己高的男性结婚。如表 3－2 中，女教师的配偶全部为教师。女军人的配偶为军人的占女军人配偶总额的 71.43%。女技术员或职员的配偶除了职员或技术员外，还有军人、工人和教师。女军人的配偶除了军人外还有职员和干部，而她们很少或者根本不去选择经济状况和文化水平低的农民。

2. 男女配偶的职业对比

在所有登记的男女配偶中，其职业分布如下。

表 3-3　1952 年 3 个月内京西矿区登记男职业情况

单位：%

职业 性别比例	工　人	农　民	学　生	机关职员	工商业资本家
男性百分比	36.03	54.41	2.94	5.88	0.74
女性百分比	—	97.10	2.90	—	—

资料来源：门头沟区档案馆藏《1952 年市民申请结婚情况统计表》，档案号：27-2-922。

表 3-3 的柱形图见图 3-15：

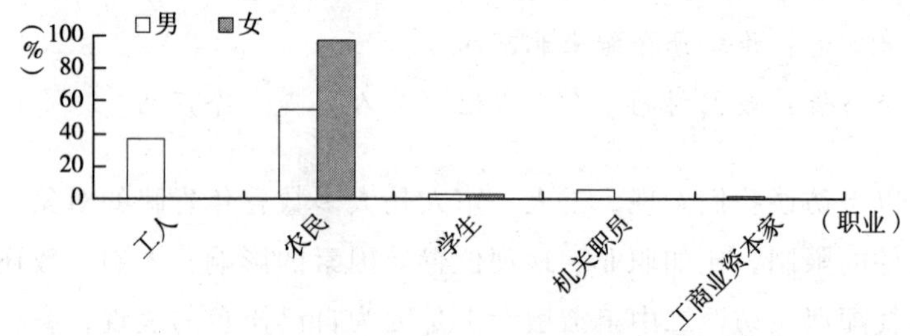

图 3-15　1952 年 3 个月内京西矿区登记男女职业情况

表 3-4　1953 年京西矿区登记男女职业情况

单位：%

职业 性别比例	工人	农民	革命军人	学生	自由职业	机关职员	工商业资本家	小手工业及商贩	无职业	其他
男性百分比	36.76	45.37	3.93	2.72	0.70	7.94	0.81	1.07	0.22	0.48
女性百分比	2.06	62.57	0.59	4.81	0.44	1.83	0.20	0.40	26.80	0.29

资料来源：门头沟区档案馆藏《1953 年京西矿区登记结婚者职业状况》，档案号：27-2-30。

表 3-4 的柱形图见图 3-16：

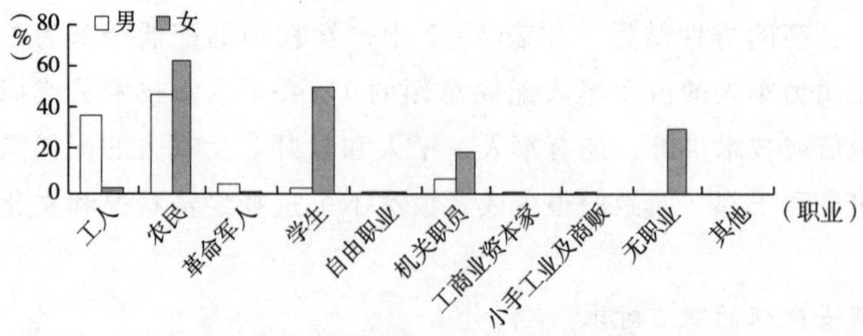

图 3-16　1953 年京西矿区登记男女职业情况

表 3-5　1952 年西城区登记男女职业情况

单位：%

职业 性别比例	工人	农人	学生	军人	教职员	机关职员	自由职业	商人	无职业
男性百分比	47.00	—	4.00	5.00	4.00	23.00	3.00	13.00	1.00
女性百分比	11.88	0.83	5.06	1.96	4.03	10.85	2.38	0.10	62.91

资料来源：西城区档案馆藏《1952 年结婚统计》，档案号：4-2-100。

表 3-5 的柱形图见图 3-17：

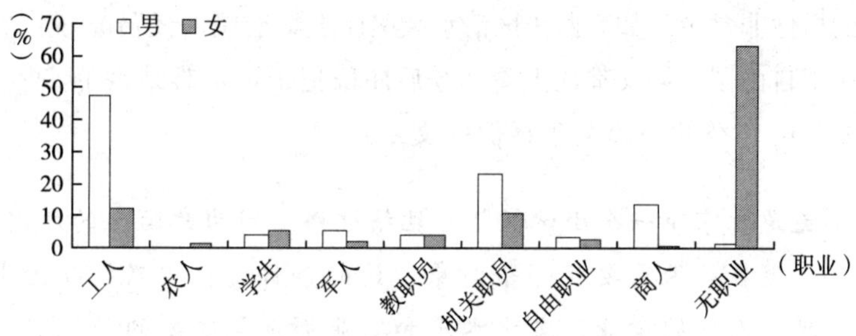

图 3-17　1952 年西城区登记男女职业情况

表 3-6　1952 年西城区第四区公所登记男女职业情况

单位：%

职业 性别比例	工人	农人	学生	军人	教职员	机关职员	自由职业	商人	无职业
男性百分比	53.58	—	2.50	6.62	2.16	23.11	1.42	9.26	1.35
女性百分比	14.59	2.23	5.14	3.38	1.42	12.97	1.62	0.34	58.31

资料来源：西城区档案馆藏《1952 年第四区公所结婚登记表》，档案号：4-2-100。

表 3-6 的柱形图见图 3-18：

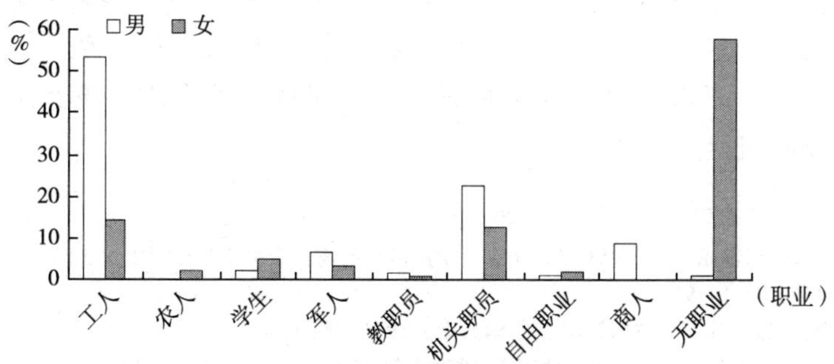

图 3-18　1952 年西城区第四区公所登记男女职业情况

通过表3-3、表3-4和表3-5及其柱形图，我们看出传统社会公认的男高女低的“梯度匹配”模式仍占主导地位。新时期下结合为配偶的男女，其职业存在着明显的不对等状况，如表3-3中男性的职业为工人、农民、机关职员、工商业者，其配偶97.10%为农民。再如表3-5中除了女农民、女学生、无职业的妇女比例高于同职业的男性外，其余如工人、军人、职员的女性所占比例远远低于同类职业的男性。大多数妻子的职业（主要从文化水平和经济状况来看）都比丈夫低。这也说明了男性更喜欢选择各方面条件低于自己的女性，而女子则存在着“上行”择偶的趋势。通过以上图表我们看出女性寻找比其职业、学历或政治地位低下的男性非常少。如京西矿区清水区梁庄上梁宏民（团员）说：“贯彻了婚姻法，婚姻自由了，妇女都往上看，今后庄稼把子可很难结婚了。”① 下面是《新中国妇女》刊登的一篇关于择偶的文章：

> 小吴是北京市一个小学教师。她结过婚。因为政治上的原因和爱人离婚了。现在她很需要找一个对象。她的条件是：“只要政治上清白、进步、忠于人民的事业，文化水平和职业那是最次要的。”在一次看电影偶然邂逅认识小李，以为小李是技师，结果后来发现小李在炊事房工作，匆匆离开，后写信告诉小李“我们不是在交朋友，您千万不要误会……我只求您一件事，别再跟别人说我们认识呀”。②

当时出版的一些杂志，把这种思想批判为资产阶级观念或男尊女卑的封建思想。认为在社会主义社会里，任何工作都是为人民服务的，革命不存在贵贱高低之分，并告诉人们：“选择对象应该从劳动、思想品质出发，而不是从地位和等级出发。”③ 并且告诫妇女应该争取经济上的独立，通过自己的劳动来争取家庭地位的平等。尽管如此，在现实生活中的男女很少有人突破“男高女低”这种模式，即使有人突破了这一模式，其婚姻也还要承受一定的社会压力，并会付出一定代价。如“西单区一私营工厂，女工因政治落后，是七级工，离婚后只嫁一学徒青工，大家认为不合理，该女工要求入团，因此受到阻拦”。④

---

① 门头沟区档案馆：《（1953年）团京西矿区清水区委员会关于贯彻婚姻法运动工作的报告》，档案号：7-1-91。

② 赤旗：《原来他不是技师》，《新中国妇女》1954年第11号。

③ 思佳：《勇敢地爱吧》，《中国妇女》1959年第24期。

④ 北京市档案馆：《（1953年）群众对婚姻法及此次婚姻法运动的认识及反映》，档案号：1-12-128。

二　不同群体择偶标准的特点

在择偶过程中很多无形的资源，如美貌、温柔、善良、女性气质、男人气概等主观因素是很难评估的。涉及个人的不同偏好，因此择偶有许多不确定因素存在。但这并不否认社会因素的影响，纵观这一时期的择偶标准，主要存在以下特点。

1. 政治条件左右着人们的婚姻

中华人民共和国成立后，各种政治运动相继发生，“出身”和“成分”成为当时人们最为敏感的词语。带有“地、富、反、坏、右”这些字眼的人在择偶方面往往会遇到很大的困惑。其中的女性尽量寻找机会摆脱自身的“污点”，如《关于划分农村阶级成份的决定》十三条中，“前一、二两项都规定在解放前或解放后地主、富农、资本家女子嫁与工农贫民，从事劳动，以为主要生活来源满一年者，承认其为工人、农民或贫民成分”。[①] 这使得很多政治条件较差的女性选择与一些成分较好的男性结为伴侣。而同样条件的许多男性不得不选择独身。以下是笔者对 M 先生（1937 年生，大学毕业后分配到某军工单位工作）的访谈：

> 右派分子的子女那个时代是受到歧视的，从民众到机构都是这样。我有个同事是一所著名大学毕业的，业务做得非常好，人也非常好，但我很长时间都不知道他是右派，后来有人说他是右派分子，我都不相信。他有个闺女在上班，不结婚。他儿子曾经是教师，因为和别人吵架，又是右派子女，所以当（被当成）“反革命”判了好多年，后来放出来了，但是已经四十多岁了，既没工作也没结婚。

曾被打为右派的万耀球先生回忆道：

> 三十岁的我只有右派生活费每月十八元，在北京农药厂（被）监督改造。我开口请父亲给我八十元钱以便买点最必需的生活用具，父亲说：你是右派分子，还要结婚？必须专心改造，根本不应该考虑结婚。

---

① 《关于划分农村阶级成份的决定中十三条的规定有何意义?》，《新中国妇女》1950 年第 14 期。

右派的配偶或恋爱对象也会自动离婚或吹灯，原未找朋友的右派只能永远形单影只……谁再和右派接近？[①]

与以上情况相比，工人、军人逐渐成为人们青睐的择偶对象。在反右运动开展以前，择偶受政治影响较小。特别是在1950年代前期，由于战争影响，妇女愿嫁军人并不是普遍现象。当时一位叫杨小平的人常说："妇女不嫁当兵的，当兵的老不回家。"[②] 从1955年10月1日起，人民解放军陆、海、空三军官兵开始佩戴军衔、肩章、领章和军兵种勤务符号，并着"五五式"军装。"这一年原来的土包子们都神气起来了，姑娘们都愿嫁军人了。"[③] 而且由于战事结束，国家进入和平建设时期，再加上军队的待遇高、政治条件好，所以人们嫁军人的风气较盛。以下是笔者的访谈。

访谈一：M先生，1933年生，籍贯北京，军人，1962年与一名工人结婚。

受访者：那时候流行着，"一个豆太少，两个豆正好，三个豆难找，四个豆太老"的说法。豆就是军人肩章上的星星。一杠一星是少尉，一个杠两星是中尉，一个杠三星那是上尉。一个杠四星是大尉。两杠一星那是少校。少尉，年轻，小伙子不错但资历浅。两个豆呢，中尉，正好。

访谈二：M先生，1923年生，1949年来京，职员，妻子为医生。

采访者：困难时期，人们最希望找什么样的对象？

受访者：那时候大学生都找工人，大学生好多条件好的找工人，因为工人当时吃香。有的本人是职员就想办法把自己改成工人。

2. 没落行业劳动者择偶困难

没落行业，指的是包括经济地位、政治地位和社会地位在内的，在多种评判标准下处于劣势的行业。比如三轮车夫、店员、一些小行业的独力劳动者及煤矿工人等。前三者主要从政治角度而言的，由于社会主义改造，其行业发展受到限制，择偶也非常困难。所以他们认为"要婚姻自由，首先得转业"。[④]

---

① 万耀球：《滚爬血腥路——忆我贱民平民人生》，香港，五七出版公司，2009，第10页。

② 门头沟区档案馆：《民政科1954年第三季度工作计划完成情况》，档案号：27－2－938。

③ 黄新原：《真情如歌——五十年代的中国往事》，中国青年出版社，2007，第103页。

④ 北京市档案馆：《（1953年）市委宣传部关于北京市宣传婚姻法情况向市委的报告》，档案号：1－12－128。

而煤矿工人则是从社会地位的角度来评判的。煤矿工人与一般的工人有所不同，虽同为工人，但由于他们职业的特点加上所处的地方偏僻，而且接触的女性很少，所以他们择偶是非常困难的。“因为看到自己是煤黑子，怕妇女瞧不起。”[①] 有些煤矿工人，“托人介绍农村妇女，甚至有的找不到爱人很悲观”。[②]

3. 男女有着不同的择偶标准

（1）对男性而言，更乐意与比自己地位低下的女性结为配偶，如前面提到男性热衷于“男高女低”的婚姻匹配模式。对于有经济实力和社会地位的男性干部而言，更愿意与比自己地位低下的女性结为配偶。“有的认为找爱人要找比自己差点的，否则不听话。”[③] 他们对妻子的态度有下列三类：“一种是当干部可以，但首先要当好妻子。一种是干部当不好不要紧，只要当好妻子就行了。一种是当不当干部无所谓必须要做好老婆。”有的男同志说：“如果老婆是强干部，自己就受不了。我找个好老婆不是看她政治强。”[④] 而对于经济实力和社会地位比较低下的男性而言，他们没有条件去寻求与其地位相当或比其地位高的女性，并与之结为配偶。

以下是笔者的访谈。

M女士，1924年生，籍贯河北，十几岁来京，1942年由父母包办结婚，1958年在街道工厂当工人。

> 受访者：我是工人，我们厂子算街道工厂、大集体。没人愿意嫁给我们这大集体厂的男人。挣不了多少钱，又是个街道厂子，没什么地位。

这是发生在1958年“大跃进”时期的事情，当时除了国营工厂之外，还有许多街道所办的工厂，后者为集体所有制，工资标准及各项福利待遇都低于国营单位。所以女性一般不愿意与街道工厂的男性结为配偶。

（2）女性基本遵循着“上行”路线，择偶过程中更注重配偶的经济条

---

① 北京市档案馆：《（1954年）城子矿工人的婚姻家庭情况》，档案号：84－3－28。

② 北京市档案馆：《（1954年）调查婚姻法执行情况第二次报告》，档案号：14－2－35。

③ 北京市档案馆：《（1951年）北京市第六区婚姻法执行情况检查委员会工作总结》，档案号：39－1－132。

④ 北京市档案馆：《北京市妇联群众接待科：资产阶级思想在干部婚姻问题上的反应》，档案号：84－3－28。

件与社会地位，这种现象在知识水平较低的女工人、女农民、家庭妇女中更为明显。如在女手工业者中，“本行不跟本行结婚，想摆脱”。[①] 认为“劳动为耻，没办法才当工人”，工人“地位低，粗里粗气，自己做工再找一个做工的一辈子也逃不出来了。愿找能说会道的知识分子、技术人员，地位高，（或者是）坐汽车的老干部、商人等”。[②] 甚至有些工厂的女工以找资本家为荣。如义利（食品厂）庞秀兰和公安干部结婚后就后悔没有和资本家结婚，说：“坐小汽车雇老妈子的生活我过一天，我死了也闭眼。”[③] “有少数人在选择对象时就是只问人家工资多少？哪级干部？谁钱多就嫁谁。”有的女工还把自己分成“等”，“最好的嫁军人，中等的干部，次等的工人，死也不嫁农民”。[④] 这种现象在农村妇女和家庭妇女中也是如此。“许多农村女青年不愿嫁给青年农民和回乡参加生产的人员。”[⑤] 城市里的家庭妇女也愿与经济地位和社会地位比自己高的男性结婚。“如东单区一妇女与青年文化部一职工结婚不久，发现该职工收入（每月170分）与婚前说的（每月210分）不同，而提出离婚。旁人劝解她，并以介绍保姆工作鼓励她夫妻共同劳动，她拒绝说：“我要当保姆还不结婚呢！”[⑥] 有的农村妇女“专为结婚来京独居入户，特别对方多系工人”。[⑦] 据宣武区婚姻登记处的统计，1954年上半年结婚登记的1200多对中，“其中多是由农村到城市找对象的”。“1959年十至十二月份申请结婚者，共870对，其中农村妇女来京结婚的有413对，占总数47%强。”[⑧] 其条件是工人，因为工人工资高，比在农村劳动强。她们当中流传着“工人有面又有油，将来还能住大楼”。但这种“上行”不是没有限制的，而且是存在一个“阈限”。如“大多数（家庭）妇女不敢与干部搞对象，因觉得自己条件不够，文化低，怕将来闹离婚”。[⑨] 对于“上行婚”而言，个人根据自己所拥有的资源与别人作交换。但是这种交换发生在社会结构之中，受社会结构的制约。也就是说，交换的对象是有范围和界限的。

---

① 北京市档案馆：《（1954年）资产阶级思想及生活方式表现在女工工厂手工业者及农妇方面的情况》，档案号：84－3－28。

② 北京市档案馆：《（1951年）新婚姻法公布一年多来执行情况》，档案号：84－3－15。

③ 北京市档案馆：《（1954年）目前城市婚姻家庭中存在的问题》，档案号：84－3－28。

④ 宣武区档案馆：《（1962年）怎样正确对待婚姻问题》，档案号：11－2－50。

⑤ 刘朝燕：《我对农村青年婚姻问题的意见》，《中国青年》1957年第23期。

⑥ 北京市档案馆：《（1954年）目前城市婚姻家庭中存在的问题》，档案号：84－3－28。

⑦ 海淀区档案馆：《1954年婚姻工作总结》，档案号：2－106－159。

⑧ 宣武区档案馆：《（1954年）宣武区关于妇女和儿童的切身福利问题》，档案号：11－1－7。

⑨ 北京市档案馆：《（1954年）郊区农民婚姻家庭中存在的问题》，档案号：84－3－28。

而且在职业流动少、先赋性色彩浓厚的年代，只有很少一部分人能实现向上流动。

4. 首都特殊的魅力使得北京市异质性成分逐渐增多

“异质性”本是生物学上中的名词，本书提到的“异质性”是指，具有相同特征的群体中增添了某些方面不同于群体特征的个体。如北京市民相同的特征——具有北京市户口，长期在京居住或工作。而不具有北京市户口，或者没有在京长期居住或工作的个体加入进来，新加入的个体就属于异质性成分。异质性成分具有相对性，因为个体拥有了群体所具体的共同特征后，就不再具有异质性了。中华人民共和国成立后，北京是全国的政治、经济、文化中心，与其他地域相比，当地民众更具有一种中心意识，一种区域性的自豪感、优越感和认同感。这使得人们更愿意在北京寻找配偶。如“侯克然，女，20岁，58年听说北京工厂招用工人，即盲目来京，未得解决。她又托在工厂工作的乡亲给介绍男朋友后，和第三通用机械厂工人孔方明（男，30岁，复员军人）相识不久，当她知道男方厂子能帮助其解决正式户口时就主动提出结婚要求”。[①] 还有的妇女希望通过婚姻实现工作调动，如“鞍山有个女的想调来北京工作，男的就骗她说他在北京工作，和他结了婚，就能调来，女方不加考虑，和男方同去领了结婚证”。[②]

李煜和徐安琪在其《婚姻市场中的青年择偶》一书中认为：“对于择偶的双方，男方是用自己的社会经济资源来换取女方的性和家务服务。于是在择偶过程中，女方看重的是男方的社会经济地位，而男方则关心女方的容貌。”[③] 其实还有一种资源也用于婚姻的交换，即“居住地资源”。多数北京的矿工、无职业者或郊区农民，从学历和职业上看，他们都不具有优势，换句话说，即这部分男性自身不具备吸引北京本地女性的资源，但因其拥有优越的“居住地资源”，对外地的女性来讲，她们在婚姻中通过“年轻”这一资源，与在经济和政治上处于优势的北京市“居住地资源”的男性进行交换，从而结为配偶。

5. 贞操观念仍然根植于人们的头脑中

儒家的礼教要求女性“守贞持节”。女性在婚前必须保持贞洁，也就是

---

① 宣武区档案馆：《（1959年）从婚姻登记工作方面对当前群众婚姻问题的分析报告》，档案号：2-2-250。

② 海淀区档案馆：《海淀区法院：关于婚姻问题的材料1955.1-1956.6》，档案号：54-101-252。

③ 李煜、徐安琪：《婚姻市场中的青年择偶》，上海社会科学院出版社，2004，第23页。

不使自己的处女之身遭到侵犯和破坏，否则会为家庭所不容、社会所不齿。男子除非万不得已，决不会娶一个破了身的妻子。对于贞操观念的批判在民国时期就已非常激烈，但是新中国成立后的相当一段时期内，贞操观念仍然存在于人们的头脑当中。男女青年在择偶时把彼此是否为处女、童男看得很重。特别是对于女性而言，若曾失去贞操，普遍会自责或受到丈夫的指责。在1956年的《中国青年》杂志上曾讲到有的男性为此而形成的困惑。

> 我和我爱人是三年前相爱结婚的，婚后感情一直很好，近来却有一件事使我十分苦恼：有一次我爱人对我讲，她在和我结婚前，曾被她的表兄强奸过，和我恋爱时，因为怕我痛苦，婚后也怕影响感情，一直没有告诉我。最近她感到非告诉我不可，说出了这件事。我听了一方面很同情她，理智上也知道这并不是她思想品质上的错误，仍然很爱她，但每当我想起这件事情的时候，内心总有不快的感觉，在我的眼里她也不像过去那样纯洁可爱了。

新中国妇女杂志社也连续接到一些读者来信询问关于“处女膜”的问题。有的说：“我是个男同志，我发现爱人没有处女膜，觉得受了不可弥补的委屈。”有的说：“爱人发现我没有出血，硬逼我说出曾与谁发生关系，我气得昏过去。但我从来没有和男性接触过，怎么会失去处女膜的呢？”① 一个读者还这样说：“我在政治上得到她不少帮助，生活上得到她不少体贴和照顾；但是却有只有一条，使我对妻子在情感上‘发生了急剧的变化’，这就是对方失去了处女膜，因而认为女方对自己不忠实，甚至认为这是对自己‘一生的莫大耻辱’，‘痛不欲生’，内心产生很大矛盾，‘离婚吧，不忍心；不离吧，内心的痛苦又难以解除”。②

对于此，笔者作了一些访谈。

访谈一：W女士，1926年生，1949年在江苏结婚，后来北京，在某单位当会计。

> 受访者：过去对这个问题比较谨慎一点，考虑得多一点。如果是女方更慎重，考虑女方你是不是处女啊，是不是结过婚啊，这个方面是很在乎的。

---

① 严仁英：《关于“处女膜”问题》，《新中国妇女》1955年第5号。

② 李阳：《处女膜与爱情》，《中国妇女》1956年第11号。

访谈二：X女士，工人，1941年生，籍贯河北，1948年来北京，1964年与一名工人结婚。

采访者：如果结婚以后发现不是处女有没有摩擦吵架？

受访者：没听说过。都挺守规矩的。

访谈三：甲先生，籍贯山东，大学毕业后来北京工作，技术干部，1962年结婚。

采访者：那时候人们希望找的对象是初婚吗？

受访者：一般来说希望是这样，中国的传统都是希望找个处女，这只是人们的美好愿望，事实上呢，在实际生活当中达不到百分之百。比如你家庭困难说不上媳妇，或者身体有毛病残废什么的，就得降低标准。

采访者：如果发现女方在婚前有性行为，男方会怎么办呢？

受访者：也因人而异，有的能理解，反正已经过去了，而且两个人感情很好，那就继续维持婚姻啦。如果男方过于传统就休妻。

采访者：新中国成立后也有休妻？

受访者：有。

访谈四：王淑敏女士，1936年生，农民，籍贯北京，1959年与军人结婚。

受访者：那会儿如果不见红，两人甚至离婚。解放初人们还是有这种思想的。

采访者：新中国成立后，这种思想消除大概多长时间？

受访者：就是慢慢来吧，慢慢以后就消除。虽然消除了，但没结婚以前也不能同居。女同志跟男同志不一样，女同志要是不守规矩，两人同床的时候，不见红的，别人都说你不是好姑娘。

可见，贞洁观念还是存在于人们的观念当中，特别是男性仍然期望对方保持贞洁。尽管当时官方提出：“所谓爱情的纯洁和真诚，指的是双方对爱情上的忠实与专注，与是否处女的问题根本无关。”[①] 但在实际生活中，组织

① 汪志馨：《爱情上的“疙瘩”》，《中国青年》1956年第22期。

也会把婚前性行为视为严重错误。特别是未婚怀孕的，还要受到处分；在校学生会被开除学籍，机关干部、职员或者工人有可能受到“警告”之类的处分或者被调到更低一级的部门，若是党团员，在受到行政处分的同时还要受到党团内部的处分。以上种种行为，其实是对传统的贞操观的肯定。因此人们的贞洁观念并没有因为某些宣传而骤然改变。人们采取的办法往往是在婚前约束自己的性行为。这种生理上的渴求被压抑着，当然也不难理解，人们为什么会在较短时间的恋爱后，就很快结婚的原因了。但并不是人人都可以和处女结婚，比如经济困难、身体残疾或者其他原因使得一部分男性不得不放弃这一要求。我们可以把这种行为理解为男性缺乏某一部分资源比如贫困或身体残疾，而女性也缺乏初婚女性必要的资源如失去贞操。两种都在缺失的情况下，进行一种“缺失资源”的比较，如果双方对这种“缺失资源”进行权衡后，认为比重相似，从而结为配偶。

6. 涉外婚姻困难重重

中华人民共和国成立之初，由于受到所处国际环境的影响，人们很少与外国人结为配偶。除非处于特殊的岗位，有条件接触外国人。曾在国家对外文化联络委员会做翻译的郭冠军就是当时少有的涉外婚姻者之一。他当时被分配到国家对外文化联络委员会做俄文翻译。在陪同著名诗人田间访问苏联期间，结识了苏联文化部的中文翻译娜塔莎。“两人一见钟情，感情甚笃，娜塔莎竟辞别了父母，跟着郭冠军来到北京结为伉俪。”① 但当时涉外婚姻几乎是寥寥无几，因为人们要冲破重重困难。当刚刚上大学的北京大学学生赵鑫珊从同学那里得知一位外国留学生喜欢自己时，他自己却说：“我的最大心理障碍是：她是外国人。同外国人谈恋爱会有许多障碍和不便。如果让人知道了，必然会闹得满城风雨，我顶不住压力。”② 他还回忆道，其实在二年级（1956～1957年）的时候，他们专业发生了两桩涉外婚姻，以至于引起使馆和外交部的过问。第一桩是他们班上的李淑心（21岁，16岁入党，声音沙哑，身高1.67米）和德国研究生曼弗莱德（Manfred）相爱。李淑心的父亲是教育部一位司长，从延安来的老干部。她父亲对女儿说：“你可以跟他到德国去，我就再也没有你这个女儿！不久，她和曼弗莱德还是走了……她不容易，当年顶住了多大的压力！”第二桩是比他低一级的“来自汉口的

① 戴煌：《九死一生——我的“右派”历程》，学林出版社，2000，第240页。

② 赵鑫珊：《我是北大留级生》，江苏文艺出版社，2004，第40页。

女生同匈牙利学生相爱。她的眼睛很美，估计是全系最漂亮的少女，她性感温柔文静，内心却极有主见。她的婚事引起了中、匈外交部的交涉，结果还是走了。以上两桩涉外婚姻可谓满城风雨，50 年代的北大学生恐怕没有不知道的”。[①] 乌克兰姑娘柳达“与徐鹿学从 1958 年相识、通信、恋爱，3 个年头后她带着证明文件要在北京办理与他结婚的手续。可谁知，当时官员已经答应的事情，过了仅几天就突然说不行了……为了实现自己恋爱时的誓言，竟苦苦等他 30 年不结婚，又把一个带中国血统的女儿养育成人”。[②] 可见，这一时期北京市的涉外婚姻基本是在社会主义国家之间进行的。由于政治因素的影响，以及文化差异，有的人即使成了恋人，但真正走在一起的人数也较少。

三 新时期择偶模式的原因分析

以上我们分析了北京市“十七年”间择偶模式的基本特点，即在本群体范围内寻找配偶，在一定阈限内流动的是男高女低且女性“上行婚”的择偶模式。

1. 男女在本群体内寻找配偶的原因分析

关于男女在本群体内寻找配偶的择偶模式，笔者认为主要存在着以下原因。

首先，“同类匹配理论”认为“人们总是倾向选择与自己的年龄、居住地、教育、种族、宗教、社会阶级以及价值观、角色认同等相近或者类似的异性为配偶”。[③] 所以，大多数人倾向和与其社会属性相似的人结婚。正如美国学者史蒂文·达克指出：“人们选择朋友的着眼点在于他们是否与自己具有相同的种族、宗教、经济、知识和社会背景。其中一个原因是沟通，即与背景相同的人容易交谈。他们能够理解和分享我们的体验。另一个原因属社会学因素：每种关系都是在其他关系的基础上建立和发展的。例如，家庭成员一般都会认为自己有权力了解与我们约会或结婚的人，他们往往喜欢与自己背景相同的人。第三，‘物以类聚’，因为我们不喜欢不确定性。与对方的每种相似都会减少不确定性。他们越是与我们相似，我们与他们关系的未来

① 赵鑫珊：《我是北大留级生》，第 39 ~ 40 页。

② 黄新原：《真情如歌——五十年代的中国往事》，中国青年出版社，2007，第 193 页。

③ 转引自李秀华《妇女婚姻家庭法律地位实证研究》，第 30 页。

就会越确定。"[①] 另外，根据邻近性和相似性规则，同一行业、职业和文化圈的异性有更多机会结识、交往和投缘、相吸。[②] 社会心理学也有着类似的解释："（1）相似的人之间更容易相互赞赏，这本身是一种报偿；（2）根据认知不一致理论，我们总是喜欢与那些和我们意见相一致的人交朋友，以达到认知协调；（3）根据预期价值学说，我们不愿意冒失败的风险去和那些比我们强很多或很热门的那些人，而是与我们差不多但最好稍强一点的人约会。"[③] 可见，当人们具有类似的因素时，可以产生了类似的价值观念，更易于沟通和获得认同感。

其次，社会制度也是影响择偶模式的原因之一。如二元制下的户口制度、就业制度、城乡差别制度以及一些特殊部门的规定使得择偶只能在有限的范围内进行。城乡二元社会经济结构格局导致了城乡间联姻基本处于被隔绝状态，即使是数量有限的城乡联姻也表现了强烈的性别选择特点，即少量的城市男性与农村女性的结合。特别是"统购统销"实行后，社会上分为吃"商品粮"与吃"农业粮"两大阶层，再加上二元户籍制度的限制，使得农民和市民的身份成为"世袭"，农民很难变成城里人，要想成为吃"商品粮"者，确乎"难于上青天"。[④] 可见，这种政策，不仅仅是一种经济措施，而且是限制人口流动的一种社会控制手段。

一些特殊行业的特殊规定也使得择偶只能在有限的范围内进行。如《关于目前全军统一执行中华人民共和国婚姻法的暂行规定》中的结婚条件一项规定，"机要工作干部""承办或经营国家机密之人员"，包括管理密码、翻译电报之各级人员和各部门承办或经营电报、统计、作战计划、机密文件等工作至各级人员，"女方应是具有一年以上工作历史之党团员"，如某女同志系新民主主义青年团员，但政治面目未弄清，虽具有一年以上之工作历史亦不合乎该项规定。一般机要人员如确系入伍前订婚，且双方自愿结婚者，经严格审查女方确系"来历清白、政治上纯洁、思想进步者"允许结婚，但婚后不能带来部队。管理密码、翻译电报者不得回家结婚，亦不得与民女结婚。原家庭订婚者，可说服双方解除婚约，但具备适当条件者（来历清白，

① 〔美〕史蒂文·达克：《日常关系的社会心理学》，姜学清译，李德明校，上海三联书店，2005，第78页。

② 李煜、徐安琪：《婚姻市场中的青年择偶》，上海社会科学院出版社，2004，第75页。

③ 李煜、徐安琪：《婚姻市场中的青年择偶》，第27页。

④ 杨继绳：《中国当代社会阶层分析》（最新修订本），甘肃人民出版社，2006。

政治上纯洁，且有一点文化程度者），经过师以上政治机关审查批准，可动员参加工作，给予教育培养，合乎条件时，再酌情批准结婚。[①] 当时曾是军人的一位老者回忆道：

> 1950年我在华东军政大学本科政治文化教育干部训练班学习……当时规定部队干部要“二八五团”方可结婚，不够条件者男的谈恋爱就是犯错误，结婚自然绝无可能。这是对男性的限制，女性不限。“二八五团”者，男干部二十八岁、五年军龄、团级以上（含团级），三者缺一不可，我们学员才十九岁、二十岁多一点，男学员自然与“二八五团”沾不上边，即与谈恋爱沾不上边。要严格自我控制，如果与女同学谈恋爱，或者军大毕业以后在“二八五团”条件之先谈恋爱，即属思想品质恶劣，犯大错误，要被斗争、受处分。女学员、女同志如果和不够“二八五团”者谈恋爱，也是犯错误。
>
> 那时我廿二岁，其他男文化教员不相上下，都是排级别，军龄不到五年，离“二十八岁、五年军龄、团级”哪条都差距很大，不用说三条齐备，所以我们必须时刻提醒自己，不要对女同事有非分之想，不要犯错误。但自然规律使得青年男女不由自主萌发对异性的好感，摆不脱同性相斥、异性相吸的物力规律和生理规律，渴求爱情。这与纪律矛盾，不得不处于自我控制，自我压抑的紧张、烦恼状态中。老得警告自己：对有好感的女同志只能正常工作关系相处，不可久看、多看，更不可凝视，不要被人指责“思想意识不好”。但还是有人思想斗争失败，控制不住自己，想和异性相亲相近、双进双出，惹下大麻烦。有两个青年文化教员想好了……二人仅恋爱初始，愿意接近，别无他事，但属犯纪律，是腐朽的资产阶级思想作怪。领导布置龚志贤（男教员）在排以上干部会上作检查，大家批判斗争，帮助其提高认识改正错误。[②]

可见，社会因素对择偶的影响。这也更加说明了婚姻本质是一种特定的社会结合。

最后，除了显性的婚姻制度规定之外，社会的隐形因素也影响人们的择

① 西城区档案馆：《关于部队婚姻问题的若干解释》，档案号：4－2－112。

② 万耀球：《滚爬血腥路——忆我贱民平民人生》，第108～109、115页。

偶模式。在当时强大的政治压力影响下，如果一个家庭出身和工作都处于优越地位的人选择一个“地富反坏右（特）”的人或者与这种称呼相关的人结为配偶，会受到组织上、社会和家庭各方面的压力，这种压力不仅可能会影响到职位的晋升、生活的质量、子女的教育及以后的家庭生活，而且还要使得男女当事人或者双方的家庭承受相当大的心理压力。所以，一般情况下人们不愿意冒风险去与自己社会条件不匹配的对象结为配偶。

2. 一定阈限内流动的男高女低择偶模式的原因分析

新时期下，关于这种在一定阈限内流动的男高女低的择偶模式。笔者认为，主意存在以下因素。

首先，传统的社会性别观念对男女婚配模式的定位和期望。人从出生开始，就被身边的人按照社会性别的固定模式来对待和教育。这种通过家庭、学校、社会的不断强化，进而使得婚配的性别模式在一代代人心中内化。大多数人会心甘情愿、自觉地去模仿和构建这种模式。正如人们所说：“如果有个男医生找的爱人是个护士，人们就没什么意见；如果有个男作家的爱人是打字员，也没有什么意见；如果有个担任处长职务的男同志找个对象是个办事员，这更没有什么意见；好像这些都是理所当然的事。可是，要把情况颠倒一下：女医生的爱人是护士，女作家的爱人是打字员，女处长的爱人是办事员，那你听吧，人们在背后的议论就会多了。”① 在人们看来，家庭的社会地位一般取决于男性的事业，而女性在这方面只是起到辅助作用。相反，如果妻子的事业比丈夫强则有可能遭到他人的非议。因为社会性别观念不认可“女强人”是理想的妻子。同样，如果丈夫在撑持家庭的能力上不如妻子，需要依赖妻子，也会被他人看不起，要承受很大的社会压力。

其次，女性的社会地位和经济地位也是这种模式存在的主要原因之一。从女性本身而言，其现实的社会地位和经济地位也使得这种模式更容易存在。新中国成立后，提倡男女平等，并且让更多的女性走向社会，获得了经济来源。但从总体情况来看，与男性相比，女性还是处于劣势地位的，因为她们多数人在新中国成立前没有读过书，或者具有很低的文化程度，进入社会后，她们所从事的也是较为简单的职业，男性仍然在经济上占有主导地位。这使得男性的社会地位往往优于女方。而且女性在婚后很快就要怀孕生孩子，尽管国家对生育后的女性提供保障，但与男性相比，女性整体的社会

---

① 思佳：《勇敢地爱吧》，《中国妇女》1959年第24期。

地位和经济条件仍然很低，这就决定了她们通过选择比自己条件好的伴侣为她自己及孩子的将来提供保障。所以，女性在择偶中对男性经济条件和社会地位的关注程度较高，在社会为女性提供更多的受教育环境、更宽泛的就业途径，以及特殊的生理需求保障之前，“男高女低”的择偶模式是不容易改变的。

最后，现实的社会环境是影响“上行婚”的一个主要因素。新中国成立后，许多农村妇女希望流入北京市，这种“上行”趋势，除了以上两方面的分析之外，笔者认为，社会条件也是一个主要原因。某些制度为特定的人群提供了多于其他人群的资源，这使得没有获取这部分资源的人群（主要为女性）通过择偶这种途径来实现。如当时“机关工厂的福利，补助钱太多，面太宽，虽然工厂规定是家属可收半费或公费看病，来了家属，有房子有家具，生了孩子，有困难可以补助，使一些原来在农村从事劳动生产的妇女积极流入城市”。[①] 就生活环境而言，城市里交通运输发达，有火车、汽车、飞机，而有的乡村连一条像样的马路都没有。城市里有很多商店，有电灯、电话、自来水，乡村里这些东西很少，或者根本没有。城市里人们的劳动条件基本是现代化的，而农民的劳动条件则是比较落后的。城市里有学校、文化馆、电影院、医院，乡村里远远比不上。城市主要是工业，乡村主要是农业。工人是在全民所有制的企业里劳动，而农民基本上是在集体所有制的人民公社里劳动。工人、干部及军人所得到的资源远远多于农民。所以这些差异使得人们倾向向社会资源丰富的人群和地域集中。

本节通过对新中国成立后十七年间北京市不同职业群体择偶模式的分析发现，新时期下的不同群体普遍倾向于在本群体范围内择偶。而且人们的婚姻观念还普遍受着“男高女低”择偶模式的影响。对女性而言，她们基本上遵循“上行婚”路线，地位越高的女性越注重男性的文化程度与所从事的职业。而地位较低的女性更注重男方的经济状况与地理环境，如农村的“青年妇女在山上的想山下找爱人；住在山下的羡慕城市生活，想嫁给工人”。“很多人认为“自己嫁给农民是没办法的事”。[②] 可见，择偶的趋势与社会资源的拥有量有关。一个人拥有的社会资源越丰富，其所拥有的社会特点越能反映当时社会流行的择偶标准。所以说，如果社会资源能够在各个阶层之间乃

---

① 朝阳区档案馆：《（1957 年）响应党的政府的号召，勤俭持家，节约用粮》，档案号：7－1－27。

② 北京市档案馆：《（1954 年）调查京西矿区婚姻法运动情况后报告矿区乡村结合部——庄户乡和上分居的情况》，档案号：84－3－28。

至男女两性之间有一个较为合理的分配，人们的择偶行为的差别就不是十分明显，反之，则差距很大。

第二节　不同婚龄的择偶模式

婚龄是依据男女当事人的生理、心理和社会等条件而规定的男女结合年龄。它是由许多因素影响和决定的。婚姻的确立标志着人的性生活的正式开始，所以结婚年龄首先应以性成熟作为基本条件。但是达到性成熟的年龄只是婚姻成立的必要条件，婚龄还受到其他因素的影响和制约。比如我国古代由于国家的政治、军事需要以及家庭要增添劳力、保证财产后继有人等需要，曾不同程度地提倡和实行早婚。青年男女一旦接近了普遍公认的合适的婚龄，家里和熟人会帮忙为其介绍对象。如果有人超过这个年龄而不结婚，会受到法律的惩罚，承受社会舆论压力。本节试分析新中国成立后十七年间北京市不同历史阶段、不同群体间的婚龄特点以及国家推行的婚龄政策。

一　不同历史阶段的婚龄状况

1950 年颁布的《婚姻法》规定男女结婚年龄的最低限度在男 20 岁、女 18 岁。但是在不同群体中和不同的历史阶段，结婚年龄有所差别。笔者试通过不同时期民政局结婚登记部门所登记男女婚龄状况试分析这一时期男女婚龄的特点。

1. 20 世纪 50 年代初期的婚龄状况

表 3－7　1952 年西城区登记男女的婚龄状况

单位：%

性别比例	年　龄					
	18～20 岁	21～25 岁	26～30 岁	31～35 岁	36～45 岁	45 岁以上
占男性总数百分比	6.58	31.86	27.85	14.70	12.95	6.06
占女性总数百分比	33.71	32.68	17.68	8.43	5.14	2.36

资料来源：西城区档案馆藏《（1952）市民申请结婚离婚情况统计表》，档案号：4－2－100。

表 3－7 的折线图如下（图 3－19）：

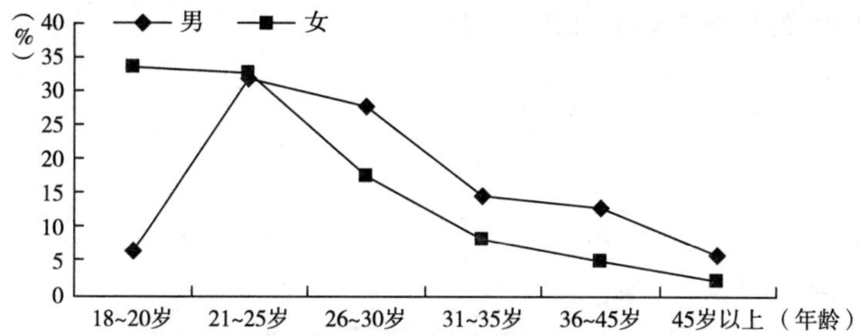

图 3-19 1952 年西城区登记初婚男女的婚龄状况

表 3-8 1952 年西城区第四区公所登记男女婚龄状况

单位：%

性别比例	年龄					
	20 岁以下	21~25 岁	26~30 岁	31~35 岁	36~45 岁	45 岁以上
占男性总数百分比	6.78	41.06	23.85	12.74	10.70	4.88
占女性总数百分比	34.35	37.40	13.08	7.59	5.62	1.96

资料来源：西城区档案馆藏《第四区公所（或政府）1952 年办理市民申请结婚离婚情况统计表》，档案号：4-2-100。

表 3-8 的折线图如下（图 3-20）：

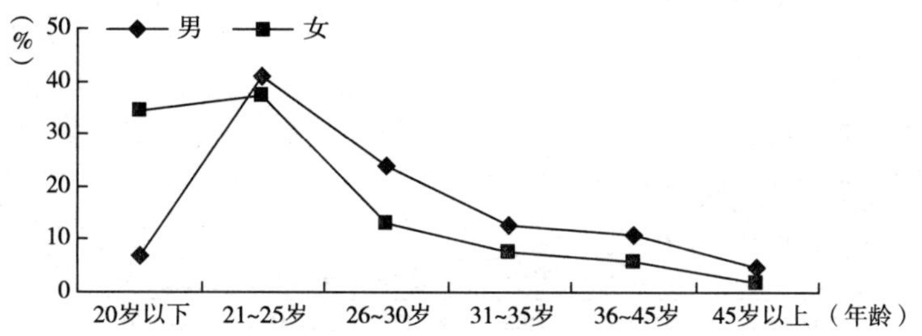

图 3-20 1952 年西城区第四区公所登记初婚男女婚龄状况

表 3-9 1952 年京西矿区登记男女的婚龄状况

单位：%

性别比例	年龄					
	20 岁以下	21~25 岁	26~30 岁	31~35 岁	36~45 岁	45 岁以上
占男性总数百分比	23.53	47.79	12.50	6.62	7.53	2.21
占女性总数百分比	62.50	17.65	5.15	6.62	5.15	2.94

资料来源：门头沟区档案馆藏《1952 年市民申请结婚情况统计表》，档案号：7-2-922。

表3－9的折线图如下（图3－21）：

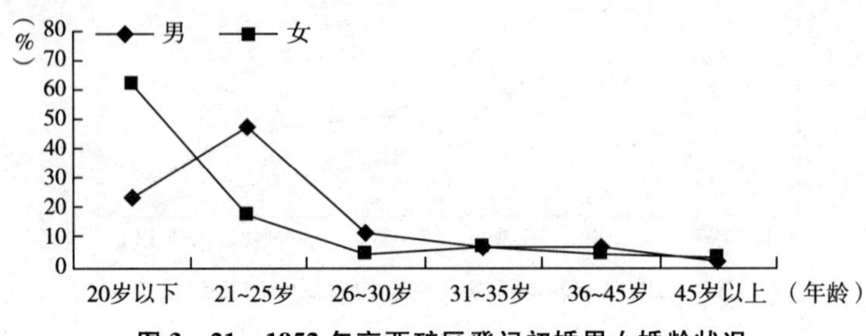

图3－21　1952年京西矿区登记初婚男女婚龄状况

表3－10　1953年京西矿区登记男女的婚龄状况

单位：%

性别比例	年龄					
	20岁以下	21～25岁	26～30岁	31～35岁	36～45岁	45岁以上
占男性总数百分比	21.4	43.13	16.25	8.16	7.43	3.64
占女性总数百分比	57.46	20.99	7.94	5.22	5.74	2.65

资料来源：门头沟区档案馆藏《京西矿区民政科1953年1～12月份结离婚情况统计表》，档案号：27－2－30。

表3－10的折线图如下（图3－22）：

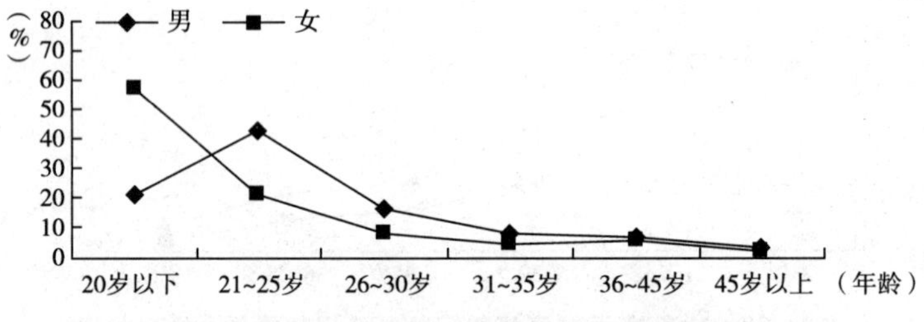

图3－22　1953年京西矿区登记初婚男女婚龄状况

通过表3－7至表3－10的四组数据及其折线图（图3－19至图3－22），我们发现20世纪50年代初期，北京市女性结婚年龄基本是在18～25岁。在城区，女性结婚年龄一般集中在21～25岁，而在郊区，女性的结婚年龄集中一般在18～20岁。而且女性的婚龄与结婚人数多寡基本上成反比例关系，女性随着年龄的增大，结婚人数逐渐递减。特别是在郊区或远郊区，这种现象更为明显。男性的结婚年龄的基本是在21～25岁之间。无论男性还是女性超过26岁以后结婚的人数很少。换句话说，年龄越大，其婚配的可能性越小。

2. 20 世纪 60 年代初期的婚龄状况

表 3－11　1963 年西城区登记初婚男女婚龄状况

性别比例	18～19 岁	20～22 岁	23～25 岁	26～30 岁	31 岁以上
占男性总数百分比	—	11.10	30.49	47.08	11.33
占女性总数百分比	6.99	32.79	39.55	20.67	

资料来源：西城区档案馆藏《1963 年婚姻登记年报表》，档案号：8－1－602。

表 3－11 的折线图见图如下（图 3－23）：

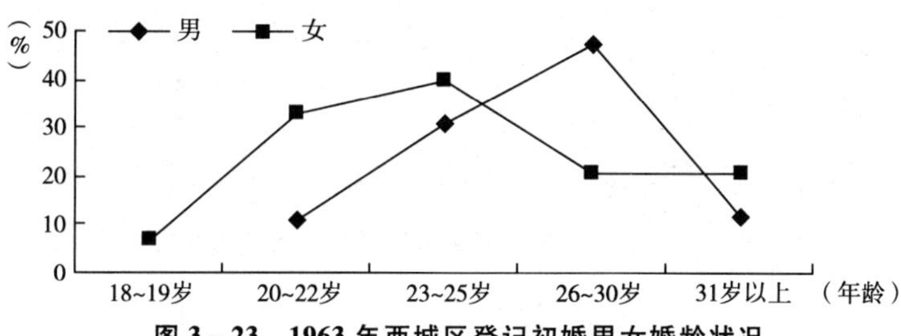

图 3－23　1963 年西城区登记初婚男女婚龄状况

表 3－12　1963 年京西矿区登记男女婚龄状况

单位：%

	年　龄				
性别比例	18～19 岁	20～22 岁	23～25 岁	26～30 岁	31 岁以上
占男性总数的百分比	—	48.23	30.07	17.30	4.40
占女性总数的百分比	36.26	37.92	21.32	4.49	—

资料来源：门头沟区档案馆藏《1963 年（各公社）度婚姻登记年报表》，档案号：40－1－1。

表 3－12 的折线图如下（图 3－24）：

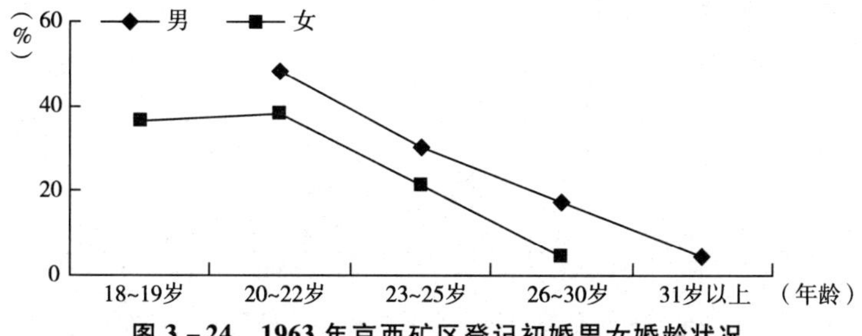

图 3－24　1963 年京西矿区登记初婚男女婚龄状况

表 3－13　1963 年宣武区登记男女婚龄状况

性别比例	18～19 岁	20～22 岁	23～25 岁	26～30 岁	31 岁以上
占男性总数百分比	—	17.26	38.09	36.88	7.77
占女性总数百分比	10.51	39.42	34.56	15.51	

资料来源：宣武区档案馆藏《1963 年（宣武区民政科）婚姻登记年报表》，档案号：2－2－19。

表 3－13 的折线图如下（图 3－25）：

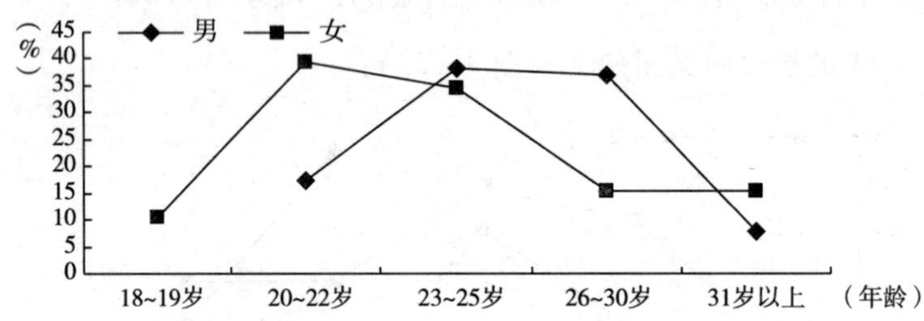

图 3－25　1963 年宣武区登记初婚男女婚龄状况

表 3－14　1964 年海淀区温泉公社登记男女婚龄状况

单位：%

性别比例	年　龄				
	20 岁以下	20～25 岁	26～29 岁	30～35 岁	40 岁以上
占男性总数百分比	—	44.16	37.66	16.88	1.30
占女性总数百分比	16.88	63.64	14.29	5.19	—

资料来源：海淀区档案馆藏《温泉公社 1964 年 1－12 月婚姻登记情况统计表》，档案号：55－101－302。

表 3－14 的折线图如下（图 3－26）：

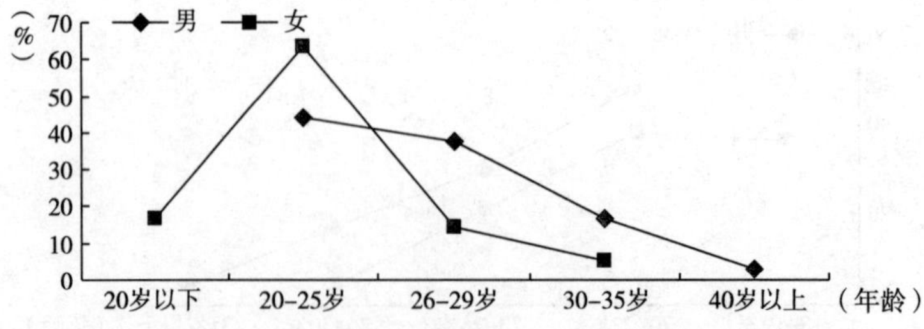

图 3－26　1964 年海淀区温泉公社登记初婚男女婚龄状况

从表 3－11 至表 3－14 中数据及其折线图（图 3－23 至图 3－26）可以看出，20 世纪 60 年代初期北京市登记男女初婚年龄在市区、近郊区和远郊区略有不同，男性结婚年龄在市区集中在 26～30 岁，在近郊区如海淀区集中在 20～25 岁；而在远郊区，男性的结婚年龄集中在 20～22 岁。女性初婚年龄在市区集中在 23～25 岁之间，而在近郊区和远郊区则集中在20～25 岁。

与 20 世纪 50 年代相比，20 世纪 60 年代初期，男女初婚年龄均有所提高。我们看到，在城区（表 3－11、表 3－13）20 岁以下结婚登记的女性所占的比例明显减少，也就是说，城区女性的结婚年龄相对推迟。我们还看到男性在 31 岁以后，女性在 26 岁以后，结婚人数呈现明显下降趋势。也就是说，男性年龄大于 31 岁、女性年龄大于 26 岁之后，在择偶方面会存在困难。但总体而言，新中国成立之后，无论男性还是女性结婚年龄呈逐渐提高趋势。表 3－15 和图 3－27 所反映的是 20 世纪五六十年代，北京市女性初婚年龄变化状况。从这也能看出随着时间的推移，女性年龄呈递增的趋势。

表 3－15　20 世纪五六十年代北京市女性初婚年龄状况

年　份	初婚年龄（岁）
1950～1954	19.39
1955～1959	20.13
1960～1964	21.60
1965～1969	22.65

资料来源：《北京志·人口志》，北京出版社，2004，第 239 页。

表 3－15 的柱形图如下（图 3－27）：

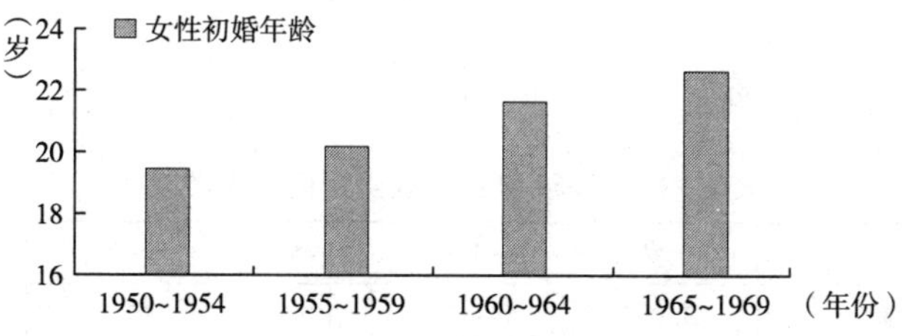

图 3－27　20 世纪五六十年代北京市女性初婚年龄状况

二　男女配偶的婚龄差

婚龄差，指的是男女结婚年龄之差，若男性结婚年龄大于女性结婚年龄，年龄差为正数，反之为负数。

表 3－16　1950 年北京市第五区男女配偶婚龄差

单位：%

年龄差（岁）	20	18	16	15	14	13	12	11	10	9	8	7	6	5	4	3	2	1	0	－1	－2	－4	－9
百分比	0.51	2.56	1.54	1.03	0.51	1.03	1.54	3.08	5.64	6.67	7.69	7.18	7.18	8.21	11.79	7.69	8.72	7.18	4.62	3.08	1.03	1.001	0.51

资料来源：北京市档案馆藏《北京市第五区人民政府民政科（1950 年）六月份结婚申请书》，档案号：45－4－51。

表 3－16 的散点图如下（图 3－28）：

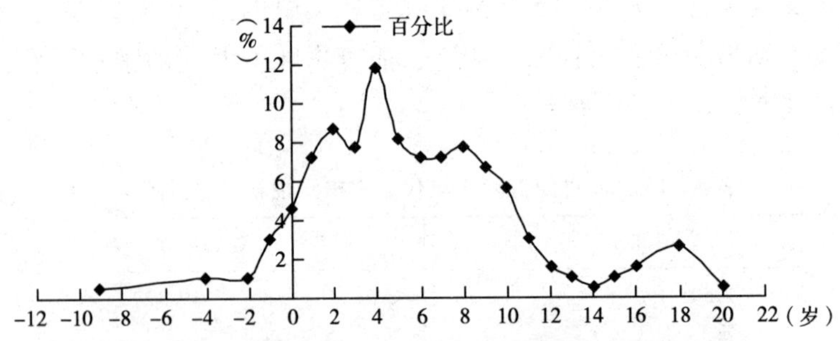

图 3－28　1950 年 6 月北京市第五区初婚男女配偶婚龄差

表 3－17　1950 年 7 月北京市第五区男女配偶婚龄差

单位：%

年龄差	－2	－1	0	1	2	3	4	5	6	7	8	9	10	12
百分比	1.30	10.39	3.9	11.69	22.08	12.99	14.2	3.90	6.49	6.49	1.30	1.30	2.60	1.30

资料来源：北京市档案馆藏《北京市第五区人民政府民政科（1950 年）7 月份结婚申请书》，档案号：45－4－51。

表 3－17 的散点图如下（图 3－29）。

表 3－18　1964 年海淀区男女配偶婚龄差

初婚男女年龄差	0 岁	1～3 岁	4～5 岁	6～9 岁	10 岁以上
百分比（%）	3.90	58.44	18.18	15.58	3.90

资料来源：海淀区档案馆藏《温泉公社 1964 年 1－12 月婚姻登记情况统计表》，档案号：55－101－302。

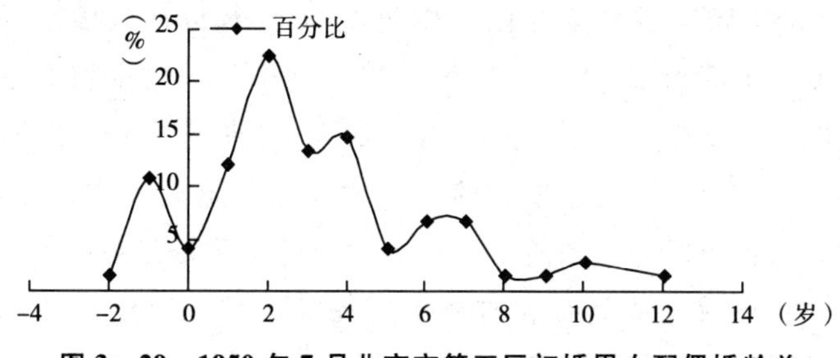

图 3－29　1950 年 7 月北京市第五区初婚男女配偶婚龄差

表 3－18 折线图如下（图 3－30）：

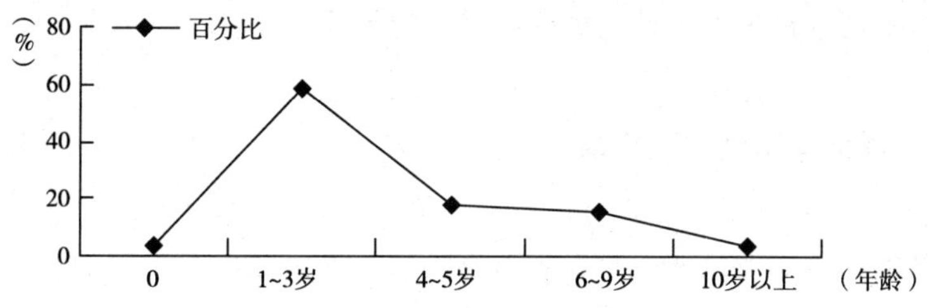

图 3－30　1964 年海淀区初婚男女配偶婚龄差

通过表 3－16、表 3－17、表 3－18 以及图 3－27、图 3－28、图 3－29 的分析，我们发现，男女婚龄差主要分布在 3～4 岁这个区间，即男女配偶年龄之差在这个范围内属于社会多数人认可的范围。女性年龄大于男性年龄的配偶数量较少，即使有少量的女性年龄大于男性年龄，其年龄差的绝对值也基本分布在 1～5 岁的范围内，即女性大于男性年龄的最大数值一般不超过 5 岁。说明女性年龄大于男性的婚姻，社会认可程度较低。如"昌平县一女 24 岁介绍来本区与 18 岁一男结婚，经政府审核未予批准"。[①] 而且，登记工作的干部也会因为"男女年龄相差太多，肯定没有爱情，坚决打回"。[②] 在表 3－17 中，77 对配偶中有 9 对女性年龄大于男性，且婚龄差距很小。8 对配偶中女性大男性 1 岁，1 对配偶女性大男性 2 岁。除去 3 对同岁的夫妻，其余 65 对男性的年龄均大于女性，婚龄差平均数字为 3.8 岁。这即是通常所说的择偶的"年龄梯度偏好"。在不同的历史时期，婚龄差并不相同。由于女性的初婚年龄开始上升，从总的趋势来说，婚龄差在缩小。我们从此也

① 北京市档案馆：《北京市第 14 区人民政府 1950 年婚姻工作总结报告》，档案号：45－3－10。

② 宣武区档案馆：《（1953 年）宣武区宣传贯彻婚姻法运动工作报告——干部学习及检查婚姻法执行情况》，档案号：11－1－7。

看到，与20世纪50年代初期相比，20世纪60年代以后的婚龄差从所占比例最高的4岁，下降为1～3岁。这种“男大女小”的婚配模式是由多种因素影响和决定的。从生理状况而言，有人认为，“男性生理上发育成熟一般比女性晚2～3年”。① 历史上形成的“男大女小”婚配模式可能与此有关。现实生活中，人们也倾向于婚龄上“男大女小”这种婚龄择偶标准。而且这种婚配习俗一旦形成，就具有相对稳定的特点，在短时间内很难改变。另外，男性的事业成就与其择偶条件优越与否有很大关系，而事业成就大小又与年龄有直接的关系。所以很多人一般在事业成功后，才考虑婚姻问题。这种模式在一定程度上反映男女两性对配偶事业成就要求的性别差异，而且还有助于缓解婚姻市场上男性婚姻受到挤压的矛盾。

三　婚龄与职业的关系

婚龄在不同职业之间也存在着差异。这一方面是由于国家的相关规定如对军人婚龄的规定造成的，另一方面不同职业有着不同的社会属性，从而也会造成职业差距。笔者以档案中记录的已婚男女职业登记状况，试分析婚龄与职业之间的关系。

表3－19　1964年海淀区温泉公社不同职业男性及配偶的初婚年龄

单位：岁

	教师		工人		农民		干部		技术员/职员		军人	
	男性年龄	配偶年龄	男性年龄	配偶年龄	男性年龄	配偶年龄	男性年龄	配偶年龄	男性年龄	配偶年龄	男性年龄	配偶年龄
平均年龄	26.27	23.54	25.3	23	23.46	20.96	27.5	23.5	27.67	25.67	29.09	24.72
婚龄差	2.73		2.3		2.5		4		2		4.37	

资料来源：海淀区档案馆藏《温泉公社1964年1－12月婚姻登记情况统计表》，档案号：55－101－302。

表3－19的折线图如下（图3－31）：

① 陈友华：《中国和欧盟婚姻市场透视》，南京大学出版社，2004，第305页。

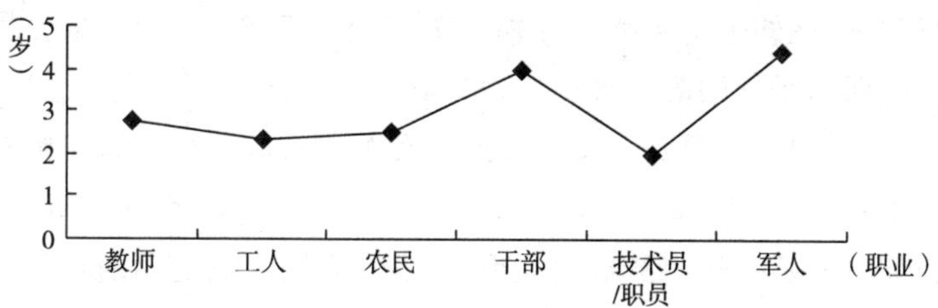

图 3－31　1964 年海淀区温泉公社不同职业男性及配偶的婚龄差

表 3－20　1964 年海淀区温泉公社不同职业女性及配偶的初婚年龄

	教师		工人		农民		医护人员		技术员/职员		军人	
	女性年龄	配偶年龄	女性年龄	配偶年龄	女性年龄	配偶年龄	女性年龄	配偶年龄	女性年龄	配偶年龄	女性年龄	配偶年龄
平均年龄	24.5	28.67	23.89	25.89	22	25	22	28	26	28.57	25.57	29.57
婚龄差	4.17		2		3		6		2.57		4	

资料来源：海淀区档案馆藏《温泉公社 1964 年 1－12 月婚姻登记情况统计表》，档案号：55－101－302。

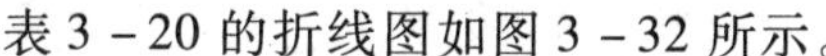
表 3－20 的折线图如图 3－32 所示。

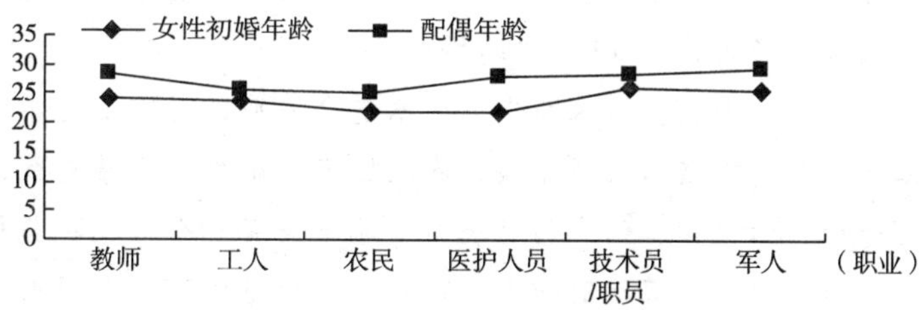

图 3－32　1964 年海淀区温泉公社不同职业女性及配偶的初婚年龄

在表 3－19 中，我们看到，所有职业的男性当中，军人与技术员/职员的初婚年龄最大，分别为 29.09 岁、27.67 岁；其次为干部、教师和工人，其初婚年龄分别为 27.5 岁、26.27 岁、25.3 岁；农民的初婚年龄最低，为 23.46 岁。也就是说，经济地位和文化程度较高的男性，其初婚年龄较大。不同职业的男性配偶中，男性农民的配偶年龄最低，为 20.96 岁；其次为男性工人、干部、教师和军人的配偶，其年龄分别为 23 岁、23.5 岁、23.54 岁和 24.72 岁；男职员/技术员配偶的平均年龄最大，为 25.67 岁。也就是说文化程度越高的男性，其配偶的年龄也较大。而且我们还发现男性军人和干部与配偶的婚龄差最大，分别为 4.37 岁、4 岁。其次为男性教师、农民、工人，他们与配偶的平均年龄差分别为 2.73 岁、2.5 岁、2.3 岁，男性技术员/职员与配偶的平均婚龄差最小，为 2 岁。

从表 3 - 20 中我们看到，女性农民和女医护人员平均初婚年龄较小，为 22 岁；其次为工人、教师、军人，分别为 23.89 岁、24.5 岁、25.57 岁；女性技术员/职员初婚平均年龄最大，为 26 岁。女性农民配偶的年龄最小，为 25 岁；其次为女性工人、医护人员、职员/技术员、教师的配偶，其年龄分别为 25.89 岁、28 岁、28.57 岁、28.67 岁；女军人配偶的平均年龄最大，为 29.57 岁。结婚年龄与职业状况也有很大关系，对于受教育程度高的女性而言，一方面在学校的时间较长，高校对学生的婚恋做出了种种限制；另一方面她们还不具备独立的经济能力，而且这部分人的自主性相对较大，不愿意依赖家庭。这就意味着她们要结束学业且有了一定经济的独立性后才可能结婚。因此，这部分人的初婚年龄较大。下面是笔者的访谈。

M 女士，1933 年生，籍贯北京，高校行政干部，1963 年结婚。

> 采访者：您是哪一年结婚的？
>
> 受访者：我是 1963 年结婚的，较晚，都 30 岁了。那会儿国家提倡晚婚晚育嘛！我们那个年代比较特殊。特积极，一般都 30 岁左右结婚。
>
> 采访者：您为什么 30 岁才结婚？
>
> 受访者：念书啊。本来新中国成立前念半截，周围没有学校。新中国成立前，北京就这么几所学校，海淀区有 6 个中心小学有 6 年级。八里庄有一个叫六中心，西直门有一所，北下关有一个，现在易初莲花这里有一个叫三中心，海淀有一个叫四中心，青龙桥有一个叫五中心。其他的学校就只到 5 年级或 4 年级。所以我新中国成立前因为周围没有学校就断断续续念了一点，新中国成立后又接着念。你想想大学那时候上 5 年，除非在学校里就交朋友，如果工作再谈再结婚不都二十八九了？

另外，有许多步入社会的女性，她们不愿意囿于家庭的小圈子，过早地结婚生子。如“福德斋药厂的女工委员韩淑芳怕失业”① 而不敢结婚。还有些女工虽达婚姻年龄，因顾虑婚后不能养家不敢结婚。② 下面是笔者的访谈。

访谈一：冯女士，1936 年生，籍贯北京，1959 年结婚。

① 北京市档案馆：《（1953 年）前门区婚姻法办公室工作计划、报告、总结》，档案号：38 - 2 - 77。
② 北京市档案馆：《（1951 年）当前女工工作中存在的问题》，档案号：101 - 1 - 331。

采访者：您结婚的时候算晚婚吗？

受访者：算吧。

采访者：是什么原因呢？

受访者：我跟我老伴谈了 5 年呐。反正也不想结婚。就想挣钱养家，供我弟弟上学，他上大学的费用都是我管的。

访谈二：M 女士，1937 年生，籍贯吉林，技术干部，1962 年与大学同学结婚。

采访者：您结婚那年多大？

受访者：27（岁）。

采访者：算大龄吧？

受访者：比较接近大龄吧。

采访者：是因为什么呢？

受访者：我是 1959 年毕业，那年家里有变故。我就承担下来了家里的负担。全凭自己，供养家。

女性医护人员与配偶的平均婚龄差最大，为 6 岁；其次为女教师、女军人、女农民、女技术员/女职员，她们与配偶的平均年龄差分别为 4.17 岁、4 岁、3 岁、2.57 岁；女工人与配偶的平均婚龄差最小，为 2 岁。在不对等的“上行婚”中，女方年龄较低，男女年龄较大。与文化程度较高的职业妇女相比，女性农民年龄越低选择配偶的范围相对较宽泛。而且她们还可以通过年轻这一资源与职位和经济地位较高的男性相交换。笔者在档案中发现 13 位 20 岁以下登记结婚的女性中，除 1 名为医生外，其余均为农民。这名女医生的配偶为军人。其余 12 位农民的女性，其配偶除 2 名为工人外，其余均为农民。而且女性农民与为工人的配偶年龄差距较大，这两对配偶的婚龄差分别为 7 岁和 10 岁。也就是说婚龄差在“上行婚”模式中比较明显，而且上行的幅度越大，婚龄差也越大。如果用资源交换理论来解释这一现象，即可理解为，年轻女性的年龄与年长男性的职业或社会地位进行了交换。

四　民众的早婚现象以及国家对晚婚的提倡

1. 民众的早婚现象

早婚有两种情况：一种是男女双方或一方没有达到法定结婚年龄而同

居，这种早婚国家法律不予认可，其实是一种非法同居的行为；另一种是男女双方或一方虽然达到法定结婚年龄，但与国家倡导的晚婚年龄相距较大。

（1）不达法定结婚年龄的早婚现象。

不达婚龄的早婚现象在新中国成立初期的北京市，特别是郊区很普遍。北京市在1953年10月至1954年3月的早婚现象“半年来达163起”，[①] 如丰善大队全大队18～25周岁已婚的32人中，“不满结婚年龄就结婚的已有11人，占已婚青年的34%”。[②] 当时的结婚登记程序一般只是审查本人证明如普通群众的户口本、干部的介绍信等。但因其容易被修改而发生了不足年龄就去登记的现象。通过开介绍信证明修改年龄，这种现象在农村比较多。如“十二区朱家坟村村长肖全帮着年仅16岁的女孩刘凤珍，将年龄改为18岁去区登记结婚”。[③] 有人还涂改户口册中出生日期，如“清河一女17岁，将户口改为18岁”。[④] 有人因为不够法定年龄，就借怀孕或同居而达到结婚目的。如“白纸坊公社五金厂女社员郭亚如虚岁还不够18岁，登记时冒写18岁，当查出不够年龄时，就强调说已怀孕要求政府批准”。[⑤] 南苑公社马家堡大队社员刘桂先，“16岁经姐姐作主，从外县送到马家堡来找了个比她大七八岁的喘子。当时因女方太小，不合乎婚姻法规定，因此也没有登记就同居了，过了两年，女方到了18岁，已经生了第一个孩子才到政府登记领取结婚证”。在登记中还有冒名顶替的现象，如“前门区某些资本家的儿子不足婚龄要结婚，怕政府批不准，派伙计顶替登记，在‘三反’运动中，经资本家坦白才晓得”。[⑥] 十一区一个人想与其表妹结婚，但表妹年龄不足，而且也不同意和她表哥结婚，“他没办法就先带了自己的妹妹去代替登记”。[⑦]

---

① 北京市档案馆：《北京市1953年第四季度和1954年第一季度婚姻登记工作情况报告》，档案号：14－2－35。

② 北京市档案馆：《（1964年）丰善大队团支部向青年进行晚婚和计划生育的情况报告》，档案号：100－1－897。

③ 北京市档案馆：《补充例子》，档案号：9－1－114。

④ 北京市档案馆：《北京市第14区人民政府1950年婚姻工作总结报告》，档案号：45－3－10。

⑤ 宣武区档案馆：《（1963年）宣武区人委民政科关于结婚登记工作的情况》，档案号：2－2－298。

⑥ 北京市档案馆：《（1953年）关于北京市四年来婚姻登记工作情况及今后意见的报告（初稿）》，档案号：14－2－35。

⑦ 北京市档案馆：《石景山区人民政府1954年第一季度婚姻登记工作总结》，档案号：14－2－35。

还有人利用登记程序的漏洞骗取结婚证。

下面是一则案例：

> 男方付××1945年2月19日生人，今年（1963年）才19虚岁，住上桃□区，女方曾××1942年11月15日生人，今年22（1963年）虚岁，是1958年□桃生产队输出的社员，现全在安□滩矿井下开单车。1963年5月3日听说女方要下放还乡，而且女方又怀孕，因此便采取投机手段骗领结婚证。
>
> 他是散居工人，本应持户口簿到矿上开介绍信，但由于未至结婚年龄，怕拿户口本被审查出不够婚龄，不开介绍信，便到工资科说谎是1944年1月生人，骗取了介绍信。□就根据矿上介绍信批准其结婚了。后经派出所在查下放人员时，发现了付××不够婚龄，骗领了结婚证。[①]

根据以上出现的种种情况，政府除了追回结婚证，对骗取结婚证者给予严肃的教育处理之外，还加强了登记审查工作，如付××事件发生之后，政府严格了对集体户口和散居职工的管理，不仅要根据户口簿开介绍信，并注明姓名、性别、年龄、出生日期、民族、婚姻状况等详细信息，而且还要了解登记者本人的属相，父母年龄和结婚时间，或者通过兄弟姐妹的年龄进行分析印证，等等，通过种种办法，尽量弥补婚姻登记工作中出现的漏洞。

关于不到法定年龄而结婚的早婚现象主要有以下原因。

①为了家庭的需求而早婚。家庭的权威尽管在新中国成立之后逐步被削弱，但家庭仍然是社会生活的基本单元和经济个体。个体成员仍有为家庭服务的义务，如有的人早婚是为了给家庭添加劳动力或土地，有的人是受传统多子多福观念的影响，希望早婚早生子。

②对《婚姻法》的误解而导致早婚。这种情况的出现主要是由于人们对《婚姻法》认识不够，而且国家又缺乏积极的引导措施而导致的。如“陶然亭派出所最近就发现5件这样的问题。有的不够年龄就结婚。妇女代表告诉她到年龄再结。她说婚姻自由了，我愿意结就结，谁也管不着”。[②]

③因怀孕而导致的早婚。尽管国家对非婚生子给予了保护。但是在人们

---

① 门头沟区档案馆：《（1963年）关于安□滩矿工人付永生虚报年龄骗领结婚证的处理意见》，档案号：27-2-1015。

② 宣武区档案馆：《宣传贯彻婚姻法试点总结》，档案号：11-1-7。

的思想里，特别是对女性而言，仍然是一件不光彩的事。所以在怀孕之后，草草结婚。如“青年刘玉云，女，18岁，16岁时就结了婚，当时家长并不同意这么早结婚，但由于婚前有了孕，不得已而提前结了婚”。[①] 1953年，白庙乡14岁的马凤玉被同院安德才强奸怀孕后，“经人介绍与一工人刘建勋来区申请结婚登记”。[②]

④担心婚恋发生变故而早婚。有的人担心在恋爱期间恋人另有相好而过早结婚。如“女青年陈学琴1961年与刘某恋爱，当时刘与另一女青年也很好，陈担心刘与别人结婚，就匆忙与刘结了婚，当时陈17岁，刘19岁”。[③]

⑤因家庭生活困难而过早结婚。这种情况多发生在女性当中，如“圈门里住户韩信，现年18岁，与杨淑芳17岁，非法同居，据了解杨是北京人，家庭因生活困难，所以将女儿送到男方家，现已有孕。即将生产”。[④]

（2）刚达法定结婚年龄的早婚现象。

20世纪60年代以后，不达婚龄的早婚现象已较为少见。但刚刚达到法定结婚年龄就结婚的现象非常普遍。据北京印刷厂统计，“在八十三个已婚的青年中，结婚时年龄在二十岁和二十岁以下的，就有五十六人，占已婚青年的67.5%”。[⑤] 一个小伙子23岁，但他说：“我的年龄已经很大了，不能再等了。”原来他误解了《婚姻法》的内容，以为《婚姻法》的规定结婚年龄20岁到了之后，就应当马上结婚。发廊长点燃车间19个已婚团员中，“平均结婚的年龄是20岁”。[⑥] 关于这种现象，主要有以下原因。

①传统观念和习俗的影响。受传统“早生贵子”“多子多福”等观念的影响，一般有男孩的家庭，父母希望其早婚早生孩子，特别是在农村地区，本人又系独生子或者长男的男性家庭更是如此。如丰善大队的“团员刘淑仪（女19岁）爱人是独生子，公婆为了早抱孙子，同刘于去年（1963年）4月

---

① 北京市档案馆：《（1964年）我们在丰善村向青年进行晚婚和计划生育的情况》，档案号：100－1－897。

② 北京市档案馆：《石景山区人民政府1954年第一季度婚姻登记工作总结》，档案号：14－2－35。

③ 北京市档案馆：《（1964年）丰善大队团支部向青年进行晚婚和计划生育的情况报告》，档案号：100－1－897。

④ 北京市档案馆：《（1951年）北京市第16区处理婚姻问题初步检查报告》，档案号：9－1－114。

⑤ 张婉华：《早婚的风气不好》，《中国青年》1957年第4期。

⑥ 北京市档案馆：《（1963年）关于青年晚婚教育和情况汇报》，档案号：100－1－897。

结了婚”。[①]

②受群体风气和社会舆论影响。群体风气是一种非正式的、非强制性的群体规范和行为标准，它由群体成员相互作用、约定俗成，是群体在长期活动中逐步形成的行为习惯。当时北京市流行着这样一种风气，“谁早结婚了，谁就会博得周围人的羡慕、好评，认为他有办法。相反的，有谁如果过了二十五还没有找到爱人，就会被认为是倒霉的典型，成为大家讽刺的对象”。特别是一些刚刚参加工作的人，认为自己经济上已经独立，应该成家立业了，如果“成不了家找不了对象不体面，怕别人说没本事”。[②] 在这种风气的影响下，有的恋人本来不打算早婚，但是看到其他人如此，也纷纷早婚。如北京印刷厂的小张本来不打算马上结婚的，可是看到小李结婚了，他就马上改变自己的计划，提前结婚。他认为：“小李比我年纪小，人家都结婚了，我还有什么理由不结婚呢？”[③] 如果青年人特别是青年女性到达结婚年龄不谈恋爱，往往也会受到舆论压力。一位刚满19岁的女青年，担任门市部主任工作，不愿意过早谈恋爱，其婚姻问题“就成了许多人谈话的资料”，说她“条件高啦”，“瞧不起人”；有人还怀疑她身体有毛病。[④] 北京某机关一位名叫樊瑞婷的女青年说：“我初中毕业后就参加了工作。那时候机关的女同志较少，而未婚的男同志相当多。今天这个想和我交朋友，明天那个要给我介绍对象，还有一些人给我写信。当时我心里真烦躁，就一律顶回去……背后议论纷纷，说我是什么‘高射炮’、‘探照灯’等等，总之用各种各样的别号讽刺我，说我骄傲自大。”[⑤] 在这种风气的影响下，很多人经过很短的时间恋爱后就结婚。

③性别比例不平衡而造成的早婚现象。“婚姻市场理论”认为：“未婚男女是市场的潜在的交易伙伴。但这个市场的供求关系往往因为人口和社会原因而供求不平衡。当然其中最重要的因素是性比例。”[⑥] 按正常情况，15岁及其以上人口的性别比在100左右才算正常。但是由于传统重男轻女思想

① 北京市档案馆：《（1964年）我们在丰善村向青年进行晚婚和计划生育的情况》，档案号：100－1－897。

② 北京市档案馆：《（1964年）丰善大队团支部向青年进行晚婚和计划生育的情况报告》，档案号：100－1－897。

③ 张婉华：《早婚的风气不好》，《中国青年》1957年第4期。

④ 《这种议论对不对》，《中国妇女》1962年第9期。

⑤ 樊瑞婷：《我是这样对待议论的》，《中国妇女》1962年第10期。

⑥ 李煜、徐安琪：《婚姻市场中的青年择偶》，第23页。

的影响，使得男女在婚姻市场上性别比例处于不平衡状态，也使得男性在婚姻市场上处于很不利的地位。据统计，北京市 1950 年 15 ~ 19 岁组性别比为 153.16，20 ~ 24 岁组性别比为 120.11；1953 年 20 ~ 24 岁组升至最高 183.96。而且这种情况一直持续至 1958。1964 年第二次全国人口普查时，15 ~19 岁组为 104.21，20 ~24 岁组为 98.14，25 ~29 岁、30 ~34 岁两组又返回到 110.00 以上。[①] 从这组数据可以看出，北京市 1950 ~ 1964 年间出生的人口当中，15 ~35 岁之间的人群，其性别比例均大于 100；1953 年甚至高达 183.6。这说明婚姻市场明显存在着挤压。所以占有社会资源较少的男性会担心年龄偏大找对象会困难。“有的认为二十七八岁人就老了，就不好找对象了。如手工业局青年冯宝成说，28 岁再结婚，就成老头了……有的同志说，女方才 21 岁，应该再晚几年再结婚。他说我等她到 25 岁，我就 30 岁了，在我们家这样年纪早没人要了。”[②] “玻璃厂的赵守芳（女，22 岁，团员）他的男朋友觉得已经交朋友 2 年了，再交几年不合适，等不了。所以迫切要求结婚。”[③]

④婚姻市场资源的有限性而引起的早婚。我们在前面分析过，婚龄差基本介于 1 ~4 岁，在婚姻市场资源有限和性比比例不平衡的前提下，如果错过了最适合结婚的年龄，很难在市场上寻找到合适的配偶。所以人们尽量早婚，以占有有限的社会资源。如有人说：“过了 30 岁就算完了，30 岁结婚就没劲了，认为年轻时找还可（有）好的，年龄大了再找只能找人家挑剩下的。”[④]

⑤法律知识淡薄引起的早婚。《婚姻法》颁布后，很多人对之缺乏了解，在后来的贯彻过程中还出现了不少关于婚姻政策的谣言，导致一些对《婚姻法》不甚明白的人担心会修改《婚姻法》而急于结婚，甚至某些干部对《婚姻法》也缺乏正确的认识，对群众的谣传抱着半信半疑的态度。五道庙文教委员梅德成在开会时公开宣布：“年龄改高了，结婚岁数大点好。”受此

---

① 北京市档案馆：《（1964 年）我们在丰善村向青年进行晚婚和计划生育的情况》，档案号：100 - 1 - 897。

② 北京市档案馆：《（1964 年）市人委系统团员青年对计划生育和晚婚的反映简报》，档案号：100 - 1 - 897。

③ 东城区档案馆：《（1963 年）关于正搞恋爱的未婚团员和青年的思想情况调查》，档案号：25 - 1 - 134。

④ 东城区档案馆：《（1963 年）关于正搞恋爱的未婚团员和青年的思想情况调查》，档案号：25 - 1 - 134。

影响，“黑山扈村李德新女儿本来半月后才结婚，听到此种传说准备很快到政府登记结婚，而事后怕政策变了”。“百彦庄有一对青年登记但不结婚，他们怕以后登不上了”。[①]

⑥为了摆脱困境而早婚。还有的早婚是为了摆脱目前的困境，这种情况在女性中比较普遍。因为她们还没有足够的经济能力来养活自己，希望通过嫁人这条途径来解决所遇到的困难。如青年李宝茹（女 19 岁）自幼随母改嫁，不被养父喜爱，于 1962 年结婚。[②]

2. 国家对晚婚的引导和提倡

20 世纪 50 年代，人们没有意识到人口膨胀对社会带来的不利影响，甚至在 1952 年，上海家出版社出版的《实用避孕法》《婚姻生活指导》《妇女生理常识》等书因介绍避孕知识，不符合当时“国家奖励人口增殖的精神”[③] 而停止发售。但是随着社会的稳定、生产力的发展、医疗卫生条件的改善以及国家对生育的提倡，使得人口骤然大幅度提高。据统计，“北京市 1957 年人口自然增长率达 33.91‰，1963 年达到 35.3‰”。而且 1949 年至 1960 年，北京市迁入人口的数量也在增加。“12 年间，迁入 323.7 万人”，而这期间迁出人口在为 216.9 万人。[④] 净迁入数量为 106.8 万人。三年困难时期，粮食供应的紧张使得北京市不堪重负。所以，1962 年国家提出了晚婚和计划生育的号召，晚婚成为缩减人口政策的一种工具。有的工作单位响应号召，将结婚年龄推迟到 25 ~ 27 岁，或者更晚。当时的宣传是，“晚婚和计划生育不仅仅是个人的事”，而是“关系到社会主义建设的一项重要政治任务”。[⑤]当时国家主要是从以下几方面来进行晚婚教育的。

第一，从生理学角度分析早婚的害处。虽然《婚姻法》规定的结婚年龄是男 20 岁，女 18 岁，但又告诫人们，刚满 18 岁的男女青年，虽然心脏、肾脏等器官已经发育完成，但是还没有达到成熟的地步。“所以最好的结婚

---

① 海淀区档案馆：《海淀区村干部和群众对婚姻法的一些认识》，档案号：1 - 105 - 23。

② 北京市档案馆：《（1964 年）我们在丰善村向青年进行晚婚和计划生育的情况》，档案号：100 - 1 - 897。

③ 北京市档案馆：《（1952 年）为上海家出版社出版之“实用避孕法”“婚姻生活指导”“妇女生理常识”；三书，应停止发，各地可向出版此类书籍之出版家说明原由，一般杜绝此类书籍中之向她错误出现由》，档案号：8 - 2 - 318。

④ 《北京志·人口志》，北京市地方志编辑委员会，2004，第 80 页。

⑤ 宣武区档案馆：《（1963）关于在青年中进行晚婚和计划生育宣传教育工作的安排》，档案号：17 - 1 - 127。

年龄是男子卅岁上下，女子廿五岁上下。”① 并且早婚不但妨害本人的健康，而且还会影响孩子的健康（见插图3－1）。有的区在宣传中请早婚受害者现身说法，教育青年积极响应晚婚号召。如青年职工潘淑珍“过去身体很好，人们称她假小子，结婚后连生4个孩子，现在身体多病，多次请假影响了工作。青年们听了深受感动，绝大部分青年表示响应党的晚婚号召，有的把结婚东西买好了，但表示再推迟三五年结婚，有的主动向团委写保证书”。②

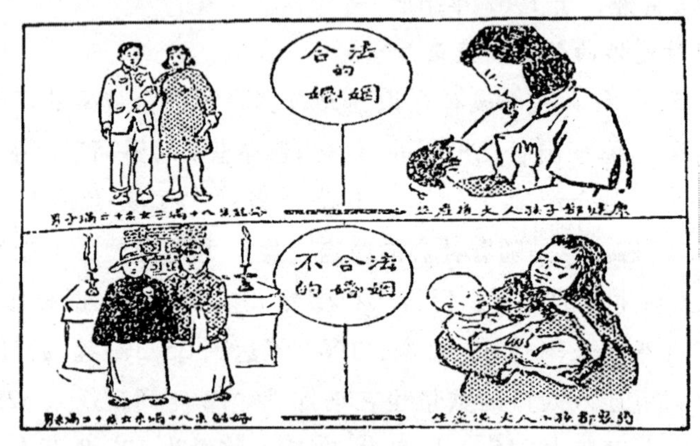

插图3－1 晚婚晚育宣传图

图片来源：《婚姻法图解》，《北京妇女》1951年第38期。

第二，从个人前途及家庭经济状况等方面分析早婚的害处。晚婚宣传告诉青年，过早地结婚后，既要处理好复杂细致的夫妇关系，照顾好家务，又要担负起组织家庭和生育教养子女的责任；而年轻人往往缺乏独立生活的经验，从而加重自己的负担，会影响到生产、工作和学习。“尤其是女青年，因结婚后的负担比男同志要重得多，怀孕、生育、哺乳都要花费很多精力和时间，再加上自己不善料理这样繁重的家务，就更要影响生产、工作、学习。如有的女工因为结婚过早，受孩子、家务的牵累，影响了技术的提高。”③

第三，从提高思想觉悟和革命的人生观的角度告诫青年晚婚。进行晚婚宣传，从革命的人生观的角度告诉青年，要正确处理个人生活与工作志向之

① 东城区档案馆：《（1963年）东城区妇联关于计划生育的宣传材料及建国门地区典型材料》，档案号：6－1－318。

② 北京市档案馆：《（1963年）以阶级教育为纲做好晚婚宣传工作》，档案号：100－1－897。

③ 东城区档案馆：《（1957年）婚姻问题宣传参考材料：和青年同志们谈谈有关恋爱、婚姻的几个问题》，档案号：6－1－36。

间的关系。因为青年时期是人的一生中最为重要的时期，是为革命事业打基础的时期；青年是生力军，是革命事业的接班人，所以，应该把革命事业放在第一位，“应该先学习、立业，然后成家”。[①]

第四，利用家长教育和组织教育相结合的办法进行晚婚教育。这方面的工作主要是对未婚青年家庭进行访问，重点向家长讲解晚婚的好处和早婚的害处。如“食品店党支书发现王江荣十几岁就准备结婚，他就自动到王家访问，王母也不同意女儿早婚，支书回来找王谈，并用她母亲因早婚生 7 个孩子而目前身体很弱（来做例子，劝诫她），结果王认识了早婚的害处，说服了男方推迟了婚期”。[②]

第五，通过制定相关制度来限制青年早婚。除了上一节所讲到的部队干部要达到“二八五团”的标准方可结婚外，在工厂里，还制定了学徒工制度来限制工人的结婚年龄。从 1963 年开始规定，“技术工种的学徒工和练习生，均不得招收已婚男女青年”。“男徒工在 24 岁以下，女徒工在 22 岁以下者在学徒期间，不准结婚。如不听劝告而结婚者，或劝其退厂，或延长升级年限。”[③] 另外，北京市各高校也作了限制早婚的相关规定。

（1）学生在学习期间如要结婚令其退学。

（2）已婚学生不准与其爱人在校内同居，其所生子女不得在校内抚养。

（3）已婚女学生一经怀孕令其休学，如休学两年则令其退学。

（4）招生时一般不录取已婚学生。如有上级教育行政部门批准的特殊情况需要批准。

（5）毕业分配一般不照顾爱人关系。此外教育学生在学习期间应专心学习，不要谈恋爱，教育教职员也不要向学生谈恋爱，以免分散精力影响学习。

1963 年 11 月 2 日[④]

---

① 东城区档案馆：《（1963 年）东城区妇联关于计划生育的宣传材料及建国门地区典型材料》，档案号：6－1－318。

② 北京市档案馆：《（1964 年）关于号召青年晚婚计划生育的调查报告》，档案号：100－1－897。

③ 东城区档案馆：《（1963 年）建国门人民公社计划生育在福利待遇方面的暂行办法》，档案号：25－1－134。

④ 北京市档案馆：《市教育局关于高校学生晚婚的意见》，档案号：15－1－55。

第六，积极开展文艺体育活动丰富青年的业余生活。为了达到晚婚教育的目的，国家还对青年的业余文化、技术学习和文体活动进行了安排。如西城区团员管理处从1963年11月起以抓阶级教育和“毛选”学习为纲，占领了青年的思想、家庭生活和业余生活三大阵地，把广大青年的思想和精力吸引到工作学习中来。有的区还成立了足球、乒乓球队，建立了看书箱，组成了革命歌曲演唱训练班，开展了球类训练班。如昌平区丰善大队团支部，1964年入冬以来“组织青年开展家史、村史访问调查，举办了阶级教育展览会，训练大批讲解员组织全村青年积肥评比活动”，[①] 以引导广大青年的晚婚教育。

第七，对早婚现象，组织加以干涉。在提倡晚婚教育中，虽然规定“不能简单生硬，更不能以任何组织手段强迫群众晚婚和实行计划生育，对未婚青年的恋爱、结婚问题只能积极地从正面教育，不要进行干涉”，但是在实际执行过程中强迫和干涉现象依然存在。如赵守芳担任玻璃厂团支部书记，男朋友是党员，该厂认为“赵若早结婚影响不好，由团委找她谈一次话”，而且还与男方单位联系，希望男方所在的组织对男方做工作，希望他们“推迟结婚年龄”。“门诊部马惠娜同志在宣传计划生育和晚婚工作中，让全体职工写了保证书。”[②] 再如，“甘水桥小学教员郑桂兰，女，24（岁），办理结婚登记后，党团支部书记几次找她谈话，批评她不响应党的号召，并召开团支部会对她进行批评。让她写书面检讨，直到4月27日本人要结婚的当天下午，党支部书记找她个别谈话，并通知她已决定（将她）下放农场劳动”。[③]

从新中国成立十七年来北京市婚龄模式的发展趋势来看，男女的结婚年龄在逐渐增大，而且男女的婚龄差距在逐渐缩小。而且我们还看到，国家规定与民众行为之间出现了不协调的状况。《婚姻法》及国家后来提倡的晚婚教育，与人们头脑中的“早生贵子”“多子多福”等思想是相悖的。于是人们寻求种种方式来达到这个目的。有的妇女婚前同居并怀孕就是一种变通的策略。因为这会让执行部门在处理时感到棘手，如果不允许他们结婚，妇女本人和小孩的生活均无法维持，如准其结婚又怕别人援例。还有，女方登记时隐瞒了实际年龄，结婚后已生子才发现年龄不足。针对这种情况，如果采

① 北京市档案馆：《（1964年）丰善大队团支部向青年进行晚婚和计划生育的情况报告》，档案号：100－1－897。

② 东城区档案馆：《（1963年）关于正搞恋爱的未婚团员和青年的思想情况调查》，档案号：25－1－134。

③ 北京市档案馆：《（1964年）关于晚婚避孕工作的情况简报》，档案号：100－1－897。

用追回结婚证书的处理方式，又会面临妇女和小孩的生活如何维持这样的问题。这实质上是让执法机关处于一种无奈状态。而在20世纪60年代初期宣传的晚婚主要是为了减少生育，因为人们往往把生育看作结婚的直接结果。国家对晚婚进行了积极的教育和提倡，就其结果来说分为三种情况：第一，对于社会网络比较广的人来说，其婚龄受到国家和社会的制约更大一些。如在部队、机关、工厂的工作人员或者高校的学生，他们往往会因为自己所在组织的一系列制度限制而推迟结婚年龄。第二，对于把婚龄与个人的前途如入党、入团、职位晋升等联系起来的人而言，他们往往积极响应晚婚号召。第三，社会网络相对简单的人而言，其婚龄受到国家和社会的控制相对较小，相反他们由于长期以来受到了传统早婚习俗的影响，往往在刚刚达到法定的结婚年龄就登记结婚了。所以消除传统观念让群众自觉遵守国家的政策是需要花费精力的，也绝非几次运动就能做到。总之，与社会条件相比，生理条件对婚龄的影响并不大，而国家政策、文化程度、职业状况和经济状况却成为制约婚龄的主要因素。

第三节 不同文化程度的择偶模式

文化程度不同，择偶的标准也不一样，笔者试对不同文化程度的人进行比较，以阐明当时社会的择偶模式。

一 婚配男女的文化程度概况

笔者根据档案材料中关于北京市第五区政府民政科1951年6月、7月、8月结婚申请书的情况来分析男女文化程度与择偶模式之间的关系。

表3-21 1950年三个月内北京市第五区结婚登记男女文化程度情况

单位：%

文化程度 / 性别比例	大专/大学	高中/中专	初 中	小学/私塾	文 盲	未 详
占男性总数的百分比	23.10	14.00	7.00	28.20	6.70	21.00
占女性总数的百分比	14.00	17.50	11.00	25.10	6.20	26.20

资料来源：北京市档案馆藏《（1950年）北京市第五区人民政府民政科结婚申请书》，档案号：45-4-51。

表 3－21 的柱形图如图 3－33 所示。

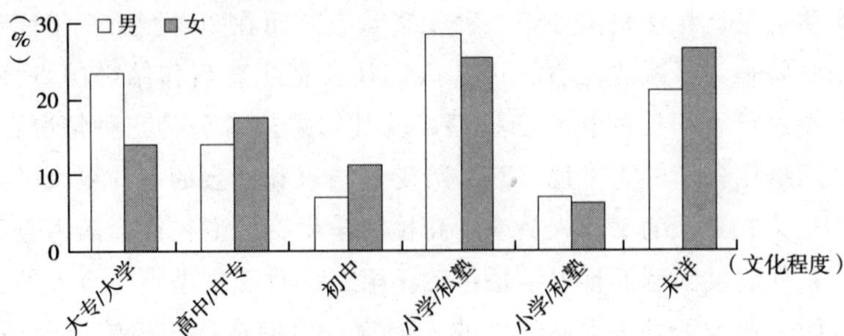

图 3－33　1950 年 3 个月内北京市第五区结婚登记男女文化程度情况

表 3－22　1952 年西城区第四区公所结婚登记男女文化程度情况

单位：%

性别比例＼文化程度	大　学	中　学	小　学	私　塾	文　盲
占男性总数百分比	12.09	20.34	48.29	4.56	14.72
占女性总数百分比	6.97	18.28	43.53	1.56	29.66

资料来源：西城区档案馆藏《第四区公所（或政府）1952 年办理市民申请结婚离婚情况统计表》，档案号：4－2－100。

表 3－22 的柱形图如图 3－34 所示。

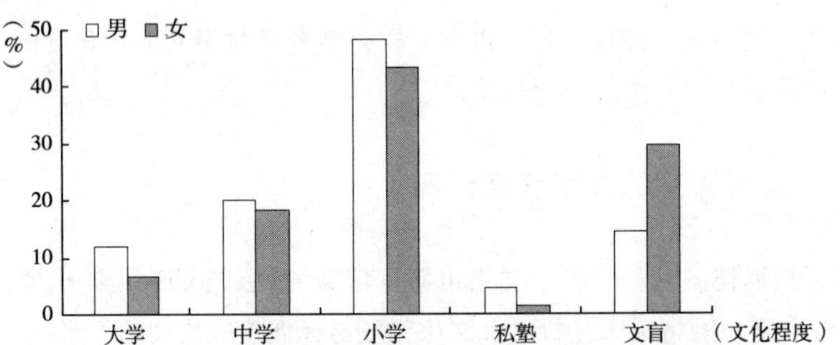

图 3－34　1952 年西城区第四区公所结婚登记男女文化程度情况

表 3－23　1952 年西城区结婚登记男女文化程度情况

单位：%

性别比例＼文化程度	大　学	中　学	小　学	私　塾	文　盲
占男性总数百分比	12.24	21.70	41.50	8.20	16.36
占女性总数百分比	7.00	16.77	35.08	3.60	37.55

资料来源：西城区档案馆藏《（1952 年）市民申请结婚离婚情况统计表》，档案号：4－2－100。

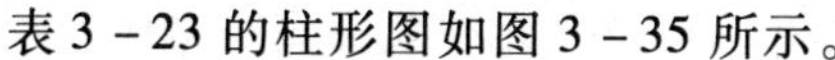
表 3－23 的柱形图如图 3－35 所示。

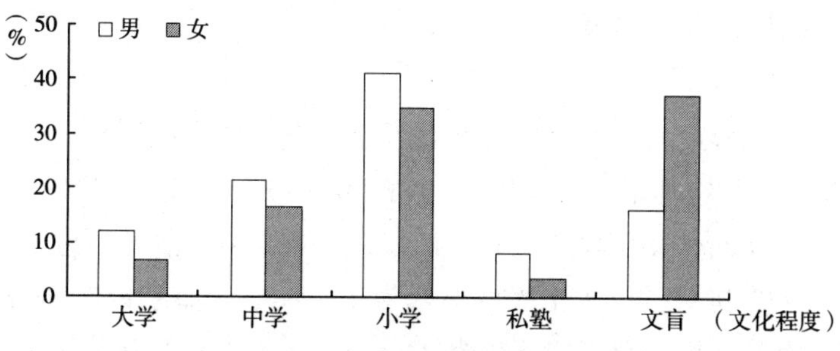

图 3－35　1952 年西城区结婚登记男女文化程度情况

表 3－24　1952 年京西矿区结婚登记男女文化程度情况

单位：%

文化程度 / 性别比例	大　学	中　学	小　学	文盲及半文盲
占男性总数百分比	—	0.75	59.70	39.55
占女性总数百分比	—	—	42.65	57.35

资料来源：门头沟档案馆藏《1952 年京西矿区民政科市民申请结婚情况统计表》，档案号：27－2－922。

注：男性比女性少 2 人，可能是登记人员失误。

表 3－24 的柱形图如图 3－36 所示。

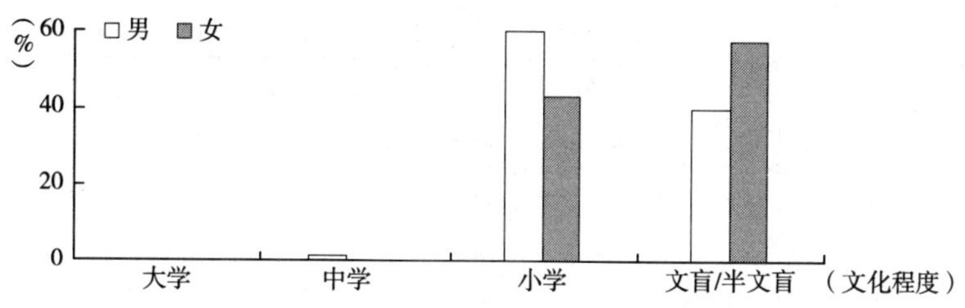

图 3－36　1952 年京西矿区结婚登记男女文化程度情况

通过对表 3－21 至表 3－24 及其柱形图（图 3－33 至图 3－36）的分析，我们发现，婚配男女的受教育程度呈现出“男高女低”特征。即男性学历普遍高于女性。在表 3－22 中，我们看到女性文盲数量甚至是男性的 2 倍多。大学/大专学历的男性所占的比例也远远高于女性，在表 3－21、表 3－22 和表 3－23 中，男女所受到高等教育的数量之比约为 2。而且我们还发现，在远郊区如京西矿区人们的文化程度普遍较低，女性登记结婚者学历普遍低于男性，而且女性文盲者也较男性多。

二 文化程度“差额”

笔者把文化程度实行编码，各种学历的代码分别为：研究生 7，大学 6，专科 5，高中/中专/师范 4、初中 3、小学/高小/初小/私塾 2、文盲 1，如果男性学历高于女性，文化程度差额为正数，反之则为负数。如男性学历为大学，女性学历为初中，则文化程度差额为 6 - 3 = 3；如果男性学历为小学，女性学历为大学，则文化程度差额为 2 - 6 = - 4。又因为中学分为初级中学与高级中学两类，在学历中如果只表明中学学历则有可能为初中学历，也有可能为高中学历，为便于统计，本文只注明中学学历而未明确写明高中或初中者，以最高学历高中来计算。下面试通过档案材料中所记载的 1950 年北京市第五区民政科三个月内结婚登记男女的文化程度情况来分析文化程度差额（见表 3 - 25）。

表 3 - 25　1950 年北京市第五区民政科三个月内结婚登记男女文化程度差额情况

配偶（编号）	文化程度	差级	配偶（编号）	文化程度	差级	配偶（编号）	文化程度	差级
男 1	高一	1	男 49	小学	0	男 97	初中	1
女 1	初中二		女 49	小学		女 97	初小	
男 2	大学	0	男 50	高小	0	男 98	文盲	0
女 2	大学		女 50	高小		女 98	文盲	
男 3	高中	1	男 51	高中	1	男 99	大学	0
女 3	初中		女 51	初中		女 99	大学	
男 4	高小	-2	男 52	初中	1	男 100	小学	0
女 4	高一		女 52	高小		女 100	小学	
男 5	高小	-2	男 53	大学	0	男 101	大学	0
女 5	高中		女 53	大学		女 101	大学	
男 6	私塾十年	-2	男 54	大学	0	男 102	大学	0
女 6	高中		女 54	大学		女 102	大学	
男 7	小学	1	男 55	高小	0	男 103	大学	0
女 7	文盲		女 55	高小		女 103	大学	
男 8	初中	1	男 56	高中	1	男 104	初小	0
女 8	小学		女 56	初中		女 104	初小	

续表

配偶（编号）	文化程度	差级	配偶（编号）	文化程度	差级	配偶（编号）	文化程度	差级
男 9 女 9	小学 小学	0	男 57 女 57	大学 中学	2	男 105 女 105	初中 初中	0
男 10 女 10	中学 中学	0	男 58 女 58	文盲 高小	-1	男 106 女 106	高中 初二	1
男 11 女 11	私塾 2 年 小学 3 年	0	男 59 女 59	初中 初中	0	男 107 女 107	初中 初中	0
男 12 女 12	中学 初中	1	男 60 女 60	专科 大学	-1	男 108 女 108	小学 小学	0
男 13 女 13	中专 小学	2	男 61 女 61	中学 中学	0	男 109 女 109	大学 初中	3
男 14 女 14	大学 中学	2	男 62 女 62	中学 中学	0	男 110 女 110	私塾 2 年 小学 2 年	0
男 15 女 15	初中 小学	1	男 63 女 63	大学 大学	0	男 111 女 111	小学 5 年 小学	0
男 16 女 16	中学 大学	-2	男 64 女 64	私塾二年 文盲	1	男 112 女 112	文盲 文盲	0
男 17 女 17	大学 大学	0	男 65 女 65	初小 初小	1	男 113 女 113	高中 师范	0
男 18 女 18	小学 小学	0	男 66 女 66	高小 高级师范	-3	男 114 女 114	高小 高小	0
男 19 女 19	高小 大学肄业	-4	男 67 女 67	高小 师范	-2	男 115 女 115	大学 大学	0
男 20 女 20	初中 初小	1	男 68 女 68	大学 大学	0	男 116 女 116	私塾 6 年 私塾 6 年	0
男 21 女 21	大学 中学	2	男 69 女 69	专科 初中	2	男 117 女 117	初中 高中	-1
男 22 女 22	大学 高小	4	男 70 女 70	师范 高中	0	男 118 女 118	高中毕业 简师毕业	0
男 23 女 23	大学 中学	2	男 71 女 71	大学 大学	0	男 119 女 119	专科 助产学校	1
男 24 女 24	大学 专科	1	男 72 女 72	中学 中学	0	男 120 女 120	高小 高小	0

续表

配偶（编号）	文化程度	差级	配偶（编号）	文化程度	差级	配偶（编号）	文化程度	差级
男 25 女 25	大学 中学	2	男 73 女 73	大学 专科	1	男 121 女 121	南满医大 护士学校	2
男 26 女 26	高小 高中	-2	男 74 女 74	大学 中学	2	男 122 女 122	大学肄业 天津中学	2
男 27 女 27	大学 中学	2	男 75 女 75	文盲 文盲	0	男 123 女 123	小学 大学	0
男 28 女 28	初中 初中	0	男 76 女 76	大学 专科	1	男 124 女 124	文盲 文盲	0
男 29 女 29	中学 小学	2	男 77 女 77	小学 高小	0	男 125 女 125	初小 初小	0
男 30 女 30	大学 中学	2	男 78 女 78	大学 大学	0	男 126 女 126	小学 文盲	1
男 31 女 31	高中 高中	0	男 79 女 79	小学 小学	0	男 127 女 127	大学 高中	2
男 32 女 32	高中 初中	1	男 80 女 80	大学 中学	2	男 128 女 128	初小 初小	0
男 33 女 33	大学 大学	0	男 81 女 81	高小 高小	0	男 129 女 129	高中 高小	2
男 34 女 34	高中 高中	0	男 82 女 82	小学毕业 小学毕业	0	男 130 女 130	初小 高小	0
男 35 女 35	高小 初小	0	男 83 女 83	中学 识字班	2	男 131 女 131	高师 高师	0
男 36 女 36	大学 师范	2	男 84 女 84	小学 小学	0	男 132 女 132	中学 中学	0
男 37 女 37	大学 大学	0	男 85 女 85	中学一年 初中毕业	1	男 133 女 133	大学 大学	0
男 38 女 38	高中 高中	0	男 86 女 86	大学 高中	2	男 134 女 134	私塾三年 私塾三年	0
男 39 女 39	初中 初中	0	男 87 女 87	高中 小学	2	男 135 女 135	文盲 文盲	0
男 40 女 40	大学 高中	2	男 88 女 88	初小毕业 初小毕业	0	男 136 女 136	高小 高小	0

续表

配偶（编号）	文化程度	差级	配偶（编号）	文化程度	差级	配偶（编号）	文化程度	差级
男 41	大学	0	男 89	文盲	0	男 137	私塾二年	0
女 41	大学		女 89	文盲		女 137	私塾一年	
男 42	初小	1	男 90	初中	1	男 138	初中	0
女 42	文盲		女 90	小学		女 138	初中	
男 43	私塾 5 年	0	男 91	高小	1	男 139	大学	2
女 43	初小 4 年		女 91	文盲		女 139	中学	
男 44	高小	-1	男 92	私塾二年	1	男 140	高小	0
女 44	初中		女 92	文盲		女 140	高小	
男 45	中学	1	男 93	文盲	-1	男 141	大学	4
女 45	小学		女 93	小学		女 141	小学	
男 46	小学	0	男 94	中等	0	男 142	高小	-1
女 46	小学		女 94	中等		女 142	初中	
男 47	中学	1	男 95	大学肄业	0	男 143	私塾	-1
女 47	小学		女 95	大学一年		女 143	初中	
男 48	高中	1	男 96	高小	0			
女 48	初中		女 96	高小				

资料来源：北京市档案馆藏《（1950 年）第五区民政科六月份结婚申请书》《（1950 年）第五区民政科七月份结婚申请书》《（1950 年）第五区民政科八月份结婚申请书》，档案号：45-4-51。

根据表 3-25 的统计，男女文化差级如表 3-26 所示。

表 3-26　1950 年北京市第五区民政科三个月内结婚登记男女文化程度差额比较

文化程度差级	-4	-3	-2	-1	0	1	2	3	4
百分比（%）	0.60	0.60	4.20	5.00	52.00	19.60	15.40	0.60	2.00

表 3-26 的散点图如图 3-37 所示。

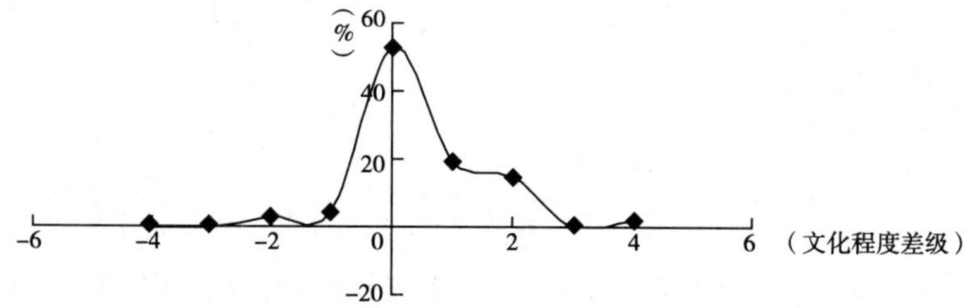

图 3-37　1950 年北京市第五区民政科三个月内结婚登记男女文化程度差额比较

通过表3－25和表3－26对143对配偶的文化程度差额的统计来看，我们发现，男女配偶文化程度相同者占多数；其次为男女配偶文化程度差额为1和2的，也就是说，男性学历略高于女性比重仅次于男女文化程度差额为0的配偶；而男女配偶文化程度差额为3或4所占的比重很小。在女性学历高于男性的配偶中，学历差额的绝对值由低到高的人数也是逐渐减少。这说明，人们在选择配偶的过程中，倾向于寻找学历相当或相近的配偶。即夫妻文化程度有着比较高的正相关，丈夫文化程度高，其妻子文化程度也高，丈夫文化程度低，其妻子文化程度也低。文化程度是重要的，但不是说选择配偶的文化程度越高越好，因为过高的文化程度差异，对婚姻或许有负面的影响，男女一方学历越高者这种影响就越明显，最佳匹配点可能是男女双方相同或男性略高。

下面是笔者的访谈。

访谈一：C先生：哈军工（中国人民解放军军事工程学院）毕业，1965年来京，从事核物理研究，包办婚姻，其妻子开始是农民，后来成为工人。

采访者：你们结婚后有过摩擦吗？

受访者：家庭摩擦肯定有，最起码的就是对问题的看法不同，这个肯定存在文化层次上的差异，精神追求上她低一些，爱好上也不一样，看电视就看不到一块。我受过高等教育，关心国家一些事情，她不理解。她是从农村的来的，只知道有一亩地。我平常跟孩子讲考清华考北大，她的观点是只要你上学不偷懒，考什么考不上？她没上过学，不懂得智商差别。她文化低，也不知道道理。因为与她知识面有关系，比如有人在定慧寺想去我家，本来坐5路就到。她告诉这个人先去动物园再坐车到我家，因为之前有人这样坐过车。但是从定慧寺到动物园的途中就经过我家门口。这些都是缺乏知识的表现。文化层次差异太大在生活中就没有共同的语言。

访谈二：M女士，小学文化程度，工人，北京人，1942年生，丈夫为机关干部，大学学历。

采访者：你们的生活习惯一样吗？

受访者：完全不一样。直到现在他还改不过来。他就是学问好业务好。家务基本由我来做，我已经习惯了。兴趣方面也不一致，直到现在我们都退休了，还是各玩各的，从来不一起出去玩。在孩子教育方面，我俩看法不一致，他是大学毕业，所以用他学习的标准来要求孩子，我是大龄生了孩子，特别疼孩子，所以两个人在教育方式有分歧，孩子上的大学也不太好。

可见，文化层次差异太大，在生活中摩擦就比较多，而且精神情感方面的交流也很少。所以对于文化程度差异太大的“上行婚”者而言，在婚后的生活中并不一定幸福。

三　传统婚恋模式的变异

新中国成立后，推行男女平等，女性受教育率普遍提高，高学历的女性数量也越来越多。在择偶过程中，传统的“男高女低”模式开始被打破，有人因此产生了矛盾心理。下面是几则案例。

案例一

当我想起自己的爱人是个司机时，心里总觉得有点别扭，心想：开汽车的有什么了不起，一天到晚东奔西跑；文化水平低，懂得的东西少，像这样的人不会谈情说爱，也不会关心体贴人的；再说，我很喜欢音乐，他却不会，我是个小学教员——脑力劳动者，他却是个司机，如果与他生活在一起，生活必定是单调、枯燥，没多大意思。

1959 年《中国妇女》第 23 期专门针对这位女士的思想进行了题为“汽车司机工作同样是光荣的”的讨论。经过各方面的“教育”，这位女士转变了思想，她说：

我发觉自己太自私、落后。我没有看到对方是一个共青团员，思想进步，工作认真踏实，生活朴素等等优点，却沉醉在资产阶级婚姻观点里，犹豫、苦恼，甚至影响了工作和学习……认识到找对象首先要从政治思想方面考虑，其他方面都是次要的。[①]

案例二

我和黄勇同志由于工作上的接触，彼此建立了爱情。以后，他到邮

① 以上引文出自谢英《我的思想通了会》，《中国妇女》1960 年第 2 期。

局当投递员，我考入初中学习。我们经常通信，在政治和生活上他都非常关怀我，我也越来越爱他。1954 年春我俩结婚了。当年暑假我升入师范学校学习……我开始认为自己成了师范生，了不起了。并且常考虑到自己的前途应有远大的理想和幸福的生活；可是，一想到“幸福”，就使我不由得不联想到黄勇，他高小没毕业，又是一个“邮差”，天天送信送报，将来我能得到幸福吗？看到女同学们的对象，不是大学生，就是机关干部，那该有多光彩呀。而且常听人背后议论：“李芳兰，多么漂亮的姑娘呀，可是却找了个做‘邮差’的对象！真是傻瓜！……”有一次，我给他写信说：“我将来还要上大学，你是个投递员，又没文化，我想，以后我们的生活是不会幸福的。为了不耽误你的青春，我们离婚吧。”不久，他回信说：“好吧，你去寻找你的所谓‘幸福’吧！’”我们的事情很快被学校知道了，行政领导和团组织找我谈话，班上开会帮助我，有的同学批评我的恋爱观点不正确，瞧不起体力劳动者；有的说我是中了资产阶级的毒，爱慕虚荣；还有人说我缺乏共产主义道德。连我的妈妈也写信责骂我。校长对我说：“你是学师范的，自己的思想不健康，将来怎么能去教育学生呢？”“老黄是团员，工作积极，能吃苦耐劳，他日以继夜地传递着党的文件、指示和千百万人的书信，难道这不是光荣的职业吗？他处处关心我，我有什么理由不爱他呢？这不是别的，而是肮脏的资产阶级思想害了我……我写信向他道歉，承认我的错误，从此我俩和好如初。”①

案例三

我在 1956 年考取（中国）人民大学之后和张志民同志——解放军战士结了婚。张是小学文化程度，而我是大学生，而且我嫂子还劝我：“他又是一个当兵的，不能经常生活在一起，说不定哪一天会牺牲了呢！”有同学劝我：“你们一个小学程度，一个大学程度，恐怕谈不来吧。”我当时拿不定主意，去找团支书，团支书说：“文化程度低不是绝对的，可以提高。他是一个党员，要求自己严格，是会不断进步的，你也可以帮助他。”在组织的帮助下，我们结婚了。②

① 李芳兰：《我的苦恼是怎样克服的》，《中国妇女》1960 年第 1 期。

② 郭玉运：《我爱上了一个兵》，《中国妇女》1959 年第 24 期。

通过以上三则案例，我们发现，对于女性文化程度高于男性的现象，多数人还是犹豫和有顾虑的。有的是本人对将来生活和社会舆论的担忧，有的是来自周围的亲人和朋友的担心和劝导。可见，女性在择偶过程中选择“下行”路线还是要经过相当程度的深思熟虑的。因为文化和职业的联系比较紧密，进而和社会地位联系在一起，当然也与精神和情感需求相联系。尽管新中国成立后，工人的地位一再提高，但是工人普遍文化水平低以及不及知识分子优雅的言行举止还是在人们的思想里留下印迹。所以，知识女性在择偶过程中，对方的文化程度是需要慎重考虑的一个方面。与社会大环境进行比较。这三位女性的思想转变结果是，打破了传统观念中的“男高女低”模式。在这个转变的过程中，有人是经过批评、说服、教育后转变的，有人是自我转变的。但是说服她们接受这种现状的理由，不是个人情感而是与国家、政治、无产阶级等词语紧紧联系在了一起。

事实上，无论是男性本身还是其家庭，都不愿接受一位学历比男性高的女性作为妻子或儿媳。因为女性的学历高于男性意味着其职业地位和经济能力都高于男性，打破了传统的家庭模式，会给家庭带来不稳定因素。如《中国妇女》杂志讲述了一位农民陈普先的儿子陈武明和女大学生恋爱的故事。陈武明在农学院棉花讲习班学习了三个月，结识了一位叫方如英的大学生，并和她谈恋爱。陈普先认为，“人家一个女大学生，还不是找专家、工程师，哪一个还会嫁农民？这不过是一时高兴，开开心罢了。再说，就算有那么个怪事，姓方的真嫁了他儿子，接回来，又往哪放？往后少不得儿子受欺负，自己做老子的跟着受气”。[①] 这说明，家庭成员担心男性作为“一家之主”的地位会被打破，进而会给家庭带来不稳定因素，因此加以反对。

本节探讨了新中国成立后的十七年里北京市民众择偶过程中文化程度的匹配模式。我们发现，男女配偶中，男性的文化程度普遍高于女性，也就是说，男性乐于寻找文化程度低于自己的女性，女性愿意走“上行婚”，即找文化程度高于自己的男性配偶，但是这种“上行路线”不是绝对的、无条件的，它有一个阈限，超过这个阈限范围，即使婚姻成立，“阳春白雪”和“下里巴人”也会在婚姻生活中产生种种冲突和摩擦。所以，多数人会考虑到文化差异过大而给婚姻带来的不稳定因素。当然，在新的社会环境下，无

---

① 柳以杉：《儿子的对象》，《中国妇女》1961 年第 9 期。

产阶级思想教育和政治动员也使得一些人企图打破传统择偶过程中的“男高女低”文化程度的匹配模式，但是从总体来看，效果似乎不是十分明显，传统的文化程度的“男高女低”婚配模式仍占主导。

第四节　择偶的政治取向

“政治取向”指的是人们对个人出身、家庭出身和本人成分所持有的态度和立场。它是特定历史时期的产物。“个人出身”指一个人参加革命工作前的社会经济地位或所从事的职业，它依据本人取得的主要生活来源方式来确定。“家庭出身”一般按父母的职业来定，指的是本人取得独立经济地位或参加工作前的家庭阶级成分。一般是以土改或土改复查和民主改革时划定的标准来确定。“本人成分”是指一个人目前所从事的社会职业，它随着职业的变动而变动。本人成分是可以改变的，而个人出身则是一个历史事实。例如一个人自幼上学，初中毕业后当了工人，则他的出身是学生，成分是工人；如果数年后他当了干部，则他的工人成分改变为职员（即干部）而个人出身仍是学生。[①] 新中国成立后，这三个方面形成一股强大的合力，关系每一个人的命运。就政治取向本身而言，它没有任何社会价值，但是拥有它的人会被认为是天然革命者，不但在资源分配和公众生活中占据着核心位置，而且在非正式的人际交往里，也拥有更多话语权和更多的机会。所以择偶的政治取向反映了当时人们获取社会资源的方式。

择偶的政治取向在新中国成立后有一个发展过程。从中华人民共和国成立到合作化之前，人们择偶主要还是侧重于经济条件，父母在为子女选择配偶时更是依据这个标准。随着社会主义改造基本完成，经济命脉掌握在国家手中，权利和社会资源也相应地进行了重新配置，不同的群体被纳入了各级政权当中，从而使得个人与家庭、家族之间的牢固纽带被打破，而与国家、集体的命运紧紧连在一起。特别是反右运动之后，人们的身份愈加被政治化，不同的政治身份被划分为不同等级。从20世纪60年代开始，国家政策对招工、招兵、升学、提干也开始讲究成分，而且成分论愈演愈烈，这种变化迅速体现在青年人的择偶标准上。政治取向上的一致，成为新时期下民众

① 《什么是个人出身》，《中国青年》1962年第14期。

择偶的一条重要标准。

当时国家一再提倡，结婚前一定要看清对方的政治思想。因为“革命的政治思想是决定立场的关键，也是恋爱与结婚的前提”。[①] 但是进步的革命的思想不易被辨识，所以人们往往以与其相关的一些“已定性”的标准如政治取向来判断一个人是否有进步的思想。如果两个人的政治取向相一致，一般会被人们认为是理所当然的对等婚姻。依据这种标准，人们在选择配偶时，除了对其本人的政治取向进行考察外，当然也不希望与其有关的家庭成员或亲属关系有任何“政治问题”。

随着极“左”思潮越来越严重，一部分出身不好或者社会关系复杂的人，比如“地主”“富农”“反革命”“坏分子”和“右派”，他们处于社会的最底层，他们本人以及所生子女的生存资源都受到限制。令人生畏的政治身份也使得他们在择偶方面遭受冷落。尽管其自身条件很好，但很难找到合适的配偶。一些青年特别是女青年为了摆脱“出身不好”的艰难处境，利用自己年轻和美貌专门与政治条件好的男性结婚，以改变自己的尴尬的政治地位。这就是 R. F. Winch 所提出的“择偶之需要互补”说，即择偶时从特殊需要模式中获得最大满足时，男女双方的特质是异质互补。[②] 有的人甚至会与文化程度、志趣品位相距甚远的人结婚，造成了日后婚姻生活的不协调。但是这种互补式婚姻只是在少部分人中间实现。在交换理论看来，“所有的行动者都拥有从他人那里接受价值及物力实用程度能否抵消他本人失去的物力和资本；所有的行动者之间都要算计以便使‘得’超过‘失’”。[③] 所以，大部分“黑五类”仍然和同类相结合，或者干脆走极端，一辈子不娶或者一辈子不嫁。下面是笔者的访谈。

访谈一：甲女士，1944 年生，籍贯北京，大学学历，未婚。

> 受访者：实际上“肃反”以后，“三反”，“五反”，特别是反右斗争以后，阶级斗争这根弦，不管怎么说，在每个人的头脑中已经是根深蒂固了。假如将来的先生右派，敢跟他吗？所以只能在那一种环境下只能压抑自己，其实结婚本身也不算私心杂念，只能压抑了，社会的种种情况和本身具体的想法以及自己想建立家庭的做法相去甚远。整个社会

① 李淑清、唐德华、何东义：《恋爱与结婚必须严肃慎重》，《中国妇女》1963 年第 4 期。

② 转引自潘允康主编《中国城市婚姻与家庭》，山东人民出版社，1987，第 48 页。

③ 转引自吴德清《当代中国离婚现状及发展趋势》，文物出版社，1999，第 53 页。

的环境导致了这么一批人，有些人是匆匆忙忙的慌不择路，得了我嫁个人吧，有个依靠，了此一生。回过头来，现在离婚的也不少，因为当时是出于各种条件不对等的情况下选择的。

访谈二：M先生，1938年生，技术干部，大学毕业，1962年结婚。

采访者：您结婚的时候看不看成分？

受访者：因人而异吧，像我们这个出身不太好的找的也是出身不太好的。我父亲原来是工人，后来学了一身手艺，搞了一个汽车修理店，雇了两个工人当帮手，就是所谓的资本家了。那时候就是比一般人家好点，能供孩子上学，其实家里也是很苦的。

采访者：您爱人是什么成分？

受访者：我爱人的父亲是国民党的军官。

除了男女当事人择偶时要考虑对方的政治背景之外，所属的组织也要对双方进行审查。有的单位在结婚审查时，不单纯是看男女双方是否符合法定的结婚年龄，还要看对方的职业和家庭出身，只有获得组织的许可后才能进行结婚登记。如20世纪60年代初，末代皇帝溥仪与李淑贤的婚姻就经过组织的严格审查。据李淑贤回忆，她和溥仪恋爱后，“不久，全国政协就派人到我工作的医院来了解情况了。对此，他很担心，生怕我有什么问题成不了。后来，政协领导找溥仪谈话说：‘李淑贤政治清白，作风正派，为人忠厚老实，是一位好同志，组织上同意你们结婚。’”①

还有一些属于特殊的行业如涉密到国防、军工等部门的人员，在择偶时更是要受到严格审查，即“政审”。如果“政审”中发现配偶的家庭成员或亲属中有“关、管、杀、右”和有“海外关系”的一律通不过。组织不允许他们与出身不好、历史有“污点”的人结婚，许多恋人因为“政审”不合格而不得不解除恋爱关系。如果两人非要在一起，那么在涉密单位的一方就要被调离或者转业。

一位叫王依平的大学生，“当时学习是班里最拔尖的，人又长得精神，高高的个子，大眼睛大鼻子，当年是学校姑娘们注目的人物。2年

① 李淑贤忆述，王庆祥撰写《我的丈夫溥仪》，第23页。

级时，他爱上了同专业的杭州姑娘林佩。老师们都说这是‘天造一对’……他们好了2年，毕业分配开始了，组织上为照顾他们，把他们都分到了某研究院。等他们双方家里都准备好了要办婚事时，一声惊雷把他们震垮了——结婚报告送上去没有批准。原因是依平有海外关系，父母都在新加坡而林佩的研究室所做的课题与国防有关，林佩又是党员……多少人为他们深深惋惜。但那时这种事太多了，因政治原因做不成夫妻的大有人在”。①

访谈三：甲先生，出生日期不详，北京人，大学学历，毕业后在京工作；乙先生，1943年生，籍贯广东，1958年来京上大学，毕业后留京工作，1967年与一名工人结婚。

受访者（乙）：我们单位有点保密性质，曾有这种情况，已经通知朋友晚上结婚来吃糖啦，结果因为女方成分不好，单位不给开证明，不开证明就结不了婚。

受访者（甲）：那时候结婚之前要给人事部门打报告，就说我要跟谁谁结婚。组织审查，得同意才行。那时候成分很重要，你要是工农兵（出身），要找个资本家出身的，或家里有亲戚在海外，单位一般都不批。

受访者（乙）：恋爱的时候先讲清楚，比如恋爱半个月以后，先让组织审查，审查同意了，我们再恋爱，再发展，组织不同意我们就不发展。否则，恋爱有了感情，组织不批准，你也痛苦我也痛苦，还不如早点算了。这个事例很多。因为我们单位是保密性质的。

访谈四：M先生，1940年生，籍贯北京，高校教师。

受访者：出身差一点的家庭，家里有闺女嫁不出去，没人要，儿子也找不到对象，因为成分好一点的家庭不愿意找这样的人。婚姻完全被贴上政治色彩啦。

即使有人“侥幸”结婚，也会在日后的工作中受到组织的不断“教育和改造”。据戴煌先生回忆，他被打为右派，后与工人潘雪媛结婚后的情况如下：

① 黄新原：《真情如歌——五十年代的中国往事》，第267页。

新华社的某些人便认为潘雪媛“思想反动”，硬要嫁给一个“老右派”。他们几次给工厂送去“材料”，唆使工厂给潘雪媛一点颜色看。工厂的一些人于是背地里辱骂潘雪媛是“坚持反动立场的‘大右派’的‘小老婆’”。正当小潘身孕初怀，便解除了她的出纳兼统计职务，强迫她到那个素来不让孕妇沾边、有苯中毒危险的喷漆车间去“劳改”。①

在人们也以政治取向为择偶标准的同时，国家还对以金钱、美貌为条件的择偶观提出批判。认为把婚姻单纯理解为有一个漂亮的妻子或者是有一个地位高、经济收入优厚的丈夫是一种低级趣味。《中国妇女》杂志开辟的一系列关于择偶标准的文章，对于一些以物质和美貌作为择偶的首要目标的人进行了批判。

一谈（恋）爱就要别人买衣服、手表等，把送东西多少来作为爱情的深浅，有的一恋爱就是吃喝玩乐，看男方用钱大方不大方……这些行为都是与工人阶级的品德不相容的，这种从金钱地位结合的爱情不会带给我们幸福的。有些女同志找对象专以对方收入多、职位高为条件，不考虑对方的思想品德和双方是否有真正的爱情。有些女同志希望结婚后生活过得富裕些，但这种希望不是从加强自己的劳动去争取，而是企图依赖男方供给自己享受……这实质上是资产阶级的剥削思想。这种思想与工人阶级的思想是水火不相容的……因此，我们应该清除这种非无产阶级思想。有些人把爱情单纯建立在外表漂亮的基础上……但是不能单纯地从外表美不美来决定婚姻，要看道德品质是否高尚，外表美不是永久的，而且美是有比较的，如果单爱美婚后就不美了，老了又怎么办呢？今天看到这个美，明天还看到了更美的，那你的爱情也会总在变化，所以单爱美这种爱情是不可靠的。②

虽然看重经济条件的择偶观被认为是庸俗的择偶观，但是物质条件是婚姻生活中无法回避的问题，有人描述是自己的亲身经历：

我是一个中等师范学校毕业生……我鄙视那些从金钱地位着眼去找对象的人，为此，我和几个朋友都绝交了。1957 年，我爱上了一位年轻

---

① 戴煌：《九死一生——我的“右派”历程》，学林出版社，2000，第 278 页。

② 宣武区档案馆：《（1962）宣武区妇联：怎样正确对待婚姻问题》，档案号：11－2－50。

> 的共产党员，他思想进步，性格开朗，立场坚定，工作积极，为人正直。他虽然工资低，但我不考虑这一点，他的性格、思想、人品都符合我的理想。两年之后，我们结婚了。婚后，我才知道农村中的老人要我们负担。我生了一个小孩后，由于经济单薄，不能请保姆。谁知大孩子不到一岁，二孩子又出世了，我把两个小孩寄托在邻家，下班后接回来，成天得不到休息，累得寸步难行……我因工作学习搞不好，思想上很痛苦，与爱人争吵，自己的什么理想、什么抱负都抛到九霄云外了。由于经济困难和孩子的拖累，我已几乎成了老妈妈了。如果爱人工资多些，花点钱请个保姆，我不是就有时间钻研业务和学习理论了吗？由此可见，爱人工资多，是有好处的，能提供有利于自己的物质条件，能解决实际困难，大大有助于个人进步。①

我们看到，新中国成立后十七年间的北京市，婚姻的政治取向对个人择偶行为产生了很大影响。因为个人的经济收入和社会地位在很大程度上是家庭出身、个人出身和本人成分三要素决定的，加上缺乏社会流动和竞争机制，个人选择和发展的余地极小。在社会物质和福利水平低下的条件下，在选择对象的同时实际就选择了自己将来的生活条件。如党员、团员、贫下中农等，因为其参加社会活动的机会多，而且很有可能担任领导职务，这些都会给家庭带来荣耀和增加财富。也就是说政治取向是一种潜在的、隐形的社会财富。尽管当时把爱情革命理想化，并且贬斥为物质欲望的意识形态。其实以政治取向为择偶的主要标准的婚姻无形中也掺入了物质利益和社会利益等因素。

本章小结

本章主要探讨了新中国成立后十七年间北京市不同群体间的择偶状况。我们发现，婚姻当事人在职业状况、年龄结构、文化程度和政治条件等方面都存在着相似性，条件相当的男女更容易结为配偶。根据价值内化理论，“它注重于社会化对个体择偶的影响，认为某一价值观会在社会化过程中内

① 王梅：《对方工资多，对自己进步有帮助》，《中国妇女》1964年第4期。

化于个体，这一内化的价值观就成为个体日后择偶的根据。相近的社会背景会产生相似的社会化过程和相同的价值观念，而这种过程和观念可以促进个体间的相互交流和相互理解，最终会转化为个体之间的相互吸引”。[①]

由于社会资源分布的不均衡性，人们容易受社会资源中心的吸引而产生与资源中心的人交往的动机。婚姻当事人，特别是女方尽力向社会权力圈子的中心移动，图3－38中A、B、C分别代表马克斯·韦伯所说的不同人群所拥有社会资源[②]的多寡，A拥有的社会资源最多，而B和C依次递减。这种圆锥形结构俯视是一个同心圆，横断面是一个金字塔形的结构。A处于社会权力的最高层，A阶层人群的择偶状况主要是内部平级移动或少部分B和C的成员向A的方向移动。B阶层的择偶状况基本也是在内部平级移动或少部分的C阶层向B的方向移动。而C阶层绝大部分人是在内部平级流动。趋上流动的原因就在于社会资本的非均衡性。一个人的社会地位越高，拥有的社会资源越丰富，那么摄取的社会资源就越多，所以社会结构的流动总体方向是向着资源较广的方向流动。《中国青年》刊登的一则文章，就深刻地说明了这种现象：

> 某村有关连级军官回家看望亲属，该村附近村有二十多个姑娘，都亲自跑上门去找他谈恋爱，开口第一句话就问：你每月挣多少钱？是不是能带家属进城……甚至有些已经和农村青年恋爱的姑娘，她们也不惜抛弃原来的对象，如程王村有个姑娘和同村的一个男青年恋爱，相约即将结婚。但因别人又给她介绍了一个工人，她和这个工人在玉米地头上谈了很短时间的话以后，就肯定了关系，并很快结了婚。而这个农村男青年却因而气得神经失了常。[③]

这种流动趋势对男性而言会产生两种结果。一种结果是给那些与本群体范围内成员相比条件较差的男性提供了择偶机会。以地域流动为例，在北京市城区、近郊区、远郊区不同的区域中，城区条件稍差一点的男士如“成分不好”者、残疾、大龄、鳏夫可到近郊区、远郊区或外地找到条件稍好的女士，近郊区中条件较差的男青年，可在远郊区或外地农村找到较满意的姑

① 转引自吉国秀《婚姻仪礼变迁与社会网络重建》，中国社会科学出版社，2005，第101页。

② 主要指财富、权力和声望。

③ 刘朝燕：《我对农村青年婚姻问题的意见》，《中国青年》1957年第23期。

娘。也就是说，男性在本区域内难以找到合适的配偶时，可以利用“优越的居住资源”，从更偏僻的地区找到较满意的伴侣。

择偶向上移动趋势的另外一个结果是会造成一种失衡状态，即给那些处于最底层的弱势群体的择偶带来不利因素。如图 3－38 中 C 阶层的男性。由于婚姻市场上男女的性别比例长期以来一直处于不平衡状态，从北京市 1950～1964 年间出生的人口当中，婚龄男女的性别比例均大于 100。这势必会造成某些处于劣势地位的男性延期结婚甚至不结婚，即使他们想结婚也必须加大成本，其额度远远超过同类人群寻找配偶的成本，而且其婚后生活极有可能出现不稳定因素。如北京市远郊区一些自然环境恶劣的地方女性都愿意嫁到外村，而外村的女性又不愿意嫁到这里，导致男性在择偶方面的劣势地位。“（某）男 15 岁和本村女方杨永华 15 岁，在去年（1962 年）订了婚（当时 14 岁）并讲下了由订婚之日起，女方的一切都由男方家里供给，一直到结婚。徐去云和本村的正梅 16 岁于 1961 年订婚。另外，还有该村的两个男孩子都 16～17 岁和素水县的两个 15 岁的小女孩订了婚，一般的都由男方供给女方一些东西。”[①] 即使结婚之后，婆家人还要提防女方提出离婚的要求。下面有这样一则例子：

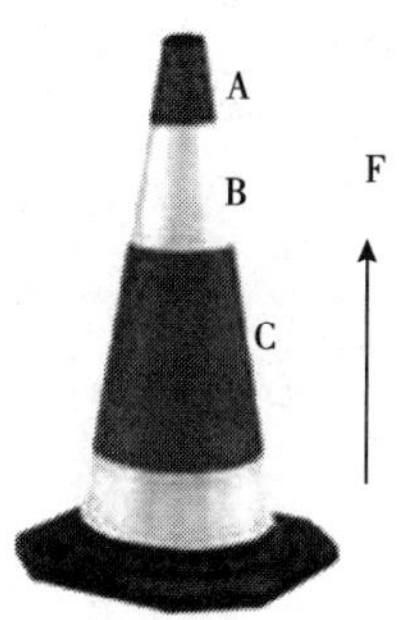

图 3－38　不同阶层人群择偶的流动趋势

赵除顺的爱人陈香菊，现年 19 岁，文化三年，富农成分（男的 32 岁），是徐水人，自 1962 年 1 月结婚以来，她男人对她很好。她婆婆也常常给她做小锅的吃，因为赵除顺已经三十多岁，结婚很不容易，据说为结婚男方就花了七百到八百元（给媒人和女方娘家）在无有订婚前，女方

① 门头沟区档案馆：《（1963 年）关于农村阶级斗争反映对妇女工作方面的几个问题》，档案号：26－1－137。

的母亲来时说，生活困难先借点钱，结果男方第一次就给了200多元，由于女方家先使了男方家的钱，第二次来时就将女儿带来了。她的女儿第一次看到自己的未婚夫时就说：男的年纪太大，自己不同意。可是在她母亲的强制下，到领结婚证时不敢不说同意，只好勉强的结了婚。结婚后，女方觉得爱人不理想，所以常住娘家，据说一年当中住娘家的时间就占八个多月，既是在男方家住上几天，差不多每天晚上都和男方吵嘴，在五月初的一个晚上，女方□着男方的大腿说："给钱，给三个大票（10元一张的）。"要钱是常事，给钱就行，不给钱就不行。[①]

这一时期，择偶的政治化取向也越来越严重，男女双方的家庭出身和本人成分基本要般配。这虽然不同于旧式婚姻讲究的"门当户对"模式，但也有一定的相似性，因为从表面上看，这一时期的人们不去关注对方的物质财富，而实质上政治取向里各个元素都是间接转化为物质财富的潜在因素。

① 门头沟区档案馆：《（1963年）鲁家滩大队外省市来此地结婚情况调查》，档案号：26－1－137。

第四章　婚姻的确立方式

在中国的传统社会里，“父母之命，媒妁之言”是婚姻确立的方式。新中国成立后，婚姻成为男女当事人自己的事情，婚姻确立的方式是恋爱，即择偶的基准确定之后，男女双方在婚姻成立之前的相互了解过程。婚姻市场理论（又称 SMI 理论）认为婚姻市场中存在着“寻找信息（searching）、匹配（matching）和互动（interaction）”[①] 三个阶段。按照个程序，寻找信息和匹配为择偶阶段，互动阶段即为恋爱阶段。男女双方通过这个阶段进行熟识和了解，以更深入地考察对方的性格特点和价值体系。如果彼此内心形成了对对方的欣赏和仰慕，那么双方会走向婚姻的殿堂；反之，婚姻则不能成立。这个过程是必要的，通过恋爱不仅可以减少婚后一些不必要的冲突，而且可以提高日后的婚姻质量。正如叶圣陶在《线下》里所说：“没有恋爱的结婚就是牢狱，活生生的一男一女就是倒楣的囚徒。”[②]

第一节　恋爱的经历和特征

20 世纪 50 年代，自由恋爱成为新中国成立后婚姻文化上最突出的特点之一。主流话语认为恋爱是自主婚姻模式中不可缺少的一部分，谈恋爱通常被称作“交朋友”“好上了”，它被认为是年轻人互相了解和发展爱情的恰当方式，也是新式婚姻必不可少的元素之一。本节试分析新中国成立后十七年间北京市婚恋男女的经历和特征。

一　初恋年龄

关于新中国“十七年”间北京市民众的初恋年龄，官方没有确切的统计

① 转引自李煜、徐安琪《婚姻市场中的青年择偶》，第 28 页。

② http：//www. kaixin001. com/repaste/56714808_ 1033165482. html.

数字。不过从笔者所了解的档案资料来看，新中国成立后十七年间北京市的初恋年龄以16～18岁者居多。“据北京农业机械厂机工、锻工车间的调查，廿五岁以下的青工共126人，其中18岁以下谈恋爱的共18人，占搞恋爱的37%。”[①]“一个18岁的女工何淑英，一年共搞了十五六个对象。”[②]（西城区）社管处共有青年191人，谈恋爱的绝大部分是初中毕业生，“平均年龄不到20岁，最小的才15岁”。[③]“在有的工厂青年女工十六七岁就搞对象”。[④]宣内食品店的男售货员夏增说：“过去我认为早结婚早生子，所以我从16岁就交了女朋友。”“男工王元政18岁，因追女朋友失败自己负担很重。”[⑤]“在中学女学生中过早谈恋爱和结婚的现象还不少……这些学生的年龄都还小，一般只有十五六岁，顶大的也不过十八九岁。”[⑥]在郊区“十五六岁的女孩在开始恋爱的多。”[⑦]可见，男女初恋年龄与最低结婚年龄相差2～3岁。也就是说在达到法定结婚年龄的前2～3年，男女已经开始为婚姻积极做准备了。

二　恋爱的场所和方式

《婚姻法》颁布后，北京市的大多数青年在介绍人牵线搭桥之后，会进行约会，以进一步了解对方。当时恋人的约会方式主要有以下几种。

1. 公园、动物园、大街、饭馆、食堂、图书馆等公共场所

据李淑贤回忆，她与溥仪谈恋爱的时候，“溥仪最愿意遛街，每逢星期天，一定拉上我（李淑贤）满城逛，百货公司、食品商场”，“记得有一次，我们在西四路西的一家小饭铺吃便饭”。[⑧]

---

① 北京市档案馆：《（1954年）北京农业机械厂，新华印刷厂贯彻婚姻法调查报告》，档案号：2－8－60。

② 北京市档案馆：《（1954年）资产阶级思想及生活方式表现在女工工厂手工业者及农妇方面的情况》，档案号：84－3－28。

③ 北京市档案馆：《（1963年）以阶级教育为纲做好晚婚宣传工作》，档案号：100－1－897。

④ 北京市档案馆：《（1954年）关于目前的婚姻法情况和今后经常贯彻婚姻法的意见》，档案号：14－1－58。

⑤ 北京市档案馆：《（1954年）调查婚姻法执行情况第二次报告》，档案号：14－2－35。

⑥ 徐华：《不要找年龄还小的中学生谈恋爱》，《中国青年》1956年第22期。

⑦ 北京市档案馆：《（1954年）郊区农民婚姻家庭中存在的问题》，档案号：84－3－28。

⑧ 李淑贤忆述，王庆祥撰写《我的丈夫溥仪》，第20页。

以下是笔者的访谈。

访谈一：D 女士，1943 年生，籍贯北京，高中学历；丈夫为技术干部，大学学历。

采访者：五十年代人们一般在什么地方搞对象？

受访者：一般去天桥、陶然亭等地。

采访者：不怕别人看见吗？

受访者：介绍人介绍后，没有人管。一般碰不到熟人，即使碰到也没什么。因为最多在一起走走，没有更亲密的举动。

访谈二：C 先生，1931 年生，籍贯河北，初中学历，1950 年来京；妻子是大学生，籍贯北京，外科大夫。

采访者：搞对象的时候去过公园吗？

受访者：那倒去过。

采访者：去了几次？

受访者：忘了。

采访者：很多还是很少？

受访者：去的回数不太多。

采访者：公园里面搞对象的人多吗？

受访者：也有，不太多，在里面遛弯转一转。

采访者：大约遛多长时间呢？

受访者：大概去三四个小时，遛完以后回去，弄点吃的什么的。

访谈三：M 女士，1949 年生，北京人，与其丈夫均为铁路工人。

采访者：你们见面一般去什么地方？

受访者：动物园。平时没什么来往，就星期天见见面。

在校的学生情侣恋爱的场所一般是食堂、图书馆等公共场所。

M 女士，1937 年生，籍贯吉林，技术干部，1962 年与大学同学结婚。

采访者：当时在学校谈恋爱在什么地方？

受访者：学校也不管，吃饭两个人在一起吃，看书在一起。

2. 电影院[①]、舞厅、礼堂等娱乐场所

有的恋人还会去娱乐场所。如男青年付子红说："我过去一有空就找女朋友看电影逛大街。"[②]《婚姻法》颁布后，长巷二条9号郭万昌女儿的对象"常来找她一起出去看电影"。[③] 据李淑贤回忆，她与溥仪第二次会面是在"政协三楼的舞厅里"。[④] 第三次会面是"到政协礼堂看电影《一江春水向东流》"。后来，还在政协礼堂"看京剧《贵妃醉酒》"。[⑤] 当刚刚上大学的北京大学学生赵鑫珊从同学那里得知一位外国留学生喜欢自己时，在一次周末的舞会的整个晚上"只邀请她（布莉吉特）作为舞伴"。[⑥]

以下是笔者的访谈。

访谈一：Y先生，1932年生，东北人，1957年来北京上大学毕业后留京工作；妻子，籍贯北京，工人。

> 采访者：您上大学的时候，同学搞对象一般去哪里？
> 受访者：到电影院看电影，那时候电影比较多。

访谈二：Z先生，1933年生，籍贯北京，工人，1958年与一名工人结婚。

> 采访者：您谈恋爱的时候一般去哪？
> 受访者：记不得了。
> 采访者：看电影吗？
> 受访者：看过，不多。
> 采访者：都是什么影片？

---

① 1950年代像北京的首都、红楼、大华、胜利等专业电影院的票价一般为0.25元、0.3元，其他兼营影院，如西单剧场、劝业剧场和一些工人俱乐部的票价一般为0.2元、0.25元；细微的差别是，专业影院首轮票价为0.25元、0.35元；专业影院的次轮票价为0.20元、0.30元，团体票价0.12元、0.16元；一般性纪录片票价减半。到了1950年代末，专业电影院首轮票价从2档扩大为3档，并有了夜场票价、节假日票价和平时日场票价3种，专业影院首度夜场、节假日票价为0.30元、0.35元、0.40元，日场为0.20元、0.25元、0.30元；次轮夜场、节假日票价为0.20元、0.25元，日场0.15元。参见黄新原《真情如歌——五十年代的中国往事》，第171页。

② 北京市档案馆：《（1963年）以阶级教育为纲做好晚婚宣传工作》，档案号：100－1－897。

③ 北京市档案馆：《（1953年）前门区贯彻婚姻法的工作总结》，档案号：38－1－81。

④ 李淑贤忆述，王庆祥撰写《我的丈夫溥仪》，第13页。

⑤ 李淑贤忆述，王庆祥撰写《我的丈夫溥仪》，第15~16页。

⑥ 赵鑫珊：《我是北大留级生》，第40页。

受访者：《羊城暗哨》之类的好多，还有苏联电影，还有新中国成立前拍的影片，像《马路天使》什么的。

访谈三：冯女士，1936 年生，籍贯北京；丈夫籍贯河南，1959 年结婚。

采访者：当时人们谈恋爱一般去什么场所？

受访者：那会儿就是看电影比较多。我住的地方离电影院挺远的，但是也跑去看去。

采访者：那时候电影票好买吗？

受访者：好买，到那儿就能买。那时候也没有别的，就只有电影。

3. 家里、单身宿舍

有的恋人还会去单身宿舍或者或朋友家里约会。

访谈一：W 女士，1926 年生，1949 年结婚。

采访者：谈恋爱去公园吗？

受访者：不太去公园，都在家里。

采访者：他去您家还是您去他家？

受访者：去朋友家里。

采访者：朋友乐意您去他家里谈恋爱吗？

受访者：就是关系很不错的朋友或者哥哥、姐姐家呀，都是这些人。见面找个地方。现在都是麦当劳、肯德基、咖啡厅。当时那种场所比较少，饭店好像很少。

访谈二：T 先生，1935 年生，籍贯北京，军人，1962 年与一名护士结婚。

采访者：您谈恋爱的时候，去过电影院或公园吗？

受访者：没有。在家里面。有时候出去遛遛弯什么。

4. 其他方式

（1）通电话。

当时家庭很少安装电话，一般是借用单位的电话，当然个人间的私密和情感表达就比较少。以下是笔者的访谈。

M 女士，1936 年生，籍贯北京；丈夫，籍贯河南，1959 年结婚。

受访者：我老伴爱学习没太多时间。我们平时就是通通电话。电影都很少看。

（2）通信。

一般而言，写信往往是发生在不常见面的恋人之间。如燕秋回忆与罗西北谈恋爱，当罗前往苏联时，“这段时间差不多每天，最多隔一到两天就收到西北从苏联寄来的信，有来自莫斯科、列宁格勒、斯大林格勒，还有来自高加索的第聂泊河等许多地方的，信中谈得最多的是他的工作、收获”。“当然最后也忘不了捎上几句思念我的话，一点也不花哨，一点也不腻人，但很实在。”[①]笔者在访谈中也曾遇到过这样的恋人。

王淑敏女士，1936 年生，籍贯北京，1959 年与一名军人结婚。

受访者：那会儿他不在北京，在宣化通讯学校。第一次见过面以后，他同意了，就给我来信，我也没意见了，我就给他回信，经常通通信，不经常见面。

在那个年代，爱情价值被贬低，任何事情包括婚姻在内都应让位于革命工作。所以，虽然国家提倡自由恋爱，但异性间的公开约会和热恋还是会引起种种非议的。不少情侣为了避人耳目常常把本属正当的约会转入地下。以下是笔者的访谈。

访谈一：M 先生，1931 年生，籍贯河北，1955 年来京。

受访者：到公园，马路上遛遛啊，或者吃顿饭，或者到宿舍坐一会。到公园去最有意思，哪没人往哪儿钻。但哪都有人，往往找不到合适的地方。

访谈二：X 女士，工人，1941 年生，籍贯河北，1948 年来北京，1964 年与一名工人结婚。

采访者：谈恋爱的时候有没有亲密接触？

受访者：不是那么轻而易举的行动。没有什么出奇的事。你瞧见人就得那什么啦。那会单位小，不让。先开始谈恋爱的时候还怕他们说，

① 燕秋：《我嫁给了烈士遗孤——记罗西北的水电生涯》，第 6 页。

我们去约会一个坐前面车一个坐后面车。（大笑）后来公开了就无所谓啦。

采访者：但是单位不管搞对象的事吧？

受访者：那会儿还不管。

采访者：还是不敢？

受访者：对，人没开放。

访谈三：W 女士，1926 年生，1949 年结婚。

受访者：如果是女方更慎重。

访谈四：夫妻二人，两人同岁，1944 年生，籍贯北京。

受访者（夫）：没有亲密举动，那时候很少有。走道都隔开着，没有像现在这搂搂抱抱。

访谈五：M 先生、M 女士夫妻二人，1933 年生，两人 1962 年结婚，籍贯北京，丈夫为军人。

受访者（M 女士）：一般也就是公园。电影院也去，我们不怎么去。不像现在电影院有包厢呀，有这个那个。顶多俩人有张票一块去看个电影去。而且那时候不用买票，2 毛 5，单位发。那会儿人很规矩，非常的传统。现在太开放，我们那会儿太封闭。

访谈六：M 先生，1923 年生，1949 年来京，职员。

受访者：父母不让姑娘这样，逛公园也不能太晚回去。

在农村，男女双方一般利用赶集、劳动的日子相约在一起。

三　约会的频度和恋爱时长

1. 约会的频率

受时代影响，许多胸怀理想的青年人在革命热情的磨炼下，为了生产，为了革命，为了国家的社会主义建设，自觉地放弃了会面的时间。在他们看来，同国家、集体以及革命的理想相比，个人的情感是微不足道的，而且这也是当时社会所提倡的。下面一封1965年的情书，可以反映人们当时的心理状态：

> 我还是能够抑制自己，搞好这个革命工作，你不用为我担心。青年人应想到祖国广大人民的广大利益，不要只顾个人小家庭的点点滴滴利益。我希望你能好好安排好自己的工作、学习、生活。如果没有机会，没个人大志，没一个革命的热情，就会变成一个庸俗低下的人，你说对吗？[①]

恋人之间见面一般是在星期六下班之后和星期天。有的人即使到了这个时候也不能正常休息。如新广街食品店女售货员王秀琴说："我站在柜台里头，心里留恋和他出去玩，每到星期六和星期天，对顾客好发脾气，认为人家都能成双成对出去逛，我可不能这样。"[②] 当然见面的频度与恋爱的时长与两人的熟识程度相关，比如溥仪和李淑贤在开始认识到组织调查之前，每周也只是在周六和周日会面。但组织审查通过之后，"溥仪每天一次，从西城白塔寺乘1路无轨电车到东城朝阳门总站，再走到朝阳门外我家，这段路跑熟了，也敢在晚上自己过来了"。[③] 但是像溥仪这样工作宽松而清闲的人很少，大多数人还是在周末见面。

2. 恋爱时长

恋爱时长指的是从男女双方确立为恋人开始到结婚或者断绝恋爱关系所需要的时间。新中国成立后的十七年间，北京市大部分人的恋爱时长是几个月或者更短。如"京西矿区门头沟镇，是工人居住的地方，因为工人急于解决个人婚姻问题，有的与女方见一次面或打一次扑克牌即提出结婚"。[④]有些工人没有时间搞对象，"只看相片或见过一两次就结婚。甚至在公共汽车上或者是一起看广告才认识就算是搞上了。所以有的要结婚啦，但连对方的姓名、住址及工作机关还不知道；有的结婚时，欺瞒政府将认识三天撒谎为三个月。"[⑤] 在城市中也有人"经人介绍见过一两回面或跳一两回舞就结婚"。[⑥] 有的女性

---

① 转自彭国亮主编《民生记忆六十年》，湖南人民出版社，2009，第322页。

② 北京市档案馆：《（1963年）以阶级教育为纲做好晚婚宣传工作》，档案号：100－1－897。

③ 李淑贤忆述，王庆祥撰写《我的丈夫溥仪》，第24页。

④ 北京市档案馆：《（1963年）关于北京市四年来婚姻登记工作情况及今后意见的报告（初稿）》，档案号：14－2－35。

⑤ 北京市档案馆：《（1954年）关于目前的婚姻法情况和今后经常贯彻婚姻法的意见》，档案号：14－1－58。

⑥ 北京市档案馆：《（1954年）目前城市婚姻家庭中存在的问题》，档案号：84－3－28。

“甚至当日见面简单谈谈话就到区申请登记结婚”。[①] 1961 年的一桩离婚案件也是由于双方认识时间太短互相不了解而导致的。“上诉人：张 × ×，男 32 岁，北京市朝阳区人，汉族，市政机械公司工人……被上诉人：田 × ×，女 23 岁，北京市海淀区北玉河村人，汉族，无工作……双方于 1958 年经人介绍认识三个月，即自愿登记结婚……婚后双方感情一般，经常为家务事争吵。”[②] 即使是当时的模范青年，其恋爱时长也非常短暂。如“梁庄□温用贵，女，张进增，男，二人去年五月自由结婚，（婚前进行过两个月的恋爱）”。[③]宣武区一位受表彰的女工申瑞兰从恋爱到结婚仅用了 4 个月的时间。[④] 可见，当时人们从恋爱到结婚之间经历的时间非常短暂。这种近似于“先结婚后恋爱”“渐渐地培养感情”在当时还为数不少。下面是笔者的访谈。

访谈一：乙先生，1943 年生，籍贯广东，1958 年来京上大学，毕业后留京工作。

> 采访者：当时恋爱多长时间以后就结婚啦？
>
> 受访者：不到一年。

访谈二：M 先生，1938 年生，技术干部，1962 年结婚。

> 采访者：你们搞对象一般用多长时间？
>
> 受访者：一年半载的也有，一两年的也有，几个月的也有。那时候谈的时间都不长。

访谈三：J 先生，籍贯山东，1962 年大学毕业后来京工作。

> 受访者：我们谈了一年后结婚的。

访谈四：H 先生，1937 年生，籍贯北京，1960 年从郊区来京工作，技术干部，1963 年与郊区一名农村妇女结婚。

> 受访者：谈了有半年吧。

---

① 海淀区档案馆：《海淀区 1954 年婚姻工作总结》，档案号：2 - 106 - 159。

② 海淀区档案馆：《（1961 年）上庄公社革委会离婚案件》，档案号：39 - 101 - 538。

③ 门头沟区档案馆：《（1953 年）团京西矿区清水区委员会关于贯彻婚姻法运动工作的报告》，档案号：7 - 1 - 91。

④ 宣武区档案馆：《（1953 年）宣武区义利食品公司的婚姻情况》，档案号：11 - 1 - 7。

访谈五：M 先生，1936 年生，籍贯山东，1963 年大学毕业来京。

> 采访者：大概搞了多长时间后才结婚的？
> 受访者：两三年吧。

访谈六：夫妻二人，1933 年生，两人 1962 年结婚，籍贯北京，妻子为军人。

> 采访者：当时人们谈恋爱有多长时间？
> 受访者（妻）：短。得一两年。我们谈了两年。

访谈五：B 女士，1932 年生，工人，籍贯北京，1953 年底与本单位一名工人结婚。

> 受访者：谈的时间也不多，有的根本就不谈。我是一年半。

访谈六：夫妻二人，妻子，籍贯北京，医生；丈夫，籍贯山东，军人，1962 年两人在北京某部队结婚。

> 受访者（妻）：大致一年。

访谈七：T 先生，1935 年生，籍贯北京，军人，1962 年与一名护士结婚。

> 受访者：也没谈多长时间恋爱。俩人就互相认识了，谈谈家庭关系怎样，没什么事就结婚啦。

将档案资料的记录与访谈相比较，我们发现，受访者的恋爱时长比档案资料中的人物的恋爱时长要长。一方面档案材料里记载的可能是当时的特例，另一方面笔者认为当面提及其本人或者同龄人的婚姻时，作为长者还是想给青年人树立一个正面形象，因为恋爱时长如果很短往往会给人一种不慎重的印象，受访者的顾虑或许在此。其实，对于达到婚龄的青年男女而言，他们会有正常的生理需求，但是在结婚之前，性的禁忌是不能被打破的，无论男方还是女方都是如此，那么结婚是解决性禁忌的最合法和最理想的方式，所以选定了合适的对象之后，许多人会经过很短的恋爱过程就结婚了，而且当时的主流话语不希望恋人之间花太多的精力和时间来制造浪漫氛围。如有的工人因为花时间谈恋爱，上夜班精神不集中，产生了次品或者其他错误而受到了批评。所以，很多人在较短的时间内依据外表和政治信仰迅速地作出判断，选择了终身伴侣。

四　初恋成功率

在当时社会，男女交往只有在有结婚意图的情况下才得到社会的容忍。如果一位女性和一位男性确立了恋爱关系，双方进入公开接触的阶段后，再解除恋爱关系，再与另一位男性恋爱时，或者一个人和一个已经与别人有恋爱关系的人恋爱时，往往会受到舆论的谴责。所以，恋爱的男女一般在几次见面后婚姻关系就确定下来了。好多人“认为非一次就找成（不可），否则就是鸡了”。[①] 在学习班中“还有些妇女认为男朋友就是未来的未婚夫”。[②] 如艺术家阎肃的儿子阎宇在叙述其父母的婚姻时说：“对于爸爸的身高没有比妈妈高多少的问题上，妈妈曾说，她是被爸爸骗了。因最早见到的，是爸爸寄来的一张照片，爸爸当时比较瘦，脖子又伸得挺长，妈妈就误以为他还挺高的，于是就同意了。直到后来见面才发现有点儿上当，但也晚了。”[③] 在我们今天来看，如果见面后发现不是自己希望的伴侣，随时都可以中断恋爱，但是在当时不能如此随便。如女工王淑英说：“恋爱中男方曾送她手表衣服，到后来男方找来订婚她不干了，东西退还了对方，这种情形厂内许多职工都看不惯。”[④] 可见，《婚姻法》规定的一夫一妻制，被一些人错误地理解为恋爱对象是终身的伴侣。另外，传统思想里从一而终等贞洁观念还是存在于人们的思想当中。如果有人违背，就会遭到种种非议。下面是《中国青年》刊登的一些青年遇到相关问题：

> 我是一个 24 岁的青年团员，在勘测队里工作……1950 年，我们勘测队的队长就开始追求队里一位女同志。当时，她并不爱他，队长要求她慢慢培养感情，她答应了。但是经过半年多的时间，她总觉得和队长合不来，不可能长期生活在一起。在这同时，她和我因为工作关系，接触较多，互相发生了好感……就这样遭到了队长和一些同志的反对。很

---

① 北京市档案馆：《（1953 年）群众对婚姻法及此次婚姻法运动的认识及反映》，档案号：1－12－128。

② 北京市档案馆：《（1952 年）北京市前门区妇联下半年工作总结选举街道妇代会总结及婚姻问题数字统计》，档案号：84－3－22。

③ 阎宇：《我的爸爸阎肃》，团结出版社，2007，第 33 页。

④ 宣武区档案馆：《（1953 年）宣武区义利食品公司的婚姻情况》，档案号：11－1－7。

多人（包括团支委）都说我是“挖墙脚”，“破坏”了别人的感情……同时大家也责备她是“喜新厌旧”，“作风轻浮”；认为她既然答应过与队长培养感情，就不应当爱另外的人，因此我们应该“绝交”。并且还有人警告她说：要是她继续和我恋爱，就是“犯错误”。[①]

秋询是一个活泼大方的女孩子，喜欢唱歌跳舞，又爱好文艺，因此周围许多男同志都乐意和她接近。也曾经有两个男同志向她提出“交朋友”的问题，秋询当时答应了他们。经过一段时间了解后，秋询发现这两个同志思想性格爱好上和自己很不相投，因此当他们向她提出要肯定爱人关系时，她就拒绝了他们。从此以后，情况就大变了。许多人议论她，说她“作风不正派”，是“爱情上的骗子”等等。因此，认为她“品质不好”，都不愿和她来往了。[②]

下面是笔者的访谈。

M先生，1923年生，1949年来京，职员。

受访者：我们单位那时候男女之间界限很清楚，在业务上有必要的时候说点业务上的话，平时没有什么接触。那时候好像是交了朋友啦，尤其是女人，交了朋友了，再和另外的人搞，别人就有看法。比如会说“她过去跟谁谁好过”，“有过男朋友，跟人家吹了”。男的也是一样，“交过女朋友，吹了”。你个人不是那么清楚了。本来不好就吹嘛。但以前的思想都保守一点。

与封建社会中爱情和婚姻相脱节的情况不同，新中国成立后，婚姻不仅仅是繁衍后代这种低层次的需求，而是逐步向精神和情感的高级需求过渡，体现了社会的文明和进步。但是这一时期，人们在习惯上还是把婚姻自由看作男女乱交，男女之间任何一种公开的接触都会被理解为一种对婚姻的承诺。这种观念阻碍着青年男女的日常交往，而且当时娱乐社交活动场所较少，恋人能去的地方一般是一些公共场所，个人拥有的私密空间相对较少，这同时也是年轻人对婚姻迅速做出决定的原因。

① 《谁是多余的第三者》，《中国青年》1956年第7期。

② 《是什么妨碍了青年的友谊和爱情?》，《中国青年》1954年第11期。

这种情况下，谈恋爱还只是“婚姻的预先社会化的一种形式，而不是一种消遣或者尝试”。[①]

第二节　婚姻结合的途径

中华人民共和国成立后，北京市主要存在着自由恋爱、包办婚姻和半包办婚姻三种择偶方式。自由恋爱一般指恋爱双方有相当大的自主权和决定权，它又分为自由择偶经父母同意和自由择偶无须父母同意两种形式。包办婚姻指的是男女恋爱的决定权完全掌握在他人手中，在整个婚姻过程中当事人没有任何决策权。半包办婚姻是介于包办与自由择偶之间的一种择偶形式。指的是父母（或其他权力者如亲戚或组织，但主要是父母）和子女都要参与，终止和继续恋爱的决定权主要是父母，但恋爱双方也有较小的权利。这只是一个理想的划分类型，其实在现实生活当中，三者之间往往是互相交融的，只是每种模式在不同地域和不同文化背景下，包含的比例有所不同。总的来说，新中国成立后，婚姻的结合途径发生了很大变化。自主婚姻越来越多，包办婚姻越来越少。以北京市东郊区为例，“1956 年全区申请登记结婚的 3074 对中，只有 2 对是父母包办的”。[②] 笔者还根据相关资料进行了统计（见表 4－1、表 4－2）。

表 4－1　1952 年北京市三个区的婚姻合途径概况

单位：%

地区＼类型	经人介绍（对数）	自由恋爱（对数）	父母包办（对数）
西城区	48.07	47.99	3.93
海淀区	31.00	65.80	4.00
京西矿区	56.00	39.23	4.71

资料来源：西城区档案馆藏《（1952 年）第四区公所婚姻登记表》，档案号：4－2－100；海淀区档案馆：《民政科 1952 年工作总结》，档案号：2－104－67；门头沟档案馆：《（1952 年）关于婚姻登记工作的统计报表》，档案号：27－2－30。

① 〔英〕艾华：《中国的女性与性相——1949 年以来的性别话语》，施施译，江苏人民出版社，2008，第 79 页。

② 宣武区档案馆：《（1962）宣武区妇联：怎样正确对待婚姻问题》，档案号：11－2－50。

表 4－2　1949 年前至 1953 年各类型婚姻所占比例

单位：%

	婚姻类型	1949 年前	1949 年后至《婚姻法》公布前	《婚姻法》公布后至 1953 年
被服厂和城子矿 3056 人	包办婚姻	70	32	20
	自主与半自主婚	30	68	80
城区三眼井等五条胡同 744 户	包办婚姻	64	26	13
	自主婚	15	46	51
	半自主婚	21	28	36

资料来源：北京市档案馆藏北京市委编《（1953 年）北京市贯彻婚姻法运动委员会向市委的报告、请示》，档案号：1－6－753。

通过表 4－1 和表 4－2，我们发现，新中国成立后的北京市，无论是在市区还是郊区，通过自由恋爱而结识的配偶占绝大多数，而完全由父母主持的婚姻所占的比例很小。这表明，《婚姻法》规定的“禁止包办”已经取得明显的成效。特别是经过 1951 年和 1953 年两次宣传《婚姻法》的运动之后，“包办婚姻显著地减少，自主婚姻显著地增加，半自主婚姻则作为一种过渡形式而逐渐地代替了包办婚姻”。①。

通过表 4－1，我们还发现婚姻的结合呈现地域性特征，自由恋爱在海淀区和西城区所占的比例高于远郊区如京西矿区。而经人介绍而结合的配偶在京西矿区所占的比例高于海淀区和西城区。相对于市区而言，在经济发展水平几近封闭、血缘关系凝聚的农村地区，传统文化基本上驾驭了人们的生活，社会环境为他们提供自由交往的场合与机会较少。如在京郊农村，大多数人还认为男女交往、自由恋爱是“不正经”的行为，从而遭到家庭的反对和民众的鄙视。即使男女的正常交往，也会被人认为是低级趣味的行为。“安宁庄民兵刘春林、崔时光两人有一天晚上发现警士小童与该村妇女在地里谈话，误认为发生不正当关系。当时追赶两人，第二天又到女方家里让其父母给两人各做一套新衣换换霉气，逼的女方母亲大哭。”②男女的正常交往尚且如此，何况是公开谈恋爱？相对于封闭的远郊区，市区（一般指内四区

① 北京市档案馆：《（1953 年）北京市贯彻婚姻法运动委员会的向市委报告、请示》，档案号：1－6－753。

② 海淀区档案馆：《北京市第十四区关于检查婚姻法执行情况的总结》，档案号：1－104－16。

即东城区、西城区、崇文区、宣武区）或城乡接合部（如朝阳区、海淀区），通信条件更为发达，物资交换也更为广阔，外界人员来京的数量也较多。对这些人来说他们远离了亲属圈，脱离了舆论和家族的监督，加之又有一定的经济独立性，所以择偶更具有自主性，自由恋爱的比重较大。另外，新中国成立后，北京市的大杂院和机关单位的宿舍等居住条件使得人们接触到的社会网络节点更为广泛，这也削弱和改善了原有的家族聚居模式。所以人们的交际网络逐步由家庭空间转向了社会空间，或者是家庭与社会共同构筑的空间。所以，在城区人们自由恋爱的比例较大。

当然表中的统计也有出入，特别是《婚姻法》颁布之后的半自主婚，即经父母主张，但已经取得子女同意的婚姻，有的统计为自由恋爱，有的统计为父母包办。如“有的老人托人介绍个婆家然后让女儿和对方见一两次面，或看一次电影就算自主了（根本就说不到互相了解）”。① 这样或者加大了封建婚姻的比重，或者加大了自由恋爱的比重。不过可以肯定地说，新中国成立后的十七年间，自由恋爱的比重在不断增加。虽然笔者没有发现相关的统计数字，但是从官方报纸和杂志的报道来看，1956 年之后，主要探讨的是“什么是真正的爱情？”“如何去恋爱？”之类的话题，而包办婚姻之类的报道很少出现。从包办婚姻到自主婚姻，进而去寻求如何经营婚姻，考虑问题的改变，反映新时期的婚姻模式正在发生着巨大的变化。

一　包办婚姻

《婚姻法》明确规定禁止包办婚姻的存在。但是新中国成立后的北京市，在相当长一段时间内包办婚姻仍然存在。1951 年，在北京市第八区 31 件干涉恋爱自由的案件中，“25 件为父母干涉，占 80.64%”。② 甚至是对婚姻政策比较了解的党员干部也不满意儿女自由恋爱，如新街口乡王德贵是一个党员，他女儿与本村一男青年谈恋爱，引起王德贵的不满，“有一天王把一条麻绳泡在水桶内，准备毒打他女儿，王准备好就叫他女儿，他女儿一看阵势摆的（得）很可怕，就撒谎要到厕所，趁此机会就跑到妇联主任家去，把情况介绍主任，于是主任就找到乡干部将此事谈了一下。村干部就找到王德贵

① 宣武区档案馆：《宣传贯彻婚姻法试点总结，宣武区妇联》，档案号：11-1-7。
② 宣武区档案馆：《北京市第八区婚姻法执行情况检查工作总结》，档案号：11-1-3。

询问，王德贵很不在乎地说：‘打人我知道要犯法，我把她打死我也不活，她死我也死，我也不让她随便搞恋爱结婚。’”① 又如塔河团副书记韩怀玉的妹妹韩怀琴和本村王有先谈恋爱，“他就立刻在杜庄给（韩怀琴）找了一个婆家，结了婚”。②

下面是发生在1963年的一则父母包办的婚姻案例。

> 安××，现年十七岁，我公社草甸水村人，在南辛房中心读书（六年级），家庭出身、本人成分均为贫农，她是一个忠诚朴实的农村姑娘，今年春节后安××的母亲陈××去门头沟弟弟家住了几天，在门头沟便和安××的舅母商定好要将女儿许配给门头沟矿工杨××（今年30多岁）。陈××回家后，就和女儿商量婚事，并且还强令安去门头沟舅舅家，当被安拒绝后，陈××便说，你不同意愿去那里，我无有你这样的闺女，你也不要回我这个家；学也不要上啦等。安××害怕母亲不让上学，于是就勉强到门头沟舅舅家去了一趟。安××到门头沟舅舅家后，其舅母把男方杨××请来让他俩在一起好好谈谈，可是安××一句话也不说，舅母躲在哪里安××就跟在哪里，总不离开，她舅母曾把屋门锁上，还叫安××和男方在一起去买东西。而安××仍然紧紧地跟在舅母的身边，这样13次没有达到她舅母的目的，安××要求回家时，舅母拿着男方买好的手提包一个，毛巾一条，头巾两块，袜子一双和布票三尺，人民币15元硬要让安××带上，不带就不叫走。
>
> 安××为了跳出圈套便收下东西跑回家来了。安××回到家后，就将东西全部摔给母亲大哭大闹，其母亲不但未同情，反而大骂女儿“不要脸”“想嫁男人18处”“什么丢了安家的人”等等，从此母女二人天天吵架，后来竟然动手打女儿，把安××的脸打破。
>
> 虽然如此，安××一直没有同意这件事。安××的舅母仍没死心，又来到了安××家中，要安××去门头沟领结婚证。安××大哭不答应，安不答应介绍人就不走（住了三四天），也不让安××上学，最后

① 门头沟区档案馆：《（1956年）各级党员干部在婚姻关系上的尊法乱纪情况向党委报告》，档案号：26－1－48。

② 门头沟区档案馆：《（1953年）团京西矿区清水区委员会关于贯彻婚姻法运动工作的报告》，档案号：7－1－91。

她母亲威胁说："你不同意以后不用再上学，我把你的书包烧掉。"安的舅母也威胁说，"你如果不答应男方要是有了病就给你们家拈来，我们的孩子有了病也找你。现在你闹的我们两口子都不和，以后要是打了离婚也找你"等等。逼的安××走头（投）无路，只好勉强跟着舅母和父亲去门头沟东辛房领了结婚证。

安××领了结婚证后又跑回家中，来公社哭诉她的遭遇。公社妇联发现这一问题后，便亲自找到安××了解真相，安××在谈话时哭不成声，一再表示自己年纪小不懂事，受骗，坚决拒绝这一婚事，还检举了她舅母。男方已经30多岁，硬说只有24虚岁。逼婚人还污蔑安××，说她已经和男方一个床上睡了觉等。安××检举说："我舅母自己说的用了男方好多粮票，吃了男方给买的肉，又说男方和她的关系好，这件婚事办不成对不起男方等等。"

注：问题已经法院解决，对当事人给了严格的批评教育，销毁了结婚证书。

1963年7月15日①

这说明在农村地区，包办婚姻仍然存在，对他们而言，与家庭的对抗，实际上是对生产和生活资料的对抗。他们没有独立的经济来源，户口又受到严格的限制，如果脱离家庭，其后来的生活会缺乏援助，所以，往往会屈从于家庭的威慑。

一般来说，父母包办儿女婚事的理由主要表现在以下方面。

第一，传统的"父母之命，媒妁之言"思想仍然存在于人们的头脑之中。有些父母认为，结婚要"三媒六证"，自由恋爱是丢人的事。他们不愿女儿自己去搞对象，认为是"搞破鞋"，而且搞不好很可能将来还会受气。如"四平台王桂芝搞恋爱，其父王荣说：'养了你这么十七八了，你要找对象你就不是我的姑娘，你起这带头，还不是丢人的事！'"② "韩淑珍和谭永福恋爱，女方父亲说：'太丢人，把你送回老家去。'"③

第二，男女青年的父辈更为重视对方的家庭背景。新中国成立到合作化

① 门头沟区档案馆：《（1963年）潭柘寺公社妇联婚姻问题的材料》，档案号：26－1－137。

② 海淀区档案馆：《海淀区贯彻婚姻法工作总结》，档案号：1－105－23。

③ 海淀区档案馆：《（1953年）海淀区村干部和群众对婚姻法的一些认识》，档案号：1－105－23。

之前，人们选择对象的标准仍然是以对方的家庭背景为主。在人们看来，男孩到了婚龄自己找对象理所当然，但在有女儿的家庭，父母更不希望她们自由恋爱，因为他们对女孩子自己做主的婚姻不放心，其干涉的理由主要是担心女儿婚后的生活。如新中国成立初期，有些父母认为对方是翻身户，没有钱而不同意女儿的婚姻，如“南苑区南小街董志华与张宇琴在夜校相识，双方有了感情，但张之父母不愿意，认为董家是翻身户没有钱”。[①] 有的女孩找到对象后，“家里对本人无意见，一打听本人没有房子，就不赞成了”。[②] 而且父辈在为子女考虑婚姻时，还要考虑到对方的职业、家教、口碑及门风，如被服厂柳功勋不同意女儿与男工李晓兴恋爱，“要女儿嫁个高级干部”。[③] 又如“田庄村崔广志的女儿自己与本村的一个（男青年）搞了对象，因男方母亲作风不好，女方家长不同意，因为广志女儿不听，（广志）还打了她几次，后给打退了”。[④]

第三，父母包办儿女婚姻还有其他一些原因。如“石景山钢铁厂某工属打算把养女嫁给自己的侄子，因养女与某青工恋爱，便和养女打架说，先嫁由爹娘，后嫁人由自己，你跟了他（指某青工）我就算你养的”。[⑤] 又如“康小燕（十六岁）的祖母主张康小燕与她哥哥换亲，结果康小燕不满，投河自杀了”。[⑥] “牛街 130 号马玉兰的父亲花了男方 30 万元钱，怕群众知道了，就马马虎虎把女儿送到男家。”[⑦]

作为国家制定的法律《婚姻法》，中央与地方都在不同程度地进行宣传。他们不可能完全不知道其中的规定，但是其影响的范围是有限的。包办婚姻事例的存在说明了在新中国成立后的相当长一段时期内，父母仍然具有相当的权威。他们担心自由恋爱会给其子女的婚后生活产生不利影响。当然，“门不当户不对”的婚事也往往会让他们遭遇各种舆论的压力，对他们多年苦心经营的社会网络造成破坏。其中不乏因价值观和生活方式等代沟差异而

---

① 北京市档案馆：《（1954 年）郊区目前的婚姻状况》，档案号：84 - 3 - 28。

② 宣武区档案馆：《宣传贯彻婚姻法试点总结》，档案号：11 - 1 - 7。

③ 北京市档案馆：《（1953 年）群众对婚姻法及此次婚姻法运动的认识及反映》，档案号：1 - 12 - 128。

④ 门头沟区档案馆：《（1963）关于各公社阶级斗争中存在的问题》，档案号：26 - 1 - 137。

⑤ 北京市档案馆：《（1951 年）北京市总工商会关于在本市工厂企业中宣传贯彻婚姻法的报告》，档案号：100 - 1 - 331。

⑥ 门头沟区档案馆：《（1950 年）宛平县委关于接到中华人民共和国新婚姻法学习后对全县婚姻工作掌握执行上作了深检讨并提出今后改进意见》，档案号：1 - 1 - 48。

⑦ 宣武区档案馆：《宣传贯彻婚姻法试点总结》，档案号：11 - 1 - 7。

形成的杞人忧天的判断，但是也与女性在社会中是弱者有关，父母更担心女儿在恋爱中会上当受骗。所以我们不能简单地把包办婚姻理解为封建思想“作怪”，而且也应该把“可怜天下父母心”式的关爱考虑在内。所以，面对人们应对所处环境的种种策略与措施，不能仅仅将之认为愚昧落后的表现，它们也是当时当地生存条件的约束之下的一种理性的方式，是其生存策略。正如费孝通先生曾指出的：“乡土社会的生活是富于地方性的，在一个没有陌生人的社会里，法律就无从发生。”①

二 介绍婚姻

1. 介绍人的来历

介绍人所承担的角色类似于封建社会里的媒人。媒人，又作“媒妁”。《说文解字》曰：“媒，谋也，谋合二姓者也；妁，酌也，斟酌二姓者也。”对于准备“从一而终”“白头偕老”的绝大多数夫妇而言，在择偶时会非常慎重，宁可慎于前，也无悔于后。但是究竟谁是最合适的人选，到何处去找意中人，不是件易事。所以在当事人反复权衡与观察的过程中，自觉不自觉地去寻求他人的帮助，媒人这个角色也因此而生。《周礼·地官·司徒·媒氏》中写道：“媒氏掌万民之判。凡男女自成名以上，皆书年月日名焉。令男三十而娶，女二十而嫁。凡娶判妻入子者，皆书之。中春之月，令会男女。于是时也，奔者不禁。若无故而不用令者，罚之。司男女之无夫家者而会之。”② 可见，媒人很早就作为官方管理男女婚配的代言人，其职责是掌握婚龄男女的生日和婚姻状况，不仅要对达到婚龄的男女登记造册，而且还要在中春之月为男女会合创造机会。从那时起，“官媒”就成为规范约束青年男女的一个重要的社会力量。

随着宗法制度的衰落和商品经济的发展，社会上出现了专门以做媒为生的媒人。为了获得酬金，媒人会在男女两方的家庭中进行斡旋，有的甚至为撮成一对婚姻千方百计、不择手段。即便是婚事没有谈成，介绍费用也需照样支付，于是媒人形象逐渐演化为贪婪钱财、玩弄手段的人。新中国成立前叫“媒人婆子两头拉，这头打来那头骂”。“媒人的咀（嘴）没有个够”“馋

① 费孝通：《乡土中国 生育制度》，北京大学出版社，1998，第6~10页。

② 转引自刘文明、刘宇编著《性生活与社会规范：社会变迁与多元文化视野中的性》，第57页。

狗贪吃，馋猫保媒”。[①] 从而把媒人作为婚姻媒介的作用完全予以否决。其实，在清代的法律中就已经有明文规定：如果媒人向婚姻当事人及其家庭提供虚假信息时，会承担相应法律责任。可见，媒人在保护和终止男女两方家庭的谈判以及通过其扩展择偶范围方面都是有积极意义的。

清代的媒人主要有两种：一类是职业媒人，另一类是非职业媒人。汉族人多请职业媒人承担提亲说媒的任务，而满族人则多请亲戚来承担此事。前者是以营利为目的，尤其是碰到一桩艰难费力的婚姻时，得到财物的数目会更为可观。后者多为男女两方家庭的亲朋好友，与前者获得的报酬不同，他们获得回报的多是礼物。因为非职业媒人不存在营利的目的，所以没有必要隐瞒对方的缺点，也没有职业媒人“贪图钱财”的名声，而且他们不只是根据物质条件的对比简单地把双方撮合在一起，而是在多方面权衡进行下说媒的，由于他们对男女双方或一方或与之有关的人比较了解，所以成功率也比较大。如果一桩婚姻成功后，新夫妇及其家庭会对非职业媒人存在永久的感激之情。如海淀区老营房陈朱汉结婚时，李兴的母亲是介绍人，“结婚以后陈朱汉的老婆就被李兴他妈认为干女儿了”。[②] 所以很多人乐意为别人做媒。当媒人也被看作一种行善积德的行为。北京流行一种说法：“生前保媒促成三对美好姻缘，死后就能免除炼狱涤罪之苦。”[③]

中华人民共和国成立后，《婚姻法》明确规定“禁止任何人藉婚姻关系索取财物”。并提出要对以保媒为职业，借保媒而谋利的人以严肃处理，“除情节轻微并彻底坦白认错者可予批评教育外，一般应处以一年以下徒刑。对那些一贯以保媒为职业的‘职业媒人’或犯罪情节恶劣者应加重处罚一年以上、五年以下徒刑。藉保媒而骗取之财物应予没收”。[④] 从此，职业媒人逐渐消失。非职业媒人开始以“介绍人”称谓广泛出现在男女的婚配当中。新中国成立后的十七年间的北京市，非职业媒人——介绍人已经突破了地缘和亲缘的限制。如李淑贤与溥仪结合就是李淑贤的朋友的同乡介绍的。她回忆道：

1962 年旧历正月初六（2 月 10 日），春节后第一天上班，我的一位

① 转引自〔德〕罗梅君《北京的生育婚姻和丧葬》，第 181 ~ 182 页。

② 海淀区档案馆：《具结书》，档案号：52 - 109 - 181。

③ 转引自〔德〕罗梅君《北京的生育婚姻和丧葬》，第 182 页。

④ 北京市档案馆：《（1953 年）有关“妨害婚姻自由”的资料》，档案号：14 - 2 - 79。

相识多年的老朋友——人民出版社编辑沙曾熙来到医院看我。沙曾熙有位同乡叫周振强，也是前国民党高级将领……1959 年 12 月与溥仪同时获得特赦，又同时被安排在全国政协文史资料研究委员会任专员，在朝夕相处的日子里，周振强最了解溥仪独身生活的难处，有一次，跟老沙提到要给溥仪介绍对象，老沙立刻想到我。他们两人一商量觉得还合适，老周就向老沙要了一张我的照片，送给溥仪看，溥仪立刻同意见面。[①]

以下是笔者的访谈。

访谈一：夫妻二人，M 女士，1940 年生，籍贯北京；M 先生，籍贯山东，新中国成立前来北京，行政干部，两人 1959 年结婚。

受访者（夫）：那会儿都是介绍。

受访者（妻）：街坊给介绍的。住我们一个院，他们家（街坊）的亲戚跟我老伴是一个单位的。

访谈二：夫妻二人，妻子，籍贯北京，医生；丈夫，籍贯山东，军人，1962 年两人在北京某部队结婚。

受访者（妻）：我和他不在一个单位，我姐姐是军人，跟他在一块工作，就给我们介绍了。

访谈三：T 先生，1922 年生，籍贯河北保定，1952 年来京，儿子在 20 世纪 50 年代末结婚。

采访者：您儿子结婚的时候有介绍人吗？

受访者：我们儿子结婚的时候是这样，亲家是我一个老乡的房东，我和老乡谈话的时候，房东觉得我们还不错，就把他的姑娘嫁给了我们孩子啦！

访谈四：C 先生，1931 年生，籍贯河北，初中学历，1950 年来京；妻子是大学生，籍贯北京，某医院的外科大夫。

---

① 李淑贤忆述，王庆祥撰写《我的丈夫溥仪》，第 9～10 页。

受访者（夫）：那时候我认得的人也多，我们认识是朋友介绍的，他在医院里边，跟我爱人一个单位。

访谈五：Y先生，1932年生，东北人，1957年来京上大学，毕业后留京工作；妻子，籍贯北京，职业为工人。

受访者：同事给介绍的。

访谈六：W女士，1926年生，1949年结婚。

受访者：亲戚给我们介绍的，也算亲戚也算朋友。

访谈七：M先生，1937年生，籍贯北京，1960年从郊区来京工作，技术干部，1963年与郊区一名农村妇女结婚。

受访者：是亲戚（给介绍的）。
采访者：介绍人是什么职业？
受访者：医生。

访谈八：夫妻二人，丈夫大学毕业后分配到上海工作，20世纪60年代初期来京工作；妻子籍贯为上海，与丈夫一同来京。

受访者（夫）：同事给介绍的。

访谈九：夫妻二人，丈夫，转业军人；妻子，籍贯北京，小学教师。

采访者：介绍人一般是什么人呢？
受访者（夫）：同学什么的。

我们发现介绍人的角色开始多元化，越来越多的婚姻介绍人与当事人没有亲缘关系，而和当事人有业缘、地缘关系的人却越来越多，如朋友、同乡、同学和同事，有的还存在着双重关系，既是同事又是朋友，既是亲戚又是朋友等，甚至还存在同事的朋友、朋友的朋友、亲戚的同事等间接介绍人。当然社会关系越广的人成为介绍人的可能性越大。可见，在新的社会环境下，人们的交往已经突破了家庭模式，有着更为广泛的社会网络，任何与这个网络相关的节点，任何地位和任何职业的人都有可能成为介绍人。

2. 介绍人角色的转变

新中国成立后，以营利为目的的媒人逐渐退出历史舞台，非营利性的媒人逐渐增多。前面提到，新时期下的介绍人，不再像以往那样，具有浓厚的职业色彩，其作用只是停留在“为两人牵线搭桥”。至于介绍人介绍之后，男女当事人的婚姻成功与否，以及婚事成功之后婚礼如何操办等一系列过程，介绍人大都不再介入。以下是笔者的访谈。

访谈一：Y 女士，1946 年生，籍贯山东，1954 年来京。

> 采访者：您儿子结婚的时候给介绍人东西了吗？
>
> 受访者：没有，那时候不兴那个，我们又是亲戚。

访谈二：Z 先生，1933 年生，籍贯北京，工人，1958 年与一名工人结婚。

> 采访者：你们怎么认识的？
>
> 受访者：亲戚给介绍的。
>
> 采访者：给介绍人钱了吗？
>
> 受访者：没有。
>
> 采访者：那会儿不时兴这个？
>
> 受访者：在农村讲究，城市不多。

访谈三：H 先生，1929 年生，籍贯山东，1953 年来京。

> 采访者：您和您爱人结婚有介绍人吗？
>
> 受访者：街坊。
>
> 采访者：给街坊东西了吗？
>
> 受访者：没给。

访谈四：甲先生，籍贯山东，大学毕业后来京工作，技术干部，1962 年结婚。

> 受访者：一般都是亲属朋友之间介绍的，那时候不提钱。

访谈五：夫妻二人，M 女士，1940 年生，籍贯北京；M 先生，籍贯山东，新中国成立前来北京，行政干部，1959 年结婚。

采访者：您觉得两个人合适就给他们介绍？

受访者（妻）：见面呗，自己谈。

采访者：在你们中间牵根线？

受访者（妻）：对。

受访者（夫）：介绍了不少对象呢。当了不少“谢大脚”。

采访者：介绍成以后他们给您东西作为答谢礼物吗？

受访者（夫）：没有过，没有。

受访者（妻）：我偶尔也有，不要。

采访者：您去参加婚礼吗？

受访者（妻）：结婚的时候就不去了。

访谈六：B 女士，1932 年生，工人，籍贯北京，1953 年底与本单位一名工人结婚。

采访者：当时他们给介绍人钱吗？

受访者：没有。好像介绍后，结婚的时候都没请我去过。

采访者：您觉得不请也正常？

受访者：自己也没觉得不请的话，他就对不起我。

我们发现，被介绍人不再把介绍人当作传统的媒人，即使是介绍人本人也忽视自己对婚姻当事人所起的介绍作用。

3. 介绍人的介绍依据

介绍人一般遵循着“邻近性”①和“相似性”原则来为别人牵线搭桥。因为“男女青年相互结识和接纳的邻近性会更多地体现在共同的工作、学习、社交等业缘空间上，而在那些场合相识、相聚、相恋的人们，也往往具有个人社会、经济背景或价值、兴趣等相似性和同质性的特征”，② 而且人们也乐意接受这种方式。因为“他们认为托亲友帮忙介绍比自己主动去找更得体和可靠”。③ 下面是笔者对几个介绍人的采访记录。

---

① 即“相互接纳的双方在居住或工作上具有空间的近距离，因为地理上相近的往往有较多的机会熟悉、结识，交往的成本比较低”（李煜、徐安琪：《婚姻市场中的青年择偶》，第 87 页）。

② 李煜、徐安琪：《婚姻市场中的青年择偶》，第 88 页。

③ 〔德〕罗梅君：《北京的生育婚姻和丧葬》，第 275 页。

访谈一：M先生，籍贯山东，新中国成立前来北京，行政干部，1959年结婚。

采访者：您当介绍人的时候，介绍的标准是什么？

受访者（夫）：工作差不多，人性差不多，人性不好我不给介绍。我看两个孩子都挺好的，男孩他爸爸在我手下工作，挺好，挺忠实的。他家是通县（区）的。那个姑娘是我表弟的女儿，也挺好的。结果，我一撮合，成了。

受访者（妻）：觉得工作、岁数、长相差不多就给他们介绍。

访谈二：B女士，1932年生，工人，籍贯北京，1953年与本单位一名工人结婚。

采访者：您给别人当过介绍人吗？

受访者：就当过一次。还介绍成了。

采访者：大概在什么时候？

受访者：1960年前后吧。我被借调到局里头，在那里认识一个人，关系还处得不错。

采访者：您那个同事是男的还是女的？

受访者：女的。我原来厂里一个男同事，跟我年龄差不多，我1953年就结婚啦，他在1960年还是单身，已经算大龄的啦，我就给他们撮合在一起啦。

4. 介绍人的作用

《婚姻法》颁布后，虽然提倡自由恋爱，但是传统的思想意识、风俗习惯和文化观念都渗入了人们生活中的每一个角落，改变它绝非仅靠一部法律或几次运动就能办到的。而且由于客观条件的限制，当时公共娱乐不发达，提供给人们的社交场合很少。在20世纪50年代，只有城市中部分机关、企业、工厂为了丰富和活跃职工生活，举办一些联欢会和周末舞会。有的女性较多的单位也和男性较多的单位组成联谊单位，但是为数极少，而且在当时建设社会主义的浪潮下，大多数人只能忙于工作和学习，很少进入这样的场合。所以人们没有更多、更广泛的机会与他人接触。在城市里，靠自己认识的概率比较大的地方主要有两个：一个是学校，另一个工作单位。但是学校通常有禁止恋爱的规定，所以自由恋爱的地方主要还是工作单位。即使是在工作单位，也只有在未婚男女性别比例比较协调的情况下才有自主认识的机会，而如男工人数较多的矿区和女工人数较多的被服厂等单位，由于客观条件的限制，人们缺乏自主认识的机会。可见，这一时期的北京市，人们自主结识的场合和机会都比较少，不得不依靠他人帮忙来完成婚配。

介绍人除了为正值婚龄阶段的男女青年提供择偶信息之外，还有更深层次的意义。特别是男女双方对对方均有好感但不敢公开向对方表白的情况下，婚姻媒介的作用就凸显了。罗梅君在其《北京的生育婚姻和丧葬》一书中把这种行为解释为："一方面掩饰与未来相联系的物质利益，另一方面保全婚姻当事人和他们家庭的脸面。"还有人认为，人们"希望从这种形式上的连惯（贯）中获得一种稳定感，以弥补由于当代婚姻观念的冲击带来的心理落差"。①除以上原因之外，笔者认为，介绍人的参与，至少可以避免人们认为男女双方私自接触的尴尬，并且可以防止"产生闲话"。因为人们传统思想观念还比较浓厚，如果男女自己认识而结婚，往往会被人们认为是超越了男女道德界限，至少是曾经超越过，这样会给男女当事人造成舆论上的压力。因为生活在社会里的人们非常重视周围人的评价。如"一个业余学校的教员，一直向工人和同事隐瞒自己是自由结婚的"，因为"市民中还有人认为恋爱是不正派的"。②即使是两个人自己相识恋爱，也要请人出来当介绍人。《北京妇女》刊登了一篇题为《搞恋爱不一定非得经人介绍》的文章，讲述了女工顾瑞英和男工王士林的恋爱经过。他们已经恋爱一年多了，可是顾瑞英不敢把事情直接告诉家人。后来她托与她母亲较为熟识的同事冯秀荣去征求她母亲的意见。"假装他俩原来不认识，由我（冯秀荣）介绍他们认识后，再谈婚姻问题。"③以下是笔者的访谈。

访谈一：M 先生，1923 年生，1949 年来京，职员，妻子为医生。

> 受访者：结婚总得有个人介绍，比如我对某个人有好印象，总得托一个人去沟通，对方同意就见面。

① 吉国秀：《婚姻仪礼变迁与社会网络重建》，中国社会科学出版社，2005，第 76 页。

② 北京市档案馆：《（1953 年）群众对婚姻法及此次婚姻法运动的认识及反映》，档案号：1 - 12 - 128。

③ 《搞恋爱不一定非得经人介绍》，《北京妇女》1951 年第 21 期。

访谈二：夫妻二人，1933 年生，1962 年结婚，籍贯北京，丈夫为军人。

受访者（夫）：我们是半自由半介绍。实际是两个人先认识了，后来又找的介绍人。

可以看出，《婚姻法》刚刚颁布后的北京市，还不具备直接追求异性作为伴侣的条件，由于“男女有别”“男女授受不亲”和“地上无媒不成婚”等传统观念的存在，婚姻还要受到社会舆论的监督、承认和保证。即使是自由恋爱的男女当事人，也会请一位介绍人。虽然这样的介绍人是象征性的，但这个过程是必要的。这样，一方面可以避免舆论，另一方面也可以使之作为婚姻的保证。可见，介绍人的存在是婚事合理化的一个必要条件，也是大家共同遵守的一个规则。况且，这也不违背新时期《婚姻法》精神。这是在新的社会条件下，传统文化与新的规定之间相互斗争和妥协后融合而成的一种比较可行的婚姻关系方式，反映了民众对应社会变化的一种策略和行为。

三　自由婚姻

这一时期的北京市，在男女当事人由介绍人引荐认识的同时，还有不需要介绍人介绍而进行恋爱的。如有的男女当事人在一起工作和学习当中，互相了解而自由恋爱结婚。这种情况一般出现在公共领域如机关、学校和企事业单位活动的人群中。如李敏回忆她的婚恋时说：“我与孔令华的相识不像社会上传的（得）那么神，说的（得）那么奇。我们曾经是同学，彼此都认识，就不用别人来拉线、介绍，彼此看得上、说得来，接触多了，自然就产生了感情。有了好感，才有了爱的基础，在这个基础上加深了解，进而发展成为恋人，然后结婚。”① 以下是笔者的访谈。

访谈一：L 先生，1933 年生，籍贯广东，行政干部；妻子，工人，籍贯河北，1950 年代在北京结婚。

采访者：您和您爱人是自由恋爱的吗？

受访者：自由恋爱。没有介绍人。

① 李敏：《我的父亲毛泽东》，辽宁人民出版社，2000，第 271 页。

访谈二：Z 先生，1921 年生，籍贯河北，早年参加八路军，1949 年来京；妻子籍贯河北，早年参军，1953 年结婚。

受访者：我们结婚的时候没有婚姻介绍人。

访谈三：夫妻二人同岁，1944 年生，籍贯北京，1950 年代初期在北京结婚。

采访者：您结婚时有介绍人吗？
受访者（夫）：没有，我们是发小，六年小学都是同桌。
采访者：您什么时候开始追您爱人的？
受访者（夫）：我们不是谁追谁。
受访者（妻）：默契。

访谈四：M 先生，1923 年生，1949 年来京，职员。

采访者：有没有不需要介绍人的伴侣？
受访者：有，同一个单位不就自己认识了？

访谈五：G 先生，1936 年生，籍贯北京，高校教师，1961 年结婚。

采访者：您上大学的时候就搞对象？
受访者：对。
采访者：学校干涉吗？
受访者：不干涉。
采访者：您主动追的您爱人？
受访者：没有，两个人都默认。

访谈六：夫妻二人，妻子，籍贯辽宁，大学教师；丈夫，籍贯北京，大学教师，1963 年两人旅行结婚。

采访者：你们是什么时候搞对象的呢？
受访者（妻）：我们是 1959 年。
采访者：您爱人跟您都在一个单位？
受访者（妻）：对。

采访者：他主动追的您？

受访者（妻）：（笑）对，一般那时候都是男的主动。

采访者：女的不能主动？

受访者（妻）：也不能说不能主动，反正大部分都是男的追女的。

访谈七：W 先生，1937 年生，大学毕业后分配到某军工单位，技术干部，爱人为同一单位技术干部。

受访者：我是在军工单位。我们搞对象基本上是在本厂里搞，很少到社会上去搞对象，剩下那一部分男的只能到社会上找，当时要过政审，没有海外关系就行。

这一时期，北京市郊区也出现了青年男女自己交往的现象。特别是 1956 年社会主义改造完成之后，家庭原有的经济基础被打破，公共领域发生的变化也逐渐反映到私人领域当中。许多人的爱情就是在弥漫着浓厚的政治氛围的公共场所里萌发和催化出来的。如北京东郊辛庄“二十岁的徐国仁和陈秀云就是其中的一对。徐国仁是不脱离生产的民校教员，比他小一岁的贫农女儿陈秀云是他班上学习得很认真的一个学生。他俩白天共同在田间劳动，晚上又都在民校，日子久了，彼此就有了感情”。[①] 又如“千金台小金与刘二铁由于在下地生产、民校学习和下山挑水时常碰在一起，互相帮助，逐渐有了感情，于是就自主自愿的订了婚”。[②] 再如“南辛房村赵万才与梁士珍二人感情相合，在识字班认识，经过恋爱愿意结婚”。[③] 一般来说，同学、同事、发小相识和交往的时间较长，接触时间也长。根据人际交往的“邻近性”原则，与介绍的婚姻相比，自主婚姻交往的基础更为牢固、婚后满意度也较高。

总的来说，《婚姻法》颁布后，北京地区自由恋爱而结婚的比重在逐渐增多，而家庭包办婚姻日趋减少。但对于包办婚姻也不能完全被理解为“封建思想”在作怪，其中还包含着父母对女儿的“可怜天下父母心”式的关爱。在婚姻的结合模式中，还存在着地域性特点。对于郊区特别是远郊区的农民而言，由于男女青年与外界接触的机会较少，本村又多为同宗同族，而且“村庄以一种社会控制的非正式的过程——流言的威胁和发生于一种互知

---

① 《人民画报》1953 年 3 月号。

② 北京市档案馆：《（1954 年）调查京西矿区婚姻法运动情况后报告》，档案号：84－3－28。

③ 北京市档案馆：《（1951 年）北京市第 16 区处理婚姻问题初步检查报告》，档案号：9－1－114。

情下的相互监督——控制着他们的行为。这种控制不仅意味着村庄将给予它所认可的行为以强有力的支持，而且也意味着隐私的缺乏。哪怕是一个很随便的行为，也可能被他人看在眼里，从而引发大家的议论”，[①] 所以自由恋爱的比重较小。而在市区，大量外地人口的注入，而且一部分本地人由于走向工作岗位，摆脱了传统家庭的束缚，甚至一部分本地人还出去单过，这样就稀释了原先凝固的血缘关系的影响，自由恋爱所占的比例更大。但是绝大多数人还是要通过介绍人的帮助来实现婚姻，这一方面说明社会没有提供足够的条件和机会让青年男女自由结识和相处，另一方面也说明传统的思想和行为依然在规范着男女的婚恋行为。

第三节　恋爱中的迷茫与困惑

《婚姻法》颁布后，北京市的宣传运动主要集中在打击封建婚姻制度方面，而在规定了婚姻自由权利后，如何使人们正确运用这个权利树立正确的恋爱观，什么样的行为才是正当的恋爱方式等方面则缺乏教育和引导，以致很多人产生了困惑。特别是青年人，他们虽不满意旧的婚姻，但又对新的恋爱方式不了解，因而产生了种种困惑。如衙门口康全说：“自由恋爱倒是好，可怎么搞呢？见面就对说对讲，多不好说呀。”[②] 有的工人、店员说：“婚姻自由我赞成，就是如何自由法？我也不能到街上乱搞啊！”[③] 这些现象反映在时代剧变的环境下，人们在不得不抛弃旧模式的同时，又暂时没有找到更适合、更为大众所认可的婚恋方式而产生的无奈与困惑。新环境下的人们迫切需要新的思想、新的理念和新的实践来指导其婚恋行为。

一　个人对自由恋爱的认识

《婚姻法》颁布后，用法律的形式破除了传统的婚姻制度和文化。新

① 转引自孙淑敏《农民的择偶形态——对西北赵村的实证研究》，社会科学文献出版社，2005，第107页。

② 北京市档案馆：《（1951年）北京市第十五区婚姻法执行情况检查委员会关于宣传、检查、执行婚姻法情况的报告》，档案号：9－1－114。

③ 北京市档案馆：《（1953年）市委宣传部关于北京市宣传婚姻法情况向市委的报告》，档案号：1－12－128。

时期下，一些青年人采取了大胆的恋爱方式，甚至毫不顾忌社会舆论和传统观念，希望婚姻变成私人行为，希望情感的选择与舍弃由自己来做主，说明人的自主性在逐渐增强。但是在这样一个新旧交替时期，许多人还是对婚恋问题产生了迷茫和困惑，有的人甚至为此付出了巨大而沉痛的代价。新中国成立后十七年间的北京市，个人对自由恋爱的认识主要体现在以下方面。

1. 把恋爱建立在生理需要上

《婚姻法》颁布后，很多人曲解婚姻自由，把恋爱当成随便和人发生关系，有的人一谈恋爱就与人发生性关系。一些厂矿和企业都有未婚女工怀孕的事情发生。据新华印刷厂统计，“贯彻婚姻法运动月以后，在该厂工人中没有结婚就发生性关系的共 27 人，怀孕的 15 人”。“长辛店某食品公司都各有五对青年男女未婚就发生关系怀了孕”。[①] 据 1953 年宣武区义利食品公司的统计，“有六个女工，如女工史××、张××都是未婚怀孕的，甚至有的女工怀孕后还不公开对方是谁”。未婚女工李××与人发生性关系之后怀孕“生了小孩就把他伤害”。[②] 有些女工由于轻率和人发生关系就想自杀，如“人民机械厂女工和该厂一男工未婚即发生关系怀孕后，俩（两）人闹意见，女工要去跳河”。[③] 所以，群众反映：“婚姻法好是好，就是没有结婚的大了肚子的怎么管?”[④]

一部分人对恋爱自由和男女社交公开发生误解。如新街口食品店女售货员王秀琴，“两年中先后交男朋友 11 个，有的男的连续 9 天给她写了九份求爱信”。[⑤] “私营云龙中顶工厂一个女宿舍中共六个女工，除一个老年女工外，每人都找一个男的，当着人就在一个被窝里睡觉，并说男女社交公开，哪（那）有啥关系。”[⑥] “女工曹淑琴到男工宿舍睡觉，别人问起，她则说，男女平等啦，还划个什么界限?”[⑦] “有的建筑工人，一连五六起在草塘地里与妇女乱搞，个别三轮工人在三轮上与妇女乱搞。”“平时男工随便从后面拥

---

① 北京市档案馆：《（1954 年）女工中存在的婚姻恋爱问题》，档案号：84-3-28。

② 宣武区档案馆：《（1953 年）宣武区义利食品公司的婚姻情况》，档案号：11-1-7。

③ 北京市档案馆：《（1954 年）女工中存在的婚姻恋爱问题》，档案号：84-3-28。

④ 北京市档案馆：《（1954 年）郊区目前的婚姻状况》，档案号：84-3-28。

⑤ 北京市档案馆：《（1963 年）以阶级教育为纲做好晚婚宣传工作》，档案号：100-1-897。

⑥ 北京市档案馆：《（1954 年）关于目前的婚姻法情况和今后经常贯彻婚姻法的意见》，档案号：14-1-58。

⑦ 宣武区档案馆：《（1953 年）宣武区义利食品公司的婚姻情况》，档案号：11-1-7。

抱女工的事常有，以致（至）于有的工厂不敢让女工出去参加舞会，也不敢请外面的同志参加厂里的舞会。"①

有些男性以恋爱自由为名，欺骗和诱惑女性。如新建铁路工程总局技术员宋××专门以玩弄女性为目的，他进行的步骤是借恋爱的名义甜言蜜语引诱对方，当对方已表示爱他时，他就和对方订婚，密切两人的关系，然后再引诱对方与他发生性关系，当女方坚决要求结婚时，他便开始找借口，实在不得已就用冷淡的态度对待女方，甚至用言语污蔑女方，企图使女方自动离开。"曾与他恋爱了四年的青年学生仁××，南开大学学生，就在这种情况下激愤而自杀，但他知道女方自杀后反而得意洋洋（扬扬），据说又和另一个妇女搞恋爱了。"中国人民银行干部马××，与三八被服厂张××恋爱，"并骗张到北海发生四次关系后，把她甩开了，最后又和一农村妇女刘××谈恋爱并表示要与刘结婚，刘回家后准备了结婚用品的东西，结果马表示了没有这回事"。②

这一时期，婚外恋现象（见插图4－1）也时有发生。有的人已经结婚还和别人谈恋爱。他们认为这是"婚姻自由""各人自愿"的事情。"十一区一团员已经结婚，但还和别的女团员谈恋爱，别人批评时，他说：'现在不是婚姻自由，为什么还限制我们。'"③"大华工厂女工和已婚的男工搞恋爱的有四对，像女工杜××和已订婚的男工刘××搞恋爱，并发生了关系后女方又动员男工回家结婚。"④下面是《北京妇女》刊登的一则婚外恋的案例：

> 在四区一个私营厂里，十八岁的女工陈某和技师谢某搞恋爱。男的今年二十四岁，早已有了老婆和孩子。他只是看女的长得好，想找个便宜。给陈某拾掇了机子就特别讨好，又送女的手表、衣料，他俩就这样有了感情。女的是青年团员，团里对她的恋爱提过意见，男的是工会委员，工会也跟他俩提过意见，他们可都听不进去，团和工会也就没有再深究。以后他俩发生关系，女的有了小孩，她才觉得不对头，把事情

① 北京市档案馆：《（1954年）关于目前的婚姻法情况和今后经常贯彻婚姻法的意见》，档案号：14－1－58。

② 北京市档案馆：《（1954年）资产阶级思想在干部婚姻问题上的反应》，档案号：84－3－28。

③ 北京市档案馆：《（1951年）郊区团员对结婚恋爱问题的认识》，档案号：100－1－46。

④ 宣武区档案馆：《（1951年）一般妇女群众对婚姻法的认识及现存在的问题》，档案号：11－1－3。

一　刀　“两”　断

江有生画

插图 4－1　婚外恋漫画

图片来源：《中国青年》1956 年第 8 期。

向组织说了。这事儿一传到工房，大伙可乱了，女工们三三两两跑出工房来嘀咕。区工会女工工作干部和区妇联都去了解这档子事儿。这个谢技师认为他不可能也不愿意和老婆离婚……只有拣省事的办法，就是和女的断绝关系。干部告诉他将来女的生下孩子，他得负担孩子的抚养费到十八岁……女的才开始觉得自己受了骗。他们厂里开了女工座谈会，会上，大伙（对她）的责备比对男的更苛刻。她们认为陈某的行为影响了女工们的名誉，主张开除她的会籍。厂工会女工委员会说，女的要生小孩没法给请产假，因为这“不合法”。大家听说她将来生出孩子由男的负抚养责任，都觉得太“便宜”女的了。不久，该厂团支部召开了全体团员大会来讨论陈某的恋爱问题。会上大伙都说她不配做个团员，骂她做了给团员丢脸的事。起初不把事情告诉团，是对团不忠实，该开除团籍，滚出团去。当天，支部会上大家通过开除她的团籍。那个会实际上形成了斗争会……女的回家后跳着脚大哭，第二天孩子就流产了。①

有的人在婚外恋后，为了达到和原配离婚的目的，不择手段。下面是一则案例。

> 新华书店北京分店副经理李××原来是共产党员，他在1942年和李yy结婚，感情很好，生有子女3人。他自1949年来京后染受了资产阶级腐化享乐思想，想找一个城市姑娘，逐渐和本书店的女职工李mm，后来建立了不正当的感情，并通奸数次，李mm因而怀孕，在他们交往的过程中，李××一再表示坚决和李yy离婚，李××向法院起诉，与李yy离婚，因李yy不同意，尚未判决。李××眼看一时不能达到与李yy离婚的目的，而李mm已怀孕，打胎又没有打掉，遂起杀李yy的念头，今年4月李××趁李yy生病服药，将盐酸投入李yy的药内，叫李yy服用，幸被李yy发现，报告组织。后经公安局侦查，李××被判四年徒刑，开除党籍。②

通过以上案例，我们看到，当时很多人对自由恋爱的本意都缺乏了解，而且缺乏避孕等性知识，使得女方恋爱中受到了极大的伤害。但是，在多数情况下，受害者是不会得到周围人同情的，甚至还会受到组织的惩罚和批评。因为人们把婚外情和性欲都视为一种低劣的行为。

2. 把恋爱建立在物质基础上

有的女性误认为恋爱就是吃喝玩乐，看男方用钱大方不大方。所以一谈爱就要别人买衣服、手表等，把物质的多少来作为爱情的深浅。有的虽然不爱对方，但也接受了对方送的东西。有的男方虽然对女方并不满意，但觉得花了很多钱就硬着头皮继续谈下去。有的人同时搞好几个对象，同时花几个人的钱。如"18岁的女工何淑英，一年共搞了十五六个对象，有的给她吃过两顿饭，最多的花过200万元"。③"黑塔村陈某很短时间内搞了6个对象，要了手表，毛衣等东西，并住了几天后来又吹了。"④"恒德成女工武某、范

---

① 《被服一厂女工的来信》，《北京妇女》1951年第26期。

② 北京市档案馆：《（1953年）关于机关企业存在的婚姻问题的调查报告》，档案号：38－2－387。

③ 北京市档案馆：《（1954年）资产阶级思想及生活方式表现在女工工厂手工业者及农妇方面的情况》，档案号：84－3－28。

④ 海淀区档案馆：《海淀区1953年工作总结》，档案号：8－101－2。

某在地安门外一带因交男朋友出了名，今收这个手表，明要那个衣料，跟人家吹时男方让还礼物，便答应给人家再介绍一个。”① “有的女孩子与男同学在夜校相识后也不好好念书，就和男的乱跑起来。不但在结婚时向对方索要衣物（手表、自来水笔、皮鞋），而且在恋爱时就要花对方的钱，自己短什么就要什么。认为这是‘理所当然’，因此有的年幼妇女就采取了‘谁给钱就和谁搞对象’”。② 有的男方为了给女方买东西不惜举债甚至贪污公款，如“宣内店的何佳怡今年22岁，不到2年交了15个女朋友，他说‘谈恋爱是两天新气’，他贪污了公款494元，用来挥霍浪费”。③

3. 无法妥善处理恋爱与工作和学习的关系

一部分青年人进入恋爱阶段后，情感与精神进入极度兴奋时期，无法妥善地处理日常工作与恋爱问题。据统计，“北京农业机械厂正在搞恋爱的42人中，因缺乏正确的爱情观点而影响生产的共11人，占搞恋爱的总数26%”。④ “有些工人上班时不能集中精力看机器却看情书和看爱人照片。”⑤ “有的下班以后来不及擦机器即骑着车子进城会朋友。”⑥ 还有的女工白天休息时不休息，陪爱人玩，夜班打瞌睡，影响生产质量，如王永辉和于小苏来往，经常耽误睡眠和休息时间，以致上班精神不振，经常出废品。有的女工因陪爱人玩，发生旷工缺勤现象，也有的借故请假。每逢星期六、星期日因惦着爱人常出差错，如“最典型的是铁路通讯段一女工和爱人一天打了27次电话，结果出了7个差错”。⑦

一位叫柯丽的学生给《中国青年》写信诉说了她所遇到的麻烦：

> 我是一个女共青团员，今年十六岁，性格比较活泼，开朗，爱唱、爱跳，爱交朋友，学习很好，但却因此引来了很大的麻烦。我们学校女同学很少，尤其是高中部，一般只有三四人，并且大部分都订婚或结婚

① 北京市档案馆：《（1951年）当前女工工作中存在的问题》，档案号：101-1-331。
② 北京市档案馆：《（1954年）郊区农民婚姻家庭中存在的问题》，档案号：84-3-28。
③ 北京市档案馆：《（1963年）以阶级教育为纲做好晚婚宣传工作》，档案号：100-1-897。
④ 北京市档案馆：《（1954年）北京农业机械厂，新华印刷厂贯彻婚姻法调查报告》，档案号：2-8-60。
⑤ 北京市档案馆：《（1954年）北京农业机械厂，新华印刷厂贯彻婚姻法调查报告》，档案号：2-8-60。
⑥ 北京市档案馆：《（1954年）北京农业机械厂，新华印刷厂贯彻婚姻法调查报告》，档案号：2-8-60。
⑦ 北京市档案馆：《（1954年）女工中存在的婚姻恋爱问题》，档案号：84-3-28。

了。所以大家的火力就全部向我集中。一年多来，我收到五十多封“情书”。有同班同学，有别班的同学，有老师，有校外的干部，有相识的朋友，也有好多不认识的人写的。有的一封信写了十几张信纸。开始时我感到惊奇，偶尔回几封信写几句话拒绝他们。但是后来多了，没有时间答复，我就不看，也不管他是谁的，拿来就放在箱子里。这样问题来了——来的信更多了……说我不回复他，是资产阶级思想严重，有傲慢的大小姐风气，有人说我不去赴约会，害他等了半天。据我了解，不仅是我个人碰到这个问题，我周围的一些女朋友也经常碰到这个问题，有些已经订了婚的姑娘仍然是“情书”像雪片似地（的）向她飞来。如果要每封信都看，都回复他们，我们没有这种精力。①

我们看到，无论男性还是女性，在恋爱阶段精神处于极度兴奋状态。心理学认为：“在生理上不反感时，‘恋爱的本质是满足男女双方的心理需要’。让人热恋的是‘爱情激素’，从生物学的角度讲，是这个特定的人的外表、声音、气味、行为等，刺激人的大脑，分泌了‘爱情激素’，让人产生了浪漫、幸福、快乐、轻松的感觉，形成了早期强烈的冲动，即爱情。”②这些行为反映了人类的生理和心理的需求。虽然这些案例是作为当时社会的反面材料而出现的，但也应看到，当时处于婚恋中的人们人性的一面开始表达和展示，反映了个体追求情感和精神生活的进步。

4. 强制性的恋爱

有的人利用职务的便利，强迫他人与之进行恋爱（见插图4－2），如果对方不答应就给以威胁或报复。例如保险公司一位姓阎的经理，爱上了本单位的一位女同志。但是女方并没有恋爱的意思，于是这位经理就利用职权进行强制性恋爱。阎对这位女士说：“要是你同意的话，我就把你从政治上、地位上和其他方面提高起来。”“你真的不同我讲恋爱，那么，骑驴子看唱本——走着瞧吧。我是你的领导，大权操在我手。”“这个问题如能解决，对你的前途、待遇和地位等各方面都有很大的好处，不然你的政治生命也难保证。”“老实告诉你：老鼠拖木锹，大头还在后面呢。今天只给你在精神上不愉快，将来还会给你很多的大困难……”③我们看到，即使是在新时期下，

① 柯丽：《姑娘的烦恼》，《中国青年》1958年第11期。

② http：//www. psycofe. com/read/readDetail_ 19583_ 2. htm.

③ 浔候邓：《阎经理恋爱书信集》，《中国青年》1956年第7期。

人们拥有了恋爱自由的权利，但利用职权进行强制性恋爱的现象还是存在的。它反映了婚姻的社会性和复杂性。

读者来信反映：某些基层单位的领导同志，看中一个女同志，便不问对方是否自愿，一定要对方与自己结婚，而这些单位的人事科、团支部则从旁施以压力，形成强迫婚姻。

插图 4－2　强迫婚姻

图片来源：《中国青年》1956 年第 10 期。

5. 无法正确面对失恋

恋爱的过程也是男女双方在互动中进一步考察的过程，在这个过程中如果双方或一方认为不合适，就有可能也有必要中断恋爱关系。但是这个过程中的情感损失和精神损失很难弥补，以致有很多人面对失恋往往采取种种极端手段。1953 年 1 月 26 日，“广福巷 2 号张兆祥，现在民政局优抚科临时工作，因与工厂女工恋爱，把家中东西卖了花了，女工不和他好了。很悲伤，又觉得对不起母亲及家里人，服安眠药片自杀（遇救）”。[①] “某村干部刘超与赵连成（女）恋爱建立在金钱基础上，当赵不爱刘超，刘即企图自杀。”[②] 有人失恋后采取报复的态度，如“史村姑娘萧新田和邻村在外当工人的侯登科恋爱后，不久侯的机关决定他回村生产，萧新田便不再和侯好了。侯登科因为怀恨在心，竟拿了一柄大斧把她砍了几个口子”。[③] 再如，一位叫彭璋的作者写给《中国青年》的信反映，作者的一位女同学在一所师范学校上学，“在 1953 年的时候，和班里一个男同学比较熟识，不久以后，这位男同学便

① 北京市档案馆：《前门区 52 年 12 月至 53 年 1 月因婚姻问题自杀情况表》，档案号：38－2－77。

② 北京市档案馆：《（1951 年）北京市第十五区婚姻法执行情况检查委员会关于宣传、检查、执行婚姻法情况的报告》，档案号：9－1－114。

③ 刘朝燕：《我对农村青年婚姻问题的意见》，《中国青年》1957 年第 23 期。

连续写了好几封信向她求爱，并且说了许多‘如果你不答应，我就活不下去’之类的话，而她，凭着一时的冲动和对于阿谀的好感，便轻率地答应了他”。相处中女方看不起他的大男子思想，听不惯那些肉麻的话……他们终于由隔阂而最后中断了关系。1955 年，作者的这位女同学和一位志愿军恋爱，“这时候，那个男同学就来‘翻旧账了’，他向团里的组织提出了一件‘满怀哀怨’的报告书……团支委花了很多时间来帮助她‘追根’，要她彻底地检查思想，指出这是资产阶级的‘向上爬’的思想……这位女同学在受了团纪处分之后，仍然受到同志们的冷讽和歧视，这样作者的女同学被迫离开了学校”。[①]

有的人认为恋爱至上，如果一次恋爱不成，就发誓一辈子不结婚。如第三章中我们提到的那位叫王依平的大学生，因政治原因和杭州姑娘林佩分手后。“他们两人之间，那是一番死去活来的痛苦。依平差一点就寻了短见，为此还受了处分。并调到一个外地分院……依平再也没结婚，而且绝口不提当年的事。”[②] 下面是笔者的访谈。

Z 先生：1942 年生，北京人，大学毕业，技术干部。

> 受访者：在知识分子层次里头，要是有点什么恋情，同学之间都是挺支持的，开点小玩笑啦，特别在毕业前，毕业论文答辩完了以后等待分配，那段时间最活跃啦。而且唯一的缺点是什么呢？他认定了以后就不改啦，如果一个由于出身问题调西北去了，另一个也跟着调过去。有的人如果喜欢哪个人，没有追上，一辈子就不再结婚了！一般是不轻易表态，表态了就不改啦。

“乐莫乐兮新相知，悲莫悲兮生别离。”失恋给人带来的痛苦，莫过于心理上的折磨，它可以使人在一定时间内失去心理平衡。直到今天，很多人面对失恋依然是束手无策。有人说，“爱情是进化的产物”，从这个层面而言，我们可以理解为，失恋的痛苦是人类情感的表露，它是人类特有的一种进化性反应。

二　国家/社会对自由恋爱的认识

新中国成立初期，除了男女当事人之外，影响恋爱的因素主要包括家

① 彩璋：《她为什么离开学校？》，《中国青年》1956 年第 10 期。

② 黄新原：《真情如歌——五十年代的中国往事》，第 267 页。

庭、社会和国家三个方面。恋爱得到三方的认可度越高，那么其婚姻成功的可能性越大，也就越被认为是“天生一对”。如果遭受到其中任何一方的反对，那么就会对男女双方造成一定的压力，恋爱关系可能会被阻隔。

1. 组织对恋爱的态度

这一时期，婚姻不仅是私事、家务事，而且还被纳入各级政治领域当中。国家的代言人——组织对人们婚恋行为的控制和监督也逐渐加强（见插图 4－3）。

該管的不管，不該管的亂管　　趙志方

插图 4－3　该管的不管，不该管的乱管

图片来源：《新中国妇女》1953 年第 2 号。

（1）机关、企事业单位对自由恋爱的态度。

有的机关和企事业单位中的干部，虽然在理论上拥护《婚姻法》，但在具体的执行过程中，仍然对自由恋爱存有偏见，直接干涉男女职工的恋爱活动，以致有人不敢自由结婚，团员怕受团支部批评，普通群众怕入不了团。如“北京造纸厂人事科长孙宜兄见男女工接近，即找去个别谈话，批评他们作风不好”。[①]汽车公司将“曾和该公司职工有男女关系的女售票员撤职”。[②]有的还用扣押坦白的办法限制自由恋爱，如东郊某单位人事干部宇文智“认为其所同志马某与屠宰场大夫交朋友的来往是不正确的恋爱，用扣押坦白的办法侵犯了人权”。[③]有的为搞恋爱开斗争会，工厂和学校里有的人因恋爱而被开除团籍。“有的团组织还采取了手段把二人生硬分开，或者开会斗争……以致有些男团员不敢做女青年的入团介绍人，为的是免受嫌疑。”[④]

（2）农村的党团支部对自由恋爱的态度。

①对组织内成员的干涉。

农村干部干涉婚姻自由的行为更是时有发生。大部分农村干部虽然承认婚姻自主，但是对自由恋爱仍看不惯。有的干部说：“搞恋爱我不能反对，但瞧着我总有点不顺眼。”[⑤]“13 区马连洼有两个自由恋爱的青年团员要求结婚，村长和支书都不同意，并且说：‘咱们村里还没有这种事，你们团员别起这种带头作用。’”[⑥]第十二区大瓦扇村，“团员干部搞恋爱，团支书就在会上宣布搞破鞋”。“14 区一个支书与一女团员搞恋爱，团员都向支书坦白女的跟自己搞，女的已被迫承认。”[⑦] 所以，很多青年党团员也不敢在自由恋爱方面起带头作用，怕给自己惹麻烦。有的即使与人有了感情也不敢公开。如“10 区八里庄团委会主任对与张家姑娘常在一起走，王很不敢承认对张有感情，并说，下回可留点神，不再和她在一块了，怕事情搞在他头上去”。“12 区团支部 10 个团员中有 3 个搞恋爱的一点都不敢公开。”[⑧]

②对组织外群众的干涉。

农村干部对待群众中自由恋爱行为也进行干涉。如“清水区梨花岭乡曹殿民，男，与尚显兰进行恋爱，二人在恋爱的过程中感到情投意合，就约定

---

① 北京市档案馆：《（1951 年）北京市总工商会关于在本市工厂企业中宣传贯彻婚姻法的报告》，档案号：100－1－331。

② 北京市档案馆：《（1951 年）本市工厂企业执行婚姻法情况的调查材料》，档案号：100－1－331。

③ 北京市档案馆：《（1951 年）北京市第十区人民政府检查婚姻法执行情况的报告》，档案号：9－1－114。

④《谈青年团组织在对青年进行婚姻恋爱问题教育中的几个问题》，《中国青年》1955 年第 4 期。

⑤ 海淀区档案馆：《（1953 年）海淀区贯彻婚姻法训练班在工作汇报》，档案号：1－105－23。

⑥ 北京市档案馆：《（1951 年）郊区执行检查婚姻法的布置与目前该况》，档案号：9－1－114。

⑦ 北京市档案馆：《（1951 年）郊区团员对结婚恋爱问题的认识》，档案号：100－1－46。

⑧ 北京市档案馆：《（1951 年）青年团员对婚姻法的认识》，档案号：100－1－46。

时间结婚……二人就到乡政府开介绍信，准备到区领取结婚证。村民尚之英，支书尚金顺就提出他们二人的婚姻是买卖的，不给开介绍信”。[1] 有的村干部派民兵去民校进行监视，防止男女自由恋爱。

2. 社会舆论

男女的自由恋爱除了受到家庭及其所属组织的监视和干涉之外，还受到社会舆论的监督。有些人对身边男女正当的恋爱行为，采取限制、嘲笑，甚至孤立和打击的态度。他们的逻辑是：既然男女青年在一起就不免要谈恋爱，那么谈恋爱就有可能发生一些问题。所以，有人就认为，最省事的办法是男女青年不进行交往。

（1）工厂企业中的社会舆论。

工矿和企业中很多人对本单位男女的自由恋爱行为或当面取笑或造谣或讽刺，使得他们无法达到其恋爱自由的目的，特别是女工较多的工厂里起哄风气非常普遍。如“恒德织布厂有人搞恋爱大家起哄，如果在大街上遇见一个女工和一个男人一块走就要起哄”。[2] “一次一对男女不期在路上相遇，男的请女的吃了根冰棍，回来后工友都乱喊冰棍，以后男女就更不敢接近了。”[3] 所以，很多男女职工因怕群众起哄，不敢自由恋爱。也有恋爱的男女不得不采取一些极端的办法，如某厂女工和男工经常一起去学文化，日子久了便有了感情，但全厂男女工人便三个一群两个一伙的跟踪、讽刺、打趣，最终“使二人不敢在一起，谁也不理谁，见面和仇人一样”。[4] 被服厂一对情人一起去看电影，不敢坐在一起。“有一女工在恋爱中病了，怕人讥讽她是害相思病，和男人断了来往。”[5]而且也常有男女工因刚一接近便遭群众起哄，如不好下去，又怕群众说闲话，只好硬着头皮好下去。因此有人认为“不如老家找个好，省得挨哄”。[6] 有些女工不得不把《婚姻法》放在被窝里看，不敢在厂子里公开谈恋爱。

---

① 门头沟档案馆：《（1956 年）各级党员干部在婚姻关系上的尊法乱纪情况向党委报告》，档案号：26-1-48。

② 西城区档案馆：《（1953 年）西四区贯彻婚姻法运动工作总结》，档案号：4-1-198。

③ 北京市档案馆：《（1951 年）当前女工工作中存在的问题》，档案号：101-1-331。

④ 北京市档案馆：《（1953 年）前门区婚姻法办公室工作计划、报告、总结》，档案号：38-2-77。

⑤ 北京市档案馆：《（1953 年）群众对婚姻法及此次婚姻法运动的认识及反映》，档案号：1-12-128。

⑥ 北京市档案馆：《（1953 年）群众对婚姻法及此次婚姻法运动的认识及反映》，档案号：1-12-128。

（2）农村中的社会舆论。

农村的青年男女在恋爱交往中更是会受到舆论的干涉甚至攻击。很多人认为男女一接触就是搞破鞋。在业余学校中有谈恋爱的学生在一块走，其他学生就后边起哄，还说，有伤风化。14 区一个妇女说："群众来团支部听团课，已经两个多月了，我连一句话也不敢和他们说，恐怕别人说闲话。" 11 区的张祥说："我不愿和女同志说话，男女交往我看不惯，或是背后笑话他们。"① 16 区某村"识字班里有些男女青年在一块开玩笑，第二天妇女包括女团员就都不敢上学了"。② 所以，很多人对自由恋爱存在着顾虑。如 15 区纪晓蓉说，"我有三怕，一怕群众反映，二怕失去感情，三怕上级知道关系开除出籍"。"有的学员觉得，农村搞恋爱很困难，在自己村里搞对象，不是街坊邻居就是自己亲族，如与别的（村）青年搞恋爱因为不经常接触就不能够互相了解，所以就存在着没有人介绍搞不上对象的思想负担。" 15 区艾秀文说："我们住在山沟里算没有办法的，对象还是依靠家长给找个吧。"③ "石景山区田村农民尹之玉和王文秀的女儿恋爱，有些人就说：'没有人介绍是不对的。'结果他们的婚姻就被群众闻言闻语给哄散了。在同样的情况下，该村另外九对恋爱的男女有七对都没有成功。"④

可见，《婚姻法》的颁布和执行虽然破坏了传统的婚姻文化，但是对如何建立新时期下的婚姻文化并没有明确的方案和措施。个人、家庭和组织都在不断地摸索和探寻着。一切处在新旧交替之中的人们，难免会出现新旧观念的冲突与交锋。这种交锋发生在个人与家庭之间，发生在国家和地方社会之间，也发生在国家与家庭之间。无论是在农村还是在城市，无论是农民还是职工，作为个体，他们既处于国家编制的新的行政网络之中，也处于地域先前编织好的亲友社会网络中，他们的行为要受到网络中相关群体的监督和约束。一旦其行为超越人们认为的正常范围，就会受到种种指责。所以，一种文化要被多数人认同需要经过长期的实践和探索。

---

① 北京市档案馆：《1952 年 12 月 7 日团训班》，档案号：100－1－46。

② 北京市档案馆：《（1951 年）郊区团员对结婚恋爱问题的认识》，档案号：100－1－46。

③ 北京市档案馆：《1952 年 12 月 7 日团训班》，档案号：100－1－46。

④《本市东郊区有些青年男女婚姻还不能完全自由——建议有关方面检查婚姻法执行情况》，《北京日报》，1952 年 11 月 22 日，第 2 版。

第四节　国家倡导的恋爱观

《婚姻法》颁布后，国家对于干涉自由恋爱的行为，特别是当青年男女自由恋爱与父母发生冲突时，相关部门如妇联、派出所、法院或者民政部门都会对青年男女进行积极支持。如“七区沙土山二巷七号，住着一家开皮箱店的……大女儿淑玲今年二十岁了……邻居看淑玲是个好姑娘，介绍她和零售店的老王交朋友……俩（两）人渐渐地心投意合。淑玲和老王有幸结婚了，妈妈听说可就翻啦。成天骂不离口：‘儿女婚事那有不经父母做主的！’‘什么叫自由婚，简直是丢脸！’‘我女儿不能嫁给那穷光蛋。’妇联的同志耐心的（地）劝她……派出所的同志也赶来劝说，可是淑玲妈的脑筋怎么也扭不过来……区法院了解了这件事情……法院当时批准了淑玲和老王结婚。”① 又如“草甸水韩长与王金昌二人经过恋爱要求结婚，但女方家里坚决不同意，曾数次打骂，并对她另行订婚，但王不同意，曾自杀遇救。二人到政府请求，政府立即派员到村召开会议，发给了证书”。②

在支持自由恋爱的同时，相关部门还以新旧对比的方式来使群众认识自由恋爱的好处。一般是先是通过包办婚姻受害者的事实来揭露包办婚姻的害处。如“解放前谭景林由父母包办结婚，感情不好，婆婆小姑又虐杀，妇女跳了河，男的判了刑，闹的全家不好”。“肖家河村张增坤父母强迫包办（儿子）与树村陈淑琴结婚，女的坐在轿子里就使裤腰带勒脖了，男的晚上不上床，现在都疯了。”③ 在揭露旧包办婚姻的同时，还通过典型来树立旗帜，使之成为大家学习的榜样。如肖家河“李自华与田永志结婚，两人都是劳动能手（他们二人是自由恋爱的）”。④ 又如“金鸡台村模范夫妇于永田和董立是自由结婚，二人感情很好，政治进步，共同帮助，很快就参加了青年团。入团后，工作上就更好了，一同参加社会活动，谁也不限制谁，有错互相检讨，互相教育，在未婚前，于永田的家庭很落后，自他们二人结婚后，经常给家庭讲政治，教育家中的老人，现在他的家庭变好了，真正成了旧家

① 张仕、张珊画，芳躅说明《淑玲自由结婚了》，《北京妇女》1953 年第 33、34 期。

② 北京市档案馆：《市区处理婚姻问题初步检查报告摘要》，档案号：9－1－114。

③ 海淀区档案馆：《（1953 年）海淀区贯彻婚姻法训练班在工作汇报》，档案号：1－105－23。

④ 海淀区档案馆：《海淀区贯彻婚姻法工作总结》，档案号：1－105－23。

庭变成新家庭，全家的生产搞的（得）很好，二人都参加了互助组，劳动很好，成了和睦团结生产的新家庭"。[①] 通过教育，群众积极拥护自由恋爱，如杨彦庄董老太太说："我听了《婚姻法》一夜没有睡觉，我那大姑娘包办到人家受气，日本来那年不知跑哪了，现在也没有信。"转脸对二女儿说："我可得对起你，决不像你姐姐那样给你包办了。"[②]

因为恋爱这个问题已经超出法律范围的规定，两人是否恋爱很难知道，因为它与朋友关系较为接近和相似，所以既不能采取封建家长的办法来干涉，也难以用行政的办法来限制。因此，国家的各级组织运用各种机会对青年进行恋爱观教育。如"三八"节集中宣传和教育，平时组织阅读讨论报纸、杂志上刊载的有关婚姻家庭的典型事例。笔者主要以国家发行的公开出版物如《中国妇女》《中国青年》等杂志来总结一下当时国家倡导的恋爱观。当时这些杂志主要是以读者来信的形式在媒体上展开讨论并以编辑对此做出示范性回答的方式来进行的。国家对青年恋爱进行了引导和教育，主要观点体现在以下几方面。

第一，恋爱同时应国家事业为重。

首先，告诉青年担负着建设祖国的伟大任务，与社会主义建设事业相比，恋爱应放到次要位置。青年人的恋爱应该以不影响生产、工作和学习为原则。我们国家正向社会主义建设大道上迈进，但因国家底子薄，还要在科学技术上和理论上赶上国际的先进水平，这个任务首先就落在青年一代人身上。所以任何人"没有权利荒废这些宝贵的时间，凡是能够确定了革命人生观，把对世界对这个社会的责任这个繁重的担子挑起来的人，或准备挑起来的人，他就能把注意力集中在国家大事和集体事业上，个人的问题放在次要的地位"。[③]

其次，青年的前途与革命事业息息相关。青年应把革命事业摆在首要位置。理由是，新中国成立前，广大的青年失业失学，政治上得不到自由，根本谈不到个人的幸福；新中国成立后，祖国的建设事业，为青年们的成长开辟了宽阔的道路，因此青年人应该把革命事业摆在生活中的首要位置，把一切个人问题包括恋爱和婚姻都放在次要的地位。在上一节，我们谈了一位叫

---

① 门头沟区档案馆：《京西矿区妇联关于贯彻婚姻法运动月总结报告》，档案号：26－1－22。

② 海淀区档案馆：《海淀区婚姻法工作汇报》，档案号：1－105－23。

③ 宣武区档案馆：《（1962年）怎样以共产主义道德原则对待爱情、婚姻和家庭向工青妇等团体基层作报告的参考提纲（草稿）》，档案号：11－2－50。

柯丽的同学给当时的《中国青年》杂志写信，谈了她收到许多情书后遇到的烦恼。《中国青年》编辑给予的回复是："柯丽同学为了集中精力学习，决定暂时不考虑个人的婚姻恋爱问题，她的这个意愿是很好的，我们支持和鼓励她这样做。"①

再次，告诉青年要听从革命导师的教导，把更多的精力放在学习和工作上。告诉青年，党和毛主席极其关怀青年一代的成长，希望青年成为有高度的思想觉悟、高度的文化知识水平和有强健的身体的人。所以，青年要做到身体好、学习好、工作好，如果青年醉心于恋爱问题，那么就会影响学习和健康，辜负了党和毛主席对青年的希望。即使是已经恋爱的青年，也应该相互勉励，共同进步。"绝不能因恋爱放松生产、工作和学习，因为恋爱婚姻问题毕竟不是我们生活中最重要的事。"②

最后，通过阶级教育来引导青年积极工作和学习。如 1963 年开展的"五好"③ 青年的评比活动。通过这项活动，"青年中出现了'五多一少'。'五多'是安心工作遵守纪律的多了，关心政治要求进步的多了，积极钻研业务的多了，服务态度好的多了，生活艰苦朴素的多了，'一少'是谈恋爱结婚的少了。如被评为一等奖的卢大伟原来因谈恋爱无故旷勤两天，而现在他的工作学习思想都变得先进起来，已成为今年人团的对象"。又如在"四清"运动中，通过阶级斗争展览会、老职工忆苦会对青年进行新旧对比的教育。另外，还请先进工作者做报告，使青年懂得了什么是阶级和阶级斗争。不少青年纷纷检查自己恋爱观。如"宣内食品店 19 岁的男售货员夏增说，'过去我受了资产阶级的拉拢和影响，认为商业工作没什么真本事可学的，成天想着吃喝玩乐和谈情说爱，有一次和她（女朋友）交谈了一整夜。第二天上班光想睡觉，像这样我还埋怨在大集体没有小自由。这次阶级斗争教育了我，我要好好工作，坚决跟她吹'"。女售货员小徐说："过去我把个人利益和吃穿玩乐搞对象想的多了，所以对待集体利益和工作学习想的少了，要不是组织上抓阶级教育，我还不知道犯什么错误呢。"④ 可见，在国家的干预下，恋爱与"资产阶级""个人利益"等联系在一起。青年只有将个人私事

① 柯丽：《姑娘的烦恼》，《中国青年》1958 年第 11 期。

② 东城区档案馆：《（1957 年）婚姻问题宣传参考材料：和青年同志们谈谈有关恋爱、婚姻的几个问题》，档案号：6－1－36。

③ "五好"条件是政治思想好、工作态度好、学习业务好、遵守纪律好、生活安排好。

④ 北京市档案馆：《（1963 年）以阶级教育为纲做好晚婚宣传工作》，档案号：100－1－897。

插图 4－4　一见倾心的后果

图片来源：《新中国妇女》1955 年第 4 号。

让位与集体，才和无产阶级以及党和国家的利益相一致。

第二，强调恋爱必须经过一定的了解，反对“一见倾心”的“闪电战”（见插图 4－4）。国家通过各种方式反复告诫青年，不要轻率结婚，男女双方在结婚前彼此应该尽可能深入了解。从政治立场、思想品质、劳动态度、生活作风乃至性格爱好等，都要经过理智的分析判断。只有在互相了解、尊重、信任之后，才能结婚。但是建立一种真挚、持久的爱情，不是短时期内可以达到的。它需要相互全面、深入的了解，需要经过时间和生活的考验。而“一般男女青年由于生活的阅历还较少，往往容易在这个问题上轻率从事，而造成不良的后果”。并指出，虽然在实际生活有不少人的恋爱是从“一见倾心”开始的，但是“由于只是‘一见’，所以往往是从直觉和表面印象出发的……但是如果仅仅把初步接触中所得到的这些印象作为选择对象的依据，从而倾心相就，那未免就太轻率了一点”。[①] 并举例说明“一见倾心”的缺点，如“一个工人在一个跳舞会上认识一个女同志，因为那个女同志舞跳得好，又大方，他神魂颠倒的追呀追，这个女同志也就同意和他结婚了，但结果呢由于他俩事前了解不够，结婚不久又要离，从认识到结婚到离婚总共不到三个月”。[②]

第三，恋爱双方对爱情要专一。告诉人们，婚姻的义务不但要巩固和发展婚姻赖以建立的爱情，而且还要维持家庭的稳定。破坏别人家庭幸福的

① 恽浩：《漫谈“一见倾心”》，《中国妇女》1959 年第 9 期。

② 宣武区档案馆：《（1962）怎样正确对待婚姻问题》，档案号：11－2－50。

“第三者”和“婚外恋”行为，“是反映了资产阶级的婚姻现象，是违背共产主义道德的”。[①] 不与已经结婚的人恋爱，是新社会中每个人应具备的新道德，是有关青年思想品质的重大问题。那些夺走了别人的爱人，拆散了别人家庭或肆意玩弄别人的人应该想到在自己得到了快乐和安慰的同时，还夹杂着别人的痛苦和眼泪。“这种爱情的基础是极不道德的”“是极为自私、可耻的”。[②]

第四，要正确面对失恋。青年被告知，如果因失恋就悲观失望，甚至杀人或自杀，这都是革命的人生观还没有巩固起来的表现。“天下的好姑娘、小伙子不止一个，不必愁。‘人若爱我，我更爱人，人不爱我，我不强求’。对方爱我，生活更有意思，不爱我，生活也有意思。青年人要意志坚强，生活里难免碰些钉子，但算不得什么。”[③] 而且应该从多方面丰富自己的生活，不论婚前婚后都必须有广泛的社会生活和朋友。爱情不是强加于人的，强迫别人爱自己会使矛盾越来越大。对那些已经恋爱的人来说，中途发现不能与对方继续发展爱情的话，不要迁就。同时要说清楚道理，要诚恳坦白地谈，被抛弃的一方虽然有痛苦，但应该控制自己的感情。达不到目的就杀人或自杀，是错误的行为。

第五，反对早恋。由于恋爱阶段被视作婚姻的直接准备阶段，在国家提倡晚婚的同时，也反对早恋。告诉青年过早地恋爱是浪费青春和生命的，应该把正在发育的生理和心理精力转移到对社会和集体的关注中去。提倡青年“把革命事业放在第一位，把恋爱婚姻问题放在次要的地位”。[④] 所以男青年在二十八九岁，女青年在二十四五岁再谈恋爱婚姻问题并不算晚。理由是恋爱会影响青年人学习和深造。因为青年时期正是精力旺盛、求知欲旺盛的时候，应该趁这个机会集中精力学本领，打下知识基础，不要忙着恋爱结婚。尤其是女青年，因结婚后的负担比男同志要重得多，怀孕、生育、哺乳都要花费很多精力和时间，势必会影响生产、工作和学习。对于那些女中学生，

① 宣武区档案馆：《（1962 年）怎样以共产主义道德原则对待爱情、婚姻和家庭向工青妇等团体基层作报告的参考提纲（草稿）》，档案号：11－2－50。

② 东城区档案馆：《（1957 年）婚姻问题宣传参考材料：和青年同志们谈谈有关恋爱、婚姻的几个问题》，档案号：6－1－36。

③ 东城区档案馆：《（1957 年）婚姻问题宣传参考材料：和青年同志们谈谈有关恋爱、婚姻的几个问题》，档案号：6－1－36。

④ 东城区档案馆：《（1957 年）婚姻问题宣传参考材料：和青年同志们谈谈有关恋爱、婚姻的几个问题》，档案号：6－1－36。

“在她们这样的年龄，正是应该集中精力学习的时候”。[①] 同时还积极开展文艺体育活动以防止青年在业余生活中将全部精力放在谈情说爱上，如“积极组织青年加强学习毛主席著作和加强革命人生观的教育”，成立了足球、乒乓球队等，组成革命歌曲演唱训练班，展开阅读革命书籍、民兵练武等活动。

我们看到，国家一方面宣传自由恋爱，一方面对恋爱做出种种限制，既反对早恋，又提倡青年为国家、集体利益牺牲个人利益。明确告诉青年要把属于个人利益的恋爱让位于属于国家和集体利益的工作。在一切以党和国家的利益为原则的前提下，种种话语和思想价值观，排除了个体，否定了自我。这种主张青年通过对身体和情感的自我控制来达到保护国家利益的手段，可以说是新时期下的一种禁欲主义，是一种“‘极权侵入’的渗透”。[②]

本章小结

新中国成立后十七年间的北京市，自由恋爱的比重在逐渐增多，家庭包办的婚姻日趋减少，而且婚姻的结合模式还存在着地域性特点，与郊区特别是远郊区相比，市区自由恋爱所占的比重更大。这一时期，人们对自由恋爱还存在着偏见，这种观念阻碍着青年男女的交往，而且当时娱乐社交活动场所较少，所以人们的婚恋基本上处于秘密进行状态，婚恋时长也较短。在对传统婚姻文化进行批判的同时，新时期的人们对如何建立新的婚姻文化还没有明确的方案和措施。个人、家庭和国家在探寻的同时难免会出现冲突与交锋。它们都有着不同程度的权衡标准，如果是父母决策，对于家庭背景的考虑相对会多一些；如果是年轻人自己决策，则更为注重情感因素；如果是组织考虑，则更注重国家和集体的利益。当然男女在恋爱过程中，家庭的干涉程度是不一样的。对男孩子的自由恋爱，家长会相对宽松，而对女儿的自由恋爱，家长很可能有种种烦恼，因此，女性的自由恋爱会受到家庭的阻力。这种情况下，国家对个人主体性的形成起了重要作用，它鼓励青年人向家庭

① 徐华：《不要找年龄还小的中学生谈恋爱》，《中国青年》1956年第22期。

② 〔英〕艾华：《中国的女性与性相》，施施译，第74页。

权威进行挑战。在国家的倡导和帮助下，即使家庭反对，青年男女也可以绕开家庭的反对达到婚姻自由的目的。如“南辛房村赵万才与梁士珍二人经过恋爱愿意结婚，但女方父母百般阻挠，认为他们未经家长主婚是败门可耻的事，但二人经不断的斗争与努力，结果偷到政府办理登记，领取证书”。[①] 又如“李淑琴与李德芳自由恋爱，女方父母不同意，以不给嫁妆威胁女儿，但淑琴坚决表示一定要与李德芳结婚，什么东西也不要，结果俩（两）人结了婚”。[②] 可见，家庭已经不再是阻碍婚姻的主导力量，面对家庭的反对，青年男女可以去寻求组织的帮助；面对已经成立的事实，家长只能默认。但是这毕竟不是解决问题的最好方式，因为它涉及父母和子女日后关系的处理。为了缓解这种紧张的关系，家庭在国家强大的政治压力下，做出了妥协和让步。如“齐家庄等四个村宣传《婚姻法》以后，有的父母主动的（地）作了检讨，转为支持女儿的婚姻自由”。“长巷二条9号六十多岁的老头郭万昌，过去给女儿说了好几次婆家也没有和女儿商量，《婚姻法》宣传后女儿有了对象，常来找她一起出去看电影，老头也不管了”。[③] 一般而言，组织只是在择偶途径方面发生作用，而最终决策，还是由家庭和子女（做主）。所以恋爱过程就主要是在家庭与家庭、家庭内部代际两方面的协商。这种情况下，青年男女成为婚姻成立与否的主要决策者，家长只是参与协商。这反映了在社会变革下，民众对变革做出的一种应对措施。我们还看到，国家一方面宣传自由恋爱，另一方面又倡导青年为国家、集体利益牺牲个人利益。所以，很多人会因国家提倡的“无私”行为，而不去花更多的时间恋爱。这种意识形态领域的“集权”渗透愈演愈烈，到“文革”时期达到了极端。可见，新时期下种种话语的思想价值观还不可能把恋爱描述为一种情感的、浪漫的经历和体验。

---

① 北京市档案馆：《市区处理婚姻问题初步检查报告摘要》，档案号：9-1-114。

② 北京市档案馆：《（1954年）郊区目前的婚姻状况》，档案号：84-3-28。

③ 北京市档案馆：《（1953年）前门区贯彻婚姻法的工作总结》，档案号：38-1-81。

第五章　个人、家庭和国家利益冲突下的婚礼仪式

举行婚礼仪式是婚姻成立最普遍的表达方式。领取结婚证书之后，人们往往还要通过举行相关仪式向公众做出展示，这种仪式习惯上被称为“结婚”，而结婚又与“成家”联系在一起，它往往被视为成熟、成年的标志，在人们的日常生活中有着重要的意义。社会学认为：“要使某种思想或主义深入民众，仪式性运作是最为有效的。”① 所以举办婚礼对人们来说有着重要的意义。第一，新夫妇可以通过举办婚礼获得公众对他们婚姻关系的认可；第二，告诉人们其婚姻是经过双方慎重思考后才的成立的；第三，婚礼当中的每一个参与者都是婚姻的见证人；第四，庄重的婚礼仪式可以加强婚姻的稳定性；第五，举办婚礼可以向人们表明夫妻从一而终、白头偕老的愿望和决心；第六，举行婚礼仪式也是扩大和巩固人际关系的一种方式；第七，通过举办婚礼这种不同于寻常的体验，可给婚姻当事人留下甜蜜美好的回忆。正如费孝通所言：“一种礼仪程序被普遍接受以后，人们就不得不付出这笔开销，否则就不能通过人生的关口。”② 本章以婚礼的程序为基础，侧重分析各元素诸如婚礼参与人、婚礼场所、时间等在新中国成立后十七年间的北京市有何特征。

第一节　国家对传统婚礼仪式的批判

一　对彩礼的批判

1. 彩礼在婚姻中的地位和作用

彩礼又称作聘礼或聘金，是婚前由男方付给女方或其家庭的财物。它由

---

① 郭于华主编《仪式与社会变迁》，社会科学文献出版社，2000，第 367 页。

② 费孝通：《江村经济：中国农民的生活》，戴可景译，第 121 页。

古代“六礼”中的“纳征”演变而来。封建社会里有“聘则为妻，奔则为妾”的说法，也就是说聘礼是婚姻成立的必要条件。对于彩礼存在的意义，学界有不同的解释。“在人类学研究里，‘彩礼’通常指的是从新郎家向新娘家转移的资产，它的作用在于敲定两家之间的婚姻契约，而使妇女从一家转手到另一家。而之后，这彩礼也经常被女方家长用来给自己的儿子娶亲。”[①] Spiro. M. E 认为：“婚姻支付这一现象产生于支出 - 收益比重不平衡的婚姻关系之中。它采取哪种形式取决于在这一结合中谁得益谁吃亏——是新郎，还是新娘？是新郎家，还是新娘家？在经过对支出 - 收益的计算之后，由收受一方向支付一方提出的要求，以便：(1) 向获得利益的一方索取费用；(2) 预防潜在的损失。”“因为：第一，在父系社会中，新郎家有权宣布妻子所生的孩子属于其家族成员，这是他们最重要的权利。第二，新郎家有权期望新娘和丈夫及其亲属住在一起，而不是相反。这种从夫居的习俗，保证了新郎不必在一个陌生的地方与妻子的姻亲们住在一起，而在那里，他可获得的权利很少。第三，因第二种权利，新郎家有权拥有新娘的劳动力。从结婚之日起，新娘就成为丈夫家庭，而非她娘家家庭的生产成员。在这种情况下，如果不支付彩礼，新郎家就无法获得这些权利，婚姻也就不能生效。”[②] 一般女方家在得到彩礼之后，也就放弃了拥有女方的全部权利。它往往被民众理解为是“卖姑娘”得来的钱。民间有俗语“买来的媳妇骑来的马，任我骑来任我打”，表明女性在婚后的生活中会处于被支配地位。北京市解放以后，在《婚姻法》颁布之前，主要依据《晋冀鲁豫边区婚姻暂行条例》来处理婚姻方面的问题，其中规定：“订婚时，男女双方均不得索取金钱，或其它物质报酬。”“凡有买卖婚姻之行为者，除将买卖身价没收外，并处以六个月以下之徒刑。”[③] 1950 年《婚姻法》颁布之后，明确提出“禁止买卖婚姻”，“禁止任何借婚姻关系索取财物”。此后彩礼逐渐被淡化，但是其消失不是一蹴而就的，它的消失有一个渐变过程。“甚至消失了一段时间之后，在一部分人中间还会复出”。如 1958 年《中国青年》杂志的一篇文章写道：“最近一二年，在一些农村中，这种坏风气在企图死灰复燃，个别地区还发展得相当严重。结婚礼金至少的要一百元，一般的要三百元。”

---

① Yunxiang Yan, *Private Life Under Socialism——Love Intimacy and Family Change in a Chinese Village 1949 - 1999*.

② 转引自孙淑敏《农民的择偶形态——对西北赵村的实证研究》，第 217 ~ 218 页。

③ 北京市档案馆：《(1953) 有关“妨害婚姻自由”的资料》，档案号：14 - 2 - 79。

“为了要钱，就巧立各种名目，什么嫁妆费、谢媒费、遮面布费、离娘费等等，竟有六七种之多。除了钱之外，还要买不少穿的用的东西。有的女方要男方购买手表、呢大衣、绸缎、金戒指、金笔、毛线等，并且缺一件就不让结婚。”① 1965 年，南苑公社马家堡大队女社员张秀云与煤矿工人结婚时要了很多彩礼，“有飞鸽牌自行车一辆，牡丹牌的收音机一台，缝纫机一台，料子衣服一身，木箱一对，三屉桌一张，皮鞋一双，铁皮暖壶两个……除此之外女方还要了一个条件，即结婚后男方要负担女方父亲抽烟喝酒”。② 可见，高额的彩礼给男方带来的经济负担（见插图 5－1）。

插图 5－1　昂贵的彩礼

图片来源：《新中国妇女》1956 年第 6 号。

2. 彩礼的内容

彩礼的内容与婚姻当事人所处的地域环境、家庭状况、文化程度和社会地位密切相关。总起来说，这一时期的彩礼主要以衣物、现金、食物和个人用品为主（见表 5－1）。

---

① 《不让买卖婚姻死灰复燃》，《中国青年》1958 年第 2 期。

② 丰台区档案馆：《（1965 年）关于婚姻家庭方面的一些问题和今后工作意见》，档案号：1－1－11。

表 5－1　彩礼的内容

地　点	收礼人情况	彩礼内容	资料来源
门头沟	不详	两匹布、四两的银镯子	门头沟区档案馆藏《（1950 年）宛平关于执行新婚姻法简报》，档案号：26－1－4。
门头沟	女社员	五、六身衣服，订婚至结婚期间女方衣服全由男方供给	北京市档案馆藏《（1951 年）区杨泊媛电站村的婚姻检查材料》，档案号：9－1－114。
十四区	不详	手镯、戒指、茶叶、龙凤饼	北京市档案馆藏《北京市第 14 区 1951 年终婚姻工作总结》，档案号：45－3－10。
十六区	不详	两万多人民券、白面 8 袋、大小衣服 9 件、皮鞋 1 双、被子数条	北京市档案馆藏：北京市人民政府郊区工作委员会《第 16 区婚姻法执行情况的检查报告》，档案号：9－1－114。
南苑区	不详	雪绒衣、毛衣、单制服、单夹衣	北京市档案馆藏《南苑区 1954 年婚姻工作报告》，档案号：37－1－58。
郊区	女社员	手表、自来水笔、皮鞋	北京市档案馆藏《（1954 年 10 月 12 日）郊区农民婚姻家庭中存在的问题》，档案号：84－3－28。
清水区梨花岭乡	女社员	30 块钱、几件衣服	门头沟区档案馆藏《（1956 年）各级党员干部在婚姻关系上的尊法乱纪情况向党委报告》，档案号：26－1－48。
通县	女社员	玉米 200 斤、高级点心 10 斤、衣服 3 身和 100 元人民币	北京市档案馆藏《（1962 年）北京市人民委员会批准市民关于本市群众婚姻情况和加强婚姻工作的意见》，档案号：2－14－35。
山神庙大队	女社员	700 元人民币	门头沟区档案藏《（1963 年）妇女在婚姻和封建迷信方面的材料》，档案号：26－1－137。
黄塔村	女社员	三间房子、其他零星的物品	门头沟区档案藏《（1963 年）关于农村阶级斗争反映对妇女工作方面的几个问题》，档案号：26－1－137。
张家铺村	女社员	50 元人民币、70 斤白面、6 瓶酒、4 个点心匣子、8 身衣服	门头沟区档案藏《（1963 年）关于农村阶级斗争反映对妇女工作方面的几个问题》，档案号：26－1－137。

续表

地点	收礼人情况	彩礼内容	资料来源
田庄公社	女社员	东西、现金100～1000元不等	门头沟区档案藏《（1963年）关于各公社阶级斗争中存在的问题》，档案号：26－1－137。
田庄公社游白生产队	妇代会学习辅导员	5身单衣服（因没工业券没买来就不结婚了，后男方给了女方家里500元才又结婚）	门头沟区档案藏《（1963年）关于各公社阶级斗争中存在的问题》，档案号：26－1－137。
清水公社上清水大队	妇女队长	120元现金、8年粮食	门头沟区档案馆藏《（1963年）妇女在婚姻和封建迷信方面的材料》，档案号：26－1－137。
门头沟区潭柘寺	不详	粮票、肉（给女方舅母）、手提包1个、毛巾1条、头巾2块、袜子1双和布票3尺、人民币15元	门头沟区档案馆藏《（1963年）潭柘寺公社妇联婚姻问题的材料》），档案号：26－1－137。
张家铺村	女社员	钱50元、70斤白面、6瓶子酒，4个点心匣子、8身衣服	门头沟区档案馆藏《（1963年）关于农村阶级斗争反映对妇女工作方面的几个问题》，档案号：26－1－137。
不详	不详	手绢1块、钱5元、戒指1个、怀牌1个	北京市档案馆藏《（1962年）北京市人民委员会批准市民关于本市群众婚姻情况和加强婚姻工作的意见》，档案号：2－14－35。
不详	不详	钢笔1支、手绢1块	
宣武区义利食品厂	女工	手表、衣服、缝纫机、缎被等	宣武区档案馆藏《（1953年）宣武区义利食品公司的婚姻情况》，档案号：11－1－7。
不详	城市女工和家庭妇女	三大件——皮大衣、手表、自来水笔	北京市档案馆藏《（1954年）目前城市婚姻家庭中存在的问题》，档案号：84－3－28。
	城市或本地的妇女	手表、戒指、皮鞋、衣服	北京市档案馆藏《（1954年）城子矿工人的婚姻家庭情况》，档案号：84－3－28。
郊区	不详	皮鞋、大衣、手表	北京市档案馆藏《（1955年）宣传贯彻婚姻法总结》，档案号：84－3－30。
城市	女工	大衣，毛线、皮鞋、线、表、球鞋	北京市档案馆藏《（1954年）目前城市婚姻家庭中存在的问题》，档案号：84－3－28。
不详	不详	皮毛、呢绒、衣料和缝纫机	北京市档案馆藏《（1962年）北京市人民委员会批准市民关于本市群众婚姻情况和加强婚姻工作的意见》，档案号：2－14－35。

当时还有一些因为彩礼问题发生纠纷的具结书：

原告王某，33岁，木匠，现任前外□家胡同28号，被告傅某，27岁，贫民，现住宽街9号。

被告傅某与王某订婚（五一年底）后因意见不合，怀疑。于五二年又与金某结婚，现王某来村追问理由。

在订婚后女方化（花）王某十九万元，男方谈三十万元，经评数字，不符合□用，折中办理，合二十四万五千元，并规定52年7月25日至52年8月25日，限期一月将款二十四万五千元如数归还。男方所买衣物、手绢等依税□收回。

各无反悔，并书自愿。

具结人　傅某　王某

1952年[①]十二月廿八日北坞村住民陆某，男，二十一岁，他说解除婚姻问题我完全同意，我就请示她所地管我们□□给我□米三斗，镯子□对，□□□，匣子一个，茶叶五十包，匣子五斤。

女方李某，年十七岁，于一九四八年给陆某（作）童养媳，到五〇年回到她的娘家。李某说，我本人情愿和陆某解除婚姻，他□的面目不好，他的眼睛也不好，我不能跟他在一起，我欠他黄玉米二斗，□子一对，荸荠二十斤，□□一件，白铁针一对，由于女方说我们将借将还。介绍人袁佟氏，五十五岁，也说陆姓给匣子一个，戒指一对，茶叶五十包，冬褂一件，钳子一对。[②]

从表5－1和具结书中可以看出新时期下彩礼的支付有着地域和职业特点。在郊区，男方付给女方的彩礼中除了衣服和一部分现金是供女方本人拥有外，绝大多数是付给女方家庭的。特别是在远郊区，有的家长还通过女儿的婚姻向男方索取高额现金。如表5－1中，“山神庙大队社员安实文经人介绍和珠窝姓李的一个姑娘（名字不详）搞对象。珠窝姓李的妇女，提出要700元才能结婚。”[③] 田庄公社“除了男方给女方买一些东西外，还另跟男方

① 海淀区档案馆：《傅某与王某关于婚姻问题的具结书》，档案号：52－109－181。

② 海淀区档案馆：《海淀区营房村人民政府村调解委员会关于1952年民事调解具结书》，档案号：52－109－181。

③ 门头沟区档案馆：《妇女在婚姻和封建迷信方面的材料》，档案号：26－1－137。

要钱给女方家里，最多有的要600元，最少要100元”。[1] 在具结书中提到的黄豆、玉米、荸荠基本上也是给女方家庭使用的。而城区女性，如女工和一部分市民从男性那里得来的礼物多系女方本人使用，与女方的家庭关系甚少。一般是当时比较流行和时髦的东西，如大衣、毛线、皮鞋、手表等。可见，婚姻与社会经济发展水平的相关。其实，男方在婚前给予女方的礼物并不一定都完全具有彩礼性质，如恋爱期间男方送女方一块手绢、一支钢笔或者买件衣服与买卖的婚姻关系相距甚远，不能一概加以批判和反对。

3. 国家对彩礼的批判

《婚姻法》颁布后，一直反对带有“买卖”性质的彩礼现象，并提出如下措施。

首先，认为高额的彩礼会给男方造成经济负担。告诫女方的父母，如果结婚时要这要那，把对方要穷了，小两口因此而吵架闹离婚，不能愉快地生产，无论对个人还是对集体都是不利的。为了女儿婚后的长远利益，不要再跟男方索要彩礼。同时，还告诉女青年当父母执意跟男方要彩礼时，要寻求组织的帮助。

其次，号召妇女自立自强。在提倡男女平等的同时，告诉人们应该树立正确的婚姻观点，那种“把爱情建立在金钱物质享受的基础之上是庸俗的，也是为革命青年所唾弃的”。[2] 并告诉女性，向男方要东西是一种耻辱，是对自己的不尊重。因为，女性是新社会的主人，应该具有革命的志气。

再次，号召青年加入“兴无灭资”和反封建斗争中去。当时把结婚要彩礼的现象不仅结为旧社会包办买卖婚姻遗留下来的恶习，而且还归结为严重的资产阶级思想。倡导青年，应该保持勤劳节俭的美德，决不摆阔气、乱花钱。把这些钱用到更有用的地方去。并把结婚要不要彩礼拔高到“是一场兴无灭资的斗争，是关系到树立社会主义新风尚的大事情”上去。如《中国青年》一篇题为《恋爱与花钱》的文章写道：“增产节约、反对铺张浪费。这不但在经济上有重大意义，在政治上也有重大意义。”[3]

随着国家的宣传和各级行政机构的监督，新中国成立后十七年间的北京市，绝大多数男方已经不再支付给女方彩礼了（见插图5－2）。下面是笔者的访谈。

---

① 门头沟区档案馆：《（1963年）关于各公社阶级斗争中存在的问题》，档案号：26－1－137。

② 韩梦熊：《金钱难买真爱情》，《中国青年》1962年第6期。

③ 顾燮青：《恋爱与花钱》，《中国青年》1962年第1期。

插图 5 - 2　我爹妈同意不要彩礼了

图片来源：《姜大妹辞礼简婚》，《中国妇女》1961 年第 8 期。

访谈一：M 先生，1937 年生，1963 年来京，夫妻是大学同学，毕业后分配到北京，1965 年结婚。

> 采访者：您结婚时送过彩礼了吗？
>
> 受访者：没有，我们结婚很简单。
>
> 采访者：您给她送过礼物吗？
>
> 受访者：也没什么礼物，临毕业的时候，我父亲让我给她买点毛线，叫她自己织件毛衣。我们家条件比较好，我父亲是大校，一个月工资二百多。给她买了个上海表。我父亲军队一件呢子大衣七八成新，也给了她。

访谈二：Z 先生，1921 年生，籍贯河北，1949 年来京，1953 年结婚。

> 受访者：什么也没有。我们没钱啊，家里也穷啊。什么礼物都没有。

访谈三：夫妻二人，妻子，籍贯辽宁，大学教师；丈夫，籍贯北京，大学教师，1963 两人旅行结婚。

> 采访者：他给您买过礼物吗？
>
> 受访者（妻）：没有。那时候一方面工资收入都很低，一方面也没

有这个概念，双方父母也没有要陪嫁呀什么的。我们工作人员当中一般没有这个要求。

访谈四：X 女士，工人，1941 年生，籍贯河北，1948 年来北京，1964 年与工人结婚。

采访者：您结婚时送过彩礼了吗？

受访者：没有。我们家也没什么（意见），说行就行。

访谈五：夫妻二人，妻子，籍贯北京，医生；丈夫，籍贯山东，军人，1962 年两人在北京某部队结婚。

采访者：结婚时他给您送彩礼了吗？

受访者（妻）：没有。他还得管家，他一个弟弟上大学，还有个弟弟上中学，所以他那时候基本上没积蓄。

受访者（夫）：管家。

访谈六：M 先生，1931 年生，籍贯河北，1955 年来京，1957 年结婚。

受访者：没有送什么，因为当时的经济条件限制。即使送也是钢笔之类，这已经就相当好啦，金尖的。再小的就是手绢这种礼物。

采访者：手绢多少钱？

受访者：那没多少钱，块儿八毛的。钢笔算贵的了，5 块钱一支。

我们看到，所有的受访者中已经没有彩礼的概念，婚前送给恋人的礼物已不被认为是彩礼，而且这些礼物都是男女当事人各自使用的，双方的家庭基本上没有参与其中。访谈一中那位男士在当时送给女友一块价值不菲的上海表，但是不是女方或者女方家庭索要的，而是男方家庭的一种自愿行为，是男方的父亲主动买给女方的，况且男方家境相当充盈，买一块表也不会给其家庭带来多大的负担。从男方家庭的角度考虑，女方家庭含辛茹苦养大的女儿嫁入男方家里，为男方家增添了一个劳动力，因而给女方家一定的补偿是合乎情理的，只要彩礼的数目在男方的负担能力之内都是无可厚非的。反之，如果女方家庭主动不接收彩礼的话，人们便会猜疑，以为女方有什么"问题"，诸如"不贞"或身体有毛病之类，所谓"便宜没好货，好货不便宜"的市场经营理念已经被人们运用到婚姻交易当中了。所以说，彩礼不能被单纯地理解为具有买卖性质，而且要彩礼的现象不仅是女方及其家庭造成的。

二　国家对传统婚礼仪式的批判

中华人民共和国成立后，尽管《婚姻法》规定男女双方取得了结婚证书后夫妻关系随即确立，但是绝大多数人却认为，结婚登记还不能算是正式结婚。况且，土地改革之后，原有的等级制度从根本上发生了扭转，资源的重新配置使得广大底层民众拥有了相当的财力，广大人民在国家安定和生活水平有所提高的情况下，当然希望举办一场体面的婚礼仪式以完成人生的重大体验。所以，从 1949 年 1 月北京解放到人民公社化之前，绝大多数人还是希望用传统的仪式来“体面”“风光”地举办一次婚礼。下面是笔者的访谈。

M 女士，北京人，文化部干部，1949 年来京。

> 受访者：刚“土改”那会儿，特别是新中国成立前没有钱的人，新中国成立后好不容易有地、有钱了，就风风光光地办一次。他们的婚礼还是跟过去一样，坐轿子、搭棚子，有钱的更不用说了，刚解放那会儿政府也不太限制这个。

在档案材料中也有相关记录。据第十一区在 1951 年的不完全统计，“群众中每对结婚费用平均为三百万元①”。② 1953 年在东冉村 19 对结婚的夫妇当中，“其中花最多的超过 500 万。一般的 200 万左右”。③ “十一区、十二区结婚搞什么龙凤饼、鸡鸭鹅、18 抬，共花了 400 余万元。”“有一个妇女嫁了一个三轮车工人，只要东西就 337 万元。连办事就花了 400 多万元。计算起来得登一年车，不吃不喝才能娶一个媳妇。”④ 有的人为了结婚，不惜举债，如汽车业工人印文臣“五〇年结婚借了 150 万，至今（1953 年）尚未还清”。⑤

---

① 中国人民银行自 1955 年 3 月 1 日起发行第二套人民币，收回第一套人民币。第二套人民币和第一套人民币折合比率为：1 元等于 1 万元。

② 北京市档案馆：《第十一区一九五一年婚姻工作总结》，档案号：9－1－114。

③ 北京市档案馆：《第 16 区婚姻法执行情况的检查报告》，档案号：9－1－114。

④ 海淀区档案馆：《妇联主任会报告内容》，档案号：8－101－2。

⑤ 西城区档案馆：《（1953 年）西四区贯彻婚姻法运动工作总结》，档案号：4－1－198。

针对民众在婚礼中铺张浪费的行为，国家采取了一些措施，以达到简行婚礼、移风易俗的目的。

第一，提倡增产节约，批判大摆宴席等铺张浪费行为。认为铺张浪费的婚礼不但给家庭、新婚夫妇、双方的亲戚、朋友和同事造成了沉重的负担，而且也影响国家的生产和建设。同时，利用各种形式对民众进行宣传和教育（见插图5－3、插图5－4、插图5－5）。有的区召开各种不同类型的座谈会，向办婚事铺张浪费的家长“反复交代政策提高他们的认识”。[①] 有的地方根据当地存在的具体问题编写出一些宣传材料在群众中进行宣传，如当时编的顺口溜有：

搭天棚，坐花轿，大吃大喝花钞票，
金镏子，游泳表，做件大衣要翻毛。
去年京郊十一区，半年结婚的有五百，
每对平均三百万，合起来就花掉十五亿。
十五亿，了不起，可买一百三十万斤米，
京郊抗美援朝搞捐献，总共捐献飞机两架半。
结婚用的这十五亿，就能买它一架战斗机，
铺张浪费花掉了，你说可惜不可惜？
拿这金钱十五亿，可买市布一千匹，
送到被服厂，能做六千二百套军衣。
拿这金钱十五亿，可买一千多件七寸步犁。
农民有了新工具，增加生产又省力。
生产更能加劲搞，铺张浪费胡乱花，
一千头毛驴没有了，十五亿，这么多钱。
二十个小学用一年，一个学校三百人，
高小初小都齐全，工农翻身学文化。
六千个孩子有书念，越算越心疼，
越算越觉冤，一个区，
结婚浪费十五亿，全国的浪费算不完。
新事要新办，热闹又省钱。

① 丰台区档案馆：《（1965年）关于婚姻家庭方面的一些问题和今后工作意见》，档案号：1－1－11。

增产节约，人人动员，

艰苦建设，国富民安。

这些顺口溜与国家时事、相关政策以及人民的生活相结合来倡导增产节约、移风易俗。

第二，提倡移风易俗。新时期下，传统的仪式和行为被批判为带有封建意识或资产阶级思想，认为旧社会婚礼习俗中的坐花轿、收彩礼、办酒席等习俗是由剥削阶级兴起的，也是为剥削阶级服务的。所以，移风易俗、破旧立新已被提升为一场“兴无产阶级之风，灭资产阶级之风”的大事。同时，组织地方干部对群众进行说服教育，如“西黄村李淑清一人就说服了冯家河准备两对结婚的不坐轿子，此后的二十六天中已有十二对农民举行新式婚礼”。1953 年“女工张慧英结婚时，要坐花车礼服等要求，后经个别谈话进行教育没有做”。[①] 各级组织还有重点地在一些地方举办新式婚礼，希望这种既简单又隆重的仪式能在群众中逐渐推广开来。党团员和积极分子一般是移风易俗的榜样，如西单区孙喜贞和清洁队员李宗监“结婚时开了大会，非常热闹，西单区十八个派出所的居民都派有代表参加，到会的有七百多人。会场上高高挂着‘反对封建婚姻制度，建立民主和睦的家庭’的对联和婚姻法图解，并有专人向群众讲解宣传。每幅挂图面前都挤满了人。典礼很隆重，由区长发给证书，一对新人全讲了话，兴奋的介绍自己的斗争经过。区长在会上号召青年们学习他们坚决争取婚姻自由的精神，同时也解释了婚姻政策”。[②] 新娘感动得落了泪，说：“这样光彩的结婚仪式，我将永生都忘不了，我要永远记住毛主席的恩情。”[③] 我们看到，宣传过程中，一般是先通过典范来扩大影响，希望通过这种形式教育民众，以树立一种新的社会风气。婚礼举办者和倡导者借用婚礼的场面扩大了权威与社会声誉，而婚姻当事人则借用制度化的等级关系来提高自己的社会地位。

第三，对婚礼仪品业进行改革。在大力倡导移风易俗的同时，对婚礼仪品行业进行了改革。1951 年规定“旧社会遗留下来的零酒喜钱由（1951 年）六月一日起，一律取缔”。[④] 1956 年又针对该行业的归口问题，北京市社会

---

① 宣武区档案馆：《（1953 年）宣武区义利食品公司的婚姻情况》，档案号：11 -1 -7。

② 《结合结婚典礼宣传婚姻法》，《新中国妇女》1953 年第 2 期。

③ 《坚决与妈妈的封建思想斗争孙喜贞获得了婚姻自由》，《北京日报》，1953 年 1 月 25 日，第二版。

④ 北京市档案馆：《（1951 年）婚丧仪品业五月份工作总结》，档案号：87 -43 -15。

插图 5－3　旧式婚礼真浪费（1）

插图 5－4　旧式婚礼真浪费（2）

插图 5－5　旧式婚礼真浪费（3）

三张插图来源：《北京妇女》1952 年第 41 期。

福利事业提出了改革方案："彩子、乐队、礼服等类型的业务需与汽车租赁业相互结合，报划入首都汽车公司归口。出赁家伙类型转为喜庆宴会预备桌、椅、板凳、磁片、炊具，在业务上与饮食业公司接近，而且在此类型的16 户中有五六户的司掌一般的厨艺，故划归饮食业公司较宜。"① "喜轿类型

① 北京市档案馆：《(1956 年）北京市社会福利事业局关于婚丧仪品业归口问题的意见》，档案号：2－8－80。

很多时间无业务，兼营家伙的还有一些业务，对专营喜轿的户，应该淘汰，对于物品可以归文化局，对于人事可以根据他的特长来进行安排。”当然这个改革并不是一步到位的，而是有一个渐进的过程。鉴于人们在婚前照婚纱照的习惯不容易改变的情况，1956 年还允许“租用礼服乐队的行业全市 2 户予以保留，采取独立经营，自负盈亏，业务上两户应组成互助方式。”① 如洪君彦在回忆他与章含之结婚前关于婚纱照的情况时说：“其实 1957 年我们结婚时已不流行拍婚纱照了。但她（章含之）坚持要披婚纱，说结婚是人生大事。应该按自己心意好好打扮，我就依了她。”② 一方面，说明民众对国家提倡的移风易俗改革并没有完全接受；另一方面，说明国家在制定政策时会对顾及民众的感受，在一定程度上会做出让步。

总之，新中国成立后的十七年间的北京市，国家围绕增产节约和移风易俗；对带有买卖性质的彩礼和传统的结婚仪式进行了批判，并采取了相关措施，体现出国家制度对婚姻文化的干预与规范作用。

第二节　婚礼时间的选择

举办婚礼的第一件事就是确定结婚日期。结婚日期一般包括两个：一个是领证的日子，一个是举行婚礼的日子。如果有人举办两场或者几场的话，日子就更多了。本节所指的结婚日期是领到结婚证之后，第一次举办婚礼的时间。如有的人先在单位举办婚礼，然后回家里举办，那么本文只以第一次举办的日期为准。本节主要探讨新中国十七年间，北京市民众在婚礼时间选择上的特点，对待结婚日期的态度以及在结婚日期选择上所遵循的规则。

一　婚礼日期的选择规律

笔者试根据档案材料中记载的婚礼举办日期来探讨民众选择婚礼日期时所遵循的规律（见表 5 - 2 至表 5 - 10）。

---

① 北京市档案馆：《（1956 年）对婚丧仪品业进行改造的初步意见》，档案号：67 - 1 - 40。

② 洪君彦：《不堪回首：我和章含之离婚前后》，http：//www.360doc.com/content/11/0629/21/697426_ 130442412.shtml。

表5-2 1951年3~10月北京市第十三区民众举行婚礼的日期选择

单位：%

选择婚礼的时间	每月结婚对数所占结婚总人数的百分比
1951年3月	25
1951年4月	2
1951年5月	2
1951年6月	13
1951年7月	11
1951年8月	16
1951年9月	13
1951年10月	17

资料来源：海淀区档案馆：《（1951）年北京市第十三区结婚证明书收款月报表》，档案号：2-103-62。

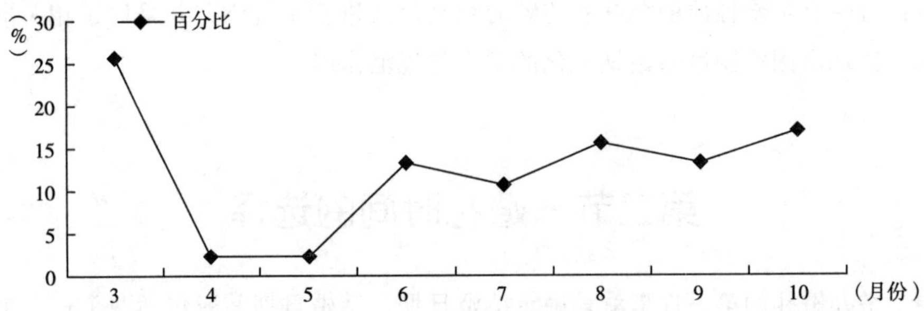

图5-1 1951年3~10月北京市第十三区民众举行婚礼的日期选择

表5-3 1953年北京市京西矿区民众举行婚礼的日期选择

单位：%

选择结婚时间	每月结婚对数所占全年结婚总对数的百分比
1953年1月	19.23
1953年2月	8.79
1953年3月	11.99
1953年4月	9.67
1953年5月	7.24
1953年6月	5.81
1953年7月	4.96
1953年8月	4.85
1953年9月	5.81
1953年10月	6.58
1953年11月	6.88
1953年12月	8.20

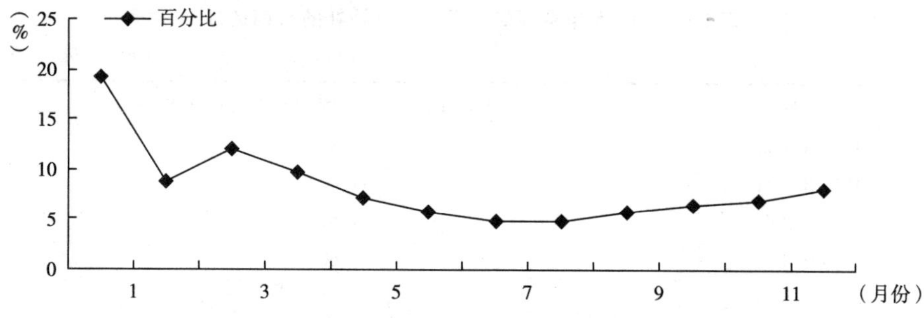

图 5-2　1953 年北京市京西矿区民众举行婚礼的日期选择

资料来源：门头沟区档案馆藏《1953 年 1-12 月份结离婚情况统计表》，档案号：27-2-30。

表 5-4　1954 年北京市京西矿区和海淀区民众举行婚礼的日期选择

单位：%

选择结婚时间	（京西矿区）每月结婚对数占全年的百分比	（海淀区）每月结婚对数占的百分比
1954 年 1 月	20.00	13.13
1954 年 2 月	7.88	6.78
1954 年 3 月	7.52	8.19
1954 年 4 月	7.64	8.73
1954 年 5 月	5.86	5.02
1954 年 6 月	3.92	5.31
1954 年 7 月	3.88	8.01
1954 年 8 月	4.35	8.54
1954 年 9 月	7.21	8.70
1954 年 10 月	9.90	7.58
1954 年 11 月	10.73	8.09
1954 年 12 月	11.05	11.93

资料来源：门头沟区档案馆藏《北京市京西矿区（1954 年）婚姻登记统计表》，档案号：27-2-70；海淀区档案馆藏：《（1954 年）婚姻登记统计表海淀区人民政府》，档案号：2-106-159。

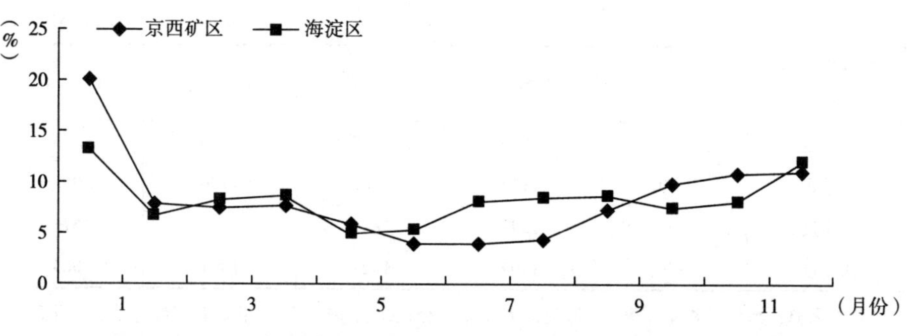

图 5-3　1954 年北京市京西矿区、海淀区民众举行婚礼的日期选择

表5－5　1955年京西矿区民众举行婚礼的日期选择

单位：%

时　间	每月结婚对数占全年结婚对数的百分比
1955年1月	20.14
1955年2月	11.00
1955年3月	11.57
1955年4月	7.60
1955年5月	7.75
1955年6月	5.44
1955年7月	6.56
1955年8月	4.59
1955年9月	4.71
1955年10月	6.10
1955年11月	5.94
1955年12月	8.60

资料来源：门头沟区档案馆藏《1955年京西矿区1－12月份婚姻统计登记表》，档案号：27－2－146。

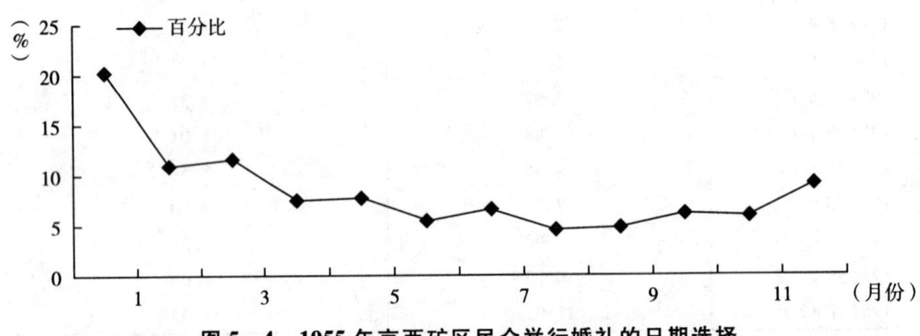

图5－4　1955年京西矿区民众举行婚礼的日期选择

表5－6　1957年海淀区民众举行婚礼的日期选择

单位：对

每季度结婚对数	1957年	1958年	1959年	1960年	1965年
一季度	2742	1859	2029	2273	1473
二季度	1590	1123	1462	1796	1098
三季度	2061	1397	1888	2346	1675
四季度	—	1497	1421	1801	967

资料来源：海淀区档案馆藏《（海淀区人民委员会民政科1957年）婚姻登记统计表》，档案号：3－101－106。

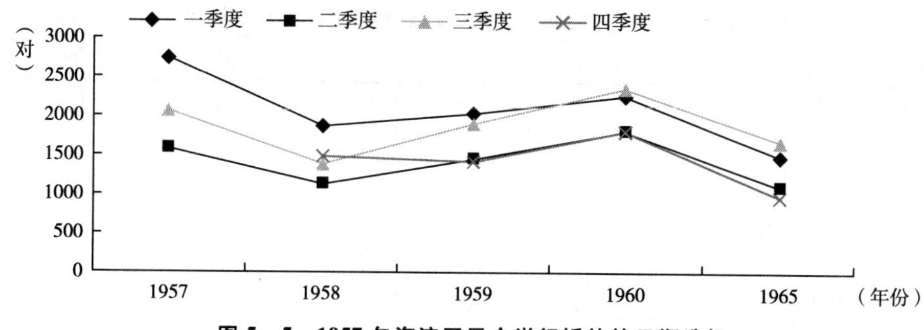

图 5－5　1957 年海淀区民众举行婚礼的日期选择

表 5－7　海淀区 1960 年、1965 年、1966 年民众举行婚礼的日期选择

单位：%

	1960 年每月结婚对数占全年的百分比	1965 年每月结婚对数占全年的百分比	1966 年每月结婚对数占全年的百分比
1 月	11.43	15.96	42.77
2 月	7.00	6.64	—
3 月	9.24	5.66	9.89
4 月	8.03	9.38	19.40
5 月	7.33	6.02	7.17
6 月	6.50	5.66	10.65
7 月	4.14	9.80	10.12
8 月	15.07	10.47	—
9 月	9.35	11.85	—
10 月	6.71	5.20	—
11 月	5.16	4.30	—
12 月	10.05	9.05	—

资料来源：海淀区档案馆藏《海淀区人民委员会民政科婚姻登记统计表》，档案号：3－101－106。

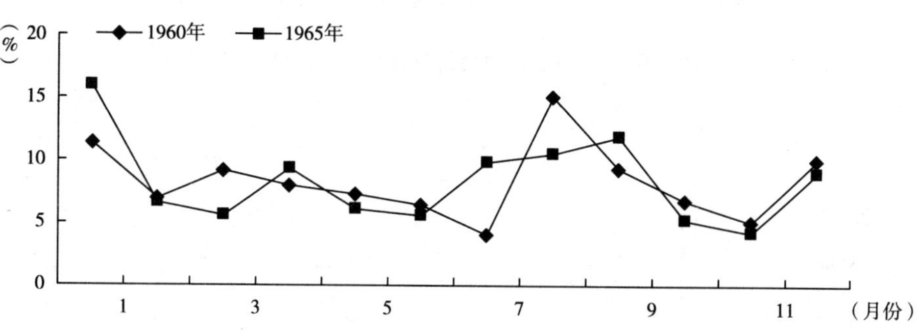

图 5－6　海淀区 1960 年、1965 年民众举行婚礼的日期选择

表 5－8　1964 年海淀区温泉公社众举行婚礼的日期选择

单位：%

日　期	每月（双月）结婚对数占全年对数的百分比
1964 年 1 月	22.58
1964 年 2 月	13.98
1964 年 3 月	4.30
1964 年 4 月	7.53
1964 年 5～6 月	6.45
1964 年 7～8 月	13.98
1964 年 9 月	7.53
1964 年 10 月	5.38
1964 年 11 月	10.75
1964 年 12 月	7.53

资料来源：海淀区档案馆藏《温泉公社 1964 年 1－12 月婚姻登记情况统计表》，档案号：55－101－302。

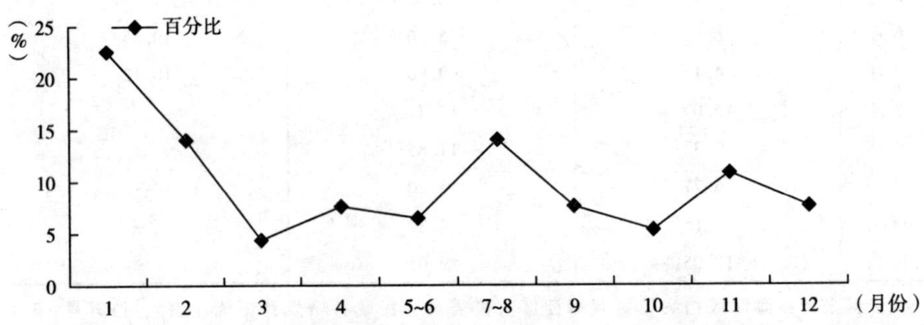

图 5－7　1964 年海淀区温泉公社众举行婚礼的日期选择

表 5－9　1966 年海淀区温泉公社众举行婚礼的日期选择

单位：%

日　期	每月（双月）结婚对数占全年对数的百分比
1966 年 1 月	18.66
1966 年 2 月	5.22
1966 年 3 月	7.46
1966 年 4～5 月	8.96

续表

日　期	每月（双月）结婚对数占全年对数的百分比
1966 年 6 月	2.24
1966 年 7 月	8.96
1966 年 8 月	5.97
1966 年 9 月	24.63
1966 年 12 月	17.91

资料来源：海淀区档案馆藏《温泉公社管委关于 1966 年度结婚登记统计表及海淀区民政科 1966 年度婚姻登记办理手续向民政科教书》，档案号：55 - 101 - 398。

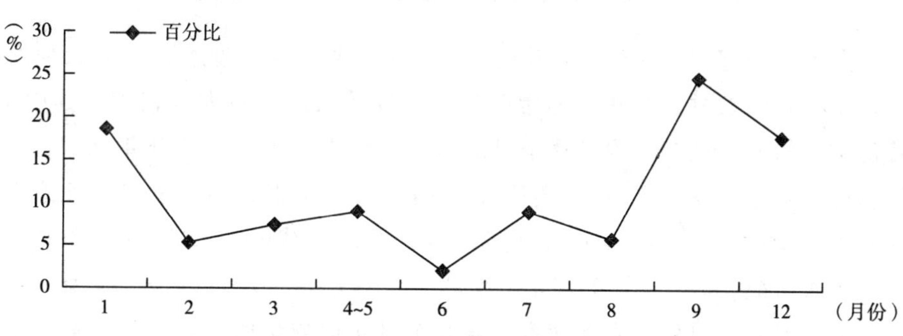

图 5 - 8　1966 年海淀区温泉公社众举行婚礼的日期选择

表 5 - 10　1966 年海淀区苏家坨公社众举行婚礼的日期选择

单位：%

日　期	每月（双月）结婚对数占全年对数的百分比
1966 年 1 月	25.97
1966 年 2 月	10.39
1966 年 3 月	11.69
1966 年 4 月	5.19
1966 年 5 ~ 6 月	2.60
1966 年 7 月	6.49
1966 年 8 ~ 9 月	3.90
1966 年 10 月	11.69
1966 年 11 ~ 12 月	22.08

资料来源：海淀区档案馆藏《（1966 年）海淀区苏家坨人民公社婚姻报表》，档案号：61 - 101 - 506。

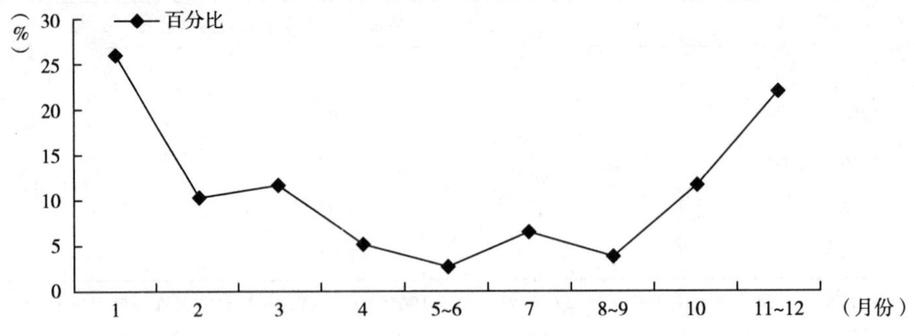

图 5－9　1966 年海淀区苏家坨公社众举行婚礼的日期选择

由图 5－1 至图 5－9 可以看出，人们对结婚日期的选择是有季节性的，特别是在郊区农村这种状况非常明显。初春及秋后结婚人数较多，其中 1 月份结婚的人数最多。因为这个月对城市工作人员来说正值新年休假，对于农民而言正值农闲季节。“春节前结婚在农村里很普遍，辛庄（北京东郊）所在地的这一区在春节前有四百对男女自由结婚。”① 2～9 月份结婚人数依次递减，5～7 月份结婚人数最少。一方面，人们结婚尽量避开雨季；另一方面，对郊区农民而言，这几个月正值农忙时节，人们没有太多的时间去为婚礼做准备。从 10 月份开始，结婚人数又逐渐递增。相对于农民而言，市民或者机关企事业单位的人结婚日期比较分散。除避开下雨的三伏天或者刮风下雪的数九天外，结婚日期的季节性不是十分明显，如“矿工除雨季外，每月都有（结婚的）”。②

二　个体对结婚日期的选择

按照传统习惯，结婚前一般会请算命先生选定一个双方都比较满意的“吉日”来举办婚礼，并且男方家庭主宰着“看日子”的权力。但是随着国家号召的移风易俗的影响，结婚日期逐渐“随意化”。表 5－11 是笔者访谈中反映出的当时人们对结婚日期的选择和看法。

① 《人民画报》1953 年 3 月号。

② 北京市档案馆：《（1954 年）调查京西矿区婚姻法运动情况后报告》，档案号：84－3－28。

表 5－11　民众对结婚日期的选择

结婚年份	结婚者信息	结婚日期的选择
1958	甲女士，大学老师；乙女士，中学老师	甲：我夏天，7 月份结婚的。 乙：自己定的。我是 10 月 7 号，国庆期间。
1959	王淑敏女士，1936 年生，籍贯北京，与军人结婚	找介绍人跟他说“回来结婚吧，要过年啦”。那会儿不讲究看日期。没有找人看看哪会儿（结婚）日子好，哪会儿（结婚）日子不好。
1959	M 女士，1933 年生，丈夫为技术干部，籍贯北京	M 女士：我记得结婚是在年前，一个星期六晚上，婚礼是下班后举行的，那时候以工作为主，不能停课，下班了同事们都过去。单位给了两三天的婚假。
1950 年代	丈夫，转业军人；妻子，小学教师	我们结婚选 9 月 28 号，28、29、30 这三天婚假，接着国庆节 1、2、3 号又放三天假，一共六天嘛，长一点。
	A 女士，1944 年生，籍贯北京	我们选日期就选双日子。比如星期四，22 号，阴历也正好是双的。但一般都是在礼拜天结婚。
	H 先生，1938 年生	自己定的，选双日子比较好。放假的时候结婚比较多。婚假三天吧，再加上轮休半个月或一个月。这儿举办完就回老家呗。
	W 女士，1933 年生，籍贯河北，20 世纪五六十年代在学校先后做人事工作和学生工作	结婚选日子怎么选没有具体的要求。因为过去没有休息两天的时候，一般是礼拜六晚上或礼拜天同事聚到一块坐坐，而且也不影响工作，结了婚该上班还上班，也没说你休息多长时间，没有那个概念。
1961	M 女士，1940 年生，籍贯上海，大学毕业后分配到北京	我爸说了选个双日。
1962	M 先生，1938 年生，技术干部	没有专门选日子，就是有空的时候办。
1963	L 女士，1938 年生，籍贯河北，中学教师，与大学教师结婚	我都忘了日子是怎么选的啦，好像是他（丈夫）定的。一般的就不讲究这些啦。

表 5－12　1950 年北京市第五区人民政府举行婚礼的日期选择

单位：%

日　期	星期日	星期六	星期五	星期四	星期三	星期二	星期一
一周七天结婚对数各占全年的百分比	37.59	17.73	4.96	14.18	12.77	4.96	7.80

资料来源：北京市档案馆藏《北京市第五区人民政府民政科（1950）六月份结婚申请书》，档案号：45－4－51。

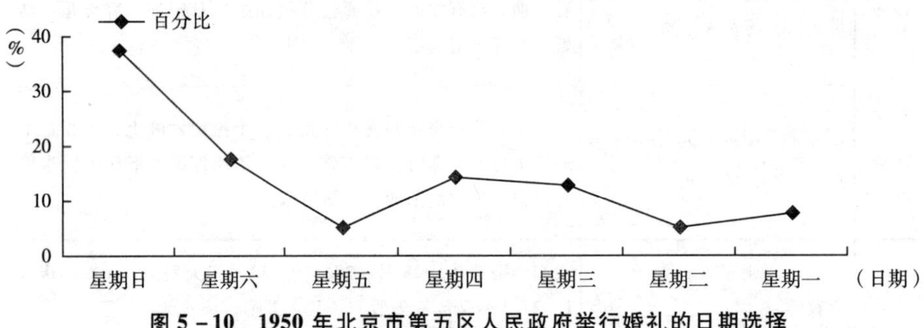

图 5－10　1950 年北京市第五区人民政府举行婚礼的日期选择

由表 5－12 和图 5－10，我们看到人们在选择结婚日期方面有以下特点。

1. 在星期日举办婚礼的人数比较多

这种情况在夫妻都有工作或者一方有工作的人群中比较普遍。主要是因为当时以生产为主，人们没有精力和时间去为婚礼做准备，而且国家对结婚假日有严格的规定。如 1957 年北京市劳动局关于建筑业职工的婚假规定为："请婚丧假在三个工作日以内工资照发，路途假按事假处理不发工资。婚丧假期已过，自由放弃假期者，均不补假，也不加发工资。婚丧假期不包括公休日和法定节日。"① 1964 年北京市公共汽车公司对职工的婚假规定为"本人结婚，根据具体情况，本市最多不得超过 3 天，外埠最多不得超过 5 天，工资照发"。② 况且婚姻属于个人的私事，如果人们把过多的精力投入个人私事方面会与集体主义相悖，会受到组织和舆论的谴责。有人还主动放弃了婚假，有人在婚礼即将举办前还为国家为集体的利益忘却"小我"，以此来迎合当时国家所提倡的"移风易俗""又节约又不耽误生产"的口号。

① 北京市档案馆：《（1957 年）北京市劳动局关于建筑业职工婚丧假期工资和混合工作队队长津贴支付规定的通知》，档案号：54－2－17。

② 北京市档案馆：《（1964 年）北京市公共汽车公司关于修改职工请婚丧假规定的通知》，档案号：258－1－1532。

2. 人们不再严格遵循以往请算命先生选个“吉日”举办婚礼的风俗

因为请算命先生来选择良辰吉日带有封建迷信色彩，在新时期移风易俗的氛围下，是极不合时宜的，更有悖于国家法律和政策。人们结婚一般选择星期天或者星期六晚上，以方便人们参加婚礼。这里，我们还看到，民间习惯与政治之间的矛盾，最后被调和为“找双日”。

3. 有的人选定在“五一”“十一”、元旦等具有纪念意义的日子结婚

如李淑贤与溥仪的婚礼订在1962年4月30日，李淑贤回忆道：“婚后第一天便是‘五一’劳动节，这位当过皇帝的人非常希望把自己大喜的日子与劳动人民的节日联系起来。”[①] 北京市还专门下达了这样一条规定：“临新年、国庆、五一等节日登记结婚的，如当事人要求将结婚证上日期写为节日时是可以的。”[②] 这一规定满足了群众选择在纪念日结婚的愿望。另外，这些日子，多数单位放假休息，有更多的人可以去参加婚礼。当然还有人是因为国家法定假日与婚假加起来比较长而选择在“五一”或“十一”举办婚礼的。

总之，新中国成立后十七年间，北京市民众婚礼中的一些如“合八字”、找“良辰吉日”等讲究和一些民间“禁忌”被打破，人们选择结婚日期比较随意，人们也不用花时间来为婚礼做太多的准备，反映婚礼与日常生活已经没有太大的脱节，不再具有人生独特的体验，但是这并不意味着人们把传统的习俗全部打消，还有人希望“选择双日”来举办这次重大的人生礼仪。说明人们在新的制度下积极地加以调整，使之在国家和社会允许的范围内满足自己的内心需求。

第三节　新时期下的婚礼仪式

中华人民共和国成立后，随着社会主义改造基本完成，经济命脉掌握在国家和集体手中，不同群体也被纳入各级政权当中。从此，个人与家庭家族的纽带被解构，而与国家集体的命运紧紧连在一起。作为社会生活一部分的婚姻文化也与国家和集体紧紧联系起来。人们在摧毁传统婚礼的基础上，创造出了反映时代特色的婚礼仪式。新中国成立后十七年间北京市的婚礼形式

① 李淑贤忆述，王庆祥撰写《我的丈夫溥仪》，第27页。

② 北京市档案馆：《(1954年)北京市婚姻登记人员会议总结报告》，档案号：14-1-58。

主要有以下几类。

一　茶话会形式的婚礼

中华人民共和国成立后，北京的知识分子阶层和干部阶层中盛行着延安时期的结婚方式，即茶话会形式的婚礼。它最早是由中华民国时期“文明结婚”方式演变而来的。这种婚礼在20世纪五六十年代成为最常见的一种形式。其基本程序为：

（1）单位领导致贺词；

（2）赠送礼物——同事、朋友凑份子合买的礼物，上面写有送礼人的名字；

（3）向领袖像、家长、来宾敬礼；

（4）夫妻敬礼；

（5）新娘新郎用糖、烟和茶水招待客人；

（6）新娘新郎介绍恋爱经过或回答一些“隐私性”问题；

（7）夫妻唱歌或一些助兴节目；

（8）来宾讲话；

（9）双方父母退场；

（10）叼苹果等娱乐性活动；

（11）领导和同事表达祝愿；

（12）婚礼活动结束。

案例一：1949年南洋火柴厂制盒女工朱琏秀的新式婚礼。

> 结婚那天，布置礼堂、礼幛、红花、招待都是工友们帮助来做。出钱又出力。区里的同志来了好几个，送礼又带来两朵大红花。也没有花多少钱，只买了一些花生和糖。吃的虽然不好，大家都高兴，嫂子和大妈们都说：“没想到这样热闹，有意思！”只有两个钟头，大厂房就变了样，两台摇柴机，被工人推到屋角去了，火柴盒也都整齐的放在那边做了会场的后景，迎门高挂毛主席和朱总司令的像，两朵红绸子花静静的垂在两面，还有两边挂了几块花布，墙上、门上、柱子上、各处都贴着标语：工人阶级团结起来！新社会新风气结成新夫妇。屋里，摆了几张桌子，排成扇形地上，铺着四领席，礼堂就这样简单的布置成了。工人

们，脸上淌着汗，兴奋地看着自己工作的成绩。两点半钟，工人们去迎接新娘，打起锣鼓，在团团的秧歌环绕中，新娘新郎被推进了礼堂。各厂的工人代表（有厚生火柴厂、三洋火柴厂和工人夜校的代表）、街坊老太太及朱琏秀的亲戚共有一百多人，把礼堂塞的满满的。礼堂中间的两把椅子上，坐着新娘和新郎，他们都穿着整齐的灰布制服，在热烈的掌声中，婚礼开始了。证婚人区委书记张越同志说："今天的这个结婚典礼，有三个特点和意义：第一，这结婚是真正自由恋爱的结合；第二，这婚礼是新式的，不受旧形式的束缚，而且慎重、朴素、欢乐；第三，在这一次的婚礼中个，充分地表现了工人阶级的团结友爱。这礼堂是我们工人节省下钱买了东西，又亲手布置的，好多别的厂的工人代表也都带着他们厂内的工人们庆贺礼赶到这里来参加，这个婚礼的主持者就是工人兄弟姐妹们。"厚生火柴厂工会的代表赵振邦说："朱琏秀和花庆林的结婚给我们开辟了一条新的路，我们希望他们在这新的社会中，不但做一对好夫妻，而且要在互助中加紧生产，支援解放战争。"新娘和新郎也都简单的讲了话，扭了秧歌。工人们高唱着《解放区的天》、《咱们工人有力量》等歌曲，一直到下午五点半钟，这严肃而愉快的婚礼，才在锣鼓喧天中结束。男女工友们都兴高采烈的（地）说："赶明日像这样结婚倒不错，比旧式结婚热闹又省钱，花了还不到一万块钱就结了婚！"①

案例二：李淑贤与溥仪结婚时的婚礼仪式。

当天下午，溥仪坐着小汽车来把我和我的几位同事一起接到政协机关，并在机关食堂吃了晚餐。饭后，大约从 6 点 30 分起，政协机关的大小汽车排成一列，向文化俱乐部（南河沿礼堂）驶去，隆重而热闹的婚礼仪式将在那里举行。我和溥仪乘坐的上海牌小轿车走在最前面。大厅里客人分别围坐在一张张长桌前面，桌上摆满了茶点和糖果。我们进屋后先就坐（座），然后溥仪领着我一张桌子一张桌子地互相介绍、握手、让烟、让茶。7 时整，由担任司仪的政协委员、政协总务处长李觉（曾任国民党第 43 集团军中将副司令）宣布结婚典礼开始。

首先，由主婚人——溥仪的七叔载涛致祝辞（词）。77 岁的载涛

① 郑潜、温立：《结婚》，《新中国妇女》1950 年第 6 期。

说："我今天参加这个婚礼非常高兴，希望你们在婚后新的生活中相亲相爱，互相学习，取长补短，在社会主义革命和建设中作出自己的一份贡献，以报答政府的关怀。最后，预祝新郎新娘和衷共济，白头偕老。

司仪宣布请新郎讲话，溥仪的讲话是：

各位领导、各位同志和亲友：我和淑贤在劳动人民最好的节日里结婚，蒙各位在工作百忙之中光临，我们表示衷心的感谢！我们选择这个日子结婚则因为这是劳动人民最愉快的一天。我们要记住这一天，永远向劳动人民学习，学习他们勤劳、勇敢、直爽、朴素的优良品质，学习他们崇高的无产阶级思想感情。回想自己的前半生，那是一个剥削者、寄生者的可耻的经历。经过十年改造，今天我成了自食其力的光荣的劳动者。我是一个园艺工作者和文史工作者，而我的爱人是一个我最尊敬的医务工作者。我们正是在劳动者的节日里建立起一个劳动之家，这正是我所追求的幸福。现在这幸福已在跟前，是政府给的，是人民给的。我愿意代表我的爱人，在今天的来宾面前表示决心：我们两人一定要相互勉励，随时克服缺点和错误，在各自的劳动岗位上，永远忠诚于人民的事业，把一份菲薄的力量献给期待着我们的祖国！

新娘李淑贤的发言为：

各位首长、各位同志、各位亲友：今天，各位盛意参加我们的婚礼，谨致以最衷心的谢意！我们的结婚，经过了较长时间的了解，彼此认为满意。我们的感情在相处中奠定了基础，共同的语言和共同的兴趣，把两人的命运联结在一起了。今天的婚礼说明我们的爱情已经成熟，我们的希望也终于实现了。在这样的时刻里，我们不能不由衷地感谢给我们带来了美满家庭的社会主义祖国！最后，再次向诸位致意。①

案例三：阎宇在《我的爸爸阎肃》一书中提到艺术家阎肃在军队举办婚礼的场景。

1961 年爸爸妈妈结婚了。当时的婚礼很简朴，妈妈在结婚前从涿州空军第六航校来到北京，在街上买了块布料，自己做了条裙子，就算是婚礼的礼服了。爸爸给妈妈买了双皮鞋及其他饰物，反正身上所有的钱都花光了，自己穿着笔挺的军装，那时他肩上扛着上尉军衔。

---

① 李淑贤忆述，王庆祥撰写《我的丈夫溥仪》，第 29 页。

那时正值国内“三年自然灾害”刚刚结束，国家属于困难时期。粮、油、糖都要票，布也要票，婚礼上只好买的是铁盒的“高级糖果”。婚宴上来了很多客人，大多是他团里的同事和领导，非常热闹。我姑姑说她从未见过你们热闹的婚礼。团长、政委先后致祝贺，我大姨姥姥也代表娘家发了言，说：“感谢空政为我们培养了这么好的姑爷。”政治处也给爸爸妈妈送来贺礼，是一镜框装的毛主席语录：“千万不要忘记阶级斗争！”来的宾客中有乐队的、歌剧团的、话剧团的，人才济济，都能安排节目，也都会捉弄新人。大家弄了很多节目，其中有个节目叫“采茶扑蝶”，是要求爸爸边唱边跳，并拿条枕巾围在腰上，又拿条毛巾把眼睛蒙住，手持一把芭蕉大扇，必须扑着我妈妈才算完成。大家呢，都围着爸爸拿着枕头逗他，不时“尖”着嗓子学妈妈叫“我在这儿”，弄得爸爸扑来扑去，却总扑不着“正宗的蝴蝶”。还有一个节目叫“怀中抱月”，大伙儿让爸爸抱着妈妈，并在嘴里含着一块糖，含糊不清又深情地说：“啊！美丽的月亮，我的心在荡漾，令人神往……”说完话，就要求爸爸把含着的糖送入妈妈的嘴里。这时该说“甜不甜？”但因妈妈是医生，习惯性地问了一句：“卫生不卫生啊？”弄得大伙儿哄堂大笑。闹洞房一直闹到深夜，大家唱啊，笑啊，歌声不断。①

对此笔者也进行了一些访谈。

从以上三则案例和表 5 - 13 中，我们看到，新式婚礼具有以下几个特点。

(1) 整个婚礼仪式中行为主体发生了变化。不仅婚姻当事人成为主角，而且女性也具有表达自己意愿的权力。我们看到，新式婚礼中的夫妻，是一种共同合作的平等的关系，比如女方有自己相对独立的社会活动网络，拥有了在公共场合发言的机会，可以和新郎挨桌敬酒敬茶等，有的婚礼直接在女方的单位举行。这些都反映婚后女方在家庭中权利的提升和男女地位的进一步平等。

(2) 人们在构建新的社会网络。传统婚礼中主要的社会网络是亲属，而新的社会里，人们的社会网络开始扩展，如婚礼参加人、婚礼社交游戏都由

① 阎宇：《我的爸爸阎肃》，第 34 页。

表 5－13　新时期下的婚礼仪式

结婚时间（年）	受访者情况	婚礼地点	婚礼仪式
1959	M 女士，辽宁人，教师，1933 年生，丈夫为技术干部，北京人	女方单位	我结婚是礼拜六，放寒假前，百分之八十的同事都能参加。我觉得结婚和生活没有更大的脱节。工会准备的一个专门的东西，比如××结婚，底下××去参加婚礼，签个名字，粉色的，有个纪念性质。我们本人也没什么积蓄。主婚人是工会主席，也没什么太多政治口号，他没有大段讲话。没那么隆重。我本身也不觉得这是个遗憾。他们要求谈谈恋爱经过呀什么的。他不太说，我说了一点。我讲了一句话到现在还记得："看天也觉得格外的蓝，心情很好，从一个人生活到两个人，也是算自由恋爱吧。"我们家长都是老太太，也没怎么讲话。最后弄苹果让我俩啃，就退出啦。大家稍微活跃一点。结婚那几天假，也接近新年啦，我记得滑一滑冰，留个影。我妹妹和婆家妹妹都一块玩一玩，挺轻松的。
1960	W 女士，工人，1937 年生，籍贯北京，与工人结婚	男女单位	证婚人引导主持，证婚人是单位里的人，参加的有亲戚朋友。念念结婚证（插图 5－6、插图 5－7、插图 5－8），介绍恋爱经过啦，谁追谁，喜欢不喜欢，爱他（她）哪一点……那会儿女的都羞羞答答的，我也说了几句。
1962	M 女士，1937 年生，吉林人	宿舍	参加婚礼的三十多个，都是我老伴的同事朋友。我同学什么的都不在北京，大家都过来随便聊聊天。没有举行什么仪式。
1962	M 先生，籍贯山东，军人	男方部队	那时候是困难时期，单位领导开会讲讲就完了。政治部主任是主持人，也是证婚人。请了大概有三十多个人。她单位没人去，她当时在外地工作。
1963	妻子，辽宁人，丈夫，北京人，夫妻同为大学教师	男女单位	大伙儿在一块就是像开会，学校领导去那里讲点话，祝贺一下。
1963	M 女士，1933 年生，籍贯北京，高校行政干部，丈夫为在校学生	女方单位	照了一张相，因为我是当地的，家里比较讲究，但机关里头不讲究这个。家里头好像还很隆重，请了许多客人。我学校还有很多同学、同事。他们都来了，在我单位办的，我们都是同学，瞎闹，嚷嚷就过去了。他们让说说，你俩怎么好的？我说："让他（同学）说，让他说。"我同学就说："他俩结婚让我说不对呀！"我和同学开玩笑，婚礼举行了一上午。
1964	M 先生，1939 年生，技术干部	男方单位	夫妻唱首革命歌曲，谈谈恋爱经过，大伙热闹一下就完了。

续表

结婚时间（年）	受访者情况	婚礼地点	婚礼仪式
1964	X女士，工人，1941年生，1948年来京，与工人结婚	男女单位	婚礼是在单位举办的，花了25块钱，工会主席管这事，作主持。还照相，不是穿着婚纱照的，就这么待着照相。那会儿也没有彩色的，是黑白的照片。
1965	M先生，1937年生，1963年来京，妻子是大学同学	女方单位	大家凑钱买点东西，派个代表来开个茶话会。

当事人的领导、同事和朋友来加入。婚礼的参加人在本章第五节中将提及，本节主要论述婚礼中的社交游戏。社交游戏虽然不如传统婚姻中闹洞房那么热闹，但人们还是会向新人提出一连串的问题，如谈恋爱经过、认识时间、约会地点等一些私密性问题，而且“叼苹果”活动会使新娘难堪，即用一根线在两人头顶上吊着一只苹果让新夫妇一起啃咬，要求两人只能用嘴，不能动手。必须设法咬一口，这其实是让他们当众接吻。这种继承了传统的风俗且有别于社会现实的现象，冲击了日常生活中人们遵循的固定秩序、制度和规范，打破了男女有别的模式。“它的突出意义，是在一种公共欢迎的表演中，暂时缓解了日常生活中的阶级和阶层之间的社会对抗，取消了男女两性之间的正统防范。”① 而且参与者由男方的平辈转移为双方的朋友和同事，这反映与同事、同学、朋友之间的交往将更为密切和长久，当然这种交往也更利于他们当前及将来的发展。

（3）婚礼与国家意识形态紧密结合。新的结婚仪式不断刷新着人们的思想观念，新的意识形态逐渐纳入婚礼当中。如区长及党政团妇联等主要干部成为国家各级组织的代表，代替家长来主持婚礼，家长在子女婚姻当中至高无上的地位被削弱；“向毛主席行三鞠躬礼”取代了传统的对祖先和神灵的祭拜；婚姻当事人及代表国家意志出席婚礼并讲话的领导，其讲话内容大都是“为国家和革命事业作出贡献”，“夫妻勤勉互励，在各自的劳动岗位上贡献自己的力量”等话语；传统的闹洞房加入了唱革命歌曲等内容。就连结婚证书（插图

① 转引自吉国秀《婚姻仪礼变迁与社会网络重建》，第202页。

5－6、插图5－8）上也是印着中华人民共和国国旗图案。这些变化，不但说明婚礼从家庭权威向国家权威的转换，而且也说明只有获得国家认可的婚礼才算合理化的婚姻。国家权威向个人生活领域的渗透可见一斑。

结婚証

(女) 岁 自願
(男) 岁
结婚，经審查合於中华
人民共和国婚姻法关於
结婚之規定，发給此証。

插图5－6　1960 年北京市海淀区结婚证书

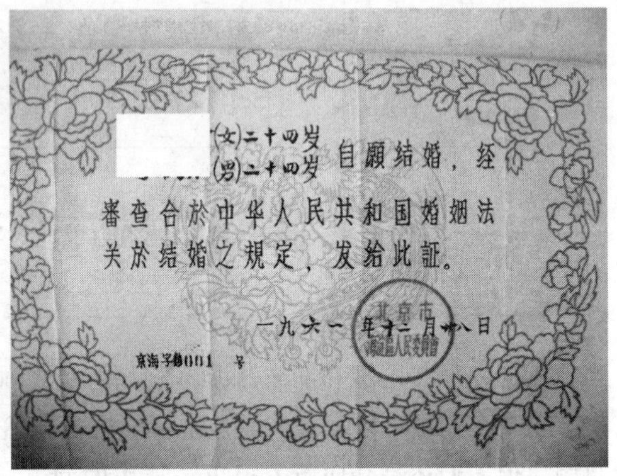

(女)二十四岁
(男)二十四岁 自願结婚，经
審查合於中华人民共和国婚姻法
关於结婚之規定，发給此証。
一九六一 年十二 月廿八日
北京市海淀区人民委员会
京海字第001 号

插图 5－7　1961 年北京市海淀区结婚证书

结婚証
北京市海淀区人民委员会印制

插图 5－8　1961 年北京市海淀区结婚证书（封面）

二　农村的新式婚礼

新中国成立后十七年间的北京农村，其婚礼也是在国家的参与与监督下，结合增产节约和《婚姻法》宣传而进行的。婚礼参加者既包括是当事人的亲戚、朋友，也包括党团组织领导下的群众，参与人范围的扩展使得婚礼的影响也有所扩大。如“八角村民兵队庞殿英和孙淑珍举行新式结婚仪式，区长亲自帮他们布置礼堂，邀请群众参观。区长在婚礼上宣传了婚姻法，并号召农民增产节约”。[①] 东郊区“王民与王淑珍自由结婚，在举行婚礼时党政团妇联等主要干部都去参加，并带动了很多群众参加，在会上党政团妇联都讲了话，说明自由结婚的好处，号召青年们向他们学习。生动具体宣传了婚姻法，团员编了个快板书，‘王民淑珍坐新房，一双爱人喜洋洋’，说明自由结婚又好又节约”。[②]

北京东郊辛庄二十岁的徐国仁和陈秀云结婚时，婚礼在露天举行。徐国仁当众报告了他俩的恋爱经过。秀云在报告新家庭的生产计划时，还强调要结合学习。跟着秧歌队把新婚夫妇送往徐家，送进粉刷一新的新房。喜筵陆续在另两间屋子里摆开。来宾们调侃了新夫妇。他们在席上边谈电灯将要安装到邻村的新闻，也谈到村里把互助组推进到农业生产合作社的计划。他们向新夫妇说：“结婚以后，一点也不许偷懒，要帮助大伙儿学习啊！”[③]

下面是笔者的访谈。

M女士，1933年生，籍贯北京，高校行政干部，1963年与在校大学生结婚。

受访者：我家就在紫竹院公园那儿的，当时还是农村。五一年、五二年宣传《婚姻法》，那时候像我这岁数的，或者比我再大一点的就系一个大绸子扭秧歌去了，锵锵起锵起，锵锵起锵起。比如五对婚姻里头起码有一对要扭秧歌。围一大堆人。因为当地的老百姓没有娱乐活动，见这个就凑热闹。大人跟着跑，孩子跟着跑。到那儿站好了给毛主席像鞠躬，给两家家长鞠躬。撒点糖就完啦。亲戚朋友送点礼还是给点饭吃，但是很简单啦。

我们看到，农村的婚礼是围绕婚姻自由和增产节约为中心来举办的。在婚礼上人们谈得最多的是生产计划，而且婚礼仪式中还加进了当时流行的政

① 北京市档案馆：《(1951年）北京市婚姻法执行委员会报告》，档案号：84－3－15。

② 北京市档案馆：《(1952年）团东郊区东坝镇支部团结广大青年宣传婚姻法，协助青年向封建婚姻作斗争》，档案号：100－1－46。

③ 《一对农民的婚礼》，《人民画报》1953年3月号。

插图 5－9　农村的新式婚礼（1）

插图 5－10　农村的新式婚礼（2）

图片来源：《北京日报》，1952 年 12 月 13 日，第 3 版；《人民画报》1952 年 1 月号。

插图 5－11　农村的新式婚礼（3）

插图 5－12　农村的新式婚礼（4）

图片来源：《一对农民的婚礼》，《人民画报》1953 年 3 月号；《北京妇女》1951 年第 38 期。

治话语和体现时代特色等内容。婚礼的举办过程也是宣传过程，主持人在讲话中会说明自由结婚的好处，号召大家向带头进行移风易俗的青年学习。腰鼓队、快板书、相声和话剧也都不离开宣传自由恋爱和农业生产。整个婚礼的举办程序简单，很多人结婚时不骑马、不坐轿、不摆酒席、不穿花衣服：结婚后，马上下地参加劳动，打破了新娘结婚后不下地干活的习惯，这种思想和行为正是迎合了当时国家意识形态的需要，而且也被认为是有意义的婚礼。下面是《中国青年》刊登的一篇一位农村姑娘在举行婚礼前一天的活动：

> 农村姑娘秋兰第二天就要结婚了，村里的妇女们，谁见了谁说她："秋兰呐，你该藏在家里给自己想想，给自己安排安排了。""她（秋兰）的两条腿不由自主地走出家门。走向了打谷场，秋兰用花头巾罩上头发，从大垛那边拿过一把木叉子，一句话没说就参加进去了。下午在家里准备明天的事情时，她忽然想起一件事情。昨天晚上开团支部会议，补选一名宣传委员代替她的工作，家里还存着一些文件，应当移交。于是，她打开了柜盖，拉下抽屉，把一篇一张的文件都搂起来，分门别类地放在一起。她挑选着，翻看着。这时候，街上响起老队长那高昂宏亮的声音，他喊叫社员们快去分萝卜。她又准备出去帮五保户三奶奶了。①

可见，人们的婚礼被平常化，为日常生活的一部分，不再具有特殊的体验，人们也不必刻意为婚礼作准备，而且为集体舍去个人利益的行为正好符合国家舆论宣传的需要，也为国家所倡导和认可。

三　集体婚礼

早在国民党政府统治时期就提倡过集体婚礼。这在很大程度上是为了抵制婚礼中的大操大办、铺张浪费而倡导的。集体婚礼的基本程序为：

（1）新夫妇进入大厅；

（2）向家长和来宾鞠躬；

（3）夫妻相互敬礼；

（4）主婚人致贺词；

（5）新婚夫妇向大家三鞠躬；

（6）领导代表、家长代表讲话；

（7）联欢（部分单位）；

（8）结束。

北京解放后，提倡举行集体婚礼，并拟定了《北平市人民集体结婚暂行

---

① 浩然：《喜期》，《中国青年》1962 年第 1 期。

办法》《北平市市民参加集团结婚须知》,[①] 一些机关和工厂开始组织本单位青年举行集体婚礼。这种婚礼仪式一般是由组织来举办，参加婚礼的人大多数是婚礼当事人的同事和朋友，每对夫妇也可以带少数的家庭成员参加，通常是父母或兄长，也有的人不邀请家人出席。它符合当时提倡的勤俭节约、移风易俗的特色，也符合年轻人趋新的心理。

下面是笔者对这一时期曾举行过集体婚礼的人的访谈。

访谈一：G 先生，1936 年生，籍贯北京，高校教师，1961 年结婚。

> 受访者：我是北京人，大学毕业后，我被分配在高校。爱人被分配在中学。她是我大学时候的同班同学。婚礼是由我学校给办的，集体举办，一共六七对吧，买点糖，喝点水，领导讲话就完啦。钱都是学校出的。

插图 5－13　集体婚礼（1）

插图 5－14　集体婚礼（2）

图片来源：《人民画报》1959 年 11 号；《马村是如何推行喜事新办的》，《中国妇女》1965 年第 1、2 期。

---

① 北京市档案馆：《晋、冀、鲁、豫边区婚姻暂行条例、北平市人民集团结婚暂行办法、市民参加集体结婚须知》，档案号：2－1－35。

访谈二：B 女士，1932 年生，工人，籍贯北京，1953 年与本单位工人结婚。

受访者：解放初那几年集体婚礼就是很时髦的。我是五三年的 12 月 31 号结婚的。参加集体婚礼的基本都是一个单位的，一共 4 对。那会儿主婚好像是工会。我就是穿着普通的衣服，戴了个花（笑）。当时就不讲究。其他人穿什么我也没注意。我爱人穿什么我也不记得了，在食堂特别做了几桌饭，家属来了几个人。他父母不在北京，没来，结婚前我好像没见过他们家人。我父母不在了，只有我哥哥嫂子去参加啦。那时候我没为婚礼专门准备，什么嫁妆都没准备。很简单，但有时候想起来吧，也没觉得自己亏什么，那个时代就是那个时代。那时候好像就是越简单越好，当时就是一种赶时髦，当时的时髦。

四　家庭举办的简约婚礼

这种婚礼形式一般是在父母至少有一方健在而且家在北京的婚姻当事人中举办。有少数人在饭店举办，但大多还是在家里举办。摆若干桌酒席，请亲朋赴宴，在宴会中举行简单的认亲仪式，但是与传统婚礼有关的别的内容一律被取消。前来赴宴的人一般送钱或送礼，叫“随份子”。当然也有同事前来祝贺，但同事和亲戚有区别，去祝贺的同事一般不吃饭。对此笔者也作了一些访谈。

访谈一：M 先生，1933 年生，军人，1962 年结婚，籍贯北京。

受访者：我俩结婚是六二年，一块儿坐公共汽车到我家办。人不是很多，基本是自个家人，顶多有一两个同事。有一个关系比较好的同事是主持人，同事祝贺一下就走啦，不吃饭。只有比较近的亲戚才留下来吃饭。

访谈二：T 先生，1922 年生，籍贯河北，1952 年来京，儿子 1962 年结婚。

受访者：我大儿子是 1962 年结婚的，我说不办婚礼了。但大儿媳妇的父母说“得办”。我大儿媳妇他们家里掏钱，他们找了个做饭的，他们买菜，他们买他们做，我不管，在我家里做饭摆了几桌。请的都是亲戚，有三四桌哩。那一会儿都是一般的饭，跟现在没法比，但是在那会儿就算好哩！主婚人是我们。我们和她（大儿媳妇）的父母主持，不记得说什么了。

访谈三：Z先生，1933年生，籍贯北京，工人，1958年与工人结婚。

受访者：结婚时，请双方家长，请亲戚朋友在饭庄吃了一顿。大约20个人。五八年在饭庄吃饭的人不多。我刚工作，没有同事，请的都是街坊亲戚，帮忙的都是街坊。她家就来了她哥哥。她先进城了，就住我家。收的布、帐子多，也有脸盆、暖壶，但是很少。她家里在郊区，结婚后也没有回门。

访谈四：M女士，1938年生，籍贯河北，1956年从河北嫁到北京，与工人结婚，1958年在工厂参加工作。

受访者：我结婚是五六年，结婚证就是一张纸，也没相片。结婚那天我坐5分钱公共汽车，我叔伯哥哥嫂子、叔伯姐姐把我送到他家。不拜什么天地，接来就完啦。吃面，打点卤，炒几个菜，弄个三桌四桌办了就完啦。大概20多个人。没有彩礼什么的。我父母不管，我大姐做主。她叫我妈婶。

访谈五：王淑敏女士，1936年生，籍贯北京，1959年与军人结婚。

受访者：我结婚那天他父母没过来，在广西。他来了在我们家，没有摆多少桌，就是我本家人，来了大概十一个人。那时不讲隆重，我父亲我母亲是主婚人；周围的街坊们也来参加，但不吃饭，一块见个面就完事了。买二斤糖，你一块他一块。五九年底到六〇年初，一人吃十块糖，就算不错了。

访谈六：M女士，农民，1935年生，籍贯河北，1956年结婚来京，丈夫为工人，籍贯北京。

受访者：我是河北嫁过来的，那时候不讲究送亲，没人来。结婚那天，他家来人不少。

访谈七：M 先生，1937 年生，籍贯北京，1960 年从郊区来京工作，技术干部，1963 年与郊区一名农村妇女结婚。

> 受访者：我结婚在家里办。请的人基本是亲戚，那时候粮食比较困难。我就去问支部书记，说："我的事怎么办？"他说："我不去，我给你说说，村里干部谁也不许去，你就把亲戚请来就行了。把一百斤粮食吃了，全家口粮怎么办呀？在村里，我不去，我才能叫其他干部不去。第一，你们人缘好，口碑好，全村人得知消息都会过来了参加，如果说我不去，我就能叫别人也不去。第二你们是大户人家，家人多，比较热闹。"后来一共办了五六桌，一桌 5 个人，一共就 30 多个。她家来了一半人吧。都说好了，粮食定量比较紧张。收的礼不多，花出去的比收进来的多 3 倍。比如说你花去 30 块钱，收回的礼不到 10 块钱。但是如果粮食富裕，全村人都去就赚钱。因为粮食有数，把粮食吃亏了就没办法啦。也没有给她彩礼。比如我结婚的时候，如果有现在那么多粮食的话，要不我就旅游去，要不我就大办，因为第一大办我比较风光，第二我可以赚点钱，第三可以做点人情往来。

我们看到，这类婚礼仪式是由两家家长特别是由男方家长组织操办并承担费用的。通过这种婚礼来扩大和巩固亲戚关系，当然婚姻当事人的同事和朋友也要通过礼物和"份子"前来庆贺。这种既简化了传统的婚礼程序，又强化了亲属、同事、朋友之间的凝聚力的婚礼仪式，反映人们在新时期下对社会主流意识形态的积极回应，是在政策与对策之间选择的一条既符合自身条件又不违背国家法律的一种对应策略。

五　旅行结婚

有的夫妇在领取结婚证之后采取了一种与众不同的更为浪漫和"私人化"的结婚方式，即旅行结婚。这种形式取消了传统婚姻所提倡的一系列程序，省去了所有的仪式，甚至连公共场合认同的仪式都被取消，只是新婚夫妻利用婚假外出旅行。一般他们会选择时间较长的假期，有的单位也会根据情况给他们婚假。旅行回来后通过给亲戚、朋友和同事发送喜糖，表明他们婚姻已经成立。下面是笔者的访谈。

访谈一：夫妻二人，妻子，籍贯辽宁，大学教师；丈夫，籍贯北京，大学教师，1963 两人旅行结婚。

受访者：我们是大学老师。我们结婚连个场面就没要，坐船回家，等于旅游结婚。我老家是辽宁营口，从天津坐船回去。回去也没办婚礼。回来后给同事点糖，等于宣布结婚了。当然我这情况比较少，一般工作人员结婚是大伙开个会，举办一下。有的时候在本地人的也不叫父母。我爱人就是老北京人，也不在家里办。个别人有在家里办，请人来办了几桌酒席，但极为个别。那会儿困难，想办酒席，哪儿来酒，哪儿来肉？顶多两人在一块照个相。我们两个人在一块照个大头像，很简单的，那时候连被子都没做。我们回家告诉妈妈："你不要告诉别人，等我们走了，你们把糖给他们发，免得告诉的话还得别人随礼，麻烦呢。"走的时候也没告诉同事，回来以后给他们发糖，连个仪式都不举行。烟也不发，学校里大部分都不吸烟。

访谈二：M 女士，文化部行政干部，1928 年生，北京人。

受访者：解放初期，有的人结婚以后，没有地方住，怎么办？旅行结婚。其实，那时候人们都没有钱，谁愿意花钱到外地去？旅行结婚的意义跟现在不一样，那时候是没有办法。

当时旅行结婚这种形式只是在少部分人中间采用，而且旅行结婚的目的和意义也不完全一致。比如有的人不举行婚礼仪式是为了简单省事，而有的人是因为结婚没有房子而不得不采用旅行结婚这种仪式。当然，大部分人仍然希望在与国家意识形态保持一致的同时，能够举行结婚仪式。

以上是新中国成立后十七年间的北京市主要的婚礼仪式，除此之外，还有别的仪式。如有的外地来北京的年轻人，会在老家即长辈居住的地方举办婚礼。这部分人多是经济条件较差，地位较低，大多数本地女子不愿与他们结为伴侣，他们只好回老家"成家立业"；或者是家里的独子，在长辈的要求下回去结婚。下面是笔者的访谈。

受访者：M 先生，1937 年生，籍贯河北，1952 年来京，1956 年在河北结婚。

受访者：我是河北人。15 岁来北京当学徒。1956 年我 19 岁结婚。在老家举行婚礼，因为我的爷爷、奶奶在老家。

还有人不举行任何婚礼仪式。在笔者的访谈中也有这样的例子。

受访者：Y女士，汉族，1928年生，籍贯北京，1959年在北京结婚。

> 受访者：1959年那会儿，我在天津工作，他在北京工作，结婚那天我才到北京来，来了以后，在天桥看了一场《茶花女》，就算结婚啦。[①]

新中国成立后十七年间的北京市，在国家对私人生活的干预下，婚礼逐渐从家庭权威向国家权威转换，婚礼仪式越来越简单化和政治化。而且男女两性在社会文化的构建下，形成了新的性别特征，传统对女性的角色分工和社会期望在逐渐消失。在国家宣传和典范的示范作用下，新时期下婚礼仪式形成了“众从”效应，即人们纷纷仿效典范的行为，“众从”现象达到一定程度会出现“从众”效应。如“女工群众中已逐渐消除订婚、结婚收纳男方聘礼的现象，并相约结婚时不穿礼服，不坐花车”。[②] 而且，为了避免个体与国家和社会的关系发生紧张，处于权威的监督下的个体，会时刻观察周围人的行为方式，会时刻考虑到“与众不同”的后果，人们还是希望按照多数人采取的方式来举办婚礼仪式，从而使得这种在特定时代下糅合了制度和习俗的婚礼仪式在相当长一段时间内成为主流。

第四节　婚礼文化的生活化

在第一章中我们谈到在婚礼仪式的短暂过程中所涵盖了整个人生礼仪，本节试通过婚礼仪式中代表日常生活的吃、穿、住、行等方面来分析新中国成立后十七年间北京市的婚礼特点。

一　婚礼中的食品

笔者所指的婚礼中的食品不仅仅指的是婚礼中要吃的食物，而且也包括

---

① 笔者的访谈：妻子，1928年生，丈夫，满族，1930年生，夫妻同为北京人。

② 北京市档案馆：《（1951年）北京市总工商会关于在本市工厂企业中宣传贯彻婚姻法的报告》，档案号：100－1－331。

日常生活中常用的茶水、香烟之类的物品。新中国成立后，勤俭节约的主要表现之一就体现在婚礼食品的准备上。新式婚礼中，主办方为婚礼参与人准备的少量的糖、茶和水果逐渐取代了传统的婚宴。而酒席只是局限在家庭成员内部非常狭小的范围内。毛主席的女儿李敏回忆她的婚礼时，写道："爸爸不主张大操大办。就委托生活管理员张国兴帮忙采购办了三桌酒席，规定每桌位八个菜。除了鸡鸭鱼肉和几个素菜外，没有别的。因为我俩都在上学，没有收入。就这样，我就觉得太让爸爸破费了，心里很是过意不去。这几桌酒席的花销，在当时，也不是个小数目。"① 国家最高领导人的女儿的婚礼尚且如此，平民大众婚礼的简单程度就可想而知了。在粮食供应紧张的情况下，很多家庭连这种局部的家庭聚餐都取消了。

除了糖、茶和水果之外，香烟也是多数婚宴中必不可少的物品之一。关于香烟的种类和价格，黄新原先生在其《真情如歌——五十年代的中国往事》一书中提道："建国初香烟时常一度曾以白锡包的大前门、大英牌为价格升降标准，后逐渐为中华、飞马、双斧牌取代。飞马烟价 1953 年在上海为 2 元 1 角一条，2 角 3 分一包。""还有牡丹烟，50 年代末牡丹牌 4 角 9 分一包。大前门 1953 年，每条 2 元 9 角，零售每包 3 角 2 分。1957 年，每条 2 元 9 角 1 分，零售每包仍未 3 角 2 分。从 1964 年起，改锡纸精装，每条 3 元 5 角，零售价每包调至 3 角 8 分。"当然还有"所谓甲级烟。首先是中华。1953 年，中华烟每条 3 元 9 角，零售每包 4 角 3 分，这差不多是一个普通工人一天的伙食费。1957 年中华每条涨到 4 元 4 角，零售价每包 4 角 8 分。1964 年每条 5 元 2 角 8 分，零售价每包 5 角 8 分。从此一直到 1980 年。对普通老百姓来说，对这个牌子始终有一种敬畏感。他们觉得自己不配吸，实际上很多年市面上也买不到。"他还讲了这样一件事情："红双喜也是 50 年代的甲级烟。有位老工人说到自己的一件难忘的往事：1959 年他结婚，仪式快开始了，主婚人——他们厂的书记却迟迟未到，性格腼腆的汉子有点挂不住了，觉得是不是领导看不起他，他已经向亲戚们说了谁是主婚人，万一他不来怎么办？正在着急，一头汗水的书记来了，笑着从包里拿出两条香烟，正是红双喜。当时香烟已经开始凭票供应，说是凭票，其实有些高级烟有票也买不到，这位工厂的一把手为一个工人不惜去求当局长的老上级把自己的烟'割爱'拿出来。当这位新郎看到这两条烟时，是什么样的心情应该可以

① 李敏：《我的父亲毛泽东》，第 278 页。

想象。就因为这两条双喜烟埋下了一份情，使这位老工人在‘文革’中背着被打折了一条腿的书记一口气跑了15里路，拼死保住了书记一条性命。”[①] 通过这个故事，我们不仅了解到当时人们的生活水平及举办婚礼的状况，而且还看到新时期下的人们是如何通过“人情”来构建人际关系的社会网络的。婚礼中两条颇为珍贵的“红双喜”为书记和老工人埋下了一份情谊，同时，这份情谊在交往关系中也达到了“互惠”的实用功效。费孝通先生把这种以“情感”为核心而建构起来的人际关系结构称为“差序格局”。在差序格局人际关系结构中，情谊被推崇为人际交往和人际互动的主要原则。

关于这一时期婚礼中的食品，笔者还做了一些访谈。

表5－14　婚礼中的食物

时　间	受访者情况	婚礼中所用的食品
1950年代	L先生，1933年生，籍贯广东，行政干部，妻子为工人	我就买了一点糖。当时买糖很困难，需要组织写证明“某某要结婚”，就可以多买一点。
1955年	H先生，军人。1930年生，籍贯山西，妻子为军人	我是五五年在部队举办的婚礼。部队都是供给制，结婚事先说一下，首长叫管伙食的事务长给买的肉什么的，炒几个菜，大家在一起吃一吃，那时候基本上也没什么酒。
1958年	M先生，1931年生，籍贯河北，1955年来京	结婚就花几十块钱。差不多一个月的工资，买点烟呀、糖呀这些。那会儿的烟和糖好买，还不是困难时期。
1960年	W女士，工人，1937年生，籍贯北京，与工人结婚	1960年连吃顿饭都没条件，就是喝茶水，吃块糖。买很少的糖，一、二斤茶叶，买一般的，不买好的，都凭票，也没钱。买十斤糖就算不错的了，有的买五斤，一个盘里摆几块，大伙亲朋在一边吃就算结婚啦。
1962年	J先生，籍贯山东，大学毕业后来京当技术干部	我结婚那时候茶好买，糖需要供应，不过结婚这个时候买糖是要照顾的。
1962年	T先生，1935年生，籍贯北京，军人，妻子为护士	我们结婚买的是高价糖。在家里头吃顿饭，也就是家里人吃一顿。买烟也得有券才行。

① 黄新原：《真情如歌——五十年代的中国往事》，第155页。

续表

时间	受访者情况	婚礼中所用的食品
1962 年	夫妻二人同岁，1933 年生，籍贯北京，丈夫为，军人，妻子为工人	请亲戚朋友吃顿饭。同事来了以后吃点糖，我们结婚时买的是高级糖。所谓高级糖是在困难时期以高于市场几倍的价钱买的。那时候高级糖是 5 块钱一斤。7 块钱那是半个月的生活费。那会儿高级糖还没现在的低级糖好吃。都不富裕，也有人到饭馆请几桌。我表姐就是去饭馆请亲戚朋友吃几桌。但这种情况很少。三年困难时期，吃喜糖都没有，我那外交部的同学结婚的时候，没糖、没瓜子、没花生，就煮了一锅糖水，给每个人舀一碗糖水喝。
1962 年	W 女士，教师，籍贯福建，丈夫为教师	那时候很困难。我们结婚那天就给大家吃些西红柿，没有其他的，西红柿也不算便宜，算稍微贵重一些。因为是喜宴嘛！
1962 年	夫妻二人，妻子，籍贯北京，医生；丈夫，籍贯山东，军人	糖很难买，得有证明，我们买了十斤糖。
1963 年	M 女士，1933 年生，籍贯北京，高校行政干部，与在校大学生结婚	1963 年就稍微好点了。我家买的叫芝麻糖，包的黄纸我记得。参加婚礼的都没有吃饭，哪有饭给他们吃啊，我们发的粮票哪够他们吃？吃了糖就走人了。
1963 年	M 先生，1937 年生，籍贯北京，大学老师	居民结婚顶多在家请亲戚朋友吃顿饭就结束啦！那时候条件在那儿搁着呢。
1963 年	M 先生，1937 年生，籍贯北京，大学老师	我爱人那天从门头沟回来，拿回来一麻袋爆米花，晚上就结婚，把我同事叫到一块，大家坐一块吃爆米花、喝茶，我们那时候很困难。
1964 年	X 女士，工人，1941 年生，籍贯河北，1948 年来京，与工人结婚	婚礼是在单位举办的，25 块钱就把婚礼办了。就买点糖、茶、烟、水果，也不吃饭。
1965 年	M 先生，1937 年生，1963 年来京，研究员，妻子，教师	买点花生、水果、糖、烟，一般凭结婚证可以买点花生。糖还可以买，什么证都不要，比一般糖要好一点，贵一点，也不算贵。烟也得凭结婚证购买恒大、大前门，最多能一样买一条。水果好买，我的婚礼上好像有葡萄。

从表 5－14 中，我们看到，对人们而言，糖是甜蜜的象征。即使再难买，结婚时，通过“组织证明”也要多买一点。困难时期，在百姓连糖都难买的情况下，糖水、爆米花、西红柿都变相地成为婚宴上的食品。这是在当时物质条件极为匮乏的情况下，人们采取的一种应对措施。这种措施既能在物资极为匮乏的条件下达到庆贺和祝愿的目的，又能达到国家所提倡的“增

产节约、反对铺张浪费”的效果。对于生活在社会中的人们，举办这种婚礼即使是非常简单，也是非常必要的，因为这是建立人际关系的一种交际活动。这样可以使他们更容易地融入和朋友、同事和领导相处的社会网络之中。正如凡·吉纳普所说：“一些加入仪式具有集体意愿，它或者表明一个个体加入新群体，或者把两个或更多的群体联合起来。”①

二　婚礼上的穿着打扮

这里所说的“穿着打扮”，既包括衣着，又包括身体佩戴的其他饰物如手表等。一般来说，社会上流行的服饰往往也会成为婚礼中的流行服装。北京解放后，女解放军战士在多年的战争环境中形成的英武利落的姿态，成为北京市多数女性欣赏的典型，因而许多女干部、女工、女学生、女教员纷纷仿效她们的穿着。而传统婚礼中使用的服饰以及民国时期流行的礼服越来越遭到冷落。如1953年礼服行业的“衣服和用具业残旧，也不补充”。北京解放后，最先流行的女装款式首先是列宁装。② 结婚照男方穿中山装，女方必穿列宁装。此外，还有一种女装流行款式——布拉吉。③ 它和列宁装一样，也是从苏联传进来的。当时因为和“老大哥”的关系紧密，很多词语都用俄译音，布拉吉也是俄语，即连衣裙。当时女青年时尚的装扮是：身穿泡泡沙布拉吉，脚下胶底拉带灯芯绒鞋，辫子在头两侧盘出圈，扎上蝴蝶结。此外，女装中流行款式还有军便服④、女式两用衫和“茄克衫”⑤。

---

① 转引自吉国秀《婚姻仪礼变迁与社会网络重建》，第169页。

② 列宁装的基本款式为：衣领开闭两用，敞开时有点像西装领，关闭时左上角的纽扣与右上角相扣；双排对称八颗纽扣，最上面两颗较下面六颗距离稍长，以便领部翻敞；有的女装左胸无兜；两侧下方对称有宽边斜插兜；后背有背缝但无“开气儿”；肩缝与摆缝都包得很宽，使线条清晰；腰部有宽腰带，腰带与服装面料相同；女式列宁装有单、夹、棉之分。参见黄新原《真情如歌——五十年代的中国往事》，第129页。

③ 布拉吉一般为棉布缝制，圆领，上下分裁，有腰线，袖有褶或起“泡”，下摆篷开，或呈A字形，两肩常带花边，腰间有带子。参见黄新原《真情如歌——五十年代的中国往事》，第129页。

④ 军便服，是模仿“50式”女式军服形成的一种款式。基本结构有些像女西装，尖角小翻领，三颗纽扣，收腰，圆装袖，两侧各有一个带盖的口袋。女式两用衫，是一种春秋两季可穿的上衣。“两用”的含义，一是指两季可穿，一是指领子开关两用。参见黄新原《真情如歌——五十年代的中国往事》，第129页。

⑤ “茄克衫”领子主要有翻领、关领子、立领等；前襟用拉链或纽扣，下摆和袖口用罗纹、橡筋、纽扣等收紧。参见黄新原《真情如歌——五十年代的中国往事》，第129页。

当时主要流行的男装是中山装。“那时农村结婚，新郎一定要借件中山装，不然新娘不答应。”① 做中山装的衣料，是毛哔叽、凡尔丁、棉布，甚至家织染。作为中国的传统服装，中山装从 1950 年代开始，一直流行不衰。除了中山装之外，还有男式列宁装,② 以及结合中山装和列宁装特点的“人民装”。它尖角翻领、单排扣、斜插兜，既有中山装的庄重，又有列宁装的简洁。因它进而演绎出“青年装”“学生装”等。③ 此时的婚礼，新娘新郎的穿着已经完全没有传统婚礼穿戴中所蕴含的多子多福、百年好合、袪灾纳福等深刻寓意了。人们在时代变革中，力求使自己从各方面适应新的环境，服饰同样也是意识形态在社会生活方面的一个反映。对此笔者还进行了一些访谈（见表 5 - 15）。

表 5 - 15　婚礼中新夫妇的穿着

时　间	受访者情况	穿　着
1956 年	M 女士，1938 年生，籍贯河北，工人，丈夫为工人	买条呢子裤子，买双皮鞋。那时候时兴苏联花布棉袄，倒是好看，还是大襟掐腰、浅粉色带花的。花不了三四十块钱。他（丈夫）买蓝色涤卡的布，去外面做的褂子和裤子。大概花两三块钱吧。里头是棉裤，小大衣。外面是新的，里面是旧的，不是里外都新。
1959 年	M 女士，籍贯辽宁，1933 年生，丈夫为北京人，技术干部	服装没什么新的，而且也没有因为我们服装如何影响我们形象或提高我们形象。大家都是很自然的。
1959 年	M 女士，1933 年生，丈夫为技术干部，北京人	做身衣服还得找便宜的做呢！来个白褂子，是夏天结婚穿的。
1962 年	M 女士，1937 年生，吉林人，与大学同学结婚，与丈夫同为技术干部	没有穿新衣服，就是平时的衣服。很简单，蓝裤子，都是布做的。他穿的是什么衣服我忘了。

① 黄新原:《真情如歌——五十年代的中国往事》，第 128 页。

② 基本特征是三个暗兜，左胸一个，下面对称两个，左胸较西装兜稍大，以插放钢笔和装笔记本，下兜是斜口，插手方便。参见黄新原《真情如歌——五十年代的中国往事》，第 129 页。

③ 黄新原:《真情如歌——五十年代的中国往事》，第 129 页。

续表

时 间	受访者情况	穿 着
1963 年	M 女士，1933 年生，籍贯北京，高校行政干部，与在校大学生结婚	衣服也不分什么蓝的白的，是新的就已经很不错啦。都是两个兜五个纽扣，领子，这儿两个兜（边说边比画）。也有做个中式的。我先生那时候还没毕业呢。就穿一套蓝衣服。各人情况不同。如果有钱，可以把最漂亮的东西拿出来。也可以做件花的什么的，但颜色没现在这么广。我记得我买件衣裳都不知道上哪买去。在商店买了件衣服，大绿条子，跟青蛙一样，现在想起我都恶心。
1964 年	X 女士，工人，1941 年生，河北人，1948 年来北京，丈夫为工人	穿华达呢。那时候叫“纯毛华达”呢，我俩一人一身，蓝的，外边买的。不用票，有钱就行。王府井那里有卖的。我俩来那会儿就算工资比较高的，一百多。

如果有人在婚礼中能戴一块手表，那既是时尚又是荣耀。在 20 世纪五六十年代，买手表可以说是一种生活追求。许多青年以骑“永久”车，戴北京牌、上海牌表（插图 5 - 15），听红灯收音机为时尚。只要稍微有点生活负担的人，都不容易实现这一理想。“一位 50 年代中期毕业的大学教师说，毕业之后，他第一个心愿，就是趁没结婚没负担，在还有按月给父母寄钱的情况下，能尽快攒钱买一只手表。他说，买了就算落下了，买不了，以后就不容易了。结果，他攒了整整 3 年，买了一只当时让同事们垂涎的小英格表，当时是 148 元。”①

插图 5 - 15 1950 年代的北京牌（左）和上海牌手表

图片来源：黄新原《真情如歌——五十年代的中国往事》，第 161 页。

当然，经济因素是人们衣着朴素的主要原因之一，特别是在困难时期，

① 黄新原：《真情如歌——五十年代的中国往事》，第 158 页。

几乎所有的物品都需要供应。1963年，商业部下达的棉纱统购、棉布统购及主要针织品凭布票供应的实施方案：“非农人口3.6尺/人，开放城市（包括近郊）小于等于15.2尺/人，全民所有制和集体所有制职工6尺/人、3尺/人（另3尺由省市自用以补助职工生活用布的困难），军人11尺/人。”[①] 除此之外，在人们的观念中，“土里土气”尚是工农本色，“而洋里洋气是受了资产阶级的侵蚀”。[②] 刻意打扮的华丽外表往往会被认为是与无产阶级生活方式背道而驰的。因此“谁也不愿为了穿一件漂亮的衣服而遭受舆论的批评”。[③] 下面是一位女性在服装上遇到的苦恼：

> 作一身制服需要一丈五尺布，而做旗袍呢，同样多的布却可以做两件。同样花布比蓝布便宜，穿花旗袍既省布又省钱。从美观上来看，我个子小，穿旗袍就显得高一些……同志们脱下棉衣换上了春装。一天我也穿上我的花旗袍去上班了……我刚一踏进办公室的门，小张第一个看见我，她就叫开了“看小朱今天多漂亮！”另外一个女同志也接着说：“呵！小朱真是我们的女先锋！”……只要是新衣服第一次大家都要开开玩笑的。但刺耳的话出现了：“小朱真够得上一个起带头作用的青年团员，以后选穿衣服的模范团员时，我准投你一票。”另一个男同志在一边不满地低声嘀咕着：“哼！真不像一个工作干部，打扮成个小姐样！”……办公室里你一句他一句地嚷个不休，有的是善意地开玩笑，有的却带着一些讽刺口吻……每年五一节和国庆节游行时领导不是号召穿花衣服吗？平时就穿不得……同志们看见我生气了，同时也似乎没有什么理由可以反驳我……似乎我穿花旗袍的消息传到其他办公室去了，一会来个同志借口向我借个信封，一会进来个同志假装倒杯开水……他们都偷偷地打量我，还有点扮着鬼脸……我虽然觉得自己没有错，但感到非常的拘束。以后，在路上、在饭堂里，也碰到了一些投来的好奇的或嘲笑的眼光，我不理这些，我的花旗袍仍继续穿着。过了一个星期，我突然接到在外地的一个朋友的来信，她在信中十分恳切地劝我，你是个青年团员，在工作中处处要起带头作用，可是，在生活上，尤其在个人穿着上，要尽量朴素，不要受资产阶级思想的影响……不久团支部书记也找我谈话了：“你应该把精力放在工作

---

① 北京市档案馆：《(1963年）关于结婚生育死亡补助用布的补充通知》，档案号：111-1-432。

② 谢觉哉：《看了“我们夫妇关系为什么破裂”的讨论以后》，《中国妇女》1956年第2号。

③ 郁凤：《今天的妇女服装问题》，《新中国妇女》1955年第3号。

和学习上，至于个人生活，不要花去太多的精力。”我一气就把花旗袍脱下压在箱子下面了。[①]

当时不止这位女士遭遇这种尴尬。这种现象反映了在新旧文化交替时期，旧的文化还继续存在，但已丧失了原有的权威性和约束力，新的规范因素逐渐增加，但在还未及完善与充分发挥功能的情况下，个体在选择与决定自己的价值取向和行为方式时出现的一种无章可循的失范状态。尽管在20世纪50年代中期社会上还强调过服装改革，指出应该摈弃“对时尚的追求就是资产阶级思想”的错误观念。认为“现在的生活又不是那样困难，我就不信姑娘们真的都不爱漂亮了！”“我们这一代是中国有史以来最幸福的一代，为什么我们妇女却偏偏穿着暗淡的蓝、灰色制服呢？”[②] 但是由于这一运动与女性获得真正的利益如经济状况、政治地位等无关，所以改革的成效不大。而且长袖长裤掩盖下的身体，特别是女性的身体，代表着思想的纯洁以及革命的美德，同时也体现男女平等的去性别化特征。其实，这种简单朴素的衣着是把人们的欲望控制在社会公认的规范之中了。

三 婚礼中的运输工具

传统社会里，轿子曾被认为是把新娘从娘家接到婆家的唯一、合法的运输工具。民国时期出现了花车。这些运输工具一方面标志着婚姻的正式性，另一方面“轿子还表达了与娘家的‘脱离仪式’、路上的‘转变仪式’、与婆家的‘加入仪式’”。[③] 在一个有限的空间和时间里，新娘完成了从娘家到婆家的空间转移，以及由少女变为妻子短暂的经历。但是轿子、花车不仅仅只是与新娘直接相关，而且还牵涉租赁的轿子铺、陪轿子或花车的全福太太或押轿娃娃以及伴随着轿子和花车而响起的鞭炮、唢呐等方面。各个环节联结在一起，构成了一条完整的婚姻文化链条。中华人民共和国成立后，国家通过移风易俗，增产节约的宣传，越来越多的人选择不坐轿子和花车。但是民众从心理上接受不坐轿子或花车的过程不是一

① 肖玲：《一件花旗袍引起的风波》，《中国妇女》1956年第4号。

② 郁风：《今天的妇女服装问题》，《新中国妇女》1955年第3号。

③ 吉国秀：《婚姻仪礼变迁与社会网络重建》，第198页。

蹴而就的。有的人认为结婚不坐花轿，“窝囊一辈子死了也冤屈”。[①] “某村农会副主任给同村的李淑兰介绍婚姻，两人同意到政府登记，女方就到男家去了，李的父亲说，也不坐轿，也不通过我就跑到人家去了，气的不得了，好像给他面子不好看。”[②] 郊区结婚坐花轿的现象也还非常普遍。下面是笔者的访谈。

M女士，北京人，1944年生，技术干部。

> 受访者：1950年的时候我六岁，记得一些。结婚有八抬大轿、四抬大轿，就看你的经济能力呗。我嫂子是1957年结婚的，那年她19岁，坐的是八抬大轿。我家里也没钱，人结婚就这一次。八抬大轿抬进来体面。吹吹打打的乐队，然后举行婚礼仪式，磕头。结婚那一天搭棚，亲朋好友来祝贺，坐一块吃席。

在国家不断地宣传移风易俗和各级组织的监督下，人们逐渐表现出符合国家舆论的行为方式。如“一般妇女都觉得坐花轿苦恼，又是封建思想大姑娘”。[③] 结婚“想坐轿”的人被认为是落后分子，所以很少再有人去“冒风险”。取而代之的是用“坐大棚子车”或者通过“走路”（见插图5－16）到夫家。传统的婚姻文化的链条开始出现断裂或破坏。以轿子为例，人们结婚不坐轿子之后，致使婚礼仪品业如喜轿、彩子、乐队、礼服、家伙的生意日趋衰落。有的因生意不佳而歇业，有的转入其他行业。“1949年北京市内有35家喜轿铺”，[④] 到“1956年仅剩下6家”。[⑤] 其间不断有轿铺及相关的业铺停止营业或转业。1951年4月，“歇业一户，系源和轿铺，因营业不佳”。7月“歇业三户，西家顺家伙铺、福和轿铺和天利鼓铺，以上三家歇业均系营业不佳”。同年8月“歇业一户，系俪宫礼服店，筹委王世铭原开设福海轿铺，因生意不佳转干果业”。[⑥] “合兴轿铺，将喜轿折碎当木材卖”。[⑦] 这个行业的私方人员大

---

① 北京市档案馆：《（1952年）团东郊区东坝镇支部团结广大青年宣传婚姻法，协助青年向封建婚姻作斗争》，档案号：100－1－46。

② 北京市档案馆：《（1951年）关于婚姻问题在□行政村调查报告》，档案号：9－1－114。

③ 北京市档案馆：《（北京市第11区人民政府）关于检查婚姻法的报告》，档案号：37－1－30。

④ 北京市档案馆：《（1949年）婚丧仪品业调查总结》，档案号：22－10－79。

⑤ 北京市档案馆：《（1956年）婚丧仪品业合营户分类统计》，档案号：33－2－81。

⑥ 北京市档案馆：《（1951年）北京婚丧仪品业同业公会筹备委员会一月份工作汇报》，档案号：87－43－21。

⑦ 北京市档案馆：《（1953年）婚丧仪品业利润情况调查表》，档案号：22－10－933。

部分得靠其他收入（如房租、出租、三轮车或靠子女等）维持生存，如“利顺喜轿铺纪升元，5口人（夫妻及3个孩子）租房子8间，9元，欠房租30来元，每月营业能收入100元就没问题，不然就得做小工，因生活不够。仁和喜轿铺马福山，3口人（夫妻孙女）租房子两间6元，公用电话收入30元，主要以电话费和房租收入维持”。[①] 到1956年，根据该行业的归口问题，北京市社会福利事业提出：“喜轿类型很多时间无业务，兼营家伙的还有一些业务，对专营喜轿的户，应该淘汰，对于物品可以归文化局，对于人事可以根据他的特长来进行安排。”[②] 到20世纪50年代末60年代初，结婚坐轿子的现象基本绝迹。

两人有说有笑步行来家结婚
赵志方 插图

插图5－16 步行去结婚

图片来源：《打破旧俗办婚事》，《中国妇女》1964年第7期。

以下是笔者的访谈（见表5－16）。

表5－16 婚礼中的运输工具

时间（年）	受访者情况	婚礼中的运输工具
1958	M先生，1931年生，籍贯河北，1955年来京	我们没条件接亲，走过来就完了。
1960	W女士，工人，1937年生，籍贯北京，与工人结婚	新中国成立后简单化，革命化。不坐轿子，骑驴也好，老家农村的人结婚坐大棚子车。

① 北京市档案馆：《各区管理处报来的国营及公私合营旅店婚丧仪品业概况及基本情况统计表》，档案号：67－1－39。

② 北京市档案馆：《（1956年）对婚丧仪品业进行改造的初步意见》，档案号：67－1－40。

续表

时间（年）	受访者情况	婚礼中的运输工具
1962	T先生，1935年生，籍贯北京，军人，与护士结婚	我结婚那天，她在医院集体宿舍，走到我这儿来啦。跟她们同事一块儿走来的。
1963	M女士，1933年生，籍贯北京，高校行政干部，与在校大学生结婚	我在单位举办婚礼，家里头上动物园给雇了个车，半路上我就下了，不敢往学校开，怕别人说。

通过表5－16，我们看到，新的社会环境下，新娘不再坐在轿子里完成从姑娘到媳妇的空间转换，身边没有唢呐、鞭炮的伴奏和全福太太等人的陪同，其身份转换缺少了以往那种神秘感与陌生感，这反映传统家庭对女性的束缚的削弱，“坐轿子”不再是婆家与娘家的分界线，同时也预示着女性在结婚之后得照样可以对娘家尽义务。有的人即使坐车，也不敢让别人看到。干脆在半路下车，反映了民众面对国家干预和个人需求的矛盾而采取的应对措施。

由此可见，新中国成立后十七年间的北京市，传统的结婚程序和仪式基本上被取消或者被简化。究其原因，笔者认为主要有以下几方面的因素：第一，经济因素的影响。无论是农民还是其他群体的人们，经济收入都纳入国家的计划之中，他们除了维持正常的生活之外，物质财富所剩无几。特别是三年困难时期，人们很难拿出更多的钱来操办婚礼仪式。第二，政治因素的影响。中华人民共和国成立初期，国家就提倡婚事从简，移风易俗。随着社会主义改造基本完成，特别是在反右、“大跃进”、人民公社化浪潮席卷全国后，国家意识形态进一步强化，被视为与包办婚姻、买卖婚姻、铺张浪费等相关的婚礼仪式都受到批判，人们不希望因举办一场隆重的婚礼而给自己或他人带来麻烦。如黄胄夫人在回忆1957年的情形时说：“我虽然没有受冲击，但看到周围那么多熟悉的与不熟悉的人都成了右派，心里感觉很是紧张。我们的好友裘沙和王伟君结婚，本来应该办得热热闹闹，因为裘沙在报界早已有些知名度了，但在那种情况下，婚礼又简单又冷清。”① 第三，多数青年从家庭走向社会，结识到更多的同龄人，社会关系的变化使他们增添了许多择偶途径。自由结识的年轻人，在婚姻文化中有了更多的自由，这对传统的家庭之间的婚礼仪式也是一个挑战。加之，当时的社会背景鼓励年轻人挑战传统权威，争当移风易俗的先锋，这在一定程度上也加速了传统婚姻仪

① 郑闻慧：《炎黄痴子——回忆我的丈夫黄胄》，中国青年出版社，2001，第41页。

式的消亡。

总之，新中国成立十七年间，北京市民众的婚礼愈来愈带有日常生活色彩，缺乏特殊体验，甚至有的人不认为这就是一场婚礼。婚礼中所用的食品、新人的服饰以及婚礼中的运输工具所蕴含的意义已经没有传统婚姻文化所含的那么丰富，很多程式都被简单化或直接取消。参加婚礼成员的角色分配也被限制到最低限度，甚至有的婆家人与娘家人几乎没有机会参加婚礼。传统的社会性别规范也在逐渐被打破，女性的地位开始上升，男女更趋向平等。但是，所有的变化都是在国家对私人空间的直接干涉下进行的，在浓郁的政治氛围下，这种短时期内的剧变，带有某种盲从心态和功利色彩，绝大多数人是不顾是非曲直一概服从多数，形成一种“盲目从众心理”，随大流走，一旦政治紧张的政治空气被打破，婚姻文化中的某些成分很有可能在人们的生活中有不同程度的复原和回归。

第五节　婚姻文化中的社会网络

一　婚礼参与者的社会网络

1. 婚礼参与者

传统婚礼中的参与者一般是亲属。由于地域的临近性，街坊也往往成为婚礼的参与人。传统婚礼遵循着“差序格局”的原则，婚礼举办方按照等级来决定哪些人可以被告知参加婚礼，而参加婚礼的人也根据这个等级来决定所送礼物的厚薄。这种原则的功能一方面是为举办婚礼的一方提供物质上的帮助，另一方面是使得亲属关系得到强化。如果亲属没有正当的理由而缺场，那么可能会影响日后亲属间的来往。人们一般都遵守着这种不成文的规定。

新中国成立后，婚姻当事人成为家庭中独立的个体，并以“社会成员”的身份成为婚礼的主体，他们开始在亲属网络之外编织新的社会网络。在城市里，婚礼当事人选择的婚礼参与者一般是其同事、领导和朋友，还可能包括少部分亲属；在农村，除了亲戚之外，村干部也往往成为婚礼的主要参与者。李淑贤和溥仪的婚礼参加者中除了爱新觉罗家族的部分成员外，还有溥仪和李淑贤的同事和朋友，如“郑洞国、覃异之、黄维、李觉、鲁崇义、杜聿明、范汉杰、宋希濂、王耀武、廖耀湘等”。① 关于新中国成立后十七年间北京市婚礼参与人的情况，笔者作了一些访谈（见表5－17）。

表 5－17　婚礼参与人情况

结婚时间	受访者情况	婚礼参加人
50 年代	L 先生，77 岁，1933 年生，籍贯广东，行政干部，与工人结婚	请好朋友在一块买点糖，朋友给主持一下，就成了家啦！没请领导，请领导拍马屁。
1958 年	M 先生，1931 年生，籍贯河北，1955 年来京	主要是我的同事参加婚礼。
1959 年	M 女士，1933 年生，丈夫为技术干部，籍贯北京	那时候是组织上给办的，以单位的职工为主，家里我婆婆、母亲去了，还有我先生的堂妹、我妹妹等，就这么些人。
1965 年	M 先生，1963 年来京，和妻子是大学同学，两人毕业后分配的到北京	去了大约二三十个人。我们单位去得人少，就五六个同事。我们学校党支部的副书记也去了，工会的也去了一个，另外我们教研组去了两个，都是我的部下。就在她那教研室里举行。她们学校同事去得多，她学校去了个书记，很给面子，因为我在学校也算骨干，我是政治教研组组长。

关于父母参加婚礼的情况，笔者也作了一些访谈（见表5－18）。

表 5－18　家长参与婚礼的情况

结婚日期	受访者情况	父母参与情况
1953 年	Z 先生，1926 年生，1950 年代来京工作，妻子为医生	结婚那天我父母没有来，他们在长春。她的父母也没过来，他们在农村。我们的婚礼是在单位办的。
1959 年	M 女士，1933 年生，丈夫为技术干部，籍贯北京	我母亲去了，我父亲不在世了。他父亲没去，他母亲去了。
1960 年	W 女士，工人，1937 年生，籍贯北京，与工人结婚	婚礼中有吃苹果和介绍恋爱的程序，就让老人退席，只剩下平辈待在一起。因为老人在看不惯啃苹果。那会儿还挺保守的呢。

① 李淑贤忆述，王庆祥撰写《我的丈夫溥仪》，第 35 页。

续表

结婚日期	受访者情况	父母参与情况
1962 年	B 先生，山东人，军人妻子，北京人，医生	结婚那天她姐姐去啦。我们家人在山东都不来。只是写信告家人要结婚啦，婚后也没有回家。
1962 年	甲先生，山东人，大学毕业后来京工作，技术干部	我们是自由恋爱，父母都没见面。结婚也没来，写信告他们结婚啦。
1963 年	M 先生，1937 年生，籍贯北京，大学老师	我家在北京，结婚在单位举行，父母没来，结婚第二天我回趟家，我爱人家是南方的，家里没人来。
1963 年	M 女士，1933 年生，籍贯北京，高校行政干部，与在校大学生结婚	父母没有来，农村人不兴。就是同事参加。
1965 年	M 先生，1937 年生，1963 年来京，和妻子是大学同学，两人毕业后分配到北京	我结婚那会儿父亲身体不好，住医院，没过来。她父亲岁数大啦，叫他来，他没来。但婚前我们都回家看了看。

从表 5－17 和表 5－18 中，我们看到，新中国成立后的婚礼仪式削弱了父母的作用。许多家长特别是与子女不在同一座城市的家长基本不会出席子女的婚礼。子女对婚姻有着绝对的权力，这说明在新时期下的婚礼中，婚姻当事人有更多的决定权和参与权。而且，经济越独立，地缘、血缘关系越疏远的个体，长辈在婚礼中所起的作用越淡薄。如赵丹的女儿赵青在 1959 年 8 月 15 日举行婚礼，她回忆道：在把婚礼准备得“一切就绪后”，才“给上海老家发了两封电报，一封是给我爹爹，一封是给我亲妈”。①

通过新时期北京市婚礼参与人的情况，我们看到制度化力量对人际关系的调整，以及人们在具体的环境中为应对社会制度变化而构建的社会网络。特别是对于城市里的工作人员而言，他们多数是在工作后才认识的，相同生活环境决定了共同的利益。而且人们在短期内一般不会改变自己的工作单位。在一个人治色彩浓厚、社会流动机会甚少，单位对社会资源具有较强垄断性的环境里，人们基本上就依赖单位来获得生存和发展。所以不仅要与领导而且还要与同事相互接触，将自己编织进单位这张社会网络之中。而大规模的社会活动往往是维持和积累这种关系的资本，举办婚礼便是维持和积累这种资本的方式之一。一般情况下，即使再简单的婚礼，往往也有一个人来主持。新时期的婚礼主持人多为领导、同事或同学。他们往往是能说会道，

① 赵青：《我的爹爹赵丹》，昆仑出版社，1998，第 172 页。

具有丰富社会经验的人。在婚礼的举办过程中，主持人负责相关的细节和规矩，安排婚礼的具体步骤。但是与从前的主持人不同的是，新环境下的主持人一般只是限于负责婚礼现场，而与婚礼相关的其他事务则一般不去参与。我们还看到，新时期下举办的婚礼仪式中，新娘父母可以参加婚礼，特别是新娘母亲的参与，虽然她没有发言权，但是她可以坐在新夫妇面前，不用刻意回避，这说明了女方家地位的上升，婚后与娘家的关系也较传统婚姻更为接近。这对以后夫妇在家庭中的地位也有影响。

2. 婚礼中收到的礼物

婚事又叫红事。谁家举办婚事，亲戚朋友和街坊邻居利用这个契机，送点礼物表示一下心意，留个纪念，做一份人情。通过这种人情，可以联系感情，加深印象，增进相互之间的交往。中国自古就有“礼尚往来，往而不来，非礼也；来而不往，亦非礼也”的古训。老北京也有相关的谚语，如“人情一把锯，你不来，我不去”，“人情急似债，头顶锅去卖”等。也就是说送人情比还债还要急，如果没钱，连煮饭的锅拿去卖了也要送人情。

> 北京有一习惯，就是送礼可以少但是必须送。比如说我们家娶媳妇叫你去你没来，咱俩一个村的。好，等下次你们家娶媳妇我也不随，过几年，远了。你们家有事我不知道，我们家有事你不知道。但是“份子”没有钱多钱少一说，但是你得给，礼重并不是钱重。所以农村兴这一个——你怎么随，我怎么来。比如说你随我一块，我也给一块。但是你不随不行。①

新时期下，北京民众结婚送礼的习惯依然保持着。北京人习惯于把结婚送礼称作“随礼”“随份子”，一般指的是男女在结婚时，亲戚朋友按约定的数额出钱，集中之后作为贺礼交付给新夫妇。人们通过“随份子”买个纪念品以表示心意。如在李淑贤与溥仪的婚礼中，“全国政协常委邵力子先生的夫人傅学文同志来了，她把两瓶陈年老酒放在桌上”。“全国政协副秘书长，文史资料研究委员会副主任委员申伯纯、全国政协秘书处副处长连以农、全国政协常委平杰三等政协领导同志也来了，他们合买了一条很漂亮的被面送来说：‘希望你们夫妇永结百年之好。’”植物学专家、北京植物园的

① 笔者对M女士的访谈。M女士，1933年生，籍贯北京，高校行政干部，1963年与在校大学生结婚。

俞德浚主任也来致贺了，“俞主任还带来了他与植物园另一位主任田裕民以及跟溥仪同在植物园生活过的军队干部胡维鲁共同送给溥仪的新婚礼物——一套崭新的精装本《毛泽东选集》。扉页上的题字是：‘爱新觉罗·溥仪、李淑贤同志结合志禧。’”“群众出版社的领导同志也来了，他们送来溥仪平时非常喜欢的毛主席诗词手写体挂卷。”“七叔载涛也来了，他送给侄儿的新婚礼物是一对大理石烟缸。”“溥杰夫妇也来了，他们送给大哥一件雪白的衬衫和一双袜子，说是象征着后半生洁白如之。又送给我一个精美的小钱包和一条白底黑花包袱皮。”“四弟溥任也来了，贺礼是一只小型电子表。”溥仪结婚第二天，在政协礼堂郭沫若送给他们的结婚礼物是“两筒‘双喜牌’香烟”。[①] 下面是笔者的访谈（见表5－19）。

表5－19　婚礼中收到的礼物

结婚时间	受访者情况	收到的礼物
20世纪50年代	L先生，1933年生，广东人，行政干部，与工人结婚	送的镜子太多了，有送“毛选”的，但不兴。
1959年	M女士，1933年生，教师，丈夫为技术干部，北京人	他父亲拿了一二百块钱给他母亲，让我老婆婆给我买东西，她给我们买了一些生活用具。
1962年	夫妻二人，妻子，北京人，医生；丈夫，山东人，军人	集体送了个雕刻的镜框。那时候结婚就是给暖壶、脸盆、毛巾、小毛巾的什么的，全都是这些东西。
1962年	夫妻二人同岁1933年生，北京人，丈夫为军人	送的东西也很简单，有脸盆、暖壶。那会儿基本上是送生活用品，很土（笑）。有的结婚，家里有好几个痰桶，能送一个铁皮暖壶就很不错啦。
1963年	夫妻二人，妻，辽宁人；夫，北京人，大学教师	结婚收到的礼物有好几个暖水瓶，好几个脸盆。因为那时候只能买这些东西。买个影集还要好几个人签名，不是抠门，那是经济条件限制。有的要养孩子还要给父母寄钱，只能一人出五毛钱，交点份子钱。
1963年	M女士，1933年生，北京人，高校行政干部，与在校大学生结婚	送礼都送洗脸盆、镜子、暖瓶、台灯，送台灯是在有知识的一些人中。比如，同学彼此之间送个台灯。村里头，作为一般的社会人都是送镜子，送大镜子。就是一块这么玻璃，有镜框有花，就二三十块钱。

① 李淑贤忆述，王庆祥撰写《我的丈夫溥仪》，第32～36页。

续表

结婚时间	受访者情况	收到的礼物
	S 女士，山东人，1935 年生，1955 年来京	送现金的少。老人、岁数大点长辈给点。一般的朋友送个脸盆、暖水壶这类玩意儿。有时候洗脸盆有一大摞，你也送啊他也送啊。比较知情的人送被子。
1965 年	M 先生，1937 年生，教师	一个教研组的，送了我们一个茶盘，有四个小茶杯，一个茶壶；还送了我们一个痰盂。大家凑钱买点东西，派个代表来。我父亲给了一个毛毯，给我们一个人一身毛料衣服。他在军区的时候找人买的英国的毛料，然后我们自己做的。她娘家给了一套化纤被面，当时农村里买的，算流行的。

中国自古以来就是礼仪之邦，“礼尚往来”早已渗透在每个人的内心深处。人们通过送礼这种方式不仅可以缩短与他人之间的距离，而且也可以促进双方关系的深入发展。这种互惠不仅仅是财物上的互惠而且也是社会网络上的互惠。金耀基先生在谈到中国社会中的人情往来时也强调：“在社会性的交换中，则人情极重要，甚至占了中心的位置。在这类社会交换中，人情可以说是媒介，也可以说社会性交换是靠人情来维持的。”“事实上，人情根本就是一种得到文化价值所支持的社会规范。”①

二　婚后的居住模式形成的社会网络

婚后居住方式反映了亲属网络的组建以及社会性别的建构。传统的中国社会，一般是女方到男方家居住。新中国成立后，虽然法律规定了女性作为独立个体的合法权益，但女性出嫁后随丈夫到男方家庭居住仍然是社会通行的规范。在农村地区更是如此。新中国成立后的十七年间，北京市的新婚夫妇主要选择以下几种居住方式。

第一种是独立门户模式，即新婚夫妇单独组建家庭。这种情况在男女都工作而且双方父母都在外地的夫妇中所占的比例较高。演员赵丹的女儿赵青回忆她在 1959 年 8 月 15 日结婚时，说：“领导给我们在大栅栏内歌剧院舞

① 金耀基：《人际关系中人情之分析》，载金耀基《中国社会与文化》，牛津大学出版社，1992；转引自周建国《紧缩圈层结构论——一项中国人际关系的结构与功能分析》，上海三联书店，2006，第 268 页。

美设计师住的小院内分了一间大屋。"[①] 在笔者的访谈中发现，一些有职业的本地男性婚后也会与父母别居，组成核心家庭。婚房的来源基本是单位分房或者是自己租房。这反映现代化生产的需要。当然，新夫妇与父母分开居住也可以避免因人多而造成的是非多、矛盾多等状况。下面是笔者的访谈。

M先生，1937年生，1960年从郊区来京工作，为技术干部，1963年与一名农村妇女结婚。

> 受访者：结婚后，我们和父母生活了一段时间，就单过了。那会儿有的家庭是单过，有的家庭是婚后过一段时间才单过。我怕有矛盾，因为老人观念有点旧，如果新媳妇和老人产生矛盾，矛盾深了就不好，因为一家有一家事，如果在一起谁说了算啊。分了家少生事，各人吃各人的，有事大家相互帮忙，老人有病也照顾，老人也给看孩子，反而好。

独立门户这种居住模式，使得家庭关系趋于简单化，这对日后的家庭关系及功能都有影响。这一方面反映以父权、夫权为中心的婚姻制度正在解构，亲属网络结构也不再像从夫居那么明显；另一方面也表明家庭决定权中"夫妻共同商量"的方式开始占主要地位，女性在家庭中的位置开始凸显。

第二种是从夫居模式。这种模式一般是新婚夫妇与男方父母共同居住。女方婚后进入男方家的社会关系网络当中，渐渐与娘家的亲属网络疏远。在这种模式下，夫妻的权利义务也有所不同，如男子成婚后拥有优先继承父母及亲属财富的权力。夫妇在寻求帮助时，也首先从男方的亲属网络中寻求支持。在义务方面也同样如此，比如在照顾长辈方面，儿子、儿媳一般被认为是第一责任人，女方父母很少再去依靠已出嫁的女儿。而对女性而言，这种居住模式使她们面临一种挑战，因为她们婚后不得不疏远自己原来所熟悉的生活空间，去面临和适应一个陌生的环境与新的交往群体。这种情况下，使得女性从属于丈夫及其家庭的概率会大大增加。新中国成立后的北京市，房子由房管局管理，只有在能为新婚夫妇提供足够住房空间的家庭才能选择这种居住模式。多数家庭因为住房空间的限制，没有条件为新婚夫妇提供单独的空间，这对于打破了传统的居住模式，改变婚后两性的家庭地位产生了重大影响。

第三种是从妻居模式，即新婚夫妻与女方父母共同居住。这种情况大部

---

① 赵青：《我的爹爹赵丹》，第172页。

分是由于婚后男方在外地工作，女方才居住在娘家。当然也有特殊的情况，如毛主席的女儿李敏和孔令华结婚后就选择了这种居住模式，但并不是因为以上原因。当时他们都是在校学生，据李敏回忆，他们在中南海的“新房是由爸爸身边的工作人员和他们的家属帮忙收拾的。他们把新房布置得既简单，又典雅。房间里有书柜、写字台、桌子、三四把靠背椅子。这些都是从仓库临时搬来的公家的旧家具，我们暂时借用的，连大床也是。床上摆放着两套白色被罩套起来的夹被。褥子是旧的，用白色的大床单盖着”。[①] 无论何种原因，这种居住模式说明了人们的婚姻观念在逐渐变化，在某种程度上改变了过去“嫁鸡随鸡，嫁狗随狗”的思想。

第四种是父母随子女居住的模式。一般指的是女方的父母或者男方父母随新婚夫妇居住。这种情况一般发生在外地来京的工作人员当中。特别是独生子女的父母中有一人故去，另一方又无生活来源，新婚夫妇会把其接来一块居住。

第五种是在住房紧缺的情况下，婚后新夫妇各住各人的单位，只有在周末男方室友腾出的集体宿舍里才能进行短暂的相聚。

以下是笔者的访谈（见表5－20）。

表5－20　婚后的居住模式

类型	时间	受访者情况	婚后住房和家具摆设
独立门户	1953年	Z先生，1926年生，1950年代来京，妻子为医生	我们司长对我很不错的，他给我弄了个小屋，放了一个大床。我住的那个院子是清代一个宦官的大宅子，里面住的都是司局级干部，我的房子是司长照顾我的。
	1957年	M先生，籍贯江苏，1955年来北京	刚结婚时，我单位借给一间房子。没有买家具，那时候问公家借，借个床，借个桌子，借几个凳子。没有家具店，我们去拣包装箱，往里面放碗。想买个柜子放衣服，买不到。
	1958年	M先生，1931年生，籍贯河北，1955年来京	那会儿还没房子，以前单位没给分房，就住招待所，后来住小旅馆，都是公家给掏钱。
	1959年	夫妻二人，妻子，1928年生，北京人；丈夫，满族，1930年生，北京人	结婚很简单，她带着行李从天津来，我是在大学里上班。公家给一间房，给床、椅子、凳子、桌子、书架子什么的，都给啦！就把两人被子往一块搬就完啦！

① 李敏：《我的父亲毛泽东》，第277页。

续表

类型	时间	受访者情况	婚后住房和家具摆设
独立门户	1960 年	W 女士，工人，1937 年生，籍贯北京，丈夫为工人	单位给一间房子，把两个床弄到一起，也就没买什么东西。单位给房子，但是条件多，得够年龄什么的。没买家具，没有钱。
	1962 年	夫妻二人，1933 年生，籍贯北京，丈夫为军人	结婚后我俩单住，家里没房子。新中国成立以前的房子就是私人的，解放北京放后，有的房子就交了公家了，属于房产管理局的。城里人房子大部分都是租的，私人很少有房子。租金当时很便宜，我们住的房子，都是街道的房管所管，家里面没房子了，也可以去申请租房。比如我们结婚没房子，就去房管所申请调配。哪怕是一个小旮旯，也算给你啦。到时给他们交房租。他们管我们修窗修门。那时候还有人在院里面自个盖房子，盖个小棚。比如买大衣柜，用结婚证可以给你一张票，凭这张票去家具店买衣柜，一般人买不到。三年困难时期，买桌椅板凳都得抓票、排队，半夜排队。某某和某某为了一张票两人还打架。结婚总得有一张桌子、两把椅子。但是拿着钱也买不着家具。我夜里边 12 点去排队买橱柜，就是上边两个抽屉，下边两个门。头天 8 点钟去领号，群众自个组织的，要不第二天就没有秩序了。然后 12 点，点一次名，你如果不来，这个号就算作废了。第二天早上再早点去排队，有人在那里守着，多少张以后就没了。我们就买一张床，买一张桌子、两把椅子，买一个柜放衣服，都得拿票。一般家里面是自己个打制家具。
	1962	M 女士，1937 年生，吉林人，与大学同学结婚，与丈夫同为技术干部	房子是单位借给的。
	1965 年	M 先生，1937 年生，1963 年来京，和妻子是大学同学，两人毕业后分配到北京	她单位借给我们房子，是在学校里暂时住的。自己凭结婚证再买两个木箱子。学校借给一张床，借给一张两屉桌，其他什么家具也没买。
	1965 年	M 先生，1937 年生，1963 年来京，和妻子是大学同学，两人毕业后分配到北京	结婚后在我爱人学校住了一年，房子是学校借给我们暂住。后来我们在外头租房子，房租给房管局了。

续表

类型	时间	受访者情况	婚后住房和家具摆设
从夫居	1960 年	W 女士，工人，1937 年生，北京人，丈夫为工人	结婚后跟公婆一起住，后来工作了，单位分房子了，就出去住了。
	1962 年	T 先生，1935 年生，北京人，军人，与护士结婚	结婚以后在家里面住，房子也不宽裕，但是够住。家具比较简单，都有现成的，只是请人给涂涂漆呀，改造改造就完啦。请了个亲戚，会木匠活的给帮忙弄弄。
	1964 年	X 女士，工人，1941 年生，河北人，1948 年来北京，与工人结婚	结婚以后就住我丈夫家里的房子。他们家有一间房 12 米，那就算不错的。不跟他父母在一起，他们跟他大儿子一块生活。人家伺候，我们给他父母生活费。
从妻居	1954 年	M 女士，1925 年生，籍贯北京，18 岁由父母包办结婚，19 岁丈夫去世，后改嫁转业军人。	他整天在外地，没有家，我住我爸爸家。
	1959 年	王淑敏女士，1936 年生，籍贯北京，丈夫为军人	我爱人在外地上班，在我妈家里住，结婚都是在娘家结的。
父母随子女居住	50 年代	W 先生，籍贯广东，1952 年来北京上大学，毕业后留京工作，妻子为工人	我和我弟弟都在北京工作，我母亲一个人在广东，没人照顾。她就来北京跟我一起生活了。
	50 年代	C 先生，1939 年生，1965 年来京，技术干部，妻子为工人	我父亲去世早，我母亲跟我们一块生活。
其他	1962 年	夫妻二人，妻子，北京人，医生；丈夫，山东人，军人	结婚时从单位临时借了一个小房。结完婚以后，她去外地工作，我又搬出去了。被子是旧的，有的条件好的话基本都是买点新的。有被子、褥子也要买个毛毯、床单，想买个收音机，一般买不到。我是托关系买到一个南京熊猫牌的收音机（见插图 5－17），花了四五十块钱。那在当时可就相当贵啦，我工资才九十元。

续表

类型	时间	受访者情况	婚后住房和家具摆设
独立门户	1963 年	M 女士，1933 年生，北京人，高校行政干部，与在校大学生结婚	我们结婚时，他还没毕业呢。结完婚后就回学校啦。没地方住，我们有一同学结婚两人跑宿舍住了，结果被学校记处分了。租房子也租不起，那时候人们的生活水平很低，起码有百分之一的人结婚没有房子。但是不管什么这原因那原因吧，到星期六就凑合一阵。比如说机关大院吧，有的人晚上不在那儿啦，人家都走了，夫妇也就是星期六聚一聚。到困难时候结婚就不讲究这个啦。两人的被子拆了洗洗，结婚的时候搬一块。没房子啊，结完婚他就走了。
	1963 年	L 女士，1938 年生，河北人，中学教师，与大学教师结婚	结婚也没什么特殊的，挺简单的，搬一起住就行了。我当初就在郊区工作，他在市里工作，我住集体宿舍，比如说这一间屋子三个人，那么这个人的家属来了，那两人就让出来。那一个人的家属来了，另两人就让出来。太简单了。
	1963 年	M 先生，1937 年生，北京人，大学老师	我们那时候简单，两个单人床往一块一并就算结婚啦。
	1959 年	M 女士，1933 年生，丈夫为技术干部，籍贯北京	他家给了我们一间房子，但我在郊区工作，离家比较远，我那个地方也有宿舍。我爱人有时候过去，因为他在市内工作，有的时候我到北京来。

插图 5－17　五十年代生产的 131 型 7 灯交流收音机

图片来源：黄新原《真情如歌——五十年代的中国往事》，第 165 页。

根据表 5－20 我们看到，新时期下，人们婚后的居住方式多种多样，对于在外参加工作的人，基本上采取的是夫妻独立门户的居住模式。而且，这一时期新婚屋子里的摆设非常简单。有的人会请木工做家具，有的人会去商店里买家具，但是不一定人人都能买得到，特别是在物质匮乏的困难时期。所以有的单位开始向职工租家具，即把单位里的公共财产租给职工，每月从职工的工资里扣去少量的租金。除了简单的陈设外，“被子”是笔者在访谈中常常听到的关键词，只要笔者问道“婚礼是如何举办?”很多人会回答“两个被子搬一块就成了”。这一方面说明婚礼的简单程度，另一方面说明只有通过婚姻，男女之间的性关系才被认为是合法的，才是合乎社会规范的。

本节主要叙述了人们在婚礼中所构建的社会网络。新时期下，婚姻当事人的同事和朋友之间通过人情交换的方式来构建人际关系，使自己走到某个群体当中，获得“身份认同”。一个人如果进不去主流的圈子，就永远是边缘人，就很难分享到更多的社会资本。从费孝通先生的“差序格局”人际关系结构中可以看到，人们在处理人际关系时，对于“圈内人”和“圈外人”的态度是不一样的，人们往往会把“圈内人”看成自己人，对这些人更多的是采取拉拢和做人情的法则来交往，而对于“圈外人”则一般认为是“外人”，往往会采用对立和工具主义的交往法则。所以人们往往在一定程度上，想办法让自己成为某一群体内的“圈内人”。参加婚礼也是进入“主流圈”的方式之一。如果参加婚礼，表明个体与社会网络之间保持着一种比较稳定的关系，该个体就可以从这种联系中获得归属感和认同感。如果个体不去或没有被邀请参加婚礼，就会被划另类的标志。一般情况下人们都不希望这样。所以通过婚礼的参与者，我们可以看出在人情、人缘、人伦之外构建的新人际关系。参加婚礼的人不一定都是婚姻当事人乐于邀请的对象，这其中包含着理性、支配和屈从的成分。大家在这种认可的“自己人”的隐形关系网络中活动，以期在将来可以得到周围人在资金、人力和舆论方面的支持。可见包括婚姻文化在内的社会文化不仅具有集体性，而且还具有制约性。这种制约性作用于个人意识，使得个人自觉或不自觉地服从。同时，我们还看到个体不但通过继承来建立关系网，而且通过积极主动地选择来建立新的关系网。可见，感情联络在人际关系中越来越凸显。

本章小结

新中国成立后的十七年间的北京市，随着传统社会制度的崩溃和经济体制的瓦解，作为社会文化一部分的婚姻礼俗成为国家意志改造和诠释的客体，经过国家的大力宣传与倡导，婚礼逐渐从家庭权威向国家权威转换，旧式的婚礼程序和仪式基本上被取消或者简化。人们不用花时间来为婚姻做太多的准备，婚礼与日常生活已经没有太大的脱节。婚礼中所用的食品、新人的服饰、婚后的居处以及婚礼中的运输工具所蕴含的意义已经没有传统婚姻文化中的那么丰富。人们在新的制度下积极地调整和适应新的变动，在顺应国家和地方政策的同时，也积极建立与国家文化的象征联系。国家意识形态渗透到婚礼的每一个环节当中，并在相当长的一段时间内占主导地位。但是，这种在特定的时代、特定的思想背景下的婚姻文化的剧变，带有某种盲从心态和功利色彩，一旦紧张的政治空气被打破，婚姻文化中的某些成分很有可能在人们的生活中不同程度的复原和回归。

周一良先生在回忆新中国成立后三十年的婚姻状况时，说道："这期间已经不是我们两人之间的关系，而是我们与别人、与整个社会之间的关系。"① 正是因为婚姻是社会行为，所以无论是举办婚礼的当事人还是参与者，都积极利用并通过婚礼扩展社会关系，构建社会网络，将社会网络作为可以利用的社会资源。这一时期，人们一方面承袭已有的社会资源，比如亲戚，另一方面在与他人的互动中扩展资源如老乡、同学、战友、朋友、同事等。从互动、互惠和情感程度等方面考虑，互动次数越多，互惠就交换越广，情感程度就越强，就越容易建立社会网络。在城市里的知识分子、干部等国家工作人员中，社会关系的核心转移到了工作单位的同事身上。在农村，人们会邀请村干部加入婚礼，即日常生活中需要经常发生关系的人都要拉进来。可见，婚礼"在社会生活中扮演了重要角色，特别是在维持、再生产以及改造人际关系方面"。② 在婚礼仪式改变的同时，新时期的男女两性形成了新的性别特征，即传统对妇女的角色分工和社会期望开始被削弱，女性在家庭中的地位和作用开始凸显。

---

① 周一良：《钻石婚杂忆》，三联书店，2002，序言。

② 转引自吉国秀《婚姻仪礼变迁与社会网络重建》，第 247 页。

第六章　婚姻的变异

第一节　离婚申诉理由

在婚姻经营过程中，并不是所有的夫妇都能“比翼双飞”“白头偕老”，双方会因为婚后各自目标和期望无法实现，在各种矛盾和冲突中而离异。新中国成立初期，全国的离婚案件总数不断增加，“1952年和1953年法院受理的离婚案件都在100万件以上，其中1953年高达117万件”，[①] 出现了新中国成立后第一次离婚高峰。可见，人们不再将婚姻视为永久的契约，越来越多的人开始反思自己的婚姻状况。本节主要通过离婚申诉理由来分析当时北京市民众离婚的特点。

一　离婚申诉理由的定量分析

笔者试根据档案中所记载的新中国成立后十七年间北京市婚姻统计资料，以此来分析这一时期离婚的理由进和特点（见表6－1至表6－3）。

表6－1　离婚申诉理由的定量分析（1）

单位：%

类型 年度	父母包办	感情不和	重婚	男方弃养	年龄悬殊	生活困难	一方有病/生理缺陷	与人通奸	政治见解不同	女方偷盗	虐待	其他
1951	34.18	41.77	12.66	—	—	2.53	2.53	—	—	—	6.33	—
1952	10.61	66.48	11.73	0.56	1.12	5.59	1.12	1.12	—	—	—	1.68

① 刘文明、刘宇编著《性生活与社会规范——社会变迁与多元文化视野中的性》，武汉大学出版社，2006。

续表

年度＼类型	父母包办	感情不和	重婚	男方弃养	年龄悬殊	生活困难	一方有病/生理缺陷	与人通奸	政治见解不同	女方偷盗	虐待	其他
1953	—	77.75	11.39	—	—	—	9.79	—	—	—	1.07	—
1954	10.39	69.48	11.04	—	—	4.55	4.55	—	—	—	—	—
1955	—	72.44	17.31	—	—	—	—	—	—	—	0.64	9.62
1956	—	82.01	12.23	—	—	—	—	—	—	—	—	5.76
1960	—	40.59	1.98	—	—	13.86	11.88	27.72	—	1.98	—	1.98
1961	—	64.54	1.99	—	—	—	6.77	19.52	7.17	—	—	—
1962	—	58.25	2.43	—	—	—	2.43	13.11	2.43	—	1.46	19.90
1963	—	65.28	5.18	—	—	—	—	—	—	—	—	29.53

资料来源：

西城区档案馆藏《(1951年1月至6月份结婚离婚性质统计报告表》，档案号：4-2-89。

西城区档案馆藏《(1952年）第四区公所婚姻登记表》，档案号：4-2-100。

北京市档案馆藏《北京市1953年第四季度和1954年第一季度婚姻登记工作情况报告》，档案号：14-2-35。

西城区档案馆藏《婚姻登记统计表》，档案号：2-2-291。

西城区档案馆藏《(1954年）登记统计表》，档案号：4-2-132。

西城区档案馆藏《1960年十月十一月两个月申请离婚和处理情况》，档案号：8-1-504。

西城区档案馆藏《1961年全年婚姻登记统计表》，档案号：8-1-528。

西城区档案馆藏《(1962年）婚姻登记统计表》，档案号：8-1-548。

注：未同居而离婚在1961年、1962年分别为27人、12人。

表6-1的柱形图如图6-1所示。

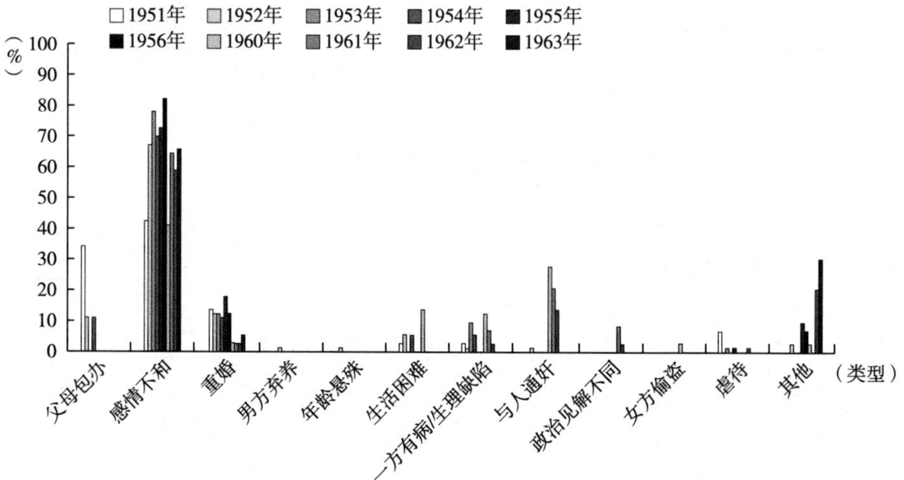

图6-1　离婚申诉理由的定量分析(1)

表 6－2　离婚申诉理由的定量分析（2）

单位：%

类型 年度	感情不和	一方受虐待	生活困难	重婚	包办	与人通奸	其他
1953	78.16	2.68	2.68	0.77	12.26	2.68	0.77
1954	93.00	3.50	—	0.50	—	—	3.00
1955	89.00	3.70	—	1.00	—	—	6.30
1956	94.00	4.50	—	—	—	—	1.50

资料来源：

门头沟区档案馆藏《（1953 年北京市京西矿区民政科）关于婚姻登记工作的统计表》，档案号：27－2－30。

门头沟区档案馆藏《（1954 年）婚姻登记工作统计表》，档案号：27－2－70。

门头沟区档案馆藏《（1955 年）婚姻登记工作统计表》，档案号：27－2－146。

门头沟区档案馆藏《京西矿区妇联会 1956 年全年情况》，档案号：26－1－48。

表 6－2 的柱形图如图 6－2 所示。

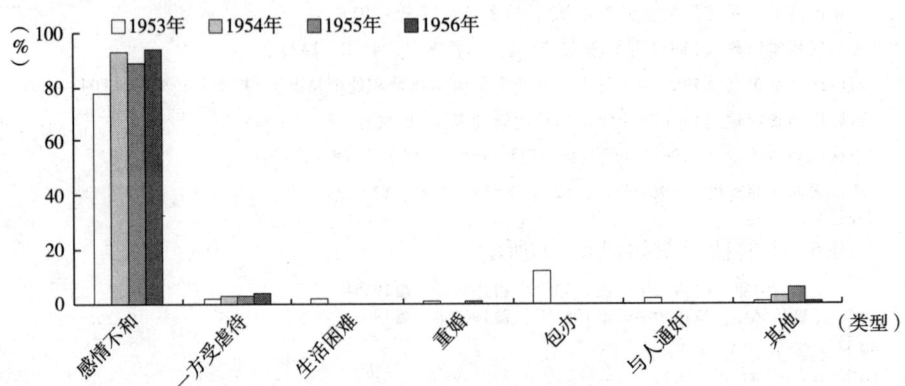

图 6－2　离婚申诉理由的定量分析（2）

表 6－3　离婚申诉理由的定量分析（3）

单位：%

类型 年度	感情不和	两性关系	家事吵架	草率结婚	生理缺陷	户口问题	政治分歧	重婚	虐待	其他
1954	85.00	—	—	—	—	—	—	4.00	5.00	6.00
1957	65.33	—	2.00	—	—	—	—	1.33	—	31.33
1958	67.72	—	—	—	—	—	—	1.59	—	30.69

续表

类型 年度	感情不和	两性关系	家事吵架	草率结婚	生理缺陷	户口问题	政治分歧	重婚	虐待	其他
1959	67.42	—	—	—	—	—	—	1.89	—	30.68
1960	52.84	8.00	2.11	—	—	1.26	3.58	0.63	—	31.58
1962	75.08	—	—	—	—	—	—	1.20	—	23.72
1963	44.13	—	—	—	—	—	23.48	0.19	—	32.20
1964	31.34	29.14	16.97	2.00	0.40	1.00	0.60	0.60	—	17.96
1965	35.02	27.22	23.63	1.48	0.21	0.21	1.69	—	—	10.55
1966	36.67	22.50	21.67	1.67	—	—	5.00	0.83	—	11.67

资料来源：

海淀区档案馆藏《（1954 年）婚姻登记统计表》，档案号：2－106－159。

海淀区档案馆藏《（1957 年）婚姻登记统计资料（缺第四季度）》，档案号：3－101－106。

表 6－3 的柱形图如图 6－3 所示。

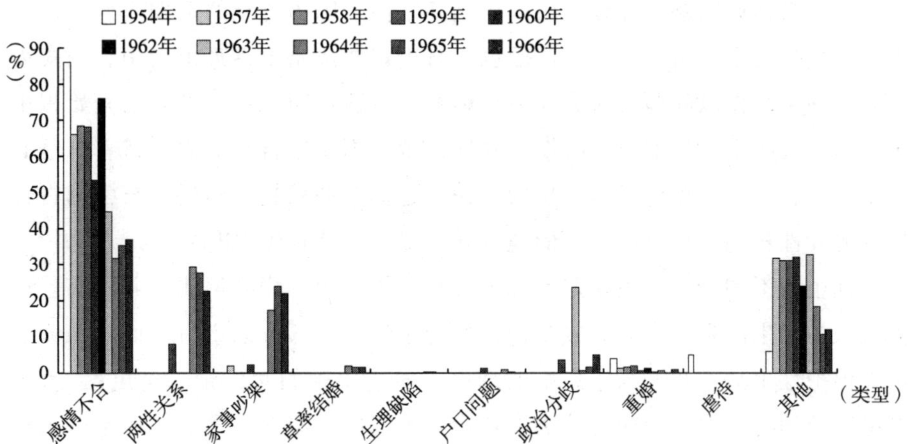

图 6－3　离婚申诉理由的定量分析（3）

通过表 6－1、表 6－2、表 6－3 及其柱形图（图 6－1 至图 6－3）的分析，我们发现 1953 年之后，因父母包办而导致的离婚案件在逐渐减少，1956 年之后基本消失。与同期其他地区的因包办婚姻而导致的离婚理由相比，北京市因父母包办而导致离婚的理由较低。① 夫妻因双方在物质或精神

① 根据各地 1956 年上半年不完全的调查，农村里属于封建包办婚姻而提出离婚的，一般地说

方面的需求得不到相互满足而离婚的理由开始占多数。客观方面的理由主要是经济问题和生理缺陷，而反映在精神方面的理由主要有两性关系和作风不好等因素。说明夫妻之间更加注重情感需求和性格志趣的一致。

重婚也是离婚的申诉理由之一。重婚有两种情况，《婚姻法》公布前的重婚，法律采取的是既往不咎、不告不理的态度，但也不给予法律上的保护。如果女方提出和男方离婚，即批准，并在财产上给予照顾。如果男方提出和后娶者离婚，也可批准或判离，财产上也给予照顾。如果男方和第一个结为配偶的妻子离异则一般不予批准也不判离。《婚姻法》公布以后的重婚，除判重婚罪外，还要判决和后娶者离异。

因草率结婚而离婚的原因主要有：父母包办婚姻、大龄未婚青年担心以后找不到合适的对象而匆匆结婚，还有些是为追求感情以外的东西（如相貌、物质生活条件、社会地位）而与对方结婚等。它们形成的原因虽然不同，但由于夫妻双方婚前缺乏深入的了解，缺乏感情基础，婚后往往面临许多困难和冲突，从而导致离婚。

因生活作风问题而导致离婚的比例并不高，因为传统的婚姻道德往往令人难以接受这个理由。但这个问题也一直出现在离婚申诉理由当中，当夫妻一方出现生活作风问题时对方往往很难容忍。这说明一夫一妻制已开始根植于人们的头脑中。特别是新时期的女性，她们不希望自己的丈夫背着自己有不轨行为，如果出现对婚姻不忠的行为，她们会毅然提出离婚。与中国古代传统的女性相比，新时代女性的地位开始提高，是时代的进步。

性生活不和谐和生理缺陷也都出现在离婚理由当中，但比例并不高。许多人认为性生活是庸俗下流或是很神秘的事情，令人难以启齿。而且国家也不提倡把性生活不和谐当作离婚的理由。如《中国妇女》杂志指出："人类是最高级动物，他的生活目的决不是达到本能的欲望来满足的，而是追求最

占离婚案件总数的50%左右。安徽省巢县、淮南等13个法院判断的离婚案件平均占53.5%，江西省临川县法院判的占53%，云南省晋宁、楚雄两个县法院判的平均占60%，陕西省铜川、醴泉等17个法院判的平均占64%。湖北省随县判的平均占63%，福建省闽侯县判的平均占73%，青海省民和、乐都等9个法院判的平均占52.7%，贵州省绥阳、桐梓等6个县法院判的平均占48.78%，吉林省怀德等11个县法院判的平均占41.3%，浙江省丽水等3个法院1955年7月至1956年6月判的平均占49%。特别值得指出的是安徽省肥东县法院从1955年到1956年3月处理的535件离婚案件中，竟有179件（占33.5%）是婚姻法公布后的封建包办婚姻（参见幽桐《对于当前离婚问题的分析和意见》，《人民日报》，1957年4月13日，第7版）。

美好的生活。如果男女的结婚仅仅是为了性的满足，那就变成了一般的低级动物了。如果有人认为夫妇生活在一起唯一的就是为了过性生活，稍稍感到不满足时就很苦恼，夫妇常闹别扭，甚至闹离婚，对工作消极，这是非常错误的。"[①] 所以许多人很可能以其他理由如"感情不和"等为借口而申诉离婚。但是它的出现，说明夫妻已经注重生理需求，注重婚姻生活的质量。

从20世纪60年代初期开始，有的夫妻因政治问题分歧而离婚，成为新中国成立之后相当长一段时期内特有的现象。在离婚理由的定性分析中笔者将作专门论述。

所有申诉理由中排在首位的是感情不和，其离婚案的比例远远高于其他申诉理由所引起的比例。这样的高比例反映了夫妻双方比较注重情感志趣。但是在分析这类案例时，也应注意到感情属于意识形态范畴，涵盖的内容非常丰富，影响夫妻感情变化的因素也是多维的，诸如道德品质、物质利益、生理缺陷、政治分歧等都有可能导致感情不和。而且感情总是处在动态之中，不是一成不变的，它可以向消极的方向发展，也可以进一步升华。另外，对于注重"家丑不可外扬"或者个人隐私的人来说，笼统的"感情不和"这种理由，不仅可以照顾个人隐私和双方情感，而且也较容易为人所接受，所以"感情不和"往往会掩盖离婚的真实理由。

在其他的离婚申诉理由中，由于每个区的统计标准不一致，笔者无法得知具体原因。仅能以西城区档案馆所存资料来参考。备注为"其他"的离婚申诉理由，包括父母包办2例、婚外恋4例、婚前不慎5例、年龄差2例、生理缺陷7例、血亲关系1例、有病1例、阶级立场不同1例、重婚1例。[②] 这些申诉理由和上述提到的理由基本相似。

二　离婚申诉理由的定性分析

新中国成立后十七年间的北京市，人们的离婚的理由主要包括以下几个方面。

1. 由于女方经济地位和独立意识强化而导致离婚

随着女性经济地位的不断提高，独立自主的意识不断强化，她们不再希

① 王善承：《谈性生活》，《中国妇女》1956年第8期。

② 西城区档案馆：《（1955年）西四区人民政府婚姻登记处登记情况》，档案号：4－2－153；西城区档案馆：《1956（1～6月）西四区人委登记情况》，档案号：4－2－174。

望维系飘摇欲坠的婚姻，而是勇敢地从中走出来。这主要表现在申诉理由中的包办婚姻和重婚两个方面。这些女性由于过去在思想及经济方面的束缚不敢提出离婚，而国家通过在农村组织人民公社和在城市组织街道妇女参加生产，使得妇女在生活上有了可靠的保证，在思想上也得到进一步解放，在此基础上大胆提出离婚。如38岁的岳素英，20年前由父母包办与工人郭振中结婚，婚后双方性格不合，一直没有建立起感情，过去虽有过离婚想法，但又有怕被亲友看不起，怕被社会舆论说为“活人妻”等顾虑；她非但不敢提，而且也不敢想走“离婚”这条路。1953年在全国大张旗鼓宣传《婚姻法》时，她曾鼓起勇气提出离婚，但双方父母坚决不同意。而她也顾虑到离婚后生活无依靠而未离成。以后双方虽勉强共居下去，但都感到很苦恼。直到去年（1959年）岳素英参加社会劳动后，才大胆地到北京提出离婚。她说：“离婚是我多年的想法，因为我一见到他就心烦讨厌，可是没有别的出路，就是想死，现在我在社里劳动，也要过一过新的幸福生活。离婚后，我一定要用双手更好的劳动，永远忘不了政府的恩惠。”还有一部分是因男方重婚而提出离婚的，这类案件主要发生在1956年资本主义工商业改造之后，由于女方参加社会生产觉悟提高了，“不愿成为‘小老婆’而坚决提出离婚”。[①]

2. 因遭受虐待而离婚

虐待，一般指配偶、同居者或具亲密关系人之间发生的暴力行为，往往是一方使用暴力，胁迫、威胁、恐吓、隔绝、孤立另一方，或从情感、性和经济上试图控制另一方。一般而言，女性遭受虐待的比例远高于男性。导致这种现象的原因比较复杂：第一，由于受到传统家庭模式中夫权思想与男尊女卑思想的影响，男性更倾向于从身体到精神上对女性进行控制。交换不均衡理论认为：婚姻是一个连续的过程，从择偶到建立家庭。男女双方处于一种交换状态。如果交换不均衡，从婚姻中所获较多的一方常较依赖另一方并在日常生活中较顺从对方，而在婚姻中支出较多的一方或相对独立的一方，便可能利用本身的资源影响家庭的决策。因此，在物质与精神上的重重压力下，女性更容易接受男性的支配，女性也更容易放弃自己的权利。第二，社会对虐待行为采取了麻木态度。一般人认为“买来的媳妇骑来的马，任我骑来任我打”，这种观念为虐待者提供了意识与观念上的庇护，成了虐待行为滋生的温床。第三，受

① 宣武区档案馆：《（1960年）从婚姻登记工作方面对当前群众婚姻问题的分析报告》，档案号：2-2-250。

虐待者法律意识淡薄，认为自己是一个女人，挨打是常有的事，在反复的虐待下开始失去信心，对虐待行为采取默认、忍受和掩饰的态度。第四，受“清官难断家务事”“打是亲骂是爱”“家丑不可外扬”等观念的影响，司法机关和相关机构监督和处理不到位。新中国成立后，在政府和法律的支持下，有的女性因不堪丈夫和公婆的虐待，提出离婚，而且这样的离婚理由一度被视为妇女解放的象征。如龙门张庆林“对老婆经常（进行）毒打，去年（1950 年）3 月曾用铁道条将老婆头打破，逼得（她）要跳河，后经私下调解，夫妻二人分居另过生活，约定所有衣食住完全由张负责，但是张总给他老婆不好的东西吃，并且一要东西就挨打，其妻忍无可忍，上告法院解决”。[①] 又如“16 区肖金庄的李清贵，对其妻经常打骂，据说是被迫结婚。今年（1951 年）9 月与其妻性交发生冲突，妇女因不堪虐待到法院请求离婚”。[②]

3. 婚前缺乏足够了解而导致离婚

这类案件通常发生在由自由恋爱而结为配偶的夫妇中，在工人和转业军人当中占多数。这类婚姻多是婚前双方对对方的思想、性格、脾气不了解，导致婚后感情不和而不得不离婚。如京西矿区的矿工急于解决婚姻问题，有的与女方见一面、打一次扑克牌或相互交换照片后即提出结婚，婚后女方将工人的积蓄吃光花尽后就提出离婚。有些转业军人手里有大批转业费，“急于娶老婆，草率结了婚，婚后不久，钱花完了，女方就要离婚”。[③] 据崇文区 1960 年到 1962 年三年的统计，“390 件离婚案件中，属于草率结婚的就有 132 件，占离婚案件总数的 33.8%”。[④] 如“刘小相，女 19 岁，深泽人；赵奎全，男 21 岁，纺织印染厂工人，双方经人介绍仅面谈 20 分钟就确定了婚姻关系。对方的一切情况彼此均不了解。婚后感到对方不是自己所理想的人，而又来申请离婚”。[⑤] 下面是一位女士的自述，她从认识到结婚仅用了十个月的时间。

---

① 北京市档案馆：《（1951 年）北京市第 16 区处理婚姻问题初步检查报告》，档案号：9-1-114。

② 北京市档案馆：《（1951 年）北京市第 16 区处理婚姻问题初步检查报告》，档案号：9-1-114。

③ 海淀区档案馆：《1955 年 1 月 ~1956 年 6 月海淀区法院关于婚姻问题的材料》，档案号：54-101-252。

④ 北京市档案馆：《（1962 年）北京市人民委员会批准市民关于本市群众婚姻情况和加强婚姻工作的意见》，档案号：2-14-35。

⑤ 宣武区档案馆：《（1960 年）从婚姻登记工作方面对当前群众婚姻问题的分析报告》，档案号：2-2-250。

> 我叫洪淑云，是一个女青年，去年（1953年）三月间经同志们介绍，与铁道部统计局马成良做了朋友，在五月二日和他见过一次面（约三四小时）。后因组织上的关怀与照顾，于今年一月间，我从东北白城子铁路分局调到北京来工作。与马成良初次相处，他对我表现得特别关心和热情，甚至一天到我宿舍来几趟，没多久他就向我提出要结婚。当时我想，初到北京，人地两疏，现在作的又是个新工作，需要集中精力把工作搞好，同时对他也不十分了解，还是晚些结婚比较合适；但马成良却一日逼紧一日要求结婚，这时我又想：他是个青年团员，一定不会欺骗我……于是就在今年（1954年）一月二十一日和马成良结了婚。但是，在婚后短短的四个月中，我已饱尝了他的辱骂、殴打和种种虐待。马成良是个青年团员，竟违法乱纪猖狂到这种地步！当初我还想，他也年轻，我是个共产党员，应该对他进行帮助，然而事实告诉我，问题并不像我想的那样简单，马成良的罪恶行为是越来越严重了。我为了争取和维护一个人的基本权利，为了保护我的未出生的孩子，我坚决和他离了婚。[①]

也有的女性盲目认为北京生活繁华，希望到北京享受生活，而男性正好利用女方希望通过结婚来达到个人目的的心理，在婚前给予女方种种保证，结果由于婚后无法兑现而导致离婚。如“鞍山有个女的想调来北京工作，男的就骗她说他在北京工作，和他结了婚，就能调来，女方不加考虑，和男方同去领了结婚证。同居了几天，女的又后悔，提出离婚”。[②] 有的“男的急于娶老婆不惜花钱（笼）络，甚至说成是党团员、干部、长期工人，每月挣八九十元等等。结婚以后，双方发现脾气不和，吵嘴打架，日子过不下去”。[③]

4. 以纯粹获取利益为目而导致离婚

一般情况下，人们结婚的动机都是为了过好将来的家庭生活。而一些人却希望通过结婚来获取某种利益，当婚后未达到原订目标时就提出离

① 河南省民主妇女联合会宣传部编《如何正确对待恋爱、婚姻和家庭问题》，河南人民出版社，1955，第66页。

② 海淀区档案馆：《关于婚姻问题的材料1955.1～1956.6年海淀区法院关于婚姻问题的材料》，档案号：54－101－252。

③ 海淀区档案馆：《关于婚姻问题的材料（1955～1956年）》，档案号：54－101－252。

婚。如“徐水县王淑梅在来京的第二天经人介绍与石义登记结婚，后查知男方不是工人，且收入有限，与介绍人说的情况不符，结果登记不到十天又提出离婚。并说，‘我一定和他离婚，我不能找个工人对象，（但其）结果还不如农民呢’”。[①] 还有人给《中国妇女》杂志写信，诉说自己的遭遇：

> 我是去年二月结婚的，今年四月十六日就离婚了。婚前我们只见过几次面，是请人介绍认识的……当时我考虑比她大十来岁是否可以呢？可是女方却说：“不嫌年纪大”……只要求我在结婚后供她上高小，高小毕业后再上中学，如考不上中学就来北京居住。（我）一口就答应了她提的条件，于是就结婚了。我二人从认识到结婚才十几天光景，婚后没过三天就吵嘴。去年，她高小毕业以后没考上中学，她想来北京长期居住，但政府不允许农村人口盲目流入城市，户口迁移不来。她不愿在农村参加农业劳动，怕农村生活艰苦。她来了一封信说：若是要叫她在家居住的话，就要我每月给她寄三十元生活费去。去年冬天，我去支援农业兴修水利工程，过新年我没有回家。今年二月底，她来到了北京，问我要呢子衣服和皮鞋。我说，“没钱”，她说：“那我嫁给你图你什么呢？你一不年轻，二不漂亮，又没钱花，在北京也不能长期居住，还是个勤杂人员。当初同你结婚之外你供我上学，如今学业（也）不上了，还不离婚作甚么……”不久她向我提出离婚，理由是嫌我年纪大，双方感情不合（和）……当她另有新欢时，就故意制造裂痕……当我不能满足她的物质愿望时，她就闹离婚。[②]

有的人通过结婚达到目的之后，就极力摆脱对方。如“侯克然，女20岁，（19）58年听说北京工厂招用工人，即盲目来京，未得解决。她又托在工厂工作的乡亲给介绍男朋友，后和第三通用机械厂工人孔方明，男30岁（复员军人），相识，不久当她知道男方厂子能帮助其解决正式户口时就主动提出结婚要求，并花用了男方80多元钱，但当双方办理结婚登记后，在女方报上正式户口的第二天，女方就到街道工厂参加了生产。几天

① 北京市档案馆：《南苑区1954年婚姻工作报告》，档案号：37－1－58。

② 霍永祥：《离婚后的感想》，《中国妇女》1958年第10期。

后，男方将结婚的一切准备好（房子、家具等）通知女方在某日举行婚礼时，女方却向男方提出，你年岁和我不相当，我们彼此不了解，也没有感情，我不能跟你过”。[①]《中国青年》杂志刊登了这样一篇文章：

> “我有一个朋友，名叫陈大发，他从中学时就和我同学，现在上大学……前几天，突然很得意地向我说：‘我要和秀英离婚啦，已经告到人民法院了。’”“他的家庭是地主，住在洛阳乡下。1950 年下半年，土改以后，家中田地房屋被分了，那时候他在县里初中三年级读书。因经济困难，以后就没有独立，在乡下教小学。但陈大发要求继续升学的愿望非常强烈。刚好他表姐有一个女朋友，名叫卢秀英，在洛阳某工厂做工，这个人生产技术好，劳动态度不错，又没有负担，经济比较宽裕。陈大发认识了卢秀英以后，就打定主意追求她，不久，他们果然‘相爱’了，不到半年就结了婚……在卢秀英的帮助下，陈大发读上了高中。那时候，陈大发住学校，卢秀英经常来看他……她每月得来的工资大部分都用在陈大发的身上，每逢来看陈大发，她都要给他很多零用钱……卢秀英对爱人是这样照顾，而自己却省吃俭用。”陈大发高中毕业考取了北京一所知名大学“而且又领到了国家的助学金，用不着再依靠她……提出了离婚的要求”。[②]

5. 因“第三者”导致离婚

“第三者”一般指已有配偶者又与他人发生两性关系的行为。据统计，从 1951 年到 1954 年间，在北京农业机械厂机工、锻工车间中，“离婚的共 15 件，其中因一方喜新厌旧爱上第三者的共 11 件，占离婚总数 73.3%，现在（1955 年）正闹离婚的共 12 件，其中因一方喜新厌旧或爱上第三者的共 8 件，占 66.7%”。[③] 这类离婚案件大部分是因为夫妇原来的结婚基础就不好（例如包办婚姻）；也有部分是因为新中国成立后自主婚姻，夫妻婚后感情发生了变化。这类婚姻在男性中较为普遍，如“中苏友谊医院的医生郝福安，男，29 岁，隋素珍，女，幼儿园教养员，双方过

① 宣武区档案馆：《（1960 年）从婚姻登记工作方面对当前群众婚姻问题的分析报告》，档案号：2－2－250。

② 向康：《这是什么样的爱情?》，《中国青年》1957 年第 3 期。

③ 北京市档案馆：《（1954 年）北京农业机械厂、新华印刷厂贯彻婚姻法调查报告》，档案号：2－8－60。

去感情很好，并生有二女一子。但男方自五六年到友谊医院做医生工作后，曾先后和几个护士进行恋爱，更恶劣的是曾和几个病人乱搞男女关系，回家多次打骂老婆孩子，经院党委屡次教育不改，最后与爱人离婚”。“王萍汉（女，人民银行的干部）与朱泽纪（天津师范学校教员）结婚八年，感情尚好，但男方又与另女通奸，经王控告到西单区法院，男方虽然具结保证，而事后又被女方发觉男方与另一女教员（有夫之妇）一起游玩，关系并很密切，当时男方不但不接受女方的批评，反而认为是有意地难为他，所以怀恨在心。而男母还给儿子撑腰说，‘夫占九妻’，为此女方感到痛苦，即提出了离婚。”①

除了以上提到的因“第三者”存在的既成事实之外，还有人仅仅是因怀疑对方有“第三者”而提出离婚的。这类案件在工人尤其是工矿区工人中较多。“据石景山区去年（1953 年）8 月至今年（1954 年）4 月 15 日 8 个半月的统计，工人的离婚占申请离婚总数的 80%，而因怀疑离婚的竟占 50%。有的男方到家发觉桌上放着两碗水，或在半夜回家妻子开门时未穿好衣服，即疑是与人通奸。”② 如“刘静茹，20 岁，王润山，男 33 岁，服务员，于 1949 年结婚，已有四个小孩，感情很好，自五八年女方到美味斋做服务员后，有时晚间开会或加班（插图 6－1），回家晚一些，男方即开始产生怀疑。经常到美味斋找女方。一次见到女方和胡服务员开玩笑要结婚糖吃，男方很生气即大吵闹，该单位领导向男方一再解释说明女方作风正派。男方都不相信，多次的打骂女方，不叫女方出来工作。女方不依，最后女方提出离婚”。③ 从离婚案件中，我们发现，在因为“婚外恋”而造成离婚的现象中，存在着一种性别不平等。男方对女方所承担的角色期望远远超过女性对男性的要求。女方一般是在对方发生“婚外恋”成为既成事实之后，在忍无可忍的情况下才提出离婚的，而男性仅仅是“怀疑”女方即提出离婚。可见，新时期下，夫权制仍然存在于人们的头脑当中。

6. 因女方劳动职业导致离婚

新中国成立后，许多妇女走向社会参加生产劳动，思想觉悟也不断提高，而少数男性仍按传统女性所承担的角色来要求自己的妻子，对妻子参加

---

① 北京市档案馆：《（1954 年）关于目前离婚问题原因的分析》，档案号：14－2－35。

② 北京市档案馆：《（1954 年）关于目前离婚问题原因的分析》，档案号：14－2－35。

③ 宣武区档案馆：《（1960 年）从婚姻登记工作方面对当前群众婚姻问题的分析报告》，档案号：2－2－250。

非原則問題上，他有“原則”

插图 6－1　非原则问题上，他有“原则”

图片来源：《中国青年》1955 年第 22 期。

生产给予种种限制和责难，如果限制不成则提出离婚。另外，也有些家庭妇女参加生产后片面理解妇女彻底解放的意义，认为自己工作是替男方劳动挣钱，要求男方多做家务，多照顾自己，“当（男方）满足不了这种要求时，即感到委屈，而吵闹离婚”。[①] 在这类离婚案件中以前者为主。如“一个叫张淑敏的理发员，1956 年服务局训练班招考学员时，她被录取了。可是，出乎意料之外，她爱人知道这事以后很不高兴……不让她做这行工作。男方是京郊某乡供销社的会计，他对张淑敏说：‘干这一行有啥出息？好人就不干这一行……，他向张淑敏说：‘你要是不改行，那咱们就各奔前程，离婚！’”[②] 又如“张番，男 30 岁，和安金凤婚后有两个孩子，女方在照顾小孩和家务劳动方面都很有条理，对家庭经济也能有计划的开支，对男方在生活上体贴照顾更是无微不至，因此双方感情很好，但自女方参加街道生产后，小孩就需托别人照管，家务事做的也少了一些。尤其有时晚上要开会，加班生产，男方则不满，觉得女方收入不多，又不能很好料理家务和照管小孩，觉得小孩托给别人会受委屈，故最初劝女方不再参加生产，女方不听，即对女方讽刺，而女方坚决的要出来工作，双方不断争吵，思想距离日渐疏远恶化而离婚”。[③] 可见，女方参加生产劳动后，还要承担繁重家庭劳动。而

① 宣武区档案馆：《（1960 年）从婚姻登记工作方面对当前群众婚姻问题的分析报告》，档案号：2－2－250。

② 常秀桐：《张淑敏做得对》，《中国妇女》1958 年第 14 期。

③ 宣武区档案馆：《（1960 年）从婚姻登记工作方面对当前群众婚姻问题的分析报告》，档案号：2－2－250。

男性认为女性干家务是理所当然的，反映新时期下的男女地位距离两性真正平等还有很大的距离。

7. 因经济问题而导致离婚

这类型的离婚案件，一部分是因为夫妻对家庭财产的支配权发生争执而引起的。如女方认为自己劳动收入是属于家庭额外收入，应完全由自己支配，至于生活所用应由男方负责，而男方却认为女方收入应全部的上交给男方统一支配，因此双方产生矛盾。另一部分是由于生活安排不好而发生争吵而引起离婚的。比如“毫无计划地开支，月初时大吃大喝，月底没钱就吵架”。[①] 特别是在困难时期，这类型案件在北京市各区普遍增加。

8. 因家庭纠纷而导致离婚

这类案件有的是因为公婆有较为严重的封建思想，想用传统礼教来束缚儿媳而引起的；也有的是因为女方对公婆要求过高，缺乏对老人的照顾和尊重，使婆媳之间存在着隔阂，而男方又对婆媳之间的矛盾不能妥善处理，影响了夫妇间的感情而导致离婚。如“张秀英与高玉成结婚已 11 年，其婆婆一向以儿子结婚后有了小妈忘了老妈的话及不允许张给她儿子洗衣、做饭等挑拨他们，夫妻不和。解放前，高玉成为此曾不回家，在外乱搞，解放后，张秀英因受丈夫的传染致所生小孩有梅毒，其婆婆却硬说是张有外遇，传染了她的儿子，张再无法容忍，才提出了离婚”。[②]

9. 因政治问题而导致离婚

在那个特殊的年代，个人的政治问题与生活及情感紧紧地联系在一起。许多曾经患难的夫妻因为政治立场的不同而劳燕分飞。如果夫妻一方有政治问题，另一方会存在种种顾虑，担心别人说自己没有立场，或者担心组织上对自己有看法，也担心会影响到事业和孩子的前途。而且国家也强调，与政治有问题的人划清界限是革命的需要。如一个叫武云的青年团员，她的爱人被打成“反革命分子”后，有人在给《中国青年》杂志的来信中写道：“每个团员（武云同志也不能例外）在入团宣誓那天，一定都说过要终身为团的主张奋斗的话。而团的主张是和反革命的主张尖锐对立的，更是和反革命分子的反革命行动誓（势）不两立的……就是坚持团员的立场，和反革命分子划清界限，检举反革命分子，从而使自己得到锻炼，变得更加坚强起来。”“武云同志过去与

---

① 宣武区档案馆：《（1960 年）从婚姻登记工作方面对当前群众婚姻问题的分析报告》，档案号：2－2－250。

② 北京市档案馆：《（1954 年）关于目前离婚问题原因的分析》，档案号：14－2－35。

反革命分子成天生活在一起而不觉察，那才是不幸，现在既已决定划清界限，站在党和人民的立场，就是已经抬起了头，就是已经从不幸走到了幸，因此武云同志并不是什么不幸者，你失掉了的丈夫是一个丝毫不值得爱的反革命分子，但你将得到集体的爱，广大青年将支持你、同情你、帮助你。”① 还有人给《中国青年》杂志写信，写出爱人成为“反革命分子”后的情况：

我曾经有过一个爱人，他是个大学生，又是党员，几年来，我们同在一个机关做同一性质的工作。他能力比我强，担负的工作也比我多，对我也很关心体贴，我们的感情很好。结婚一年多之后，我们就有了一个小孩……在这次“肃反”运动中，我的爱人被清查了出来，是一个有罪恶的反革命分子……我也感到耻辱，想到别人将要用“反革命分子的爱人”来称呼我，我简直不敢抬头见人……党和同志们今后还能够信任我吗？幸福的生活，美丽的前途，好像是肥皂泡那样转瞬破灭了，有时候我几乎感到自己没有勇气再生活下去。这件事对我个人来说是个不幸，但另一方面，在我们战斗的队伍里清查出了反革命分子，使我们队伍变得更纯洁，更巩固……我失去了爱人，但我生活着难道只是为了一个爱人吗？如果我把眼睛望得更远更大，更加奋发有为地为共产主义事业献出最大的力量，那对我才是真正的最大的幸福。可爱的孩子，我也一定要好好抚育他，把他培养成新人。他有这样一个父亲，固然是不幸，但母亲如果更糟糕，丧失革命立场，他就更不幸了。②

下面是笔者的访谈。

访谈一：W女士，1926年生，江苏人，1949年来京。

受访者：1957年因为政治压力，离婚的多啦！划清界限呐！比如你是我的爱人，你被打成右派啦，组织也动员我跟你划清界限呐。我也为了避免戴“反革命家属”的帽子，也要跟你离婚。你如果和丈夫不离婚，你的子女都受牵连。考学校你考不了，升学就业都受影响。政审你都通不过。那是硬逼的，一离婚的话，大家也幸福，你也了解我，也能谅解我，知道我的处境，不是从感情上抛弃你，是没办法。

① 陈沂：《应该怎样对待自己反革命父亲和爱人》，《中国青年》1955年第21期。

② 爱南：《我是怎样对待自己的反革命爱人的》，《中国青年》1955年第24期。

访谈二：Y先生，1932年生，东北人，1957年来京上大学，毕业后留京，教师；妻子，籍贯北京，职业为工人。

> 受访者：那个时候夫妻一方被打成右派，为了孩子以后的前途，只有假装离婚，离婚的话，就证明划清界限了，减少对孩子的影响。那会儿有假离婚，但也有真离婚。如戴煌被打为右派分子后他的前妻就与他离婚了。①

如果配偶有政治问题而不离婚的话，会受到各种压力，并遭受的处分。

> 该同志不认真改造世界观，思想模糊，不能明辨是非，不能与其丈夫（极右分子）划清界限，同时利用多种场合，为其丈夫鸣冤叫屈。经教育仍不思悔改。现经支部会议讨论并全体一致通过，开除其党籍。（有关材料附后）
>
> （支部的公章）
>
> ×年×月×日②

10. 婚后生活的现实与期望不同步而导致离婚

社会生活的变化会导致人们的思维方式、价值取向、生活习惯及社会身份的改变，从而使得个人行为与性格发生变化，同时也会给以前相对稳定的婚姻带来较大的冲击。有些以前在农村的男性，由于参军、升学或做工进城，环境改变后，生活习惯和思想观念进而会发生变化，他们会对以前的婚姻产生不满，并期望通过离婚来解决。下面为这样的案例。

案例一

> 周希贤和王聚兰都是河北宛平县人，周现年三十岁，王现年二十岁。周希贤在一九三七年参加革命工作。一九四八年他在农村工作时看到王聚兰很可爱，自己就隐瞒了三岁，托朋友介绍结婚……王聚兰年轻，没有主意，就和周结婚了。她当时还不够结婚年龄，周希贤就替她

---

① 据戴煌回忆："1958年3月20日，即本人被开除出党第三天上午，我的妻子从城内新华社机关给我来了电话，要我当天下午两点，在西单区政府门前会合，办理离婚手续。"（参见戴煌《九死一生——我的"右派"历程》，第85页）。

② 转引自沈崇麟、杨善华主编《世纪之交的城乡家庭》，中国社会科学出版社，1999，第130页。

加了一岁，骗得组织批准而结婚。进城以后，周希贤调中石油公司北京市公司工作，后升为科长，这时他便感到聚兰既“没文化”又“很落后”，实在不能与他相配。就向组织提出要求和她离婚。[①]

案例二

一位女同志在初中三年中，全靠他省吃俭用供学费和零用钱。当她考取县城师范后，羡慕同学们穿的纺绸衫、花裙子、黑皮鞋；看到有的同学的爱人一寄钱就是五六十元，有个姓龙的女同学，一次就收到她爱人寄来的一百元，还有一块17钻的瑞士手表。看到这些……不知怎地，原来自己认为称心的爱人，竟变得那么不如意了，不只嫌他工资低，连他的长相也厌恶起来了。他平时对她的关心照顾，一股脑儿全忘光了。[②]

党和国家政策的变化会影响到人们的经济和社会地位的变化，也会导致离婚案件的发生。特别是当男方的经济地位下降后，很可能会引起女方的不满和失望。如1958年国家号召没有经过劳动锻炼和没有基层工作经验的青年干部上山下乡接受锻炼，并动员一批干部到农村去安家落户。有些已和干部、工人或军人结婚的女性，当其丈夫回农村参加劳动生产后，她们即提出离婚，如“油棉厂工人谷成华决定回农村生产后，他的妻子就马上提出和他离婚”。[③] 有人给《中国青年》杂志去信，写出爱人境况改变后的想法：

他现在参加了农业生产，整年挣不下几个零钱，我虽然现在在缝社工作，每月工资是二十多元，刚够我自己使用。他现在参加了农业生产，不但挣不下钱给我用，反而要问我要钱呢！自古到今都是丈夫养活女人，那有女人养活丈夫的呢？这使我心中非常不满意。并且我在城市工作，他在农村劳动，人家说我“这么一个年轻漂亮的姑娘，才嫁一个农村的受苦汉”。唉！跟上他也丢尽人了……我就认为他没有前途、没有出息了，不如其他工人干部好了，我就有了想和他离婚的坏念头。[④]

---

① 《应严肃处理周希贤对妻子、儿女不负责任的事件》，《新中国妇女》1953年5月号。

② 《这是一次兴无灭资的斗争》，《中国妇女》1964年第5期。

③ 刘朝燕：《我对农村青年婚姻问题的意见》，《中国青年》1957年第23期。

④ 陶鲁笳：《因丈夫下乡就想离婚对不对?》，《中国青年》1958年第2期。

我们发现，这类案例虽然是发生在两个人之间，却是个体与他人、与社会之间的问题。当一个人地位改变后，他会在新的社会网络中活动，在这个互动过程中，会自觉不自觉地与他人进行比较，试图适应并模仿新圈子里人的生活，因为这样更容易得到周围人群的认可。而当另一方没有条件达到其期望，离婚的现象很可能就会发生。可见，夫妻在婚后的经营过程中，婚姻很可能会因社会的变化和个人生活的改变而发生变化。而且，我们还看到，虽然国家提倡男女平等，但多数人包括妇女自身，还存在着“嫁汉嫁汉穿衣吃饭”的观念。如前面这位已经参加工作的妇女就提到“自古到今都是丈夫养活女人，那有女人养活丈夫的呢?”可见，思想文化变革的艰难性和复杂性。

11. 夫妻角色期望失调而离婚

夫妻角色期望失调即婚前对婚姻抱有较高的期望值，一旦婚后生活与预期差距较大，失望的一方会产生抱怨，进而发生矛盾冲突，最终导致婚姻关系的破裂。

下面是一对自由恋爱结婚的青年夫妇，因婚后的种种差异而导致感情不和的例子：

> 我和我爱人都是青年团员，是经过半年自由恋爱才结婚的。结婚前，我和他相处，觉得他各方面都不错，没有什么缺点。但结婚后，我却逐渐发现他的许多缺点，他生活作风散漫，不爱整洁，脾气也暴躁，又不抓紧学习。此外还听说他在工作上也不艰苦。我很希望以爱人的身份去帮助他，曾和他谈过几次话，向他提意见，但他不接受……此外，我们也常常为一些生活上的事情闹别扭。比如听收音机，我爱听音乐，他却偏要听戏，两人相持不下，就大吵起来。星期天我们想做点菜吃，我想多买点新鲜蔬菜来。但他却硬要炖肉。他说我好不体贴他，所以又坚持不容。到头来，当然弄得不欢而散，整天谁也不理睬谁。现在我们的感情已日益恶化。我感到很苦恼。①

上面的例子是因妻子对丈夫对家庭生活不关心，对工作不求上进而引起的强烈不满和困惑。从心理上分析，男女在恋爱阶段对对方的期望值过高，双方经常会以“完美”来竭力表现自己，以取悦对方，使得双方看到对方的种种优势。然而婚前的期望值过高往往会引发婚后的失望。如果夫妇不能及

① 于黎：《怎样对待自己爱人的缺点》，《中国青年》1955 年第 22 期。

时调整自我以适应对方，就会因期望破灭而产生失望和沮丧，在裂痕越来越深以致无法弥补的时候，离婚就是在所难免的事情。

除一般的离婚外，还有其他情况，如“有的因不愿给男方倒洗脚水或不能像以前去玩，甚至互相开玩笑，即提出了离婚；还有的因女方每晚有洗脸的习惯等，也提出了离婚”。[①] 石景山区 1954 年 1 月份离婚案件中有 7 件离婚，就是由开玩笑而引起的。如“徐淑琴结婚 7 年，婚后感情尚好，俩（两）人由于开玩笑说，‘我算跟够你了，咱们离婚去吧’，结果双方都坚持这句话非来区离婚”。[②]

通过以上分析，我们发现，新中国“十七年”间的北京市民众，离婚原因有多种多样。既包括物质方面也包括精神和情感方面，既与婚前的择偶和恋爱相关也与婚后婚姻的经营密不可分。但是总的趋势是，因包办、虐待而离婚的越来越少，而因情感不和引起离婚的越来越多（见插图 6－2 和插图 6－3）。这说明人们对婚姻的追求也逐渐由最基本的物质需求转向对精神和情感方面的需求。同时，我们也发现离婚不仅仅是夫妻之间的事情，它会受到社会各方面因素的影响，体现婚姻的社会性。

插图 6－2 如此婚姻

插图 6－3 1950 年代离婚证书

图片来源：《中国妇女》1959 年第 10 期；黄新原《真情如歌——五十年代的中国往事》，第 135 页。

---

① 北京市档案馆：《（1954 年）关于目前离婚问题原因的分析》，档案号：14－2－35。

② 北京市档案馆：《石景山区人民政府 1954 年第一季度婚姻登记工作总结》，档案号：14－2－35。

第二节 社会阶层特征与离婚率

不同职业、不同文化程度的群体有着不同的社会化程度，他们对婚姻的看法不同，期望值也不同。本节试通过职业和文化程度两方面的比较来探讨群体特征与离婚率之间的关系。

一 职业状况与离婚率

表 6－4 1951 年上半年西城区不同群体离婚率

单位:%

职业 离婚比例	工人	农民	学生	军人	教职员	机关职员	自由职业	商人	无职业
占离婚男性总数的百分比	25.23	1.20	5.41	4.20	5.71	11.41	2.40	31.23	13.21
占离婚女性总数的百分比	15.16	1.16	0.58	—	4.95	3.50	2.33	0.60	71.72

资料来源：西城区档案馆：《51 年 1 月至 6 月份结婚离婚性质统计报告表》，档案号：4－2－89。
注：档案中女性比男性多出 10 人。

表 6－4 的折线图如图 6－4 所示。

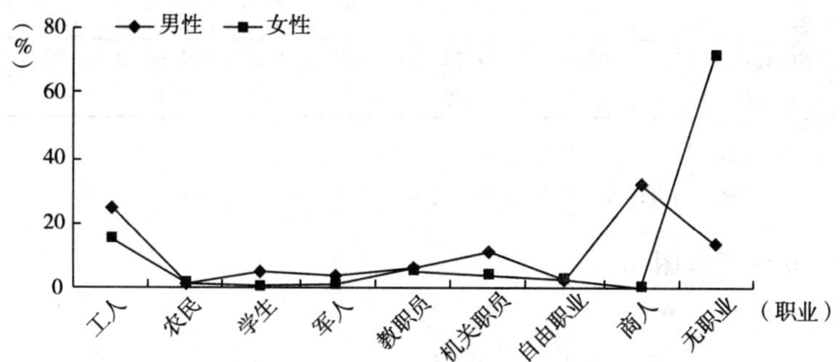

图 6－4 1951 年上半年西城区不同群体离婚率

表 6－5 1952 年上半年西城区第四区公所不同群体离婚率

单位:%

职业 离婚比例	工人	农民	学生	军人	教职员	机关职员	自由职业	商人	无职业
占离婚男性总数的百分比	34.02	1.03	2.58	6.19	3.09	24.23	2.58	10.31	15.98

续表

职业 离婚比例	工人	农民	学生	军人	教职员	机关职员	自由职业	商人	无职业
占离婚女性总数的百分比	16.02	3.87	4.42	1.10	3.31	13.26	—	1.10	56.91

注：档案资料中男比女多出13人。

资料来源：西城区档案馆藏《(1952年）第四区公所婚姻登记表》，档案号：4－2－100。

表6－5的折线图如图6－6所示。

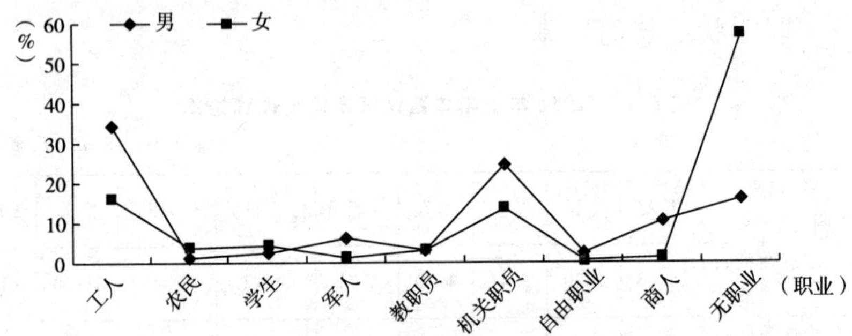

图6－5　1952年上半年西城区第四区公所不同群体离婚率

表6－6　1954年上半年西城区不同群体离婚率

单位：%

职业 离婚比列	工人	职员	无业	军人	学生	资本家	商人
占离婚男性总数的百分比	41.54	29.23	9.23	9.23	5.64	1.03	4.10
占离婚女性总数的百分比	13.83	18.09	62.23	3.72	2.13	—	—

注：女工人包括保姆，男工人包括工友，女职员包括保育员。

资料来源：西城区档案馆藏《1954年登记情况》，档案号：4－2－132。

表6－6的折线图如图6－6所示。

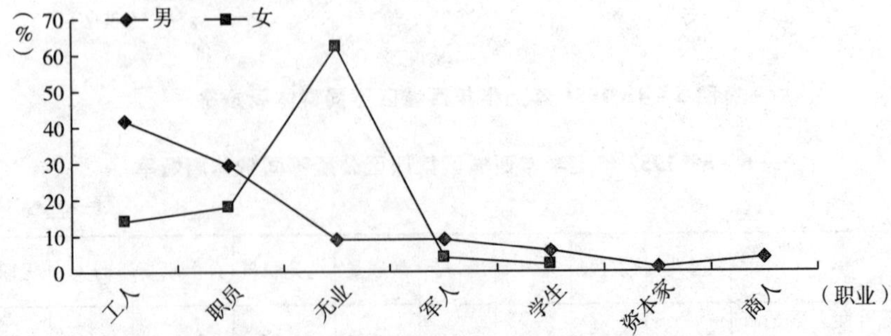

图6－6　1954年上半年西城区不同群体离婚率

表 6－7 1960 年宣武区不同群体离婚率

单位：%

离婚比例＼职业	工厂工人	建筑工人	机关干部	服务行业	教职员	文艺界	农民	医务人员	军人	城市家庭妇女	保育员
占离婚男性总数的百分比	59.00	13.61	8.92	10.32	2.34	3.75	0.46	0.93	0.46	—	—
占离婚女性总数的百分比	25.00	—	6.10	7.51	1.87	1.40	26.00	—	—	28.00	3.75

资料来源：宣武区档案馆藏《1960 年从婚姻登记工作方面对当前群众婚姻问题的分析报告》，档案号：2－2－250。

表 6－7 的柱形图如图 6－7 所示。

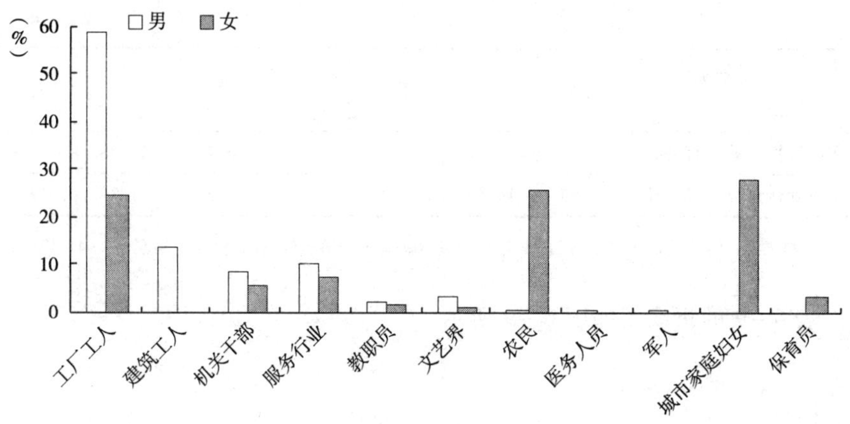

图 6－7 1960 年宣武区不同群体离婚率

表 6－8 1953 年北京市京西矿区不同群体离婚率

单位：%

离婚比例＼职业	工人	农民	革命军人	学生	自由职业	机关职员	资本家	手工业商贩	无职业
占离婚男性总数的百分比	26.92	62.31	0.77	1.92	0.38	6.15	0.38	0.77	0.38
占离婚女性总数的百分比	1.92	88.08	—	2.31	—	0.38	—	—	7.31

资料来源：门头沟区档案馆藏《1953 北京市京西矿区民政科：关于婚姻登记工作的统计表》，档案号：27－2－30。

表 6 -8 的折线图如图 6 -8 所示。

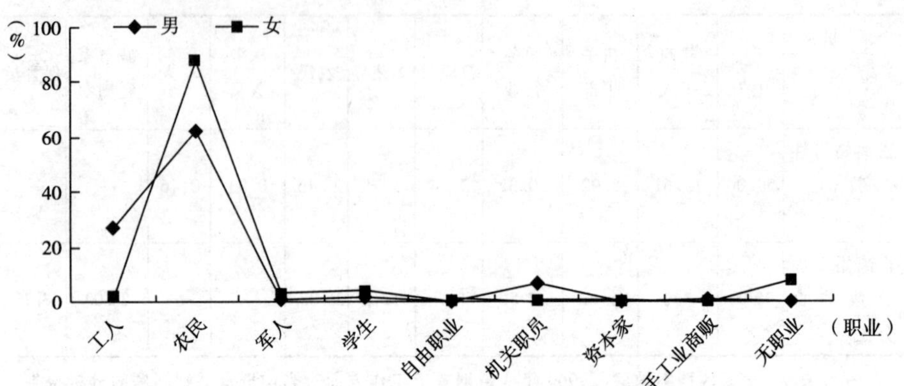

图 6 -8　1953 年北京市京西矿区不同群体离婚率

表 6 -9　1956 年海淀区不同群体离婚率

单位:%

职业 / 离婚比例	工人	农民	职员	军人	学生	其他	家庭妇女
占离婚男性总数的百分比	21.47	13.56	23.16	5.65	6.78	29.38	—
占离婚女性总数的百分比	5.65	14.69	16.95	—	2.26	11.30	49.15

资料来源：海淀区档案馆藏《(1956 年）海淀区法院关于婚姻问题的材料》，档案号：54 -101 -252。

表 6 -9 的折线图如图 6 -9 所示。

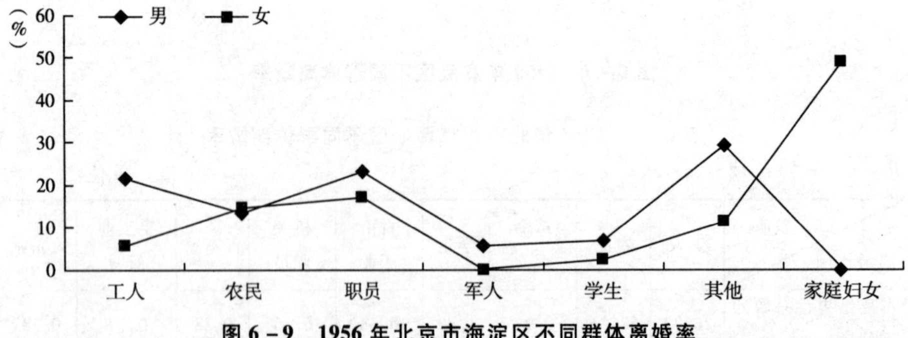

图 6 -9　1956 年北京市海淀区不同群体离婚率

从表 6 -4 至表 6 -9 及其柱形图（图 6 -4 至图 6 -9）可以看出：男性离婚率从高到低的顺序大致是工人、机关职员、无职业者；女性离婚率从高到低的顺序大致为无职业者、农民、工人、机关职员；无论男女，职业为军人和学生的群体离婚率最低。笔者认为，对军人而言，无论是结婚还是离婚，部队都有非常严格的规定，导致了军人不轻易结婚也不轻易离婚的现象。对学生而言，在恋爱中更为注重情感因素，而且夫妻文化程度大致相当，在日后婚姻的经营过程中情感志趣的追求也较为同步，即使引起冲突，也易于调解，所以离婚率比例较低。

而职业和社会地位中等的男性，如工人和职员，这部分人多是物质生活和精神生活与先前相比差异较大，而且妻子多属于农村妇女或城市里的家庭妇女，文化程度较低。他们随着经济地位和工作环境的变化，一方面在夫妻生活中，妻子不能与他同步；另一方面，他们会与周围同等层次的群体进行比较，如自己的婚姻生活与周围人们的婚姻生活差异过大则会对婚姻产生不满，而且而女方特别是在农村的妻子没有条件达到他的要求时，这些男性就会提出离婚。与其他职位较高的干部相比，职员在事业上没有较高的要求，在舆论上受着组织和周围群众的压力较小，公众不会对他们的行为有强烈反应，因为他们的行为对社会规范几乎不会造成任何影响——社会观念通常都是由那具有很高社会声望的人来守护的——而且由于他们步入社会后受到家庭和传统思想的束缚较少，所以在工作之余，他们有足够的精力去追求精神和情感的幸福。如果婚姻达不到他们的期望值，他们就有能力也有机会通过离婚去解决。如“银行干部白旭明（团员）的爱人是乡村妇女，（他）嫌寒酸，又比白大两岁，要离婚”。①

女性无职业者和女性农民的离婚率占很大比例。这在一定程度上反映女性敢于摆脱没有感情的婚姻束缚。如有的女性因过去包办结婚，感情不好，又受虐待，贯彻《婚姻法》运动后认识提高了，而提出离婚。但是，这不等于说女性不再屈辱于不幸福的婚姻而自由离婚。多数情况下是因为她们没有文化，没有独立的生活能力，而且“嫁汉嫁汉穿衣吃饭”在她们的思想中已根深蒂固，她们认为离婚后再嫁或许生活会更好。如“丰台区南苑人民公社社员郭秀荣18岁，找了一个工人今年32岁，还离过婚，登记时说，‘我们是孤儿寡母需要人，不快结婚生活没办法’”。②

离婚还与夫妻的地位和经济收入状况有关，特别是与男性的经济地位

① 北京市档案馆：《（1953年）关于机关企业存在的婚姻问题的调查报告》，档案号：38－2－387。

② 宣武区档案馆：《（1963年）宣武区人委民政科关于结婚登记工作的情况》，档案号：2－2－298。

相关。很多女性虽然没有将丈夫的收入作为理由直接提出离婚，但是收入低下意味着生活水平和质量的低下。男性无职业者或者经济收入较低的农民，由于没有足够的经济收入，生活压力较大，在物质需求方面无法满足女方，而女方也不满意丈夫提供的婚姻生活质量，而且受到传统的男高女低的模式的影响，男性的这种劣势，很容易会引起女方的不满，离婚的可能性也更大。所以，在这类离婚案件中往往是女方主动提出离婚。特别是年龄上占有优势的女性更是如此。下面是笔者的访谈受访者情况。

M 先生 1930 年生于北京郊区，1949 年由父母包办结婚。

> 采访者：反右、“大跃进”时期，[①] 有离婚的吗？
>
> 受访者：有。
>
> 采访者：离婚以后怎么生活？
>
> 受访者：离婚以后再找对象，女方就走啦，一般都是女方先提出来的。这山望那山高啊！
>
> 采访者：她们一般找什么人呢？
>
> 受访者：一般找工人。
>
> 采访者：您村子里这样的人多吗？
>
> 受访者：不多，但是有。
>
> 采访者：那他们的孩子怎么办，带走还是留在男方家？
>
> 受访者：女方自己带走啦！现在都混好了。
>
> 采访者：离了婚的人和工人在一起生活幸福吗？
>
> 受访者：幸福。农村挣钱少，工人挣钱多，那时候农村一个人 8 块钱左右，工人至少五六十，工人钱多。

加里·斯坦利·贝克尔认为：“男子若处于经济地位低下的状况之中，他们会比处于同样地位的女子更加泄气，因为他们不能挣足够的钱养家。如果说，人们爱在婚姻关系中发泄不满情绪，而这种不满又是因经济基础问题引起的，我们就可以相信，在下层社会存在更多的紧张关系，而事实上也是

---

① 由于时代较久，考虑受访者的记忆力下降，笔者无法直接问“1949～1966 年”期间的离婚情况，只能根据当时发生的大事来勾起老人的回忆。是访谈的一种策略，而笔者的本意不是只问受访者反右、“大跃进”这两个事情的离婚情况。

如此。”[①]

我们还发现，从20世纪50年代中后期开始，农村女性的离婚率逐渐减少。据东郊区妇联1957年8月份的统计，10对离婚夫妇中“只有一对是农民，其余都是矿工”。[②] 这主要是因为农民受到《婚姻法》的宣传教育后，他们对自己终身大事能慎重处理。另外，农民一般是聚族而居，更容易受到社会舆论的监督，个人家庭乃至家族承受的压力远远超过远离家乡的工人或者其他人群，所以说农民的离婚率较小。

职业地位较高的干部或高级科研人才的离婚率较低。对前者而言，他们的经济和社会地位使得其配偶对婚姻的满意程度较高，夫妇冲突也较少。如果他们离婚，会影响其地位和威望，所以本人、配偶及社会各方面的影响使得这部分人离婚率较低。对后者而言，他们把主要精力放在事业上，把精神支柱寄托在婚姻之外的价值实现上，他们不必以婚姻作为唯一的精神寄托，而且这部分人的配偶绝大部分是同行业者，有着较多的共性，所以发生口角的机会相对较少，他们的离婚率也较低。

下面是对一位搞核物理的科研工作者C先生的访谈，他的妻子婚后先在农村居住，后来C先生大学毕业工作后，其妻子随他来北京当工人。

> 采访者：你们结婚后有过摩擦吗？
>
> 受访者：家庭摩擦肯定有，起码就是对问题的看法。精神追求她低一些。存在文化层次上的差异。
>
> 采访者：您有过离婚的念头吗？
>
> 受访者：有些事情有些看法，有过分析，也产生过离婚的念头。但是这方面我考虑得不是太多的，一般像我这样的人都已经离婚啦。我主要考虑学术方面的事，精力在工作上，没有时间考虑家庭的事。

可见，文化差异太大，双方会因知识结构上的差异在生活中引起了种种冲突和矛盾，比如看电视、孩子教育、坐公交车等生活细节都产生很大的分歧，但是丈夫因为学术事业无暇顾及家庭而使得婚姻维持了下来。但这里文化差异过大而成为夫妻的婚姻所占的比例很小。大部分科研工作者会找文化

---

① 〔美〕W. J. 古德：《家庭》，魏章玲译，社会科学文献出版社，1987，第206页；转引自刘宝驹《社会变迁中的家庭——当代中国城市家庭研究》，巴蜀书社，2006，第290页。

② 朝阳区档案馆：《北京市东郊区民主妇女联合会简报》第20期，档案号：7-1-27。

水平相近的人结婚。

二　文化程度与离婚率

表 6－10　1951 年 1～6 月北京市不同文化群体的离婚率

单位：%

离婚比例＼文化程度	大学	中学	小学	私塾	文盲
占离婚男性总数的百分比	10.20	16.33	40.82	14.29	18.37
占离婚女性总数的百分比	4.08	12.24	32.65	8.16	42.86

资料来源：北京市档案馆藏《51 年 1 月至 6 月份结婚离婚性质统计报告表》，档案号：4－2－89。

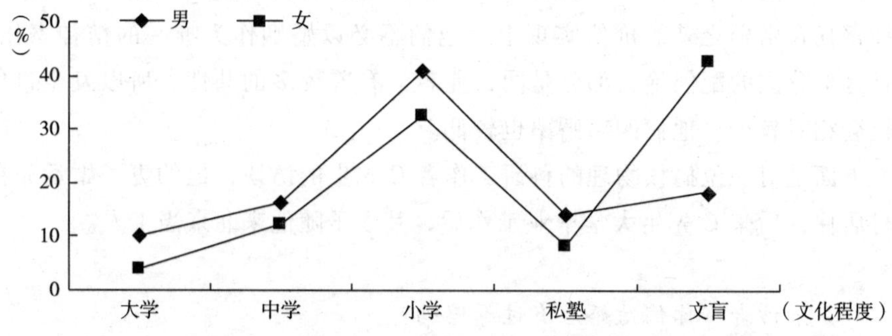

图 6－10　1951 年 1～6 月北京市文化群体的离婚率

表 6－11　1952 年北京市西城区第四区公所不同文化群体的离婚率

单位：%

离婚比例＼文化程度	大学	中学	小学	私塾	文盲（半文盲）	留学
占离婚男性总数的百分比	12.05	24.55	40.68	4.32	18.18	0.23
占离婚女性总数的百分比	5.23	18.41	30.23	1.82	44.32	—

资料来源：西城区档案馆藏《（1952 年）第四区公所婚姻登记表》，档案号：4－2－100。

表 6－12　1953 年北京市京西矿区不同文化群体的离婚率

单位：%

离婚比例＼文化程度	中学	小学	文盲及半文盲
占离婚男性总数的百分比	4.23	43.08	52.69
占离婚女性总数的百分比	0.38	24.62	75.00

资料来源：门头沟区档案馆藏《1953 年北京市京西矿区民政科关于婚姻登记工作的统计表》，档案号：27－2－30。

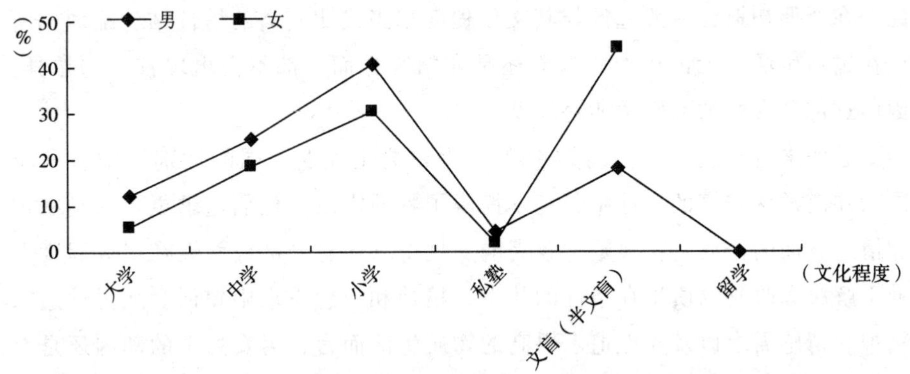

图 6－11 1952 年北京市西城区第四区公所不同文化群体的离婚率

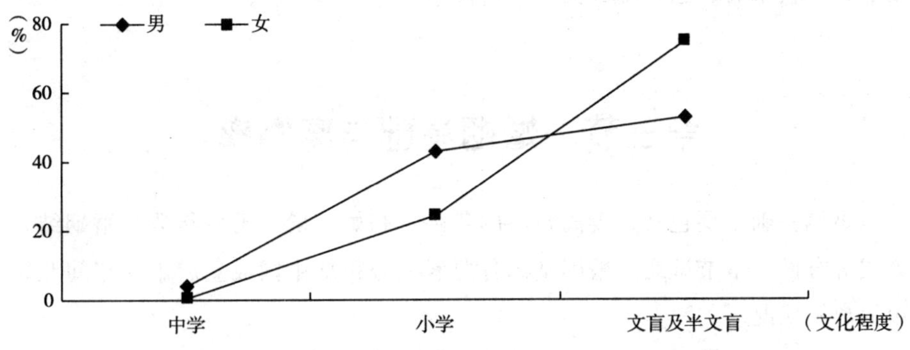

图 6－12 1953 年北京市京西矿区不同文化群体的离婚率

通过表 6－10、表 6－11、表 6－12 及其折线图（图 6－10 至图 6－12），我们看到，女性离婚者的文化程度普遍低于男性离婚者。无论是男性还是女性，受教育程度越高，离婚的可能性越小。反之，受教育程度越低，如小学、文盲、半文盲，其离婚的可能性越大。对受教育程度较低的男性而言，他们的婚姻往往是家庭包办，而且这部分人的物质生活水平较低，从而引起女方对生活的不满，所以女方先提出离婚。当然受教育程度高的男性也有是家庭包办的婚姻，但是其物质生活水平较高，在这方面能满足文化程度较低的配偶需求，而且这部分人在事业上和社会上都有宽阔的空间来弥补在婚姻情感方面的缺陷。所以他们的离婚率较低。

受教育程度低的女性，离婚率较高，一方面是由于这类女子存在“嫁汉嫁汉穿衣吃饭”的传统思想，如果对方满足不了其物质需求，很可能会结束婚姻；另一方面这类女子没有独立的经济收入，没有文化，往往在物质与精神方面无法满足配偶，所以往往会遭到男性的抛弃。受教育程度高的女性，因为在择偶初期，一般选择与其文化程度相当或比其高的男性结为配偶，所以在婚后生活中无论在物质方面还是在精神方面，都不会出现较大的差异。因而这部分女性的离婚率相对较低。

总的来看，这一时期离婚率在职业和文化程度不同的性别当中有所不同。在离婚率较高的男性中，基本摆脱了物质需求，他们追求更多的是精神和情感方面的需要。在离婚率较高的女性中，还有一部分女性在很大程度上处于解决和改善物质生存条件的状态，精神和情感需求则较低。从男性追求精神和情感需求以及女性追求更高的物质生活而言，男女离婚的动因还是有性别差异的。尽管如此，若此从婚姻当事人打破了禁忌、在离婚方面有了更多的自主权来看，这也不失为一个进步。

第三节　婚姻基础与离婚率

婚姻基础主要包括夫妻离婚时的年龄、初婚年龄、婚后年数和婚姻结合方式等方面。本节试通过婚姻基础各要素来分析新中国成立后十七年间北京市的离婚状况。

一　离婚申请者年龄与离婚率

离婚申请者的年龄指的是夫妻在离婚时的年龄状况。笔者根据档案材料作了如下统计（见表6－13至图6－15）。

表6－13　1953年北京市京西矿区离婚申请者的年龄状况

单位：%

离婚比例	年龄					
	20岁以下	21～25岁	26～30岁	31～35岁	36～45岁	45岁以上
占离婚男性总数的百分比	8.85	40.77	19.23	11.92	11.15	8.08
占离婚女性总数的百分比	38.46	25.38	13.46	9.62	7.31	5.77

资料来源：门头沟区档案馆藏《（1953年）北京市京西矿区民政科关于婚姻登记工作的统计表》，档案号：27－2－30。

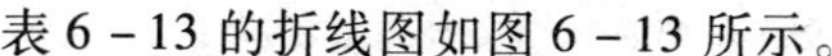
表6－13的折线图如图6－13所示。

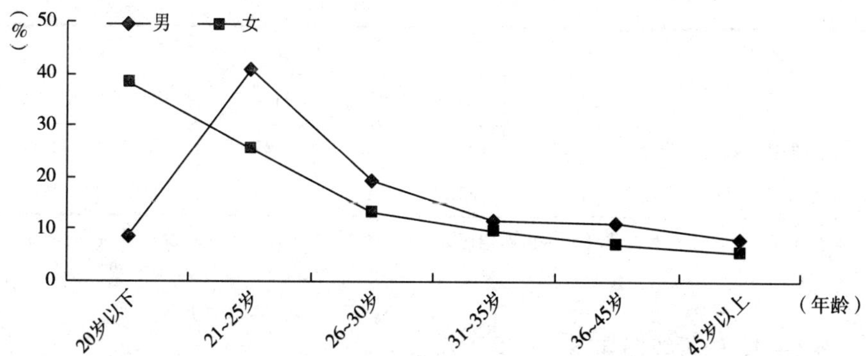

图6－13　1953年北京市京西矿区离婚申请者的年龄状况

表6－14　1951年上半年北京市第四区离婚申请者的年龄状况

单位：%

离婚比例	年龄					
	20岁以下	21～25岁	26～30岁	31～35岁	36～45岁	45岁以上
占离婚男性总数的百分比	5.85	18.71	23.39	16.37	22.81	12.87
占离婚女性总数的百分比	12.94	38.24	23.53	12.94	9.41	2.94

资料来源：西城区档案馆藏《北京市第四区人民政府民政科51年1月至6月份结婚离婚性质统计报告表》，档案号：4－2－89。

注：档案资料中男性比女性多2人。

表6－14的折线图如图6－14所示。

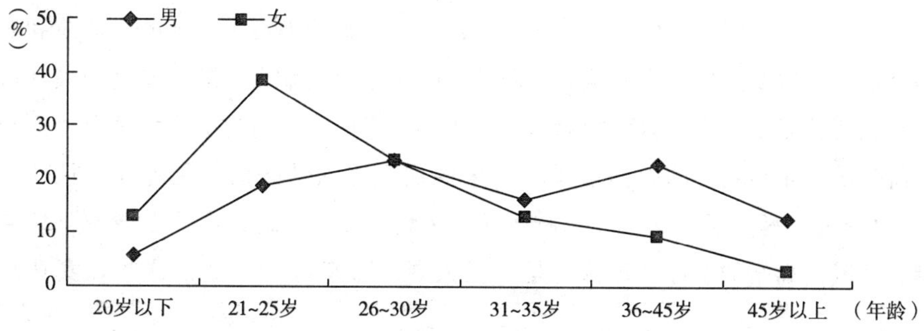

图6－14　1951年上半年北京市第四区离婚申请者的年龄状况

表 6－15　北京市西四区 1952 年离婚申请者的年龄状况

单位：%

离婚比例	年龄					
	20 岁以下	21～25 岁	26～30 岁	31～35 岁	36～45 岁	45 岁以上
占离婚男性总数的百分比	6.78	22.03	20.34	21.47	17.51	11.86
占离婚女性总数的百分比	14.69	35.59	16.95	14.69	12.43	5.65

资料来源：西城区档案馆藏《北京市西四区人民政府民政科 1952 年结婚情况统计表》，档案号：4－2－100。

表 6－15 的折线图如图 6－15 所示。

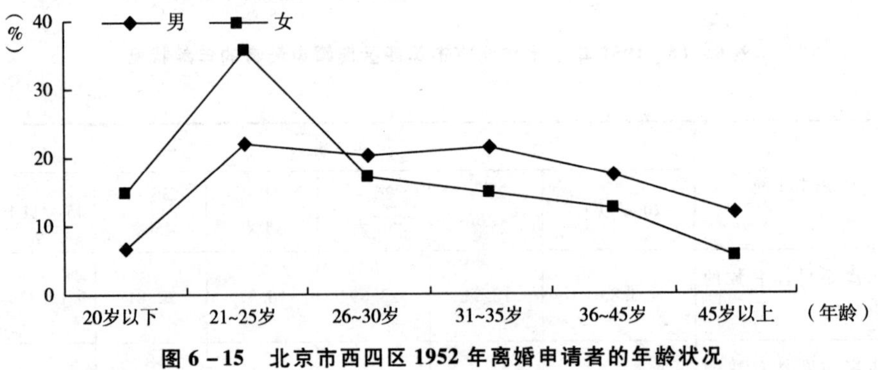

图 6－15　北京市西四区 1952 年离婚申请者的年龄状况

从表 6－13、表 6－14、表 6－15 及其折线图（图 6－13 至图 6－15）可以看出，与女性相比，男性的离婚率随着离婚年龄分布变化的趋势更为平缓。无论男性还是女性，其离婚率和年龄都呈现反比例函数的趋势，说明随着年龄的增大，离婚率逐步降低。20 岁左右的男女离婚率较高，在城区男性和女性的离婚率在 21～25 岁最高。在郊区比如京西矿区，18～20 岁的女性离婚率最高，这是因为郊区初婚年龄较早。这些情况说明，初婚的夫妇对婚姻的不适应和对婚姻的经营需要付出更多的精力。此后，随着年龄的增大，随着家庭规模和家庭结构日趋复杂，离婚遇到的障碍也就越多，考虑问题时也会更为慎重，而且在统计中，年龄较大的夫妇多是在新中国成立之前结婚的，受传统“从一而终”“好女不嫁二夫”等思想影响较深，多数妇女认为离婚是“丢面子”的事情，尤其是离婚的女性会被认为是“活人妻，回笼鸡”。① 而且这些妇女在经

① 北京市档案馆：《（1953 年）北京市贯彻婚姻法运动总结第二稿》，档案号：1－6－753。

济上不能独立，离婚后生活较困难。即使离婚，他们在年龄上也不占有优势，再婚的可能性较低。对她们而言，离婚不是最为明智的选择。所以，与年轻人相比，年龄较大的人特别是女性对婚姻冲突的忍耐程度更强，对于婚姻冲突的处理也更为成熟。

二 初婚年龄与离婚率

表 6－16 1963 年西城区离婚者初婚年龄情况

单位：%

男性初婚年龄	20～22岁	23～25岁	26～30岁	31岁以上	女性初婚年龄	18～19岁	20～22岁	23～25岁	26岁以上
占离婚男性总数的百分比	11.09	30.49	47.07	11.35	占离婚女性总数的百分比	6.99	32.78	39.56	20.67

资料来源：西城区档案馆藏《1963 年婚姻登记年报表》，档案号：8－1－602。

表 6－16 的折线图如下（图 6－16）。

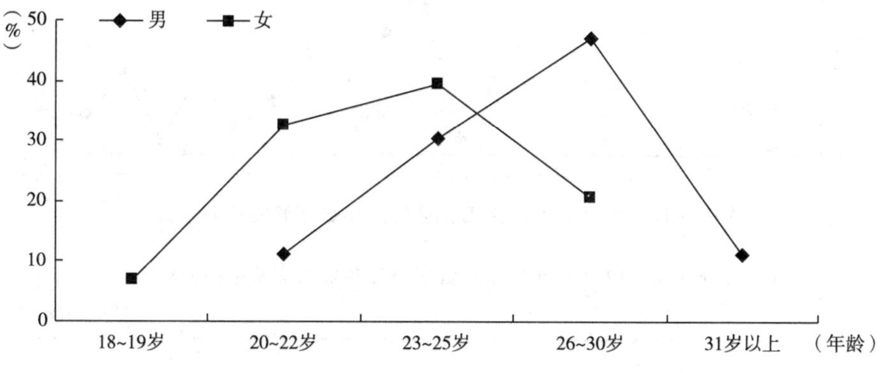

图 6－16 1963 年西城区离婚者初婚年龄情况

由表 6－16 及图 6－16 可以看出，女性初婚年龄在 23～25 岁发生离婚的可能性最大，而男性初婚年龄在 26～30 岁离婚的可能性最大。这与上面提及的离婚申请者年龄分析得出的男性在 21～25 岁离婚率最高的结论并不矛盾，因为人们的初婚年龄是从 1960 年代以后才逐步增大。这说明新中国成立后十七年间的北京市离婚的初婚年龄存在着阶段性的变化。

三　婚后年数与离婚率

表 6－17　1954 年北京市西城区婚后年数与离婚率的分析

单位：%

结婚年数	1年	2年	3年	4年	5年	6年	7年	8年	9年	10年	11年	12年	13年	14年	15年	16～17年	18年	19年	20～27年	27年以上
百分比	8.55	8.55	8.02	6.41	6.95	9.60	9.15	9.15	3.74	0.53	5.88	4.81	3.20	3.74	2.13	1.06	3.20	0.53	3.20	1.60

资料来源：西城区档案馆藏《（1954）年登记情况》，档案号：4－2－132。

表 6－17 的折线图如下（图 6－17）

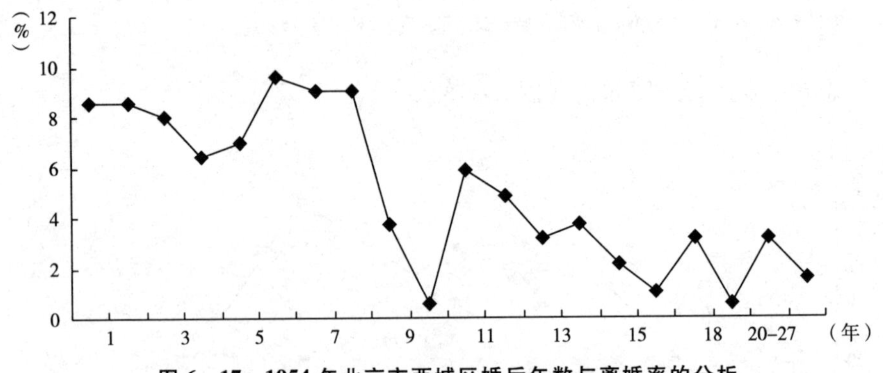

图 6－17　1954 年北京市西城区婚后年数与离婚率的分析

表 6－18　1959 年北京市宣武区婚后年数与离婚率的分析

单位：%

婚后年数	百分比
1 年以内	30.37
2～10 年	53.74
10 年以上	15.89

资料来源：宣武区档案馆藏《（1959 年）从婚姻登记工作方面对当前群众婚姻问题的分析报告》，档案号：2－2－250。

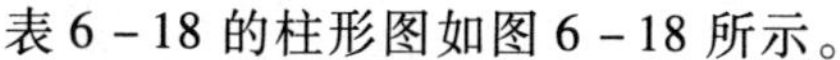
表 6－18 的柱形图如图 6－18 所示。

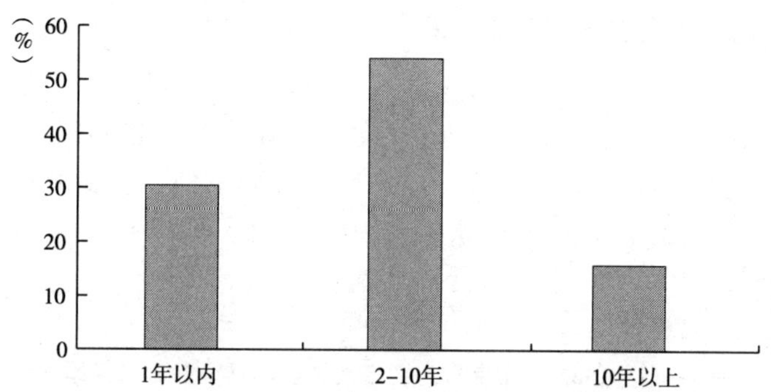

图 6－18　1959 年北京市宣武区婚后年数与离婚率的分析

表 6－17 和表 6－18 分别给出了 1954 年和 1959 年婚后年数和离婚率的关系状况。从表 6－17 中婚姻维持时间和离婚率的关系来看：婚后 1～8 年内离婚率较高，而 6～8 年内离婚率最高，其次为婚后 1～2 年，再次为婚后 3～4 年。以后随着婚后年数的增加，离婚率逐渐降低。一般来说，新婚燕尔时，夫妇的情感交流、新鲜感可以与冲突和摩擦相抗衡。过后，如果婚姻的物质和情感积累都较小，而冲突和矛盾在不断增加的情况下，则发生离婚的可能性就较高。如在北京市海淀区 1956 年上半年受理的 266 件离婚案中，“婚姻一月以上不满一年提出离婚的有 2 件，一年以上的有 175 件”。① 加里·斯坦利·贝克尔认为：“婚后不久就出现的婚姻破裂，主要是由于婚前市场信息的不完全性以及婚后信息的充分积累所造成的。”② 人们往往会因婚姻的期望与实际情况之间的差异太大而引起各种冲突，随着以后生活中相处的时间越长，发现的缺点越多，矛盾也就越大，而双方又不能及时调整，彼此会感到一种失望，到婚后 6～8 年夫妻随着矛盾的日积月累会激化或者说会由量变而引发质变，离婚率就达到了高峰。婚姻维持 10 年以上的离婚比率是很低的，一方面是因为随着家庭规模和家庭结构日趋复杂，离婚遇到的障碍逐渐增多；另一方面，年龄资源处于劣势的夫妇再婚的可能性也较小。所以，单纯地从时间上来解释婚姻维持时间越长婚姻关系就越稳定是

① 海淀区档案馆：《海淀区法院：关于婚姻问题的材料（1955.1～1956.6）》，档案号：54－101－252。

② 〔美〕加里·斯坦利·贝克尔：《家庭论》，王献生、王宇译，商务印书馆，1998，第 347 页；转引自刘宝驹《社会变迁中的家庭——当代中国城市家庭研究》，第 289～290 页。

不合理的。

四　婚姻结合方式与离婚率

婚姻结合方式主要包括自由恋爱、经人介绍和父母包办三类，包办婚姻还可以分为完全包办和半包办两种。结婚的基础不同，婚姻的结果也不同。表6－19和表6－20分别是1956年和1959年婚姻基础和离婚水平的统计状况。

表6－19　1956年北京市海淀区离婚者的结婚基础与离婚率

单位：%

类　别	占总量的百分比
自由结婚	60.00
半自主婚姻封建婚姻	3.00
封建婚姻	37.00

资料来源：海淀区档案馆藏《（1956年）海淀区法院关于婚姻问题的材料》，档案号：54－101－252。

表6－20　1959年北京市宣武区离婚者的结婚基础与离婚率

单位：%

类　别	自由恋爱	家庭包办	半包办	草率结婚
对数	115	34	34	50
百分比	49%	15%（绝大多数是在新中国成立前结婚的）	15%（多数是在1958年以前结婚的）	21%

资料来源：宣武区档案馆藏《（1959年）从婚姻登记工作方面对当前群众婚姻问题的分析报告》，档案号：2－2－250。

在表6－19和表6－20中，我们看到经过恋爱结婚的离婚率比通过其他渠道认识后结婚的离婚率要高。正因为自由恋爱是建立在互相选择的基础上的，所以一旦感情破裂，更容易选择离婚。但是这不是说明家庭包办的婚姻基础较牢固，而是因为新中国成立后，包办婚姻逐渐减少，此类婚姻所占的比例较少，因为其基数低，所以占整个离婚人数的比率也偏低。自由恋爱是人类在发展的实践中选择的为绝大多数人所认可的婚姻结合方式，是人类发展进步的体现。不能因为自由恋爱的婚姻结合方式导致离婚率较高而否定它。换句话说，它不是导致离婚的充分条件，人类还需要在实践中不断探索预防和制止婚姻破裂的途径和办法。

本节分析了夫妻离婚年龄、初婚年龄、婚后年数和婚姻结合方式与离婚率的关系。结果表明：无论男性还是女性，在市区，除20岁以下的年龄外，年龄与离婚率成反比，年龄越低离婚率越高，离婚的可能性越大。而在远郊区，由于初婚年龄较早，年龄与离婚率呈现完全的反比关系。女性初婚年龄在23~25岁、男性在初婚年龄在26~30岁发生离婚的可能性最大。婚后年数与离婚水平成反比关系，婚后6~8年离婚水平最高。这也更让我们体会到婚姻需要不断经营的理念和婚后的磨合和包容的重要性。

第四节　离婚案件的处理

一　处理离婚的方式

离婚方式分为协议离婚、法院调解离婚和法院判决离婚三种。根据《婚姻法》规定，男女双方自愿离婚并对子女抚养和财产处理达成协议的时，由婚姻登记机关（区人民政府）受理，如准予离婚则为协议离婚；男女一方要求离婚或双方要求离婚而未达成协议时，由县或市人民法院受理，法院如果通过调解达成协议则为法院调解离婚；如果法院以判决的方式处理，则为法院判决离婚。在处理离婚案件时，执行机关首先进行调解。“因为以各地人民法院的经验及材料证明经过调解之后，有一部分夫妻和好了，依旧能共同生活。”而且“有不少事实证明，不少区一级的干部，常常干涉、压制男女离婚自由，因而造成严重的自杀及被杀案件”。[①]所以当一方坚决离婚的案件先由区人民法院进行调解，调解无效时，再进行判决，这一方面是为了防止轻率离婚，另一方面也是为了防止有人利用职权干涉别人的离婚自由。下面试分析新中国“十七年”间北京市婚姻执法机关对离婚案件的处理方式。

---

① 宣武区档案馆藏：《（1951年）邓颖超同志关于中华人民共和国婚姻法报告的要点》，档案号：11-1-3。

表 6－21　1950 年 5 月～1953 年 2 月北京市婚姻执法机关对离婚案件的处理

单位：%

处理方式	调解和好	协议离婚	介绍法院处理
各类型离婚案件的百分比	9.38	79.57	11.05

资料来源：北京市档案馆藏《关于北京市四年来（1950 年 5 月～1953 年 2 月）婚姻登记工作情况及今后意见的报告》，档案号：14－1－58。

表 6－22　北京市门头沟区 1954 年、1956 年、1963 年婚姻执法机关对离婚案件的处理

单位：%

年份 / 离婚案件比例 / 处理方式	批准离婚	调解不离	调解无效转法院判决
1954	52.00	30.00	18.00
1955	48.30	34.20	17.50
1956	59.00	22.00	19.00
1963	23.00	57.00	20.00

资料来源：

门头沟区档案馆藏《（1954 年 1－12 月）领销婚姻证书月报表》，档案号：27－2－70；

门头沟区档案馆藏《（1956 年）婚姻登记统计表》，档案号：26－1－48；

门头沟区档案馆藏《（1963 年）各公社办事处婚姻登记统计报表》，档案号：27－2－1015。

表 6－22 的折线图如图 6－19 所示。

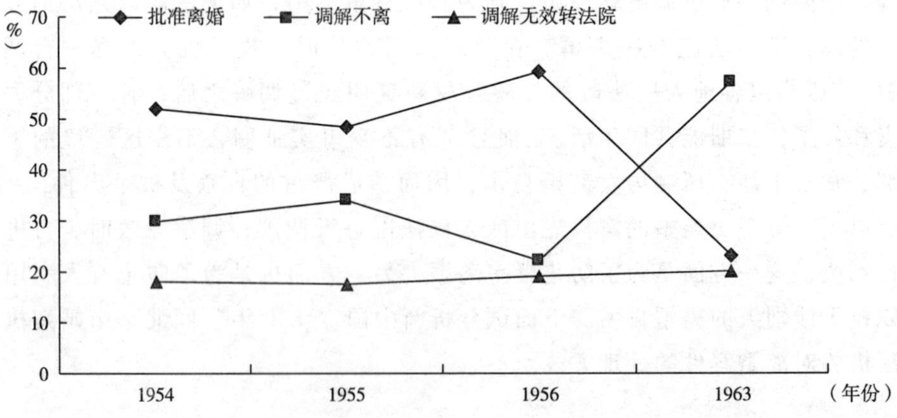

图 6－19　北京市门头沟区 1954 年、1956 年、1963 年婚姻执法机关对离婚案件的处理

表 6－23　北京市海淀区 1954～1966 年婚姻执法机关对离婚案件的处理

单位：件，%

年　度	准予离婚	调解不离	调解无效法院处理	资料来源
1954 年	56.00	27.00	17.00	海淀区档案馆藏《（1954 年）8166 婚姻登记统计表》，档案号：2－106－159
1957 年	—	64.23	35.77	海淀区档案馆藏《婚姻登记统计资料》，档案号：3－101－106
1958 年	—	83.92	16.08	
1959 年	—	80.26	19.74	
1960 年	64.41	29.05	6.53	
1962 年	—	75.00	25.00	
1963 年	50.20	39.88	9.92	
1964 年	45.92	52.98	1.10	
1965 年	48.12	45.25	6.62	
1966 年	44.95	44.95	10.09	

注：缺 1955 和 1956 年的资料。

表 6－23 的折线图如图 6－20 所示。

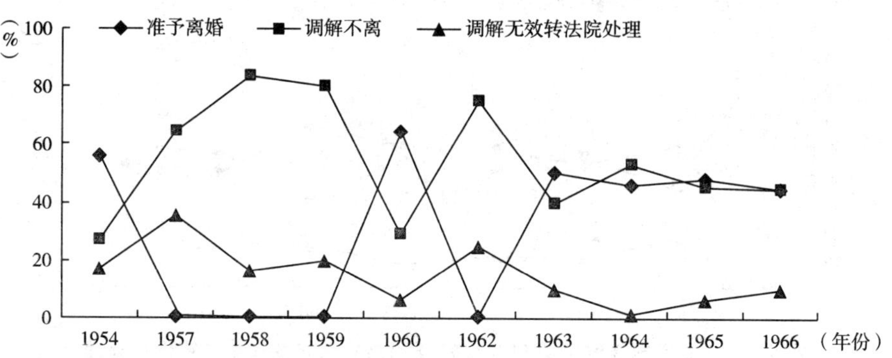

图 6－20　北京市海淀区 1954～1966 年婚姻执法机关对离婚案件的处理

表 6－24　北京市西城区 1951～1963 年婚姻执法机关对离婚案件的处理

单位：%

年　份	准予离婚	调解不离	调解无效转法院处理	资料来源
1951（上半年）	18.18	81.82	—	西城区档案馆藏《51 年 1 月至 6 月份结婚离婚性质统计报告表》，档案号：4－2－89。

续表

年　份	准予离婚	调解不离	调解无效转法院处理	资料来源
1954	48.96	34.97	16.06	西城区档案馆藏《（1954 年）婚姻登记统计表》，档案号：2-2-291。
1955	43.33	46.11	10.56	西城区档案馆藏《婚姻登记统计表》，档案号：2-2-291。
1956	47.93	41.38	10.69	西城区档案馆藏《婚姻登记统计表》，档案号：2-2-291。
1958	48.37	44.11	7.52	西城区档案馆藏《1958 年全年婚姻登记统计表》，档案号：8-1-429。
1961	56.16	29.90	13.94	西城区档案馆藏《1961 年全年婚姻登记统计表》，档案号：8-1-528。
1962	40.11	45.39	14.50	西城区档案馆藏《（1962 年 1-12 月）婚姻登记统计表》，档案号：8-1-548。
1963	42.42	49.89	7.69	西城区档案馆藏《1963 年婚姻登记年报表》，档案号：8-1-602。

注：缺少 1952、1953、1957、1959、1960 年的资料。

表 6-24 的折线图如图 6-21 所示。

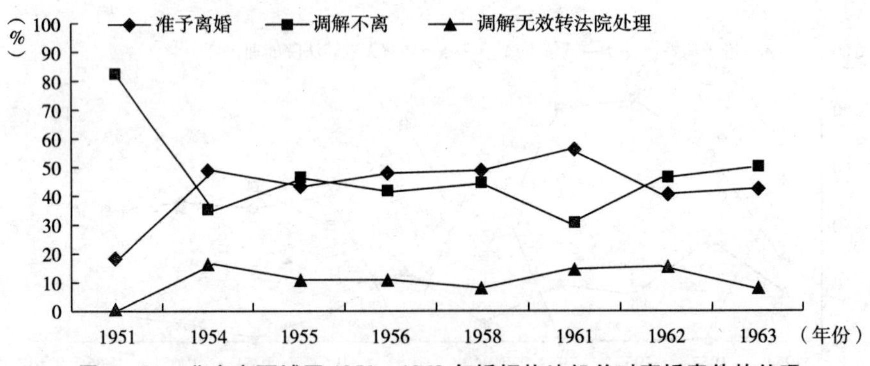

图 6-21　北京市西城区 1951～1963 年婚姻执法机关对离婚案件的处理

表 6-25　北京市海淀区 1956 年婚姻执法机关对离婚案件的处理

单位：%

	判决离婚	判决不离	调解离	调解不离
各类型离婚案件的百分比	22.00	22.00	49.00	7.00

资料来源：海淀区档案馆藏《（1956 年）海淀区法院关于婚姻问题的材料》，档案号：54-101-252。

表 6－26 北京市海淀区 1966 年婚姻执法机关对离婚案件的处理

单位：%

年度各类离婚案件比例	判决离婚	判决不离	调解离婚	调解不离
1966 年全年各类型离婚案件的百分比	13.62	3.48	35.94	46.96
1966 年 1～5 月各类型离婚案件的百分比	15.56	5.19	30.37	48.89

资料来源：海淀区档案馆：《(1966 年) 海淀区法院刑民事案件统计表》，档案号：54－101－192。

表 6－26 的折线图如图 6－22 所示。

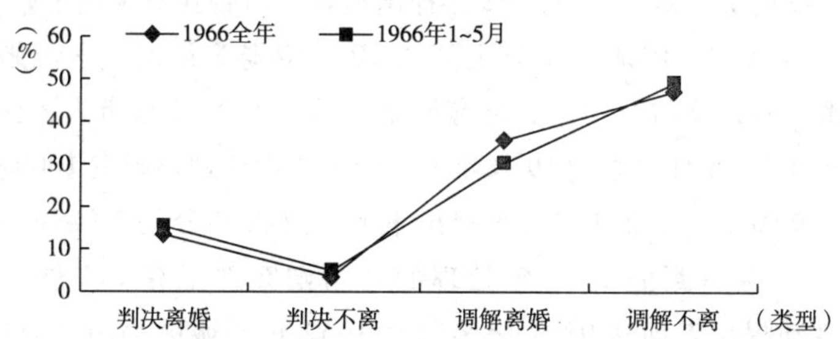

图 6－22 北京市海淀区 1966 年婚姻执法机关对离婚案件的处理

通过表 6－21 至表 6－26 及其折线图（图 6－19 至图 6－22），我们看到，民政局在处理的离婚案件中协议离婚占有相当大的比重，如“因双方感情破裂，难以维持夫妻关系同意离婚准离”。这种情况下的夫妇一般都能达成协议，不必到法院诉讼。调解不离也占有很大的比重，这一方面说明国家对离婚问题的处理更加严肃慎重，另一方面又说明《婚姻法》颁布之后，“有些人误解了婚姻法，单纯地认为婚姻自由就盲目提出离婚”。[①] 如有人“因为一时气愤或因双方意见分歧时口角或无原则离婚。”[②] 为了防止不断提升的离婚率带来的社会影响，国家通过一些政策规定有关部门在处理离婚问题上尽量说服双方不要离婚。如 1957 门头沟区接到的《关于办理离婚调解及复婚登记的通知》规定：“关于离婚问题，由你乡（处）负责调解，凡可能恢复感情的，尽量说服不离。”[③] 在法院处理的离婚案件中，调解离婚比重

① 海淀区档案馆：《海淀区 1954 年婚姻工作总结》，档案号：2－106－159。

② 海淀区档案馆：《海淀区 1954 年婚姻工作总结》，档案号：2－106－159。

③ 门头沟区档案馆：《(1957 年) 关于办理离婚调解及复婚登记的通知》，档案号：27－2－972。

一般高于判决离婚的比重，而这类案件往往解决的是一方坚持离婚而经民政局调解无效或者因财产和孩子抚养无法达成一致意见等问题。而且诉讼离婚数量少于协议离婚数量的这个事实，在一定程度上反映女性因为考虑离婚后经济困难而坚持不与男方离婚的事实在减少。

新中国成立后，广大妇女从烦琐的家庭劳动中解放出来，和男子一样地成为社会劳动者，经济上的独立和社会地位的提高，在一定程度上改变了她们过去的从属地位。这种变革带入婚姻家庭关系方面的一个表现就是敢于向不合理的封建婚姻提出抗议和控诉。在档案资料中，笔者发现离婚案件中首先提出离婚请求的大多数是女方，如宣武区义利食品厂“妈妈组周玉兰原因父母包办，婆婆丈夫对她不好，52 年提出离婚，后自找对象结了婚。刘安荣组吴锦淑，30 多岁，解放前嫁给大烟店 60 多岁老头做妾，学习婚姻法后，提出离了婚，后来又与合作社职员恋爱结了婚”。[①] 据北京市人民法院统计，“从 1949 年 3 月 18 日成立到 1950 年 3 月的 1 年中受理婚姻案 1000 余件，其中离婚案占 90% 以上，2/3 是女方提出来的，且大部分是 20～30 岁的青年妇女”。[②] 海淀区审判庭 1951 年处理的“婚姻案件中有 132 件是离婚的，其中女方主动提出者即达 98 件之多”。[③] 1952 年西城区第四区公所“提出离婚男 67 人，女 92 人”。[④] 同年，京西矿区在 11 月、12 月两个月中，申请离婚的 10 对夫妇中“女方提出者为 8 对”。[⑤] 这说明女性的独立性越来越强，对男性的依附性逐渐降低（见表 6－27、图 6－23）。

表 6－27　男女双方最先提出离婚的比率

单位：%

介绍到法院*		调解离婚		解除婚约或同居关系	
男方提出离婚所占比例	女方提出离婚所占比例	男方提出离婚所占比例	女方提出离婚所占比例	男方提出离婚所占比例	女方提出离婚所占比例
7.25	25.88	19.61	41.57	0.78	4.90

注：* 介绍到法院即在民政局调解无效的情况下转到法院处理的。

资料来源：门头沟档案馆藏（1953 年北京市京西矿区民政科）《关于婚姻登记工作的统计表》，档案号：27－2－30。

① 宣武区档案馆：《（1953 年）宣武区义利食品公司的婚姻情况》，档案号：11－1－7。
② 柏生：《北京市一年来的离婚案件》，《新华月报》1950 年 5 月号。
③ 北京市档案馆：《北京市第 14 区 1951 年终婚姻工作总结》，档案号：45－3－10。
④ 西城区档案馆：《（1952 年）第四区公所婚姻登记表》，档案号：4－2－100。
⑤ 门头沟区档案馆：《（1952 年）市民申请离婚情况统计表》，档案号：27－2－922。

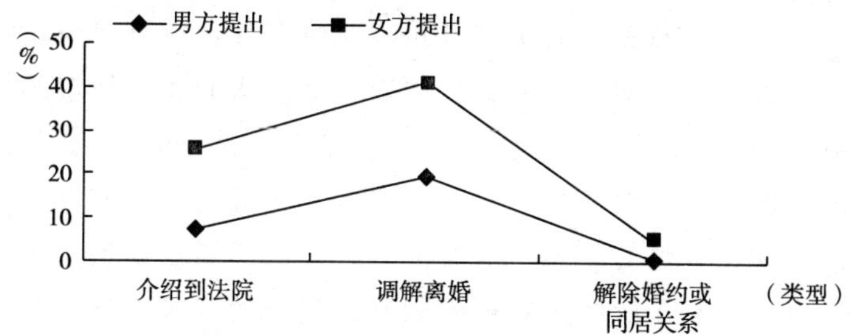

图 6－23　男女双方最先提出离婚的比率

二　离婚案例解析

笔者利用档案资料中对离婚案件的调查、审判等内容，大概了解当时人们的婚姻状态。一般情况下，这类档案会涉及涉案人员的籍贯、年龄、谋生方式等。有的案情比较简单，有的案情比较复杂，须经过上诉再次判决，而且这些案件绝大部分是普通百姓的婚姻案件，因而他们的婚姻生活能够比较真实地反映当时人们婚姻的基本状况。

1. 民政局处理的离婚案件

案例：

李××，男 34（岁），生日：1937.11.7，河北涿州人，结婚日期：1961.12.28，农业工人，海淀区上庄公社林牧大队。

王××，女 34（岁），生日：1937.5.8，河北博野县人，结婚日期：1961.12.28，护士，海淀区温泉结核病医院。

离婚理由：夫妻感情不合（和），经调解无效，双方身体不好，不能互相照顾。

子女处理：女儿李××由王××抚养至 18 岁，李××每月给王××抚养费 10 元，18 岁以后李××自己选择和谁一起生活，由谁抚养。

财产处理：属于李××本人用的东西归李所有，其余归王××和女儿所有。

其他：王××抚养女儿期间李××可以接看。①

① 海淀区档案馆：《（1961 年）上庄公社革委会离婚案件》，档案号：39－101－538。

这是一例由于夫妻感情不和而引起的离婚案件，双方对财产和子女都达成了协议。处理中特别是照顾了子女的利益。我们无法通过这则案例得知男女双方的经济收入，不过从夫妻所从事的职业来看，男方为农业工人，而且所属的单位是生产队，说明丈夫李××应该具有农业户口，在城乡二元制的差异下，他的收入及福利待遇应该低于城市里的工人。从收入和社会地位来看，妻子所从事的护士职业比丈夫的略高，也许是产生感情不和的一个因素。在财产处理方面，只是说明属于丈夫的东西归丈夫所有，剩余的属于妻子和女儿所有，但是并没写清楚属于各自的财产具体是什么，处理中是按什么原则的来进行的。但是我们发现在处理此案中民政局给子女予以照顾，除了男方给予女儿抚养费以外，女儿也有选择与父母任何一方在一起生活的自由。

2. 法院处理的离婚案件

(1) 法院调解的离婚案件。

案例一

北京市海淀区人民法院调解书〔(61) 民字第713号〕

原告：赵××，女，26岁，北京市人，家庭妇女，社员，住本区南玉河13号。

被告：翟××，男，29岁，北京市人，农民，社员，住同上。

案由：离婚

原被告自幼由父母包办结婚，生有3个孩子，婚后感情不好，经常为一些生活琐事打架，以致影响了夫妇感情，原告曾两次向被告提出离婚，均经乡亲调解合好，但夫妇关系仍未得到改善，继续吵架，致使夫妇感情破裂到无法同居的地步。

1960年12月

原告来院坚决要求与被告离婚。经我院审理被告同意离婚，双方达成协议，成立内容如下：

Ⅰ原被告同意离婚。

Ⅱ双方所生孩子，大女孩子、三女孩子归原告抚养，二女孩子归被告抚养。

Ⅲ共同财产部分北房3间，被子一床，褥子一床归被告所有；被子两床，小鸡4只，大瓷盆一个，合罐一个，铁洗脸盆一个，大铁锅一个归原告所有；个人财物归个人所有。[1]

这是一例因包办婚姻引起的婚后感情不和而离婚的案件。夫妻双方都是农民，他们共生育3个女儿。在农村“不孝有三，无后为大”的传统观念的影响而且在缺乏生育知识的情况下，人们一般把生男生女的事情归咎于女方，或许这也是引起夫妻感情不和的一个原因。他们发生冲突后，两次经乡亲调解和好，但最终女方选择了与男方离婚。这说明女性的自主权在增强，而且女方年龄才26岁，再婚的可能性也较大，婚后物资方面的顾虑较小。在法院审理下，男方也同意离婚。双方达成的协议主要解决了孩子抚养及财产问题。因旧观念旧习俗的影响，妇女住房权仍然难以得到保障。按中国的传统习俗，女方一般是嫁到男方家里，房子应属于男方婚前的个人财产，所以归男方所有。有的办案人员在处理过程中也考虑到这一点，但是在执行过程中存在着麻烦，“不分给女方房屋则女方无房住，分给女方则双方住得太近，经常吵嘴打架”。[2] 可见，《婚姻法》对离婚案件的处理存在着空白和盲区，这种情况下，执行人员一般会考虑到传统的风俗习惯来处理案件。

案例二

北京市东城区人民法院调解书〔(61) 东城民字第219号〕

原告：周××，女，25岁，北京市人，汉族，贫农出身，农民成分，无文化，公社社员，住海淀区上庄大队双塔村。

被告：谷××，男，27岁，北京市人，汉族，贫农出身，住东城区蒋家胡同××号。

案由：离婚

原被告于1957年10月自主结婚，由于婚前互相了解不够，婚后又互不信任，感情一直不好，为此原告曾于1958年起诉至原东四区人民法院要求离婚，虽经判决驳回，双方关系不但没有好的转变，反而更加恶化，互不往来发展到一年多不同居，感情已完全破裂，故原

① 海淀区档案馆：《(1961年) 上庄公社保存的经法院判决的离婚证明》，档案号：39－101－339。

② 海淀区档案馆：《关于婚姻问题的材料1955.1～1956.6年海淀区法院关于婚姻问题的材料》，档案号：54－101－252。

告再次起诉坚决要求离婚。经讯，被告对原告所诉事实无异议，同意与原告离婚。经调解双方达成协议如下：

Ⅰ原被告双方同意离婚，

Ⅱ个人衣物归个人所有。

1961 年 3 月 20 日

调解成立

北京市东城区人民法院

审判员：王某，人民陪审员：张某，人民陪审员：李某。

1961 年 3 月 21 日①

这是一例因婚前了解不够导致婚后感情不和的离婚案件。女方系海淀区农民，男方系市民。我们无法从本案中知道离婚的真正原因，但有一点是肯定的，即婚后女方对男方不满才向法院提出离婚，也可能是婚前没有完全了解男方，也可能是婚后各种因素造成的。当判决被驳回之后，女方再次起诉离婚。由于双方没有孩子，所以案件的处理较为简单，只是将各自的财产进行了分割。

案例三

北京市海淀区人民法院民事调解书〔（61）民字第786号〕

原告：赵××，男，30 岁，北京市人，汉族，贫农成分，炊事员，住大兴县红旗制鞋厂。

被告：贾××，女，27 岁，北京市人，汉族，中农成分，社员，住海淀区大牛坊村。

案由：离婚

原被告于 1953 年 9 月经人介绍自愿结婚，婚后感情一般，生有 2 个男孩，近一年来由于被告与他人乱搞不正当男女关系，影响了夫妻感情，曾经本院多次调解合好无效，现夫妻感情已破裂，故原告坚决要求与被告离婚，经本院审理，被告同意离婚，现双方达成协议如下：

① 海淀区档案馆：《（1961 年）上庄公社保存的经法院判决的离婚证明》，档案号：39－101－339。

Ⅰ原被告同意离婚。

Ⅱ2个男孩由女方抚养，自1961年9月份起每月由男方负担小孩生活费10元。

Ⅲ各人衣物归各人所有，家里的一些用具全部归女方所有。

代理审判员：李××，书记员：张××。

1961年9月15日[①]

这是一例因女方搞婚外恋，男方起诉的离婚案件。经法院多次调解无效，男方还是无法容忍和谅解女方的行为，说明夫妻之间的忠诚是维系婚姻的一个重要因素。在男方坚决要求下，双方达成离婚协议，对财产进行了分割，并由女方抚养两个小孩，男方负担孩子的一部分生活费用。

以上三则经法院调解而离婚的案例中，女方均无稳定的经济来源。男性中一位为市民但无法知道其工作性质，另两位男性为农民。原告系女方的案件为两件，原告系男方的案件为一件。女方为原告的案件我们无法确切知道离婚的真正原因，因为引起感情不和的因素非常多，说明了女性对婚姻的自主性加强。而原告为男方的离婚原因很明确，即因女方搞婚外恋，说明性的贞洁在婚姻中的重要性。

（2）法院判决的离婚案件。

①普通案件。

案例一

原告：阎××，女，四十三岁；被告：阎YY，男四十五岁

事情经过：老墙根甲九号阎YY于十一月十二日因故将其妻阎××腚部打肿，并用菜刀威吓，阎××假装大便跑至派出所控告，并提出离婚，经法院初步审讯，并作了调查。

调查情况：

Ⅰ阎YY现在老墙根甲九号卖果子为业。日伪时期当过兵，后跑回家来作小生意，打鼓卖水果至今。

Ⅱ据群众反映，阎YY在日伪时期曾贩卖过毒品，伪造过果子，刚印了一面，被人发觉，阎就把机器毁了。

Ⅲ当地大人小孩都怕他。没有人不知道“活阎王”的，对他妻子

① 海淀区档案馆：《（1961年）上庄公社革委会离婚案件》，档案号：39-101-538。

也是经常打骂，此人特点是光说不作，说了不算。在政府面前装老实，回家就更厉害。他自己曾说："解放后我的脾气十成已改了九成了。"实际思想上并没解决问题。

Ⅳ此次是因为阎YY患牙痛有气，又见阎××没做饭，阎YY将阎××腿部打肿，并拿菜刀威胁，经阎××叫爸爸哀告才将菜刀放下，又拿绳子说："你先死，我先死？"阎××当时非常害怕，假藉大便，偷跑至派出所报告。

处理意见：根据派出所及群众反映的情况看，阎YY确系一地痞流氓。□恶成性。并有虐待妇女的具体事实。拟以公开审判方式处刑二年。①

这是一例发生在1951年的离婚案件，这一年正值开展"关于检查婚姻法执行情况"的运动。所以，此案件是作为典型婚姻案件而出现的。原被告应该在北京解放前结婚。而此前的婚姻多属于包办婚姻，夫妻之间的情感交流也较少。原告长期受丈夫虐待，被告仅仅因为牙疼，妻子又没有按时做好饭的情况下就毒打妻子，反映女性在家庭中这种"买来的媳妇骑来的马，任我骑来任我打"的受压迫状况和屈从地位。原告在性命受到威胁的情况下，才跑到派出所报告。加之，被告人在新中国成立前后的种种劣行引起了极大的民愤，法院在处理中，根据群众的反映和既定的事实给予被告以刑事处分，并以公开审判的方式进行，以起到教育群众的作用。

案例二

1951年（四月）我村（北坞）□头条六号王文□次子王××与其妻徐××因意见不和（合），去村政府要求离婚，经我村政府干部研究，执行婚姻法制度，当派村政府委员刘□荣介绍郊区审判，经法院向双方婚姻是否□离□系□，双方并回意见，据法院谈夫妇意见不和（合），□□徐□××又是童养妇，按新婚姻法一条够离婚条件。经问双方并无反悔，当由法院发给离婚证明书。

判决词：

① 宣武区档案馆：《（1951年）第八区典型婚姻案件及处理意见的报告》，档案号：11－1－3。

王××分给徐××有□稻地五亩，□□养费人民券二十万元，所有徐××物件全部拿走。当□民政委员同徐××去王××家将所有物件全部拿走。

1951 年[①]

这是一则发生在 1951 年的离婚案件，村政府直接介绍到郊区法院审判，因为女方是童养媳，所以离婚比较容易。并且本着照顾女方的原则，分走稻地五亩以及其他一些财产。

案例三

北京市朝阳区人民法院民事判决书〔(61) 民字第 911 号〕

原告：田××，女 23 岁，北京人，汉族，无职业，住海淀区北玉河村××号；

被告：张××，男 32 岁，北京人，汉族，北京市政机械公司供应队工人，住下四条××号。

案由：离婚

原被告双方于 1958 年经人介绍自主婚姻。婚后为经济问题以及一些家庭琐事经常发生争吵。使双方感情日益疏远。自今年（1961 年）6 月以来。被告怀疑原告有外心。双方争吵更加剧烈，并发展到相互殴打，致使双方感情完全破裂。因此原告提出坚决要与被告离婚。起初被告不同意离婚，坚持要求追究第三者，后因没有充分的事实根据也就放弃了这一要求，而同意离婚，但就在子女抚养费及财产问题上争执不下，未能达成协议。

经本院审理，原被告间虽系自主结婚，但婚后未培养其真挚的夫妻感情。在日常相处中，相处既不体谅，又不信任，致使双方感情完全破裂，双方都同意离婚。应予以准许，至于财产与子女抚养费问题。本院根据中华人民共和国婚姻法第 17、20、21 条之规定。判决如下：

Ⅰ准许原告田××与被告张××离婚。

Ⅱ双方所生一女孩（一岁半）张××由原告田××抚养，被告张×

① 海淀区档案馆：《北坞行政村一九五一年一月至一九五三年一月工作汇报记录本》，档案号：52－109－84。

×每月负担子女抚养费 8 元。

Ⅲ双方的共同财产箱子二只、茶壶一个、铜茶壶一个、大铁锅一个、铺板四块、面口袋四个、暖壶一个（竹皮的）、篮子一个、簸箕一个、镜子一个、碗五个、蓝布制服上衣一件、天蓝色上衣（中式）一件（平纹布）、白色上衣一件、格布外衣一件、灯芯绒紫色裤子一条，粉色的裤子一条、棉小大衣一件、剪刀□□、□□□□一双、中式棉衣棉裤□归原告田××所有，其他东西归被告张××所有。

如不服本判决，可于接到判决的第二天起十天内向本院提出上诉状及副本，上诉于北京市中级人民法院。

院长：来××，代理审判员：黄××，人民陪审员：郭××，人民陪审员：张××。

1961 年 8 月 25 日

由于被告不服，又进行上诉，北京市中级人民法院民事（61）中民婚字第 827 号判决如下：

上诉人：张××，男 32 岁，北京市朝阳区人，汉族，市政机械公司工人，住本市朝阳门外下四条××号。

被上诉人：田××，女 23 岁，北京市海淀区北玉河村人，汉族，无工作，住海淀区北玉河村××号。

上诉人张××因离婚案一案不服本市朝阳区人民法院〔(61) 年民字第 911 号〕判决，提起上诉。本案业经审理终结，查明：

双方于 1958 年经人介绍认识三个月，即自愿登记结婚。生有一个女孩张××，婚后双方感情一般，经常为家务事争吵。近一年来，男方怀疑女方有外心，加之女方与婆母不和，致使双方感情越来越恶化，甚至发展到互相殴打。本年 6 月因双方打架，女方回至娘家，现以男方怀疑自己有外心、并多次打骂自己、没有感情等向原审法院提出与男方离婚。男方表示同意离婚，唯对子女抚养及财产问题，双方各持己见。故原审法院判决：

Ⅰ准许田××与张××离婚。

Ⅱ双方所生女孩张××由田××抚养，张××每月负担子女抚养费 8 元。双方共同财产作了适当处理。男方不服原判第二项女孩张××由女方抚养，上诉来院。在本院审理中，女方除不同意小孩由男方抚养外，并要求男方给一床被子和一个炉子。男方提出：女方曾撬门私自将衣物取走，不同意女方所提出的要求，经调解无效。

本院认为：双方虽系自主结婚，但由于双方在共同生活中互不信任，经常为家务事吵打，经街坊和干部多次调解无效，现双方关系已破裂至无法同居，再勉强的维持下去对双方和子女均无好处。至于双方所生女孩现仅二岁，尚在哺乳期，从孩子利益出发，由女方抚养为宜，据查女方已将衣、被拿走，再要求男方给一床被子等不合理。原判正确，本院应维持。

据此判决如下：

维持本市朝阳区人民法院〔(61) 民字第911号〕判决，驳回张××的上诉请求。

本判决为终审判决，双方当事人不得上诉。

院长：王××，审判长：秦××，审判员：李××、王××。

1961年10月20日[①]

这是一起经法院判决后又上诉的离婚案件，男方的职业为工人，女方无职业，男方比女方大9岁，两人从认识到结婚历时仅三个月，感情基础薄弱，女方与婆婆不和，加上女方回娘家住后，男方又怀疑女方有外遇，夫妻感情逐渐恶化。这是由多方面原因引起的离婚案件。虽然两人都同意离婚，但对财产和孩子的抚养问题争执不下，本着照顾子女利益的原则，法院判决尚在哺乳期的孩子由女方来抚养。在适当照顾女方利益的情况下，当然也考虑到男方的具体情况，对女方在财产方面无原则的索要进行了制止。可见婚前的匹配基础（婚龄差、职业情况、恋爱时长等）、婚后生活磨合以及与家庭成员关系的处理对婚姻的稳定性都起着至关重要的作用。

案例四

一贯虐待妻子进而发展到陷害妻子的犯罪分子王××现已在五月十六日依法逮捕。

王××现年34岁，鲁家滩大队第六生产队社员。王××的妻子褚××，现年28岁，娘家是南村的，自1956年与王××结婚，现已有小孩两个（一男一女），并已怀孕八个月。

---

① 海淀区档案馆：《(1961年) 上庄公社革委会离婚案件》，档案号：39－101－538。

王褚结婚已有七年之久，在这七年当中，王××由于偏听母亲的话，对妻子经常打骂，褚××不但受男人的打骂，同时也受婆婆的虐待，特别是今年以来，王××曾经多次企图将褚害死。例如在今年二月份两口子打架，王××就拉着褚××往大水池子里推。由于褚××大喊来人得救。从此褚××提高了觉悟，向法院提出离婚，王听说褚已提出离婚，更怀恨在心。在三月份的一个夜间，待褚入睡后，王用双手捏住褚的脖子，企图将褚捏死，可是未有实现。后又利用褚睡觉的机会，王用短头发烂麻等往褚的阴道内塞。在四月份的一个夜里四点钟左右，褚正在睡觉，王将褚的头拉到炕沿下边，身子在炕沿的上边，王一手压住褚的头，另一手压住褚的肚子硬掘。褚××是残废，一只好手挣扎不过便大喊求救，这时将邻居都喊来跳墙进院得救，褚××的婆婆在院子里不但不拉架，反而还主使儿子，说：打吧，打她的下半节（截）等。

上述恶劣手段均未有实现害死褚的目的。后王××便在4月22日下午烧掉褚××的衣服四件，衣袋内装有卖猪奖励粮票一百七十五斤、肉票八斤、布票四尺，农村购货券二十一个半、人民币四十七元整均一同烧掉，为此使褚不敢在家睡觉，过了两天，褚××回家做好饭正给孩子盛饭时，王××下了毒手。用绑腿条将褚××的脖子勒住，企图害死，当时褚××只是大喊了一声，再也喊不出声了。幸有驻军某同志赶来遇救未死，可是褚××的脖子已经勒出了血。根据以上的情况，王××所作所为是恶劣的，民愤也是极大的，为了争取男女平等和维护妇女的利益，根据妇女群众的要求，王××已经（被）逮捕法办。1963年6月份

北京市人民法院刑事审判决①

这是发生在1963年的一起恶性的虐待案件，褚××是残废，她从1956年结婚至1963年7年来，多次受到丈夫、婆婆的虐待，并险些丧命。虽然她曾向法院提出离婚，但是没有立即实现，致使男方怀恨在心，反而对其虐待有加，在女方被虐待得生命将要受到威胁的情况下，驻军同志赶到相救才幸免于难，男方因此受到法律的制裁。值得我们思考的是，女方多次受虐待，为什么没有及时上告法院或民政部门提出离婚？法院为什么接到女方的

① 门头沟区档案馆：《（1963年）起诉书》，档案号：26－1－137。

离婚请求后没有尽快给予判决？为什么所在生产队的领导或宣传《婚姻法》的干部没有及时去处理？为什么他们居住地周围的群众没有报告？尽管这是个案，但也反映《婚姻法》颁布后，有的家庭并没有真正实现男女平等，婚姻执法机关也没有及时予以处理。另外，主干家庭中，代际的关系也是影响婚姻稳定性的一个重要原因，特别是婆媳关系更是如此。

案例五

告诉人朱××，女，年35岁，北京人，住14区崇外索家坟（小西门）××号，种地，贫农。

被告人朱××，男；年43岁，北京人，住内一泡子河27号，商。被告因1950年12月15日刑字第788号通奸等案件，经本市第14区人民政府解送到法院审明终结。

判决如左：被告朱××无罪

被告朱××和告诉人朱××之婚姻关系离异，所生之子朱××由（告诉人）朱××抚养，坐落南苑小西门之土地四亩，房屋一间，及房料3件，均归（告诉人）朱××及（儿子）朱××所有。

事实：

朱××和（丈夫）朱××在14年前，由他们的家长包办结婚，婚后感情还好，生有一子，朱××，现年13岁，自1939年朱××来本市东洪顺牛奶厂工作后，（妻）朱××怀疑他和尹××母女有奸，感情逐渐破裂，最近六年更是不和。

理由

被告朱××始终不承认有和尹××母女通奸的事情，经传尹××到案，他根本是男子，且有派出所户籍簿足证。尹××之女尹××现年28岁，也否认和朱××通奸，且经本院证明尹××从未与人发生过性行为，更未生过小孩，足证告诉人所诉不实，自应宣告朱××无罪。

朱××坚决主张离婚，（妻）朱××不同意，经他们感情破裂已达六年，此为造成不争之事实，其感情实已无法恢复，自以准其离婚为适当，至于朱××应抛弃其“嫁鸡随鸡嫁狗随狗”的落后观点，去掉依靠丈夫的旧思想，努力生产，做一个新中国的好女性，他们所生之子朱××已由（妻）朱××抚育多年，他本人也愿意跟他母亲，自以由朱××抚养为宜。南苑小西门之土地四亩，房屋一间，一向由告诉人母子经营居住，故将房料三件一并归其所有，以维持其生活。

1951年1月13日[①]

这则离婚案件是由于女方无端怀疑男方有外遇而引起的，法院调查事实之后，在适当照顾了女方和子女的利益的情况下，同意两人离婚。这对夫妻是在新中国成立前由包办婚姻结合的，婚后感情尚好。男方参加工作之后，女方开始对男方有种种怀疑，而且在没有事实根据的前提下诬告男方与他人通奸。究其原因，其实是男方参加工作后，在新的环境下，行动和思想都产生了变化，而女方没有跟上这个步伐，还是以原来的标准来要求丈夫。这反映婚后夫妇应在生活中不断调整和适应对婚姻稳定的重要作用，同步的婚姻生活会更加利于婚姻的稳定。

案例六

原告人：金××，女，27岁，汉族，北京市人，无职业，住宣武区佑圣寺北巷××号。

被告人：王××，男，37岁，汉族，北京市人，现押于北京市看守所。

案由：离婚

原告人金××与被告人王××于1952年结婚。生有四个子女。（男孩，王××，9岁，女孩，王××，7岁，男孩，王××，5岁，女孩，王××，1岁）。被告人王××于1958年三月投机倒把被判刑一年。解放后参加丰台区房管局农具修配厂当电工。因责任事故又于1960年6月被捕，判刑四年。现原告人为了自己前途，提出坚决与被告人离婚。并要求所生子女由自己抚养。经讯问被告人王××，以自己为了原告人，未经领导准许，曾离职守而犯了罪，因此不同意离婚。并称离婚以后孩子也不能归原告人抚养等。

本院认为，被告人犯罪被押，原告人为了自己前途，坚持离婚，理由正当，应予支持。被告人以为为了照顾女方，才犯了错误而不同意离婚的理由，是站不住脚的，一则女方不承认，二则即便为了照顾女方，也不应该走向犯罪道路。离婚后的子女抚养问题，也应根据子女利益考虑，因此本院根据中华人民共和国婚姻法第十七条、第二十条、第二十

① 北京市档案馆：《（1951年）北京市人民法院刑事审判决》，档案号：27－1－19。

三条之规定，判决如下：

Ⅰ准许金××与王××离婚。

Ⅱ双方所生四个子女，均归金××抚养。

Ⅲ除金××再付给王××褥子一条外，家中一切财物全部归金××所有。

如不服本判决，可于接到判决的第二天起十天内向本院提出上诉状及副本，上诉于北京市中级人民法院。

院长：叶××，审判员：徐某，书记员：常××

1961年9月2日[①]

这是一例因男方触犯法律而导致的离婚案件，女方为了个人以及孩子的前途提出离婚。被告人虽然也提出不同意离婚的请求，但因是罪犯，又没有足够的理由，所以判决基本上是单方面地倾向于女方。

从以上案例来看，执法机关在处理离婚案件的过程中，基本是遵循照顾无过错方，惩罚过错方的原则来处理的。在处理财产问题时，一般是遵循照顾子女及女方利益的原则来进行的。因为女方的谋生能力较男方弱，需要给予更多的帮助。比如规定“女方婚前财产归自己所有”，[②] 而男方的婚前财产则没有专门规定，这主要是为了保护妇女利益使得其财产权有保障，不致因财产问题而影响其离婚自由。

②军人离婚案件。

军婚不同于普通的婚姻，国家关于对军人的离婚案件，主要有以下规定。

《婚姻法》规定：

现役革命军人与家庭有通讯关系的，其配偶提出离婚，须得革命军人的同意。自本法公布之日起，如革命军人与家庭两年无通讯关系，其配偶要求离婚，得准予离婚。在本法公布前，如革命军人与家庭已有两年以上无通讯关系，而在本法公布之后，又与家庭有一年无通讯关系，其配偶要求离婚，也得准予离婚。

---

① 北京市档案馆：《北京市宣武区人民法院民事判决书（61）民字第846号》，档案号：2-4-19。

② 《对婚姻法中一些问题的解答》，《新中国妇女》1950年第11期。

《最高人民法院、司法部对于现役革命军人与退役革命残废军人离婚案件之处理办法及开展爱国拥军教育之指示》规定：

Ⅰ现役革命军人配偶以婚姻法公布前与家庭两年无通讯关系，婚姻法公布后又有一年无通讯关系为理由提出离婚者，必须向该军人家属、亲友与当地群众及县、区、村机关和团体调查，调查如证明在婚姻法第19条法定期间内有通讯关系者，应驳回离婚之诉，否则应即向该军人所在部队政治机关调查，如不明其目前所在部队番号，可指明其参军时所在部队，或最后一次通讯上所在的部队番号，向其原参军地的省军区政治机关查询。查询结果如该军人尚在部队服务而因连续作战与家庭通讯确有困难，或确曾发信而家长未收到的情形，则依婚姻法第19条得不准其配偶离婚（军人同意离婚者当然应判离）。该军人如已志愿参加抗美援朝战争，或因所负任务不便通讯者，则应说服其配偶，无效后驳回离婚之诉，凡向部队政治机关调查者，调查无结果，或自法院发出调查文件之日起，逾六个月不得复，而部队机关又未提出需要延长调查时间的理由时，得按婚姻法第19条的规定判准离婚。

Ⅱ退役革命残废军人配偶提出离婚者，应严格审查离婚理由，如以对方残废或因残废影响劳力而要求离婚者，不能认为是正当理由。于说服无效后，应驳回其离婚之诉。

Ⅲ各级司法机关应主动联系民政部门与福利及其他有关群众团体对当地军人婚姻问题加以研究，与抗美援朝爱国运动相结合，深入开展爱护军人及其家属的教育，表扬军人配偶中支援前线，和睦家庭，劳动生产等模范事迹，并对其进行军属光荣的爱国主义教育，发扬群众爱国拥军的责任心和热情，协助政府切实帮助军属与荣军，解决困难，建立家务。

本指示希各行政区，各市及自治区法院于接到后立即照转区内各审判机关。

院长沈钧儒　部长史良

1951年4月24日[①]

---

① 北京市档案馆：《（1951年）最高人民法院、司法部对于现役革命军人与退役革命残废军人离婚案件之处理办法及开展爱国拥军教育之指示》，档案号：2－4－19。

1954年北京市民政局发布的《本市革命军人婚姻情况》规定：

当非军人的一方向军人提出离婚时，如军人不同意离婚，法院应持十分慎重的态度。当夫妻感情已经破裂，经调解无效，人民法院也应通过军人所在部队团以上的政治机关，在做好军人思想工作的前提下，准予离婚。这对于鼓舞士气和兵役制的推行影响很大，为了保障革命军人婚姻，对群众应加强拥军优属的教育使他们认识到与军属通奸是严重的犯罪行为，并应经常教育军属爱护自己的光荣政治地位，积极参加生产，建议各级法院认真和及时处理破坏军人婚姻的案件，对军属非法结婚的绝不迁就既成的事实，此外并应与部队联系，使军人尽可能保持与家里的通信关系，以达巩固部队增强国防力量。对于军人爱人和军人父兄发生奸情的应本息事宁人的精神，尽可能不声张，如经说服教育无效时，尽量给军人的爱人找工作或动员参加生产，必要时可协助其与家庭分居，至于军人父母与人通奸问题，各小区普遍存在，可按一般社会问题处理。

北京市人民政府民政局

1954年11月5日[①]

同革命战争时期一样，新中国成立后，军人的婚姻仍然受到保护，这是出于对新中国成立之初复杂的国内外环境的考虑和稳定军心的需要。可见，尽管国家提倡婚姻自由，但个人的婚姻自由仍然会在某种程度上让位于国家利益。除了以上规定外，还有关于破坏军婚的其他规定，如革命军人配偶之亲属挑拨革命军人配偶与革命军人离婚，妨害了革命军人的利益，也要处以徒刑。“军人黄玉，张北县人，他的爱人霍玉芳，霍的父亲为了得大批彩礼就唆使她与军人离婚，并强迫她与另外一个人结婚。从中收彩礼莜麦十二石。我们处刑意见，不论任何人包括革命军人之亲属，唆使革命军人配偶与革命军人离婚者，依情节轻重处半年以上两年以下徒刑。”[②] 下面通过几则案例来分析新中国“十七年”间的北京市军人离婚案件的处理情况。

---

① 北京市档案馆：《（1954年）本市革命军人婚姻情况》，档案号：2－6－87。

② 北京市档案馆：《（1954年）关于破坏革命军人婚姻家庭遗弃堕胎溺婴问题的资料说明（1953.7.27，第三起草研究小组）》，档案号：14－2－79。

案例一

（63）门法民审字第130号

原告：李××，男，24岁，山东省诸城县人，贫农出身，现役军人，汉族，高小文化程度，现住××信箱×分箱×组。

被告：王××，女，24岁，山东省莒县人，贫农出身，汉族，不识字，现住东辛房和平街××号。

案由：离婚

原被告1957年7月份自主结婚，婚后感情一般，现有女孩一人。在李××服兵役期间，王××1961年到门头沟矿运销科工作，与郭××关系密切，并发生通奸。李××控告郭××破坏军人婚姻，要求依法处理（本院对破坏军婚已作处理）。同时提出与王××离婚，关于孩子和财物问题合理解决，经讯被告王××愿意改正错误，不同意离婚。并表示他非离不可，家中的一切衣物归我。小女孩归我抚养，每月由李××给付小孩生活费8元。李××拿去我和小孩布票14尺得给我，我因生活困难欠外债80元，应由李××负责偿还。

查双方结婚后，确有一段感情不错，自从李××1959年服兵役后，王××与人通奸。造成家庭不和，夫妻感情破裂。王××是应该负责的。经过本院调解双方终于不能和好。这样的夫妻关系再勉强维持下去，对双方精神上均有痛苦，对社会主义建设事业也不利。为了解除双方精神痛苦，安心工作，故依中华人民共和国婚姻法第17条规定之精神，准予双方离婚。至于双方所争执财物、外债和小孩抚养问题，本院根据双方具体情况酌情处理。基上论述判决如下：

Ⅰ准予李××与王××离婚。

Ⅱ双方所生小女孩李××，五周岁，归李××抚养（小女孩从1963年1月份已离开其母随其爷奶生活）。

Ⅲ离婚后归李××被子一床、褥子一床、褥单一个，其余家中东西归王××所有。

Ⅳ王××在生活中所欠外债73元由李××偿还一半，其余由王××自己负责。

Ⅴ李××退给王××布票4.3尺，一张鞋票。

Ⅵ离婚后女方现住房屋让王××暂住六个月。

Ⅶ双方的其他请求均驳回。

如不服本判决，自接到判决书的第二天起，十天内可以上诉，上诉状交两份。可以交本院转送，也可以直接交北京市中级人民法院。

院长：卫××，审判员：焦××，陪审员：高××，陪审员：朱××、书记员：陈××。

1963年5月

北京市门头沟区人民法院刑事判决（63）门法邢审理字第9号

原告：李××，男，24岁，山东省诸城县人，贫农出身，现役军人，汉族，高小文化程度，现住××信箱××分箱××组。

被告人：郭××，男，29岁，本区人，中农出身，学生成分，高小文化程度，汉族，现在门头沟煤矿当工人，无前科，住黑山空心砖××排。

案由：破坏军人家庭

被告郭××与现役军人李××之妻王××，1961年5月份相识，同在矿运科工作时关系密切，吃喝不分，1961年11月份至1962年3月份前后通奸多次，被自诉人李××发觉，来院控告被告郭××，要求依法处理。

以上事实经本院审理查证，自诉人控告材料属实，被告人在审讯中经过拘押教育，作了交待（代），表示认罪。

查被告人郭××，目无法纪，与自诉人李××之妻王××通奸，致使双方夫妻感情不好发展到自诉人提出离婚，破坏现役军人家庭，在群众中影响极坏，其情节严重，已构成犯罪，应予惩处，王××与人通奸的错误当庭进行批评教育外，本院对被告人郭××破坏军人家庭的罪行判决如下：

判处被告郭××有期徒刑1年，缓刑2年，刑期自判决之日起算。如不服判可于接到判决的第二天起十天内向本院提出上诉状及副本上诉于北京市中级人民法院。①

① 门头沟区档案馆：《（1963年）北京市门头沟区人民法院民事判决书》，档案号：27-2-1015。

案例二

河北区南窖村革命军人贾××请假回家发现其妻王××与村干部霍××（前村长）果××（党支书）通奸，即到矿区法院起诉，王××与霍××均承认通奸一年多，法院仅判霍××徒刑八个月。王××已供认了曾与果××通奸，虽果××不承认，但该院判决已说明了他不坦白，结果只给了训诫处分，同时对王××也给予训诫处分。

河北区军属贾××妻与村干部霍××（前村长）、果××（支书）通奸案，是本年二月十九日经贾××口诉。三月六日将霍××收押，被告果××矢口否认有通奸行为，三月十五、十六日，先后经党政领导（区委景书记及龙主任）十九日报请市法院复核。四月十四日发回，处霍徒刑八个月。其他皆训诫处分，对果从轻处理系党政研究及市院同意，现军人贾××于接判后嫌处果刑轻，并要求离婚，该案现在市法院审理中。①

案例三

太子墓区河南台村军属崔××与王××通奸案，因没找着该卷，详情无法汇报，仅就同志们记忆处理经过概述如下（原承办人已转业）：该案是一九五三年二月廿五日收案，四月十七日结案，判处被告王××徒刑六个月，缓刑一年，并准崔××与军人离婚（同一判决不是分别先后处理）。该案在审理中，军属崔××提出前军人于新疆来的二三封信上说要离婚，并经上级批准，于五月即进行与某女结婚等字句。承办同志并未征得该军政委同意或原信情况，究否属实，意行判决，并主观认为男方地址不明而未予送达判决归档。后被告于缓刑期内，拟与崔妇结婚，区政府不予登记。经该小区反映，始有同志发现该案有错误，提出才给新疆军区去函将判决送达给军人王××，并征得该军政委同意，本案又经区委会、区政府研究后答复市委会。以上是就原反映案件，除崔××及上诉市法院霍××案件外，皆（逐）卷检查。总之在检查中体会我院对案件虽做了些工作，但主动与政府主要与民政科联系不够，处理不够，太及时，以至该政府不予联系，而反映情况多有出入造成误会，

① 门头沟区档案馆：《（1954年）关于矿区军人婚姻情况的报告》，档案号：27-2-938。

尤以处理崔××案，我院事先未征得军区部队政委同意，竟判决离婚，显为政策上的错误。应引为今后教训，今后除好好学习政策，并应加强与有关部门联系以便更好的及时处理案件，特此报告。

副院长李××

1954年9月1日[①]

以上三个案件均是由军属的婚外性行为而引起的。有的村干部在拥军优属的掩盖下与女方发生性行为。这些女性由于长期与军人分居，性生活得不到满足转而去寻求性伴侣，当然也不排除其他男性的威逼利诱。但无论何种原因引起的通奸行为，均被视为一种性方面的越轨行为。当时国家在处理这类案件上遵循的原则是"在严惩奸夫的条件下去教育军属，尽量巩固军人的家庭",[②] 并把保护革命军人婚姻问题看成一件相当重要的政治任务。在判处军婚案件时，基本上照顾了军人的利益。人们被告知，现役革命军人为巩固国防，在工作岗位光荣地奋斗着，为的是全国人民的利益，如果其婚姻不稳定，可能影响他们的情绪，这将对人民事业造成损害，因此应该照顾军人的婚姻问题。同时，劝告作为军属的妇女应为人民的利益着想，让她们感到自己作为军属的荣耀。我们发现，这里突出强调了夫妻在一夫一妻制界限内男女所负有的责任。对于作为军属的女性而言，她们对丈夫的忠诚体现在保持性的纯洁方面，她们是婚姻的忠诚的主体。如果由于"第三者"的介入而导致与军人婚姻的破裂，女性肯定是要遭受谴责的，甚至还可能会成为轻度犯罪。对属于军人的丈夫而言，他们的主要任务是对妻子参加生产劳动表示积极支持和鼓励她学习关心政治。所以，我们看到的是，军人丈夫做出的是创造性贡献，是主动的一方，而妻子往往是顺从的一方。而且，与普通民众的离婚案件不同，军人的离婚案件的原告基本上是在部队的男性或其家庭成员，此类离婚案件的处理也往往是倾向于军人一方。女性作为被告方是没有任何话语权的。这体现了性别之间的不平等。所以当时就有人就反映："婚姻法第十九条，现役军人与家庭有通信关系的，其配偶提出离婚，须得经革命军人同意，本来女方对男方没有感情了，一心想提离婚，但就因他是现役革命军人须得经过他同意，这算什么婚姻自主?"[③] 可见，男女的婚姻不是绝

① 门头沟区档案馆：《(1954年) 关于矿区军人婚姻情况的报告》，档案号：27-2-938。

② 门头沟区档案馆：《关于矿区军人婚姻情况的报告》，档案号：27-2-938。

③ 门头沟区档案馆：《(1950年) 宛平关于执行新婚姻法简报》，档案号：26-1-4。

对的自由，也不是男女之间的私事，它往往具有社会性，在一定程度上体现了统治阶级的意志。

三　执法机构处理离婚案件时存在的问题

虽然党和国家重视《婚姻法》的宣传和学习，并对司法、民政、妇联中主管婚姻事务的干部以及派出所一级的干部进行了培训，但是由于在离婚案件的处理中没有明确的规定，因而执法机关的干部在执行法过程中，往往会带有很大的主观性和随意性。新中国“十七年”间的北京市，执法机关在离婚案件处理中主要存在的问题有如下几个。

第一，执法干部在处理婚姻案件时对保护妇女和子女权益方面存在着偏见。有的干部在执法过程中认为，妇女提出受虐待受迫害的事实千篇一律，表现不耐烦；认为这是借口，“回答问题也简单生硬”。[①] 一些因妇女通奸而发生的离婚案件，由于干部对女方通奸看不惯，离婚后尽量少判给女方生活费。有的对女方尚在怀孕期间由男方提出的离婚案件，随意判决。下面是一则1951年十六区门头沟发生了一桩惨案，由于执法干部对妇女痛苦体会不深、处理不力而造成的。

> 孟庆坤，四十多岁，延庆人，砖瓦工人。五年前与寡妇祁桂兰（三十三岁）结婚，后来到门头沟谋生。去年，孟庆坤到广安门外新华砖窑厂做工，很少捎钱回家。祁桂兰有老母及前夫的两女，生活困难，便于窑工刘德才姘识，全家生活主要靠刘供给。
>
> 八月二十六日孟庆坤回家，二十八日祁桂兰发现枕头有小刀和剪子，立刻跑到龙门二派出所报告说：“孟准备了小刀和剪子，不知道要杀我还是要自杀？”又说孟的性病很厉害，不愿与孟同居，要求离婚，派出所长曾派人去查看，果然发现炕席底下有小刀和剪子，但孟庆坤否认有杀人或自杀的意图。所长以为是把钝刀，也就不在意，把祁桂兰打发回去了。当天下午，祁桂兰又来派出所痛哭，坚决要求判决离婚。派出所长穆长清平时与孟相熟，曾听孟说过：“这事不能怪她，只怪我教育她不够。”又说：“离了婚我连家都没有，我上那儿去？”派出所长只

① 宣武区档案馆：《（1953年）宣武区宣传贯彻婚姻法运动工作报告——干部学习及检查婚姻法执行情况》，档案号：11－1－7。

相信孟的话，倒觉得祁桂兰是“破鞋”，以为祁桂兰是故意把小刀和剪子放在炕席下面造成离婚的藉口，因此他就不仔细听祁桂兰的哭诉，也不去了解情况，只对祁桂兰说“离婚就上法院去!”直到深夜一点钟，祁桂兰还是哭着不肯回家。派出所才把孟庆坤和祁桂兰的表弟找来，要他们领祁桂兰回去。祁桂兰还是不肯走。穆所长有些烦了，就连说带推，把祁桂兰推出大门去。二十九号祁桂兰又到区法院请求离婚，法院了解了双方的情况，因为还需要调查，叫他们在下月四日再来。当时祁桂兰不肯走，很伤心地哭了两个多钟头，法院看情况严重了，就同意祁桂兰的意见，让她暂时住店。九月三号中午两点多钟，祁桂兰回家，孟庆坤约她上法院……出门不到十五步远，孟庆坤便抽出把尖刀向祁桂兰的腰部和手上扎七刀，当时扎死。孟庆坤也在自己咽喉上刺了一刀。①

这则案例是由女方因生活困难与人姘度以养活全家，丈夫因此怀恨在心而导致的命案。而当地派出所在处理这件事情上，对于有关人命的问题，不加重视，只顾男方一面之词，没有加以详细调查，仅对女方的姘度行为表示不满，而且在女方走投无路的情况下，也没有及时向申诉人提供帮助，最终导致了这一幕惨剧的发生。其实，当时法院对很多婚姻案件都不能及时处理，致使给当事人因案件积压、问题不能得到尽快解决而造成痛苦。如“13段彭赵氏的离婚问题，女方不同意后，后来经过各方面的动员，根据夫妇的感情已经不能再恢复了，女方也同意离婚了，存在的财产问题，由于法院处理的不及时，拖的时间很长，结果女方吞戒指自杀”。② 可见，在处理离婚的案件上，无论是法律关于离婚问题的处理规定，还是执法干部自身素质，都存在着很大缺陷。

第二，执法干部态度生硬蛮横。在上述“法院判决的离婚案件”案例五中，朱××在离婚中曾遭到北郊第十四区政府民政科干部非法打骂并被扣押了三小时。下面是事情经过：

据北京市北郊小西门村村民朱××称：因与妻感情不好，向北郊十四区政府诉请准予离婚，经该区政府民政科杨姓干部问过两次并定期传双方质讯，届时由女方不到，杨说：可介绍到区法院起诉，正谈话之

① 李淑世：《坚决反对杀害妇女——记门头沟杀妻自杀案》，《北京妇女》1951年第63期。

② 宣武区档案馆：《（1953年）全区婚姻问题情况》，档案号：11－1－7。

际，忽有一旁左者（未知姓名，据说是民政科长）起而戳指大骂，并揪起耳朵推出门外，拳足相加，责其妨碍公务，并送区法院刑庭扣押三时，始□保释放。

第十四区政府在处理此案中，不仅没有耐心听取当事人的申诉，而且连事实也没有调查清楚即草率判决。最初第十四区政府调查情况是这样的："二人刚结婚感情不错，因朱××到牛奶厂工作和尹姓发生通奸后，二人感情走向破裂，经常回家打骂虐待其妻朱××，此事小西门老乡大部分知道，我区无法调解。"[①] 这与第二次调查结果完全不一致。可是第一次调查结果还明显写着有群众的旁证，可见，执法人员在判决离婚案件中行为草率。他们甚至连与当事人"通奸"的尹某是男是女都没有弄清，便十分主观地判定朱××"不说实话"。从事情的前后调查结果来看，第十四区政府处理离婚案件的人员其实是在没有弄清事实的情况下就作了草率判决。

还有一则案例是没有照顾到女方的利益就草率地判决的离婚案件，致使女方受到很大痛苦。

周希贤和王聚兰的离婚案件。当周提出离婚时，当时领导上认为他们是自由结婚的，感情也不错，就批评了周希贤。后来，就接她来北京。一九五一年王聚兰怀第二个孩子时，周希贤已和同科工作的女科员有了恋爱关系，决心和王聚兰离婚，但他知道在女方怀孕期间不准离婚，所以没有提出离婚。但为使王不妨碍他进行恋爱，他就强调经济困难，硬逼她回门头沟他母亲那里去生孩子。

王聚兰回到门头沟婆婆家，在临产前还经常挑水做重活。她肚子不舒服快要生产了，她婆婆也不管，竟使她在寒冷的十一月把孩子生在露天的厕所里……（婆婆）一看原来生了个女孩子，回头就走，同院的舅母跑来帮助她，她才产下了胎包……由于她生产上受了折磨，月子里又无人照顾，身体健康受了摧残，得了严重的子宫下垂症。

周希贤对王聚兰在门头沟生孩子所受的苦难一直不闻不问，自己则在北京搞恋爱。一九五二年初，王聚兰满月回到北京时，周立刻向她提出离婚，并且威胁说：好说好离，可以给你点东西，不然弄到法院，我是党员，没有你的好处……王聚兰被逼不过，只好勉强（同意）离婚。

① 北京市档案馆：《（1951 年）北京市人民法院刑事审判决》，档案号：27－1－19。

石油公司领导方面认为婚姻法上既有“第三者不得干涉”的规定，同时也觉得周当了科长，王聚兰没有文化，是不能满足他的。因此为了“照顾干部情绪”也就同意了他们的离婚要求。周希贤拿了公司的介绍信，同王聚兰到北京东单区区政府民政科登记处离婚，民政科李蕙敏同志，接受了这个案件后，也没有深入调查了解，就给了离婚证。

王聚兰回到宿舍后，要自杀，民政科李蕙敏得到消息后，立即去找王聚兰，她才哭着说是被威胁才离婚的。李知道由于自己粗枝大叶把问题弄错了，就介绍王到区法院起诉。周为了阻拦王去上诉，给了她一百万元，又给买了一些东西，并许将来再给一百万元。把王打发回姐姐家。

王在姐姐家住了两个月，病更重了，钱几乎用完，只好又回到北京，要求周给治病。周在东单区民政科的督促下将王送到妇婴医院去诊治。这时，王已去东单区法院起诉，区法院将此案转到北京市法院，但市法院当时将周所持的离婚证收获，宣布他在东单区民政科所办的离婚手续无效，而对他们的婚姻纠纷没有及时处理，仅对母女三人生活问题做了处理，当时区法院经手处理此事的佟同志，当时只听取了男方的意见，也没有调查，决定让周给母女三人一个月十五万元生活费。王的病本来就没治好，吃穿都不够用。周为了减轻自己的责任，经常劝王把孩子送人。王于1952年九月找到东单区妇联。这时，正当全国妇联女干部（到）学校司法训练班实习，她们配合区妇联对此案进行了调查研究，与市妇联、市法院到石油公司了解。这时也引起公司领导方面的重视。曾通过几次座谈会，以及多次的个别谈话，石油公司领导方面也批判了过去对婚姻法的错误认识，和周恋爱的女科员也有了正确的认识，并决心与他断绝来往。周在这种情况下表示愿意与王和好，但实际上还偷偷给女科员写信。公司党支部批评，他也不接受。因为周坚持错误，支部给他警告处分，并把他调到北京市商业仓库公司去工作。可他仍然不闻不问，甚至她两个孩子出麻疹，他不肯去照顾，第二个孩子因无钱医治，由麻疹转成肺炎，但周仍不管，孩子死了。

北京市法院1953年3月才正式宣判周希贤离婚理由不正确因此不准离婚，由于周希贤母亲虐待王而判处周母6个月徒刑。但周对市法院的判决表示不服，又向最高人民法院华北分院提出上诉。经调查，认为他们的感情不融洽主要是由于周另与别人恋爱，爱情转移，并无原则的迁就他的母亲的落后意识，所以周的离婚要求是不正确的，仍维持北京市法院原判。判后，周对王更不照顾，并冷酷地刺激她，致使王生了病，精神有些错乱，时常想自杀。同住的邻居都很关心照顾王，给周打电话，周都不理。①

这是一则由男性婚外恋而引起的离婚案件，我们从中看到现实生活中女性处境的艰难。周希贤为了达到离婚的目的不择手段，而王聚兰仍然希望通过忍让和克制来消除矛盾。她不同意与丈夫离婚，其原因并不是因为失去爱人而痛苦，而是为了维持生活。由于她文化水平有限，离婚后谋生较为困难，这使得她对婚姻物质需求的期望更大，所以，她希望能够尽力维持虽不满意却离不开的婚姻。而且在案件的处理过程中，相关部门如周所在的石油公司以及民政科、东单区法院都没有对案件进行认真调查，石油公司只是“为了照顾老革命干部的情绪”，便盲目地开了介绍信。东单区法院也没有仔细追查就草率判决离婚。由于处理过程中，女方的经济补偿被低估，孩子的扶养费也经常被拖欠，致使女方和孩子遭受到了很大的痛苦，而且女性往往难以维护其自身权益，因为婚姻生活中有很多隐性的因素如女性照顾家庭、支持丈夫的事业而牺牲自己所造成的非经济损失就难以评估，无法量化其具有的价值。这种状况使得女性在离婚案件的处理中处于不利地位。同时我们也看到，周希贤是在职务提升、社会地位改变的情况下提出离婚要求的，说明在婚姻的经营过程中，双方的婚姻文化的更新速度上出现了不同步和不一致现象，进而使得双方对婚姻生活产生不满情绪，这种不满达到一定程度，离婚就有可能发生。

第三，执法人员出于对权威的恐惧不严格执法，从而使得婚姻当事人遭受痛苦。在婚姻案件的处理过程中，一些执法干部遇到与其上级领导相关的案件时，出于自保的目的，往往不顾是非原则，将受益的天平倾向于属于权力的一方，即使这种行为是不合法的，也如此执行。下面就是这样一则案例。

东郊区人民政府干部王政民，在十月二十三日到本社来揭发该区政府委员、慈云寺村副村长王永明违反婚姻法，包办他女儿婚姻的事实和一些干部都不敢贯彻婚姻法的情形。王政民说，十一年前，王永明借过本村刘启凤的钱，为了和他拉拢感情，就把自己九岁的女儿王文英（现

① 《应严肃处理周希贤对妻子、儿女不负责任的事件》，《新中国妇女》1953年第5号。

年二十岁）许给刘启凤的儿子刘进元为妻。解放后，王文英在民校学习后，和一位男同学感情很好。王永明知道后，不但不悔悟过去给自己女儿包办订婚的错误，反而在去年冬季，进一步逼迫王文英和刘进元结婚。王文英不同意，坚决不去领结婚证书，王永明硬逼迫着她去领。王文英在这个紧急关头，便去找该村的青年团支部书记于宝琴，哭诉情况，请求团组织帮助她解决这个问题。但这位团支部书记，因为王文英的父亲是区政府委员，又是副村长，就无原则地表示不敢管，不敢向王永明违反婚姻法的错误思想和行为进行斗争，怕惹出麻烦会“伤感情”。王文英在不得已的情况下，终于被迫和刘进元结了婚。

结婚后，他们两人的感情没法好起来，王文英曾不断地向刘进元提出离婚要求，而且继续恳请团支书于宝琴帮助她离婚。于宝琴仍旧怕“伤感情”，不敢支持王文英的要求，并且把这事推给别人处理，叫王文英去找妇女会主任任忠敏，任忠敏也是一样，不但不迅速处理这个问题，反而说王文英“不要脸”，并且迷信地说什么“下雨娶亲长不了”（王文英结婚那一天，曾经下了雨）。王文英在没有人支持的情况下，就到村政府要求准许她离婚。可是，这件事提到村政府之后，马上就被王永明压下去了。一直如石沉大海，再也没有下文。“你说气人不气人？”王政民气愤地说，“这个村子的几乎所有的村干部，都怕‘惹麻烦’、‘伤感情’，所以都不敢言语。”连村长徐国斌也是无原则地说：“区政府委员这样做，别人怎样说呢？”王文英就因为离婚没离成，气得生了重病。现在，王文英在王永明的威逼下，思想顾虑很大，所以一直没敢再提这事了。

王政民最后说：“类似这样的事情，在农村中还有，希望有关部门对这件事调查处理，保证王文英的婚姻自由，支持她要求离婚的正当要求。”①

这则案例讲的是新中国成立前王永明由于生活困难而把 9 岁的女儿许给别人，又不想毁约，在女儿不同意这门婚事的情况下，逼着女儿成婚。同时也反映出《婚姻法》公布后，在实施过程中遇到的实际困难。新中国成立后，婚约虽然不再具有法律效力，但仍具有规范和约束婚姻当事人的功效，

① 《东郊区政府委员王永明一手包办女儿的婚姻》，《北京日报》，1952 年 11 月 16 日，第 2 版。

这是一种不成文的约定，如果违反之，会对自己在以后的社会交往中造成不利影响。即使是担任区政府委员和副村长的家长也要遵循这种不成文的规定。他们并不是不懂《婚姻法》，而是在权衡利弊得失之下所做的选择。我们还看到王文英反对包办婚姻，请求离婚。但是村干部没有一个人敢于负责处理这桩婚姻案，就因为她是区政府委员、副村长的女儿。如果站在法律的角度为其解决问题，这样会“伤感情”，会对自己在与其父亲日后的交往中造成不便。所以村干部在权衡利弊得失之后，选择了保护自己的方式。受害者只能依靠与当事人无关或者关系不大的人甚至是权力更大的人来处理婚姻问题。所以说，法律在一个没有“陌生人”的社会里，很难顺利推行。这则案例的当事人是副村长女儿，如果是普通的民众，其遭遇可能更为糟糕和更严重。在此，我们就不难理解为什么《婚姻法》颁布之后，还有很多妇女仍然会在无奈之下选择自杀这条道路。所以，在一定的时间、区域内，法律与人情关系的处理原则是，在保存自身生存与发展的前提下，牺牲少数人利益甚至是国家利益，以取悦当地的民众所遵循的约定俗成的文化，从而达到社会稳定的目的。

第四，执法机关遭遇地方社会观念的重重阻力。婚姻当事人虽然受到法律的保护，但同时也受到传统观念制约，后者表现在社会舆论对某种行为的评价上，尽管是合法的行为，如果违背地方社会的风俗习惯，执法机关往往也很难实施。下面就是这样的一则案例。

> 京郊十一区大红门村董桂英，今年二十岁。家庭是中农……解放前，董桂英被父母包办与时村中农杜文清（二十二岁）订了婚。解放后，一九四九年八月，桂英被母亲逼着与杜到区政府登记结了婚。董桂英活泼好动，进步很快；而杜文清不爱参加活动，只知吃饭干活，因此婚后两人感情不合（和）。桂英不爱杜文清，曾向母亲提说要离婚。母亲怕别人笑话，不让桂英离婚。后来，桂英入了青年团，上了冬学，又去团训班学习，听了婚姻法，心里便有了底，决心要离婚。桂英向法院提出离婚后，带回了传票，大红门村村长邢增保说：“你到法院没通过我们，我们不管。传票也不接。”第二次法院派人到村里来传杜文清，村干部一面通知杜文清躲开，一面推说杜文清不在家。第三次法院又来调查，村妇会主任李保琴、民政委员时德臣说：“杜家不缺吃、不少穿，又不打骂，感情不好，凑合着过吧！”桂英被迫回家，不到半月夫妇又

厮打了两次，桂英再次提出离婚。区法院的干部认为可以离，这可引起了村里许多人的不满。从村长到小组一致认为："他们是到政府登记的，是自由婚，没有正当理由就不能随便离婚。这样的妇女押她几天就好了，不然妇女们都跟她学样，以后我们工作怎么作?"团小组长孙延寿说："团员带头离婚，以后谁还敢入团。"①

这则案例是一位追求自由和进步的农村女性对包办婚姻不满而提出离婚，但遭到了各方面的阻力。从其娘家人角度考虑，离婚会使其家庭成员在群众中失去口碑和信誉，不利于日后的正常交往。从村干部的角度考虑，他们认为"杜家不缺吃、不少穿，又不打骂，感情不好，凑合着过吧!"条件仅限于物质生活标准和肉体不受虐待，而对精神和感情享受则不加考虑。他们同时还害怕董的离婚引起"大乱"，导致村里的其他妇女都跟着离婚，因此与法院执法人员进行消极对抗。而周围的民众也认为离婚是可耻的，特别是女性在一个多数人认为"不缺吃、不少穿，又不打骂"环境下主动提出离婚，更是不可思议。民间社会所设置的重重阻力使得国家的婚姻法律在贯彻时存在一定的难度。

由于1950年颁布的《婚姻法》只是规定了离婚程序，而对离婚判决的依据并未加以详细说明，为司法运作留下了法律空白。从执法人员角度而言，判决离婚的标准可能会考虑到当事人的家庭情况、当事人所在组织的意见、社会舆论等多种因素。如最高人民法院1963年8月28日发布的《关于贯彻执行民事政策几个问题的意见》中指出，离婚的原则界定："首先应从婚姻基础（自由结合还是包办）、婚后感情和离婚原因，来查清夫妻关系是否还可以维持；其次，要充分考虑子女的利益和社会的影响。"有时执法人员会以调解方式使得一部分人重归于好，但是稍有疏忽就会造成惨剧。可见，执法人员的业务水平、职业素养、职业道德、思想观念决定着是否能准确有力地执行《婚姻法》，特别是在《婚姻法》规定比较抽象模糊的情况下，执法人员的素质和观念更具重要的意义。

通过本节分析，我们发现，中华人民共和国成立后十七年间的北京市，离婚方式中以协议离婚为主，调解不离也占有很大比重，而且以女方最先提出离婚的请求为主，说明女性对男性的依附性降低，女性的婚姻观随着时代

---

① 王真贤：《大红门村村干部阻挠董桂英离婚》，《北京妇女》1951年第38期。

的变化正在发生着巨大的变化。在各类离婚案件中，离婚原因复杂多样，最终可归纳为婚前的匹配程度较低和婚后一方、双方甚至多方（包括其他家庭成员）的适应调节能力较差两方面因素引起的。在法律的实施过程中，由于对判决离婚的根据未加以明确规定，所以为判决离婚的标准和司法运作留下了空白。不少执法人员因素质低和观念差而导致错判漏判了离婚案件。执法过程中所遵循的基本原则也在中国特定历史条件下被片面地夸大。总体而言，执法人员的素质还有待提高，执法程序还有待严密，执法内容也有待完善。

第五节　国家对离婚问题的教育和引导

在传统观念中，离婚始终被认为是一件不光彩的事情。“宁和不散”“宁拆十座庙，不拆一桩婚”等民间俗语，反映人们在婚姻天平上的心理砝码。1950年《婚姻法》颁布后，法律所赋予的婚姻自由权利将很多人从封建家庭制度的枷锁中解放了出来。但是，法律的解释并没有让民众认可离婚的必要性，许多人仍然认为离婚是对家庭结构的破坏，而且离婚还会给当事人及其家人带来一系列消极的评价，同时还会给当事人及其家庭带来失败和羞愧感。特别是女性，她们抱着“从一而终”“好女不嫁二夫”的思想，一味地迁就妥协。如“福长街甲18号任淑英，因感情不好，丈夫要和她离婚，她说我嫁到他家十年了，我又没有什么不好。何况我们家又没有那个门风。我要离了婚，人家一定笑话我，说我不好好跟人家过日子”。又如“开元工厂王敏同老婆说，如果法院判决我离婚，我就自杀。报纸上登着，这下是‘光荣’的”。“八里庄有个妇女，年22岁，和43岁的唐昌兴结了婚，感情不和，女方怕‘丢人’，一直不敢提出离婚。”① 除了婚姻当事人不敢勇敢地摆脱破裂的婚姻外，其家人也存有种种顾虑。如“三眼井孙□珍之母，因儿离婚，自己出门不敢抬头”。可见法律的解释并没有使人们完全接受离婚的合法性和正当性，相反，很多人认为这是对家庭牢固性和社会稳定性的破坏。所以，当时国家和各级组织部门对人们所面临的离婚问题给予了指导。当时学术界对离婚问题的研究主要有李心远的《新中国的婚姻问题》、丁一的《谈谈恋爱婚姻问题》、马起的

① 北京市档案馆：《（1953年）前门区婚姻法办公室工作计划、报告、总结》，档案号：38－2－77。

《谈离婚的政策界限》等。还有不少人给《中国妇女》杂志投稿谈论自身或他人所遇到的离婚问题。1957 年 4 月 13 日《人民日报》第 7 版发表了幽桐《对于当前离婚问题的分析和意见》一文之后，《中国妇女》杂志开辟了离婚问题专栏，进行展开讨论，不少司法工作者、妇联干部、一些自身婚姻有问题的人及部分群众参与了讨论。综合这些内容，主要有以下几种观点。

一　号召妇女自强自立

当时的主流观点认为，新社会的新女性，应该有独立的人格，有更高尚的生活目标，即为社会事业而奋斗，人生的意义在于她能将自己的精力贡献给国家和社会，而不仅仅是为了自己的丈夫。如杨云因不同意与丈夫施滨离婚而自杀后，《新中国妇女》杂志专门开展了讨论。北京东郊工人俱乐部何云珊说："我认为杨云的党性是不纯的。她没有正确的（地）认识自己的婚姻问题与党的事业的关系，没有从政治上来要求自己，没有突破个人情感的小圈子。"还有人认为："作为一个经过十多年革命锻炼的共产党员的杨云，在祖国政治过渡到社会主义社会的今天，却因个人婚姻问题不能很好解决而自杀了，这是非常错误的。这充分说明杨云的政治觉悟不高，对党、对共产主义事业不忠诚，共产主义的人生观没有很好地树立起来。"①

除了对不正确的婚姻观念和行为给予批评之外，还在报纸、杂志中树立典型，以鼓励妇女在离婚后树立自立自强的信心。如刘乐群与丈夫罗抱一离婚后，在《中国妇女》杂志上发表文章，认为："他（丈夫）已经没有什么值得我留恋的了，和这种人生活下去，也不会有什么幸福，所以同意和他离婚。离婚以后，我（在）精神上比过去不但没有增加什么痛苦，相反地，我像丢掉了一个沉重的包袱那样轻快。""我并不因此感到孤独。因为我除了有三个可爱的孩子给予我莫大的安慰以外，更重要的是我有党的事业——豪迈的教育事业鼓舞着我前进。"②

二　批评了对婚姻家庭不负责任的轻率离婚行为

1950 年《婚姻法》颁布后，全国的离婚案件迅速增加，从 1950 年至

---

① 力及：《这是"自寻短见"》，《新中国妇女》1955 年第 1 号。

② 刘乐群：《我为什么同意离婚》，《中国妇女》1957 年第 12 号。

1953年，“每年有7万至8万女性由于人们对新的自由选择婚姻模式的敌视被杀害或自杀”。[①] 因此在1953年之后，中央政府把宣传和贯彻《婚姻法》的重点转移到维护婚姻稳定性方面。离婚已不再被看作对封建束缚的挑战。人们被告知，“离婚是改造不合理的婚姻、重建幸福家庭，以发挥每个家庭成员工作和生产积极性的重要方法之一。但它不是主要的和最好的方法。”只有在“必须采用这个方法时，才迫不得已的用它”。[②] 特别是对于那些有子女的人，离婚后因为子女的关系，会给双方新建立的家庭带来不利的影响。离婚当事人应该对个人、对社会、对子女负责任，对那种不负责任的轻率态度应给予批评。例如周希贤一案中，北京市人民监察委员会、市工商局协商有关单位组成的调查组对周希贤的调查材料提出的四条意见之一就是“周希贤对待孩子的态度是极端不负责任的，缺乏人性的”。[③] 并奉劝那些嫌弃自己爱人没有文化的人，应该想到自己的爱人曾经为使自己安心生产、工作和学习，担当着繁重的家务劳动和教养子女的任务，她们没有文化是旧社会造成的，应该尊重爱人的辛勤劳动，并采取积极帮助的态度，绝无理由责怪对方或遗弃对方。有人甚至还对离婚提出了两个附加条件：“一、封建包办婚姻，感情确实不好，并没有生过孩子的；二、一方是反革命分子的。除此之外，就不能考虑离婚。”[④] 虽然这种说法有些片面和绝对，但也从侧面反映当时轻率离婚的行为比较普遍，以致国家不得不改变原有的宣传策略和执行措施。

三　夫妻之间应经常进行同志式的批评与帮助

在国家的倡导下，“进行同志式的批评与帮助”这种一般用来处理同事间问题的方式也被用来处理夫妻之间的问题。民众被告知，如果夫妻在生活中遇到矛盾应该通过调解的方式来解决问题，而不是以离婚的方式使得家庭遭到破坏。对于那些婚前彼此不够了解，而婚后发生了严重分歧的夫妇，应该尽量避

① 〔英〕艾华：《中国的女性与性相：1949年以来的性别话语》，施施译，江苏人民出版社，2008，第120页。

② 或羊：《当前的离婚现象是反常的吗？》，《中国妇女》1957年第9期。

③ 《关于讨论周希贤对妻子、儿女不负责任问题的结论》，《新中国妇女》1953年第12号；其他三条意见为：第一，周希贤的婚姻观点是从庸俗的资产阶级的享乐主义和唯性观点出发的；第二，周希贤对待妻子是奴役妇女和冷酷无情的态度；第三周希贤用威胁、利诱和欺骗的手段达到离婚的目的，是极端自私和卑劣的行为。

④ 或羊：《当前的离婚现象是反常的吗？》，《中国妇女》1957年第9期。

免走离婚的道路，因为这是一条痛苦的道路。“只要有可能挽救过来，就应该尽量用治病救人的办法，帮助对方进步，这也是作爱人应尽的责任。”[①] 生活中的矛盾是难免的，但没有排解不了的矛盾，也没有调和不了的矛盾，夫妻之间也应该开展争论，用批评与自我批评的方法来处理问题，互相尊重对方的意见，用商量和说服的方法来耐心处理家庭生活中所发生的矛盾。

四　突出了婚姻的阶级性

20 世纪 50 年代中后期，由于受国家政治局势变化的影响，婚姻的阶级性开始凸显。在婚姻法的宣传和执行中，不仅提倡摧毁封建主义的婚姻制度而且还必须与婚姻中的资产阶级思想进行斗争。如果有人另有所爱，会被认为是想“过资产阶级味道的爱情生活”，会被扣上“资产阶级思想的帽子”。舆论批评那些已婚又见异思迁的人，认为“他们因有第三者，常常借口自己的爱人落后，没有文化，没有感情等闹离婚，这种离婚理由是丝毫值不得同情的”。[②] 下面是一则这样的案例。

北京市海淀区粮食局关于对上庄粮管所皂甲屯粮店组长陈××的处分决定

陈××，男，26 岁，家庭出身中农，本人成分学生，高小程度，北京市昌平县人，现住昌平县沙河镇北二村××号。

陈××在六一年下半年开始与 261 医院护士张××（有夫之妇）乱搞男女关系，破坏家庭和睦，六二年 4 月间，张去粮店给陈送棉花二斤，当时被张的爱人发现，将张痛打一顿，被打以后，张与其爱人离了婚，此后两人的来往更加密切，经常到沙河附近等地去约会，因此陈××提出向其爱人离婚，家中有小孩，陈的爱人坚决不同意，陈便在精神上、物质上给加压力，休息也不回家，发薪后很少给其爱人生活费。由于两人长期搞不正当的男女关系，使女方怀了孕，感到无法处理，才在昌平医院作了流产，严重的违反了共产主义道德。

陈系有妇之夫，本人存在着严重的资产阶级腐化堕落思想，为了个

① 尚和：《小事争吵伤感情》，《中国妇女》1959 年第 11 期。
② 刘乐群：《我为什么同意离婚》，《中国妇女》1958 年第 10 期。

人私欲，竟发展到破坏共产主义道德的境地，问题发现后，经领导多次耐心教育，对错误仅有了初步认识，为了教育本人，严肃纪律，挽回在群众中的影响，给予记大过处分，并撤销粮店组长职务。

1964年4月25日①

这是由当事人所在组织处理的一则由婚外恋而引发的离婚事件。其实国家对离婚行为的干预，是站在国家和社会共同的道德角度来处理问题的。从国家的角度来看，陈某“存在着严重的资产阶级腐化堕落思想，为了个人私欲，竟发展到破坏共产主义道德的境地”。这里国家把婚外恋解释为“个人私欲”，是违反“共产主义道德”的行为。从社会的角度来看，人们通常是把男性离婚者比喻为当代“陈世美”，给予他们不道德、喜新厌旧、见异思迁等消极评价，并倾向于把离婚的责任归咎于男方；把女性离婚者视为受到伤害的人，作为怜悯的对象。正如美国社会学家W. J. 古德所说：“在个体家庭中所发生的事情，其原因是可以从家庭内部观察到的，但若我们想了解婚姻解体的动因，我们就必须考虑更大的社会结构。在所有社会中丈夫和妻子、父母和孩子都有冲突。但是社会定义所重视的是冲突所导致的行动，以此来判定是该禁止，还是该支持。”② 这种情况下，女方在婚姻问题中所负的责任往往被忽略。

五　离婚以是否违反社会主义道德原则的标准来衡量

《婚姻法》中没有详细给出判决离婚的标准，从而给执法人员带来很大困惑。如一方有了第三者，两人毫无感情，实在无法生活下去，如果不允许离婚，会影响到双方的思想情绪和工作学习。但是如果判决离婚，会让更多的有着同样问题的人以同样的方式来解决婚姻问题，这样对社会也是不利的。关于离婚的标准在1957年曾引起一场争议。1957年4月13日《人民日报》第7版发表了幽桐《对于当前离婚问题的分析和意见》一文后，引起了一场争论，以幽桐为代表的“感情论”者认为，“不管什么原因造成离婚

---

① 海淀区档案馆：《（1964年）本局关于干部职工违法乱纪给予处分的请示和决定》，档案号：42－101－187。

② 〔美〕W. J. 古德：《家庭》，魏章玲译，第205页；转引自刘宝驹《社会变迁中的家庭——当代中国城市家庭研究》，第289页。

的，只要夫妻感情破裂，就应该判离”，“爱情是可能起变化的”。而以刘云祥等人为代表的“理由论”者则认为：“理由不正当的，不管感情破裂不破裂，就是不准离婚。”① 此后许多人针对幽桐提出的观点给予批评，并给他扣了一顶“受了资产阶级法律观点的影响的帽子，”② 认为这是极不道德的资产阶级离婚自由思想。理由是，感情论很可能会变成一方抛弃另一方的手段和借口。“如果承认感情是婚姻的基础，有的人就会因其他原因而借口感情不好而提出离婚。”

“理由论”的观点是，资产阶级婚姻观念与小资产阶级婚姻观念是当前离婚的主要原因，也是建立和巩固家庭关系的敌人。所以，判决离婚的标准应该是：“凡一方严重的破坏共产主义道德，违背夫妻忠实义务或有其它违法犯罪等行为，使夫妻关系恶化以致对方据此请求离婚的，人民法院应当支持与满足这种正义要求。如果有罪过的一方提出离婚，这时有决定意义的是对方的态度。”③ 在当时意识形态的影响下，这种观点占上风。

总之，新中国成立后十七年间的北京市，每一个人无论在社会工作方面还是在私人生活方面，始终是处于组织监督之下的集体中的一个份子。人们的离婚问题同样也是如此，当时国家对离婚问题给予了积极的教育和引导，在强调国家集体利益、突出阶级性的前提下，来维持家庭和社会的稳定。

第六节　再婚和复婚

再婚，是相对于男女两性第一次结婚也即初婚而言的，它指的是初婚后由于离婚或丧偶而再次与他人结婚的行为。再婚包括再娶和再嫁。再婚习惯上被称为二婚，也是婚姻中极力回避的话题，这不仅与个人因素如离婚或丧偶等有关，而且也与再婚后所要处理的复杂的家庭关系有关，因为这可能会影响再婚家庭的和睦与稳定。所以不到万不得已人们不会走这一步。上一节已经提到，在离婚夫妇中，30 岁以下的男女占有很大的比率。一方面，这些人中的一部分女性的生存问题需要尽快解决；另一方面，单身中年人的性欲要求需要得到满足。所以，人们一般通过再婚的途径来实现。然而与初婚不

① 北京大学法律系民法教研室《对离婚问题的分析和意见》，《中国妇女》1958 年第 4 期。
② 石磊：《怎样看爱情的“变化”和“破裂”》，《中国妇女》1957 年第 8 期。
③ 石磊：《怎样看爱情的“变化”和“破裂”》，《中国妇女》1957 年第 8 期。

同，亲属关系网络的扩大增加了他们再婚的困难。

一 再婚者的基本情况

以下是海淀区温泉公社 1964 年再婚者的情况，通过这些内容，我们可以看到再婚者结为配偶的基础。

表 6－28 1964 年海淀区温泉公社男性离异后再婚者的基本信息

单位：岁

男年龄	女年龄	年龄差	男婚姻状况	女婚姻状况	男职业	女职业
27	24	3	离	离	农民	农民
34	32	2	离	未	职员	农民
38	41	－3	离	离	农民	农民
26	24	2	离	未	农民	农民
32	26	6	离	未	军人	教师
51	43	8	离	丧	工人	农民
27	26	1	离	未	工人	农民
33.57（平均）	30.86（平均）					

资料来源：海淀区档案馆藏《温泉公社 1964 年 1－12 月婚姻登记情况统计表》，档案号：55－101－302。

表 6－29 1964 年海淀区温泉公社女性离异后再婚者的基本信息

单位：岁

男年龄	女年龄	年龄差	男婚姻状况	女婚姻状况	男职业	女职业
27	24	3	离	离	农民	农民
38	41	－3	离	离	农民	农民
28	26	2	未	离	军人	工人
38	18	20	未	离	农民	农民
44	48	－4	丧	离	工人	市民
35（平均）	31.4（平均）					

资料来源：海淀区档案馆藏《温泉公社 1964 年 1－12 月婚姻登记情况统计表》，档案号：55－101－302。

通过表 6－28，我们看到 7 位男性离异者中，3 位是农民、2 位是工人、1 位是职员、1 位是军人，其配偶的职业除了 1 位军人的妻子为教师以外，其余的6位全是农民。男性平均年龄基本上大于女性，平均婚龄差为2.71岁。并且这7位离异的男性配偶中有4位为未婚女性，2位为离异女性，1位为丧偶女性。

通过表6－29，我们看到5位离异的女性中，3位女农民配偶的职业为农民，1位女工人的配偶为军人，1位女工人的配偶为市民。平均婚龄差为3.6岁。并且5位离异的女性当中，其配偶2位为未婚，1位为丧偶，2位为离异。

可见，社会规范对再婚行为的影响因性别不同而不同。社会规范鼓励男性与比自己年轻的女性结婚。社会地位较高和收入较多的男性离异者仍然可以和年龄较小的未婚女性结为配偶。如表6－28中，男性军人为离异者，其配偶为未婚的教师，而且两人婚龄差为6岁，大于当时的平均婚龄差。所以，男性的高地位、高收入会成为婚姻市场的优势资源，而且再婚后，离异男性寻找未婚女性的比重也大于离异女性寻找未婚男性的比重。

表6－30　1964年海淀区温泉公社女性丧偶者再婚的基本信息

单位：岁

男年龄	女年龄	年龄差	男婚姻状况	女婚姻状况	男职业	女职业
41	36	5	丧	丧	农民	农民
50	45	5	未	丧	农民	农民
46	48	－2	丧	丧	工人	农民
37	38	－1	未	丧	农民	农民
51	43	8	离	丧	工人	农民
45（平均）	42（平均）					

资料来源：海淀区档案馆藏《温泉公社1964年1－12月婚姻登记情况统计表》，档案号：55－101－302。

表6－31　1964年海淀区温泉公社男性丧偶者再婚的基本信息

单位：岁

男年龄	女年龄	年龄差	男婚姻状况	女婚姻状况	男职业	女职业
41	36	5	丧	丧	农民	农民
33	21	12	丧	未	农民	农民
46	48	－2	丧	丧	工人	农民
44	48	－4	丧	离	工人	市民
41（平均）	38.25（平均）					

资料来源：海淀区档案馆藏《温泉公社1964年1－12月婚姻登记情况统计表》，档案号：55－101－302。

通过表6－30，我们看到5位丧偶的女性当中，其配偶的情况为：2位丧偶，2位未婚，1位离异。配偶的职业除了3位为农民外，还有2位为工人。其中1位男性工人的年龄大于女性农民8岁。平均婚龄差为3岁。

通过表6－31，我们看到4位男性丧偶者当中，其配偶的情况为：2位丧偶，1位未婚，1位离异。配偶的职业3位为农民，1位为市民。1位女性未婚者的年龄比男性小12岁。平均婚龄差为2.75岁。

表6－28至表6－31的折线图如图6－24所示。

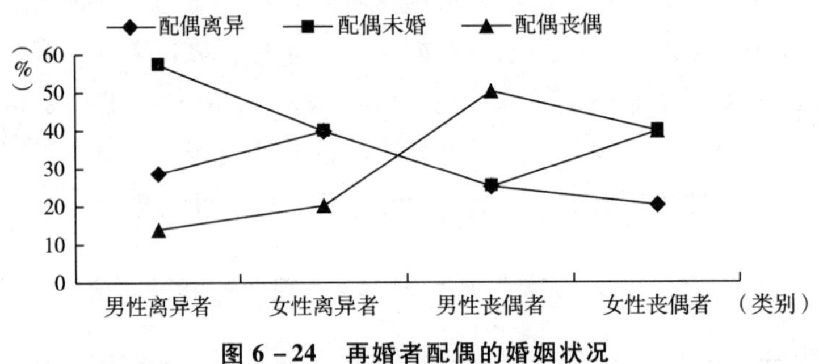

图6－24　再婚者配偶的婚姻状况

通过图6－24我们看到，女性离异者其配偶离异比重大于丧偶。而男性离异者的配偶未婚的比重大于女性离异者的和男女丧偶者的。无论男性还是女性，丧偶者的配偶丧偶的所占的比重大于离异者的。表6－29和表6－30中男性初婚者可以与离异丧偶的女性结为配偶，它反映出第三章提到的在择偶过程中，婚姻市场中男女性别比在一些地区严重失调加重了其婚配难度的这种现象。由于性别比例的不平衡性，使得女性在再婚的过程中处于有利地位。超过初婚最佳年龄的男性一般将婚配目标选定在丧偶或离异女性身上。如表6－30中2位丧偶女性的配偶为初婚男性，其年龄分别为50岁和37岁。根据资源交换理论，女性再婚者与男性未婚者之间通过资源交换，使得自身条件欠缺的男性获得了结婚的机会。但是在现实生活中由于传统的贞洁观念的影响，女性离异者或丧偶者很难找到与自身条件相匹配的未婚男性。《中国青年》杂志刊登的一篇文章，报道了一位叫王杰的青年在恋爱的过程中遇到的苦恼。

（王杰）去春和一个因为丈夫品质不好而离了婚的女同志恋爱了。他们在工作上互相帮助，在生活上互相照顾，情感很好。可是王杰一直下不了结婚的决心。他觉得自己是个未婚的青年，和一个结过婚的妇女结合“不合适”；但又觉得处除了有这个“缺陷”外，其他什么都很好；而且他们之间已经有了深厚的感情，如果真的要分开，他也会感到万分痛苦的。日子一天天地过去，他的痛苦也一天天地加深。①

关于男女再婚者及其配偶的职业状况，笔者也根据档案材料进行了统计（见表 6－32 至表 6－34）：

表 6－32　男女再婚者的职业状况

单位：人

职业 性别	农民	工人	教师	军人	市民	职员
男	8	4	—	2	—	2
女	12	1	1	—	1	1

资料来源：海淀区档案馆藏《温泉公社 1964 年 1－12 月婚姻登记情况统计表》，档案号：55－101－302。

表 6－32 的柱形图如图 6－25 所示。

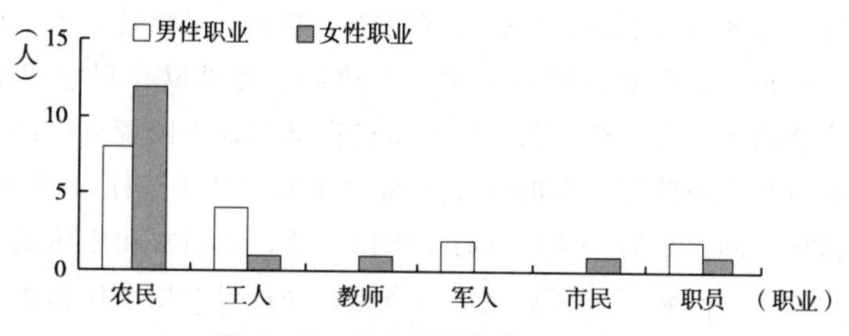

图 6－25　男女再婚者的职业状况

表 6－33　女性再婚者配偶的职业状况

单位：人

	农民	工人	军人	职员
女农民	8	3	—	1
女工人	—	—	1	—
女教师	—	—	1	—
女职员	—	—	—	1
女市民	—	1	—	—

资料来源：海淀区档案馆藏《温泉公社 1964 年 1－12 月婚姻登记情况统计表》，档案号：55－101－302。

① 王志馨：《爱情上的“疙瘩”》，《中国青年》1956 年第 22 期。

表 6－34　男性再婚者配偶的职业状况

单位：人

配偶职业	农民	工人	教师	军人	市民	职员
男农民	8	—	—	—	—	—
男工人	3	—	—	—	1	—
男军人	—	1	1	—	—	—
男市民	1	—	—	—	—	1

资料来源：海淀区档案馆藏《温泉公社 1964 年 1－12 月婚姻登记情况统计表》，档案号：55－101－302。

通过表 6－32 至表 6－34 男女的职业对比情况，我们看到，男女再婚者，在择偶过程中基本上还是遵循同类匹配原则和男高女低模式，而且学历和经济收入较低的男女的再婚行为比较普遍。这一方面是由于温泉公社农民所占的比例大于其他职业者，另一方面是因为高学历、高收入的女性离婚的人数较少。在本章第一节我们已提及，即使高学历的女性离婚，因为她们在经济上能够自立，离婚后不必为寻求经济援助而选择再婚；而低学历的女性除了一部分人再嫁是为了寻找情感的寄托外，很多人再嫁是为求生存的迫不得已之举。特别是对于寡妇而言，丈夫亡故后，将难以获得稳定的生活来源。而且家族内部争夺房产、田产的纠纷使得寡妇处于困境之中，穷苦驱迫其不得不通过嫁人来获得生存的保障。如“杨家园乡李德祥（男 40 岁）有□三亩，借房一间，平时一块作临时工维持生活，经朋友和庄丽敏（女，40 岁，五个小孩）仅认识了三天后便来区登记，经过说明婚前应慎重考虑，方能达到婚后美满和睦的家庭后，女方暴露了真实思想，当时很诚实的向男方说，‘咱们谈时间短促，我只是为了眼前生活’”。① 又如“骡马市大街一个 19 岁的妇女王淑琴离婚后受兄嫂歧视，自己托人随便找了一个 40 岁的男人结婚”。② 这说明很多女性同王淑琴一样，离婚回娘家后，不仅会增加娘家人的经济负担，而且还会使娘家人的颜面丢失，而自己又没有经济收入，所以只能通过再嫁来解决生活上的困难。

下面试根据几个事例，来分析再婚者的择偶标准。

戴煌被打为右派离婚之后，再婚时的择偶的标准如下：

① 北京市档案馆：《南苑区 1954 年婚姻工作报告》，档案号：37－1－58。

② 北京市档案馆：《（1953 年）有关婚姻登记工作中的问题解答讨论后提出以下几点意见》，档案号：14－2－35。

我的甄别平反有望时，不少关心我的同志劝我并帮助我介绍朋友以重建家庭，好让我在新的伴侣的协同下，更好地养育身边的女儿戴青青……对于青青未来继母的条件，我也想到了两点：一、对青青要待之如亲生女，不能有任何微小的歧视与冷漠。如果青青的生母日后愿意常来看看孩子，对她也要待之如至亲良友，亲热而真诚。二、要能同甘苦，共患难，直至“不怕坐牢、杀头”。因为对党提意见，可能得到嘉许也可能坐牢杀头。多年的客观规律就是如此，不得不作这两方面的准备。有了这最根本的两条，其他就好办了。如果对方出身贫寒，深知人生之甘苦，而又有一定的文化程度，则能较好地协助我教育孩子和料理家务，如果还能帮我抄抄稿子会做点资料卡片，那就更是锦上添花、求之不得的了。至于才貌如何，则早已不在考虑之列。不是早有人说过：“倘若‘爱’而无心，只能是受罪的受，才貌顶何用?”根据这些设想，在朋友们介绍的都是尚未成过家或从未有过男朋友的女医生、女图书管理员和女工中，我选择了后者。她叫潘京荣，出身贫寒，能够吃苦，过去一次恋爱都没谈过。这使我很满意。但使我非常遗憾和愧对的是，她虽然也属“龙”却比我整整小了十二岁，她二十二岁，我三十四岁，这对她来说，我的年纪未免太大了，而且还是个结过婚、离过婚、身边又已经有个孩子的人。①

李淑贤回忆同溥仪的恋爱时谈道：

因为有过一段不幸的婚史，我对处理个人的感情问题特别慎重。好心的同事、邻居多次为我牵线搭桥，连医院的领导也很关心我的个人生活问题，他们介绍的对象中，有的是有职有权又有地位的革命老干部，有的是有才有貌又有钱的民主人士，还有的是医生或工程师，我衡量再三，都婉言谢绝了。② 我愿意找岁数大一些的，因为从小没有父母，年纪大点更能疼爱我。③

溥仪的择偶标准则为：

---

① 戴煌：《九死一生——我的“右派”历程》，第 269 页。

② 李淑贤忆述，王庆祥撰写《我的丈夫溥仪》，第 8 页。

③ 李淑贤忆述，王庆祥撰写《我的丈夫溥仪》，第 17～18 页。

“岁数稍大点，相貌稍差点，都不行。因为他常见外宾，有时还要携带妻子，所以得找个能带得出去的。”① 他（溥仪）对李淑贤说：“我是个改造过了的旧人员，满身是罪，特别是跟日本人走了十几年，更对不起党，对不起人民。”“现在，我只靠每月 100 元工资生活，别无长物，所以你跟着我并不能得到享受。”“我的年龄大，我们之间有差距，不知道这一点对你有没有影响?”②

沈醉在择偶时更是遇到了很多麻烦，其女儿回忆道：

家父（沈醉）见我确实是真心想让他再娶，便决定去试一试。最初，有人热心主动地给他介绍过几个，都是一听他的历史背景，就吓得打了退堂鼓。家父也深受打击，不准备再找了。正巧此时有人又给他介绍了两个对象，并声明说，此二人并不在乎他的过去。一个是 30 出头的理发员，还带着个七八岁的小男孩；另一个则是我后来的继母杜雪洁。当时，她 40 岁，在北京厂桥医院做护士。我也明白，当时《红岩》小说正风靡全国，人人都说家父就是小说中的“严醉”的原型。在这种政治环境下，一般有知识有头脑的女人是不敢找我父亲这种特赦战犯的。于是我帮他选定了杜雪洁。以上因为她年龄跟家父相近，又是个护士，懂得照顾人。二是她从没结过婚，没有孩子，不会有人跟我争宠。③

在沈醉给杜雪洁的一封信里写道：

我每月收入 100 元工资内，我还要按月寄 20 元给一个过去照顾过我女儿的亲戚，我答应一直养他到老。他现年 60 多岁，主要靠我接济。我为了报答他在最困难的时候收留过我的女儿。我自己虽不信奉宗教，我却从不反对别人信仰宗教。我母亲是虔诚的佛教徒，我前妻和两个孩子又是虔诚的基督教徒，家庭的宗教气氛很浓厚，我以习以为常。④

由此可见，再婚者在择偶时更为慎重，考虑的事情也更为复杂。他们除了考虑自身情感因素外，还要考虑如双方的子女能否接受等很多其他因素。

① 李淑贤忆述，王庆祥撰写《我的丈夫溥仪》，第 11 页。

② 李淑贤忆述，王庆祥撰写《我的丈夫溥仪》，第 17 ~ 18 页。

③ 沈美娟：《我的父亲沈醉》，中国文史出版社，2002，第 146 ~ 147 页。

④ 沈美娟：《我的父亲沈醉》，第 151 ~ 152 页。

二　寡妇再嫁

1. 寡妇再嫁所遇到的情况

儒家礼教要求女性“守贞持节”，贞洁的核心是“从一而终”。早在《礼记·效特性》就有“一与之齐，终身不改，故夫死不嫁”的说法。到宋代，经过程朱理学的大加提倡，守节已成为了一种社会风气。“饿死事极小，失节事极大”，“若娶失节者以配身，是已失也”。此后，历代帝王对寡妇守节大加奖赏，致使这种陋习愈演愈烈，寡妇再嫁受到的谴责也越来越多。如“一扇门不算门，寡妇嫁人不算人”，“活人妻，回笼鸡”，“好马不备双鞍，好女不嫁二夫”，“活着是他家的人，死后是他家的鬼”等俗语都是对寡妇再嫁的种种谴责。而且寡妇的婚礼也非常简单，很多形式证明她不是初婚。如寡妇再婚时，不用合八字，议婚、缴纳聘金后就可确定娶亲日期。迎娶的时间只能在晚上。只能坐蓝色轿子，上下轿都在院子外面，进入夫家时，只能从旁门或后门进去，结婚当天只能坐在凳子而不允许坐炕等。下面是笔者的访谈。

夫妻二人，妻子，汉族，1928年生，籍贯北京；丈夫，满族，1930年生，籍贯北京。

> 受访者：像孀妇二婚时坐的轿子是蓝颜色的，不是红色的。过去女的一般坐蓝轿子少。一般再嫁，好像人看到蓝色不太习惯。有的老人就会说你“守不住啦！”男的死了老婆再娶比较随便，女的死了男的就认为守不住了。一般也允许再嫁，但不坐轿，直接就到男方家了。闲话受不了。

新中国成立后，《婚姻法》虽然规定寡妇有改嫁的自由，但寡妇再嫁仍受到种种阻拦和非议。首先，婆家人会对寡妇再嫁进行谴责和阻拦。有的婆家人怕寡妇再婚会带走家产，怕家庭失去一个劳动力，而且怕寡妇再婚后会影响子女的成长，所以极力阻止寡妇再嫁的行为。有的婆家人总认为对寡妇挺好，没有必要再嫁。常用“家里哪点虐待你?”① 的话来质问。在家庭的压力下，有的寡妇不敢改嫁。如“丰台区卢沟桥公社小瓦窑村张瑞林丈夫死

① 北京市档案馆：《（1954年）郊区农民婚姻家庭中存在的问题》，档案号：84－3－28。

后，和同村社员张学成有了感情，由于公公的威胁，女方一直未敢改嫁”。[①]

其次，一些干部对寡妇再嫁也进行种种责难。如“东营房村前村长崇禄曾逼迫一个已与他人发生关系并准备改嫁的寡妇王淑丽写悔过书”。[②]“安定门外十四区东营房村有个姓王的寡妇，三十来岁……王氏与杨之甫两人有了感情，发生了肉体关系。这件事被王氏的小叔子知道了，认为她‘偷汉’，‘太不要脸’，就报告了村人民政府和派出所……派出所的干部就同着王氏的小叔子，到王家‘捉了双’，当晚在派出所把他们二人押了一夜”，“说王氏是‘破鞋’，杨之甫是‘流氓’，又把他们传到村政府。当时区政府民政科同志也在场。他们斥责了杨之甫和王氏，说不能让他们结婚。逼着杨之甫写‘悔过书’。他们两个人吓坏了，杨当下就写了‘悔过书’，说自己不该‘勾引女人’，保证永不和王氏结婚，区村干部又凶恶地斥责了他们，最后还说：剥夺杨之甫三年政治权利”。[③]

再次，娘家人对女儿的再嫁行为也进行干涉。他们主要是怕丢面子，怕在日后的生活中会受到舆论的指责。“矿工人谭桂婷之女，谭瓯子，38 岁时守寡回归娘家居住，现在谭瓯子愿另找对象，可是其父谭桂婷加以阻止。”[④]

又次，寡妇中不少人受“一女不嫁二夫”“从一而终”观念的影响，认为再嫁可耻，对不起丈夫孩子。如“后厂头条徐洁兰，有人和她开玩笑，你再找一个对象吧？她听了非常生气，以为是侮辱她”。[⑤]

最后，年龄较大的寡妇再婚还会受到成年儿女的干涉。如门头沟郑素云“对其母年老改嫁认为是耻辱，忌恨在心”，“经常冷言冷语，打架怄气”。[⑥]“北大医学院一个团员干涉他寡母再嫁，认为使他在人前抬不起头来，威胁‘不认你做娘’，并威胁她的活动”。[⑦]

寡妇本人也被看作不祥之物。人们一般会认为她已经克死第一个丈夫，而且很可能会给第二个家庭带来不幸。一位小伙子就遇到了这样的麻烦：

---

① 北京市档案馆：《（1962 年）北京市人民委员会批准市民关于本市群众婚姻情况和加强婚姻工作的意见》，档案号：2－14－35。

② 海淀区档案馆：《北京市第十四区关于检查婚姻法执行情况的总结》，档案号：1－104－16。

③ 筱征：《干涉寡妇婚姻自由是违法的》，《北京妇女》1951 年第 38 期。

④ 北京市档案馆：《（1951 年）北京市第 16 区处理婚姻问题初步检查报告》，档案号：9－1－114。

⑤ 宣武区档案馆：《宣传贯彻婚姻法试点总结》，档案号：11－1－7。

⑥ 门头沟区档案馆：《（1963 年）关于郑素云虐待死生母的典型材料》，档案号：26－1－137。

⑦ 北京市档案馆：《（1953 年）群众对婚姻法及此次婚姻法运动的认识及反映》，档案号：1－12－128。

> 一位青年小伙子，是个共青团员，工作踏实苦干，不少姑娘倾慕他、追求他。可是他早已爱上了一个思想进步、技术熟练的女技工——一位死了丈夫有一个小孩的少妇。事情一传出去，小伙子首先受到父母的反对和责备，周围的人也讥笑他是大傻瓜。还说他和寡妇结婚是一种牺牲。女方也遭到嫉妒和讽刺，说她是一个寡妇，就不该耽误别人的终身幸福，不该勾引这个小伙子。这一对恋人，虽然真诚相爱，毕竟受不了这些意外的刺激，痛苦极了，婚期也为此推迟了。[①]

除了社会舆论以外，如果娶寡妇为妻，其交涉过程要比娶一个未婚女子复杂得多，艰难得多。不仅要与其婆家人商量婚事，而且还要解决子女和前夫的财产等问题。所以，一般情况下，人们不愿意娶寡妇为妻。

寡妇再婚后，在新组成的家庭中遇到的事情也较为复杂，而且在婚后的生活中也不会完全脱离心理阴影与各种指责。如“姜淑媛 21 岁，与笤帚胡同 25 号住户张义忠 34 岁（人民银行干部）结婚。姜淑媛系再嫁”，“婆婆和嫂子经常说着姜淑媛的闲言，指姜孩子说，‘你是续包了串’（意思是再婚不是好东西）。”[②] 又如“马家铺曹石廷于去年和本村任全花结的婚，是后嫁的，带去三个孩子，（曹）结婚后就管教（任），不叫她出门也不叫她下地去。有时出门下地就得在一起行动，否则女方不能自己单独行动”。[③]

2. 国家对寡妇再嫁的支持与宣传

《婚姻法》颁布后，在宣传过程中，国家把阻拦寡妇结婚的行为归结为是受了旧社会封建思想影响的结果，并且政府的各级组织积极支持和动员寡妇改嫁。据北京市第八区统计，“寡妇改嫁的 51 年全年 20 对，52 年半年有 43 对”。[④] 第 11 区 1952 年由一月至现在（8 月份）共计寡妇结婚者 53 对”。[⑤] 东郊区东坝镇在宣传《婚姻法》期间，“演出《双满意》七八次，打破了‘好马不配双鞍，好女不嫁二夫郎’的封建思想。在很短的时期就有 5 个寡妇结了婚，其中有带着孩子的张贾氏，群众反映很好，光棍、寡妇、孩子都有依靠了，三全其美。照这样唱，早晚都得把寡妇唱活了心。团支部书记、副书记到

① 《和寡妇结婚是不是牺牲》，《中国妇女》1963 年第 10 期。

② 北京市档案馆：《姜淑媛被虐待的情况》，档案号：38－2－77。

③ 门头沟区档案馆：《（1963 年）关于农村阶级斗争反映对妇女工作方面的几个问题》，档案号：26－1－137。

④ 宣武区档案馆：《（1952 年）婚姻问题研究小组工作总结》，档案号：11－1－3。

⑤ 北京市档案馆：《（1952 年）关于检查婚姻法的报告》，档案号：37－1－30。

区工委开会在途中向同车青年寡妇高淑敏宣传婚姻法，感动的淑敏落了泪，过了几天淑敏主动找□给介绍对象，在团妇联介绍下结了婚”。[①] “京郊五合村杨丽源五年前姓蒋的丈夫死了，丢下一个两岁的女孩，日子很难过。自己少无人手，庄稼总收拾不好，每年打的粮，吃穿都不够。丽源雇人收拾庄稼，村里就有了风言风语，说：‘这寡妇守不住了！’丽源说：‘嫁人！那会儿我想都不敢想。’”“近邻雇农刘万和，打了半辈子光棍，眼下翻身分了地，也有意成个家……两人情投意合，就搞了恋爱。蒋家的人闹翻了，丽源的小叔子吓唬丽源说：‘要嫁汉子，就给我滚得远远地！不许动财产，不许带孩子！’村里老脑筋的人也顺着蒋家人瞎嚷嚷。”“村妇会给丽源撑腰，政府保障了丽源的自由。丽源带着原来的地，带着女儿小美子，和刘万和结了婚。”[②]

三　复婚

《婚姻法》规定婚姻自由，但是有的夫妻因为一时冲动或者其他原因而离婚，事后双方均认为有复婚的必要，于是又向相关部门申请恢复夫妻关系。《北京市婚姻登记暂行办法》规定：“离婚后之男女双方自愿恢复夫妇关系的，应向男方或女方所在地区人民政府恢复登记，经审查确实后应准予复婚。”[③] 有的夫妇结婚几个月就提出离婚，之后不仅复婚，而且反复几次。笔者根据北京市各区档案馆记载，统计出这一时期北京民众的复婚情况（见表6－35）。

表6－35　1954～1966年北京市民众的复婚情况

年　份	复婚人数（人）	资料来源
1954	56	西城区档案馆藏《1954年登记年婚姻统计表》，档案号：4－2－132。
1955	33	西城区档案馆藏《（1954年）婚姻登记统计表》，档案号：2－2－291。
1956	37	
1956	20	门头沟区档案馆藏《京西矿区妇联会1956年全年情况》，档案号：26－1－48。

① 北京市档案馆：《（1952年）团东郊区东坝镇支部团结广大青年宣传婚姻法，协助青年向封建婚姻作斗争》，档案号：100－1－46。

② 张路画、王穆作：《寡妇杨丽源再嫁了》，《北京妇女》1951年第38期。

③ 北京市档案馆：《（1953年）北京市婚姻登记暂行办法》，档案号：2－7－38。

续表

年　份	复婚人数（人）	资料来源
1956	64	宣武区档案馆藏《1963 年婚姻登记年报表》，档案号：2－2－19。
1957	36	海淀区档案馆藏《(1957 年) 海淀区人民委员会民政科婚姻登记统计表》(注：缺少第四季度)，档案号：3－101－106。
1958	41	海淀区档案馆藏《(1958 年) 海淀区人民委员会民政科婚姻登记统计表》，档案号：3－101－106。
1958	61	西城区档案馆藏《西单区 58 年 1 到 12 月数字》，档案号：8－1－429。
1959	34	海淀区档案馆藏《(1957 年) 海淀区人民委员会民政科婚姻登记统计表》，档案号：3－101－106。
1961	88	西城区档案馆藏《1961 年全年婚姻登记统计表》，档案号：8－1－528。
1962	88	海淀区档案馆藏《(1962 年) 海淀区人民委员会民政科婚姻登记统计表》，档案号：3－101－106。
1962	125	西城区档案馆藏《(1962 年) 1～12 月婚姻登记统计表》，档案号：8－1－548。
1963	64	宣武区档案馆藏《(1963 年宣武区民政科) 婚姻登记年报表》，档案号：2－2－19。
1963	106	西城区档案馆藏《1963 年婚姻登记年报表》，档案号：8－1－602。
1963	22	门头沟区档案馆藏《1963 年婚姻登记年报表》，档案号：27－2－1015。
1963	81	海淀区档案馆藏《(1957 年) 海淀区人民委员会民政科婚姻登记统计表》，档案号：3－101－106。
1964	82	门头沟区档案馆藏《1964 年婚姻登记年报表》，档案号：40－1－1。
1964	59	海淀区档案馆藏《1964 年海淀区人民委员会民政科婚姻登记统计表》，档案号：3－101－106。
1965	55	海淀区档案馆藏《1965 年海淀区人民委员会民政科婚姻登记统计表》，档案号：3－101－106。
1966 年 1～5 月	16	海淀区档案馆藏《1966 年（1～5 月）海淀区人民委员会民政科婚姻登记统计表》，档案号：3－101－106。

通过表 6－35，我们看到新中国成立后十七年间北京市各区的复婚现象比较普遍。对此，有的负责登记的干部认为“是和法院开玩笑”，“离婚再

复婚是捣蛋”。[1] 对于当时频繁的离婚又复婚现象，相关部门采取了一些措施以防止盲目的离婚和复婚。对要求复婚的夫妇抱欢迎态度，同时要详细了解双方转变过程，并根据情况进行教育以巩固其感情。对于那些经父母或亲友劝说和好的复婚现象，在交代婚姻自由的前提下劝其慎重考虑，以免复婚后再离婚。还有人提议媒体不仅要讨论“我们夫妇关系为什么破裂”，而且还要讨论“我们夫妇关系又怎样恢复”。[2]

复婚原因非常复杂，有的是由于草率离婚而要求复婚。在前面我们已经谈论了草率离婚的原因。有时为了生活问题，稍不如意就要离婚，进而发生数次离婚后又复婚的现象。如矿工张月由于生活不安定，“和老婆两月中反复离了两次婚”。[3] 有的是对另一方不信任产生怀疑引起离婚又复婚的现象。如“京华印刷厂工人和其妻不在一厂做工，下班时间有时不一致。男方便对女方怀疑，最后到区里离了婚。离开后，男方发现女方并没有问题，并很苦闷，自己工作也受了影响，便向女方检讨了错误。因为感情本来不坏，复了婚”。[4] 还有的是由于生活中的琐事，使夫妇产生矛盾，一时气愤离婚后又提出复婚的情况。下面是一位青年的复婚经历。

> 我和爱人是在1948年秋天相识的。她是一个活泼美丽的姑娘，衣服穿得考究整洁，家里收拾得干净利落……我就不然了，由于我从小离家在外，再加上我的个性懒惰，因此屋子里乱七八糟……可是，当我爱人要来玩的时候，我可就忙起来了，擦玻璃、扫地、整理屋子，拿出崭新的床单铺在床上。我每次赴约会去见爱人，也是打扮得整整齐齐……她工作的工厂离家较远，只有星期六才回家。她不在家的时候，我又渐渐地恢复了从前那种乱糟糟的老样子。到了星期五晚上，我就开一个夜车，把屋里的东西重新整理好……那一天，她和几个同事，看完电影后，顺便来到了我们的家。她一进门，看见屋里乱成一团，就怒气冲冲地朝我发起火来……面对着这么多陌生的客人，让老婆“熊”一顿，这多丢人啊！于是，我也恼羞成怒了……她干脆不回家了……经过工会及同志们多次调解无效，我们终于在1954年年底离婚了。离婚后，我们

① 北京市档案馆：《（1951年）检查贯彻婚姻法中存在问题汇集》，档案号：39－1－132。

② 谢觉哉：《看了“我们夫妇关系为什么破裂”的讨论以后》，《中国妇女》1951年第38期。

③ 北京市档案馆：《第16区婚姻法执行情况的检查报告》，档案号：9－1－114。

④ 西城区档案馆：《1963年婚姻登记年报表》，档案号：8－1－602。

> 俩都感到很痛苦。她回忆起我们夫妇感情破裂，她也有许多过错，心中有些后悔。我经过党和上级的教育，又得到同志们的帮助，认识到自己在处理离婚问题上是不够严肃负责的……由于我俩对自己的缺点有了一定的认识，在党和上级的教育下，1956 年底，我们夫妇又破镜重圆了。[①]

有的是由于孩子的纠合，离婚后夫妻双方都觉得舍不开孩子，最后复婚。有的是由于父母、朋友、亲属的劝导而和好。有的则是迫于各方面的压力而被迫复婚。最常见的是由于妇女经济上不独立，离婚后无法生活，又恢复了夫妻关系。如第十五区“郝春林和妻子感情不好，婆婆也常虐待她，区法院判离婚后，娘家不许她进门，被迫和男人复婚”。[②] 下面还有这样一桩被迫复婚事件。

> 红石口王秀荣和刘春林曾于五二年七月请求离婚，请区政府民政科判离，因当时未成立法院，9 月又来区政府双方要求复婚，双方同意即结婚。据群众反映，双方结婚后生活并不美满，11 月 20 日法院派人进行了调查：王 21 岁，环山村人，现住磨石口村，丈夫刘春林现住琅山村，现在磨石口村开一马掌铺，夫妇之间感情不好，姑婆又虐待她，婆婆并经常促使儿子打她，王不堪受虐待因此提出离婚，离婚后大遭娘家反对，她母亲说，你受气，受死在刘家也不能离婚，你活是人家的人，死是人家的鬼，叔伯哥哥王显和说王家门不要这德行的，王家门不让她住，并让王店力等三人出头给两方撮合，她在浓厚封建势力的压迫下，不敢说不同意，于是申请复婚。复婚后夫妇感情更是不好，刘春林经常在琅山村不回家，并说，我就是死了打光棍也不愿意娶她，婆婆小姑仍然给她小鞋穿，嫌她连棉衣都不会做，吃饭又是大家吃光，她吃不够也就算了，全家的活都让她去作（做），参加社会活动的时间一点不给，连一个会都没有参加过。她说，我这苦除了死才算受尽了呢，虽然现在她已怀孕，仍想离婚，但怕娘家不留，所以不敢提。[③]

---

① 澎涛：《不要轻率离婚》，《中国妇女》1959 年第 11 期。

② 北京市档案馆：《（1951 年）第 15 区人民政府关于执行婚姻法情况的报告》，档案号：9－1－114。

③ 北京市档案馆：《（1951 年）第十五区关于几个婚姻事件的报告》，档案号：9－1－114。

还有人是由于政治上的跌落而恢复夫妻关系。如“一位文化工作者，他和妻子自由结婚后，过了十几年的幸福家庭生活，生了四五个孩子。进城初期夫妇感情还很好，后来这位文化人感情起了变化，爱上了第三者，一心想拆散原来的家庭，男方态度坚决到三年多不和女方同居。市法院和最高人民法院给以批判教育未准离婚。但这位文化人拒不回转，一直闹了五六年……那料这位文化人在政治上跌跤以后，竟回头上岸。他批判了自己在政治上堕落，是从生活上开始的。错误的思想纠正过来后，这对爱情‘完全破裂’的夫妻又重归于好了”。特殊的历史条件下还有一种有预谋的复婚，如“税务局有（个）干部（有）两个老婆，离大老婆不行，他想把两个都离了，再和小的复婚”。[①] 但这种情况比较少见。

在本章第三节已经提及婚后6～8年内婚姻较容易破裂，多数年轻的男女会再次结婚。特别是女性往往会通过再婚来改变其生活的处境。从交换理论的视角来看，再婚的女性还为错过最佳初婚年龄的未婚男性提供了婚配的机会。新中国成立后的十七年间，由于得到国家法律的保护，寡妇再嫁逐渐冲破了传统道德观念的束缚和干涉。但是，无论是寡妇再嫁、鳏夫再娶或者离异一方再婚，须经过痛苦的煎熬。因为失去配偶后，很多人会面临着没有自己的住所、经济来源减少、失去稳定的夫妻生活、养育处于单亲环境中的孩子和社会上种种舆论的压力等问题。再婚时，人们还要面对重新择偶的困惑和忧虑，而且这要比初婚时的择偶情况复杂得多。即使再婚后，也还要面对新的婚姻关系和新的问题，还要处理好先前未彻底断绝的婚姻家庭关系。于是，有的人离异后，选择了复婚，这是考虑假如与他人结婚，复杂的家庭关系不好处理，所以在和原来的配偶没有较大冲突的前提下，恢复了婚姻关系。有的人则是由于各种条件的逼迫而不得不恢复婚姻关系。可见，婚姻经历复杂而永无止境，只有适时调整和仔细经营的基础上才能提高婚姻质量。

本章小结

新中国成立后十七年间的北京市，婚姻当事人特别是女性打破了禁忌，在离婚方面有了更多的自主权，不失为一个进步。这一时期，人们的离婚原

① 北京市档案馆：《（1951年）检查贯彻婚姻法中存在问题汇集》，档案号：39－1－132。

因非常复杂，既包括物质方面的问题也包括精神和情感方面的问题；既与婚前的择偶和恋爱相关也与婚后婚姻的经营密不可分；既有强迫包办、买卖婚姻、重婚纳妾、童养媳等无感情而破裂的婚姻，也有喜新厌旧、另有新欢，故意制造裂痕而破裂的婚姻；还有自主自愿结婚，但由于对婚姻缺必要的知识与经验，不懂得或不善于培养夫妻感情而使婚姻破裂；甚至还有本来有感情基础，偶尔因小事争吵，一时感情冲动而轻率离婚。此外，还有某些特殊情况，如一方长期无音讯或生理缺陷或患不治之症或犯罪判刑等而提出离婚的。如此种种因素，可以归结为两点：一是婚前的不对等交易如文化差异、社会地位差异、年龄差异等；这些差异使得婚姻陷于不平等状态，从而引起离婚。二是婚后对冲突和预期差距没有做出及时调整和适应，从而引起离婚。其实家庭内部的冲突在很多情况下是因外部社会的诱导才导致的。所以 Alan Kerckhoff 和 Keith Davis 提出了择偶过滤理论："他们主张生命周期的不同阶段适用于不同理论，早期择偶阶段社会因素很重要，恋爱阶段价值标准一致更容易结为配偶。而婚姻的经营阶段则需要双方互补。"① 可见，夫妻关系是物质、精神、情感、性爱多方面的统一，引起离婚的原因不仅是夫妻之间的问题，而且是家庭和社会内外因素共同作用的结果。但是总的趋势是，因包办、虐待而离婚的越来越少，因情感不和引起离婚的越来越多。这说明人们对婚姻的追求也逐渐由对物质的最基本的需求转向对精神和情感方面的需求。但是，离婚率在职业和文化程度不同的性别当中有所不同。在男性离异者当中，他们基本摆脱了物质需求，追求更多的是精神和情感方面的需要。在女性离异者当中，她们还有一部分人很大程度上处于解决和改善物质生存条件的处境，对精神和情感需求则较低。从年龄上来分析，年龄与离婚率成反比，女性初婚年龄在 23 ~ 25 岁和男性初婚年龄在 26 ~ 30 岁发生离婚的可能性最大。婚后年数与离婚率成反比例关系，婚后 6 ~ 8 年离婚率最高。离婚方式中以协议离婚为主，而且以女方最先提出离婚的请求为多。这说明女性对男性的依附性降低，反映了女性的婚姻观随着时代的变化正在发生着巨大的变化。这一时期，每一个人，无论在私人生活还是在工作上，始终是处于组织的监督之下。民众的离婚问题同样也是如此，当时国家对离婚问题给予了积极的教育和引导，以强调国家的集体利益，突出婚姻的阶级性。在"宜粗不宜细"的立法思想的影响下，婚姻立法上存在着空白，这使得婚姻

① 转引自吉国秀《婚姻仪礼变迁与社会网络重建》，第 102 ~ 103 页。

案件执行起来也较为复杂。总体上看，这一时期的执法人员的素质还有待提高，执法程序还有待严密，执法内容也有待完善。由于得到国家法律的保护，无论是寡妇再嫁、鳏夫再娶或者离异一方再婚，都逐渐冲破了传统道德观念的束缚和干涉。当然这一过程要比初婚时的择偶情况复杂得多，须经过多方面的慎重考虑。即使再婚后，也还要面对新的婚姻关系和新的问题，还要处理好先前未彻底断绝的婚姻家庭关系。可见，婚姻经历复杂而无止境。

第七章　评价及启示

婚姻革命早在晚清时期已有人提出，但真正实现是在中华人民共和国之后。因为《婚姻法》的公布和施行是在中国共产党夺取全国政权之后，是在封建政治统治及其经济基础被摧毁的前提下进行的。同时，国家对私人生活管理上有关规定，从而使得人们的生活模式和道德伦理发生了质的改变。通过梳理新中国成立后十七年间北京婚姻文化发展变化的“小历史”，可以透视出中国社会“大历史”的变迁。

第一节　婚姻文化嬗变的评价

新中国成立后十七年间北京婚姻文化的变化基本是在国家要求的轨道上进行的。与其他地区相比，也更为符合国家婚姻制度改革的要求。新的观念和文化在积淀了深厚传统文化的地域里能得到如此迅速的改变，其实并不为怪。因为经历元明清三朝的北京市民，他们在传统的道德和制度的背景下积淀了深厚的大一统文化，天子脚下生存的百姓比其他地方的民众有着更大的包容性、更为明确的等级关系、人身依附关系和单方面的服从义务。他们对权威有着畏惧感，同时又具有强烈的依附情结，这种情结的结果往往是对权威的绝对服从。即使社会发生了变化，这种依附性依然没有改变，其潜在的影响依然会存在于人们的头脑当中。再加上北京刚刚解放，各项政策和制度深得民心，使得这种服从和依赖情结有所强化，这种情况非常有利于国家号令的贯彻和实施，而且作为帝都，人员流动比其他地区更为频繁，人口的构成也比其他地区复杂，这使得北京市民比其他地方的民众对不同的文化更具有包容性，这些都加快了婚姻文化嬗变的进度。通过分析，笔者发现，在社会变革的大背景下，新中国“十七年”间北京市婚姻文化的嬗变主要呈现以下特点。

一　婚姻文化变化中的权力转移

1. 民众从服从家庭权威向服从国家权威过渡

新中国成立后，由于计划经济体制下社会资源的分配是在政府的垂直领导下进行的，如在城市里自上而下建立的大大小小的单位，国家通过这些单位组织、控制和整合社会。整个社会成为个人—单位—国家这样一个逐步递进的关系格局，单位成了国家资源分配的代理人。而城市里无工作单位的人则是由居委会来管理。1954 年国家发布了《城市居民委员会组织条例》，其中第一款指出："居民委员会应当按照居民的居住情况并且参照公安户籍段的管辖区域设立，一般地以一百户至六百户居民为范围。"① 尽管街道居民委员会是个群众自治性组织，不是政权组织，但是它从一开始建立就有了行政色彩，在实际操作中更多扮演的是政府代言人的角色，居委会的任务涉及办理居民公共福利事宜，向当地政府反映居民的意见和要求，教育居民遵守法律，治安保卫和调解居民间的纠纷等方面。可以说当时居委会的功能涉及人们生活的方方面面。有人回忆当时居委会的功能时，写道："自己卫生的好坏可不是自家的事，除那是国家的事。处理各家屋里的卫生外，居委会还组织大家打扫院子和周围环境的卫生，比如春天除草，夏天统一熏蚊子，冬天扫雪等等。""六七十年代居委会的社会功能，也从一个方面解释了为什么中国人能够从上至下、一竿子插到底、雷厉风行地贯彻上面的指示。"② 在农村，国家建立了公社、大队、生产队三级权力机构，把国家权力渗入社会最底层，实现了国家权力对社会的完全控制。在完成了政治、经济变革之后，国家改变了传统的代际权力机制，从意识形态上支持个人把对家庭和家族的忠诚转移到对国家权力机构的忠诚上去，而且还用动员宣传和运用国家法律手段相结合的办法来保证所宣传内容能顺利实施。在个人—集体—国家的价值系列的政治话语中使得政治凌驾于经济领域和社会领域之上。

在国家各级机构的监督和控制下，政治因素很快深入人们生活的各个角落，既包括婚前的择偶，也包括婚后的生活。如以"成分"或"阶级"为

① 张海惠：《一天又一天——六七十年代北京人生活素描》，中国文史出版社，2007，第 8 页。

② 张海惠：《一天又一天——六七十年代北京人生活素描》，第 7 页。

标准的择偶观逐渐演化为新型的“门当户对”观念。在此后的相当长一段时期里，择偶观受到政治倾向的牵引和束缚，政治立场、政治观点成为衡量婚姻关系建立与否、解除与否的标准。从下面这首小诗，可以看出国家倡导的婚姻政策走向。

如今姑娘思想红，包办婚姻行不通，打破封建旧习俗，斗争胜利树新风。

金钱难买真爱情，革命路上结同心，奉劝旁人休插手，端容已有意中人。

不去繁华城市中，不嫌屋小家境穷，姑娘爱的庄稼汉，思想先进劳动好。

买卖婚姻早废除，妇女人格不能欺，三茶六礼皆不要，姑娘自有嫁时衣。

婚姻只是井底天，革命事业重如山，有志青年识轻重，勤学苦练好接班。①

在婚后的生活中，一切决定也是出于政治因素的考虑。

革命利益，共同进步，这正是我们爱情的真正基础。很难设想一对在政治上思想上完全一致、感情又很好的夫妻，会因追求进步暂时分别几年就使得感情发生变化。如果真是这样的话，倒要检查一下原来的爱情建立在什么基础上的？

从感情上来说，我们的确不愿意离开；可是我们又想了想，在汹涌澎湃，举国振奋建设社会主义的今天，全国人民都在大跃进，我们不也是立志要求进步做一个国家的好干部吗？我们不也是认识到下放参加劳动锻炼是件很有意义的事吗？现在却怎么能够因为夫妻“难舍难分”而裹足不前自甘落后呢？

与其他英雄或模范人物联系起来。像志愿军出国作战，一去七八年，那些地质勘探工作者们终年跋涉在高山峻岭之间，还有许许多多的同志为了国家的建设事业，远离亲人和家乡分散在祖国的各个地方劳动着，难道他们都没有感情深厚的妻子和丈夫吗？问题就在于他们都有一

① 《吕端容打破封建旧习俗》，《北京妇女》1964 年第 10 期。

个远大的目标和共同的理想，那就是要劳动、要学习、要进步。[①]

诸如此类的话语举不胜举，不再赘述。

2. 家庭内部权力从家长到个体成员的转移

新中国成立之前，有关婚姻的法律、公众舆论、家族组织等一系列因素都在支持着孝道的推行。而新中国成立后，整个伦理框架遭到摧毁。同样，以个人生活幸福为本位的婚姻文化逐渐取代了传统的以家庭为本位的婚姻文化，个人向家长的权威提出挑战，而国家的一系列政策都在支持着这一变化，使得个人成为集体支配的劳动力，个人需求不再通过家庭而获得，家庭退守为单纯的生活单位。这些变化，使得男女当事人在婚姻中的主体地位逐步得到承认和尊重，并且开始重视个人的幸福及情感。当婚姻文化得到转变的这些人随着年龄的增长成为长辈时，他们对下一代的婚姻文化观念会更为宽容。所以，新中国成立后十七年间的婚姻文化一步步地实现“从家庭本位到个人本位的过渡”。[②]

二　男女两性的权益逐渐趋向于平等

新中国的建立及《婚姻法》的颁布为妇女解放、男女平等奠定了基础。这一时期国家通过立法和行政力量保障妇女在家庭和社会中的权利。妇女在家庭中的权利前面已有论述，恕不赘述。新中国成立后，许多妇女走出家庭，与男子一样参加各项社会活动，成为新中国的建设者和社会财富的创造者。毛泽东曾说：“妇女的伟大作用第一在经济方面。”[③] 1957 年“已有数达一亿一千五百万左右的妇女参加了社会劳动”。[④] 1958 年在“大跃进”的背景下，绝大多数城市职工家属和家庭妇女都被安置到国营单位或街道集体企业中。妇女的就业意愿几乎在一夜之间就得到了实现。1960 年，全国的女职

① 《下放并不会影响夫妻感情》，《中国妇女》1958 年第 5 期。

② 黄桂琴、张志永：《建国初期婚姻制度改革研究》，《政法论坛》（《中国政法大学学报》）2004 年第 2 期。

③ 毛泽东在 1942 年 2 月给中央妇委的指示和在 1949 年为中国妇女第一次代表大会及《中国妇女》杂志创刊号题词。《蔡畅、邓颖超、康克清妇女解放问题文选》，人民出版社，1988，第 316～317 页；转引自郑必俊、陶洁主编《中国女性的过去、现在与未来》，北京大学出版社，2005，第 244 页。

④ 李宝光：《让社会主义思想深人家庭》，《中国妇女》1957 年第 5 期。

工人数猛增到1008.7万人，比1957年的328.6万人增加了两倍多，占职工总数比重也由1957年的13.4%提高到20%，上升了6.6个百分点。[①] 就业权利的获得和保障对女性影响是十分巨大的，她们可以自主地参加各种社会活动，而不必依靠父亲或丈夫的经济支持，插图7－1可以形象地反映这一变化。而且，妇女就业规模在不断提高的同时，就业的水平也在不断提高，如1956年《高级社农业生产合作社示范章程》规定："乡乡有女乡长，社社有女社长。"社会权益的平等进而会影响婚姻关系的平等，男女在缔结或解除婚姻方面有了平等的权利。男女结婚后，在家庭生活中，在权利和义务关系方面如人身自由权、夫妻共同财产所有权、抚育子女权等方面都具有了平等的权利。这些权利对于性别平等有着重大的意义。下面是笔者的访谈。

B女士，1932年生，工人，籍贯北京，1953年底年与本单位工人结婚。

> 受访者：比如说我们这一代人，如果不是解放，还在家里头，到岁数差不多了嫁个人，做家务。但是解放了，好多女的都参加工作，女的也能挣钱啦。有的还不比男的挣得少，男女平等在当时是整个社会的舆论。所以到那时候的情况影响下，对生孩子来讲，不太重男轻女。

当然男女平等在很大程度上还需要重新思考。当时的男女平等在很大程度上还仅仅具有政治方面的象征意义，是自上而下不是自下而上，在自发的运动中女性为赢得自身权利而做出牺牲，所以女性还没有清晰的性别视角。一旦国家停止在公共生活领域组织动员女性，她们就完全有可能退回到私人生活领域，妇女的角色又会受到质疑，而且，当时妇女的家务劳动仍然比较繁重，再加上受片面地强调男女都一样的"左"的思想影响，忽视了生理上的性别差异，使一部分女性从事重体力劳动，产生了许多负面的影响。但是总体而言，女性地位的提升特别是青年女性自我价值的实现，其积极影响还是占主导地位的。正如国外学者所评价的那样："在相当长的时间内，中国一直十分重视妇女的情况：她们的社会地位以及她们在经济、政治生活中的角色。值得注意的是，妇女恰是1949年革命的最大受益人"。[②]

---

① 国家统计局社会统计司编《中国劳动工资料1949～1985》，中国统计出版社，1987，第32页；转引自郑必俊、陶洁主编《中国女性的过去、现在与未来》，第229～230页。

② 转引自黄桂琴、张志永《建国初期婚姻制度改革研究》，《政法论坛》（《中国政法大学学报》）2004年第2期。

插图 7-1　城市公社妇女歌

图片来源：《城市公社妇女歌》，《中国妇女》1961 年第 5 期。

三　婚姻文化的动态特性

通过查阅档案和田野调查，笔者对历史上的婚姻文化和当前的婚姻文化有了进一步的认识和思考。无论是考察不同时期人们的婚姻文化还是考察个人的婚姻史都能体会到婚姻的动态性特征。从社会发展来看，婚姻伴随着社会的经济、政治、文化和生活方式的变化而变迁；从个人历史来看，一个人在生命周期的不同阶段对婚姻的看法和处理方式也因之不同，在择偶过程中更倾向于采用社会公认的评价标准，追求完美而较为理想的婚姻，而且在不同的社会条件下，其择偶的标准也不尽相同。在结婚组建成家庭后，一方面，夫妻会把实际生活中配偶的表现与婚前所期望的角色进行对比；另一方面，会把对方放到社会中进行比较。双方通过不断地适调和磨合，不断地适应对方，从而不断地适应社会发展。夫妻双方应通过不断地经营内外关系，才能使婚姻更加完美。以不同时期下的择偶为例。在资源有限的社会里，人们总是在权衡各种利弊的过程中，选择一条能使自己获得最多的资源的路径。当然这种资源既包括物质方面的也包括精神和情感方面的，笔者在采访中能深刻地体会这一点。笔者的访谈对象多数是 65~85 岁的老人，他们习惯于新中国成立初期时的择偶标准，对今天的以物质和金钱为主要择偶标准的极为不满，常常会以他们那个时代的艰苦朴素引以为豪，而且常常会强调，择偶时主要看对方的品质或人品，如“老实”“诚实”等。但当笔者问及是否考虑对方的政治成分、家庭出身时，他们几乎都回答“需要考虑”。其实政治成分在当时就是潜在的决定社会资源的标准。有的人会因为情感志趣相投的对方有政治问题而弃之而去，然后选择一个仅仅具有政治成分优越性的配偶。下面是笔者的访谈。

M先生，1937年生，大学毕业后分配到军工单位，技术干部，爱人亦为技术干部。

受访者：但人们观念里觉得贫下中农好啊！找贫下中农，根红苗正，对自己的发展也有好处。是从这个角度来考虑的。如果我老丈人在台湾，社会关系复杂啊，受影响。

在婚姻的经营过程中，并不是人人都可以适应社会发展趋势，磨合成对方期望的角色的。一旦形成期望落差，婚姻就会发生变异。在经历了多年婚姻生活实践后，人们可能会有新的感悟并对原先的婚姻价值观念进行反思和修正。

四　婚姻文化的变迁反映了人性自我完善的进程

马斯洛认为："千百年的人类社会历史实践，使得人类的进化表现为双层进化；体内的生物性遗传的进化和体外的文化的进化。"[①] 从源于自然的最原始、最直接的本能性追求，到对精神、情感上的理想化追求，人类一直在有意识地完善自己的人性追求。具体到新中国成立后十七年来说，这一时期国家提倡的一夫一妻、男女平等和自由恋爱逐步在民众中实现。无论是恋爱，还是结婚甚至是婚后的生活，个体都有了更多的情感体验和精神追求。不少伴侣在婚姻生活中共同创造甜蜜与情趣，共同享受幸福与美满，共同承担生活中的艰辛与责任。这是个体的心理需要，它不仅开发了人的体外的文化，而且弘扬了人性，使人的精神世界得到更多的终极关怀。这是人们在寻求和探索婚姻中寻找到的一个新的坐标。是人类在探索自身生存和发展过程中的又一个进步。虽然在婚姻文化的自我完善过程中，仍存在着种种不合意愿的现象，比如失恋、婚姻破裂等痛苦，但人类仍然在不断纠正着进化发展过程中发生的变异和偏差。婚姻文化的变迁反映了人性的进化，同时也是人类自身的超越与提升。这都是人性自我完善进程中无法替代的核心主流。

① 转引自李勤友《休闲体育：人类精神家园的永恒追求》，《南京体育学院学报》2010年第5期。

第二节　婚姻文化嬗变的启示

新中国成立后的相当长一段时间内，国家通过制度安排把人们置于不同的社会阶层之中。到20世纪50年代中后期，我国已经形成一套典型的二元结构的社会分层体系。该体系涉及户籍制度、单位制度、干部级别制度以及干部、工人区分的档案制度。这种体制下，城乡在生产手段、生产方式、物资供给和人才流动上有着明显的差异。在农村有雇农、贫农、中农、富农和地主等不同类型，在城市里有工人、军人和干部等不同类型。类型不同，人们的社会地位也不同，如工人、军人地位相对较高，其就业和收益等各种权利得到制度的保护和支持，他们及其后代有着优先享受教育、入党、提干和求职的机会。在这种情况下，人们的择偶模式迅速发生了改变。因为和这部分人结合可以享受到其他阶层无法获得的社会资源，而且和这些带有时代标签的进步阶层结合，也迎合了国家宣传的新型的、进步的社会主义婚姻制度的要求。但是，国家控制下的社会资源的流动还会带来负面的效果。有的人由于家庭出身、政治原因等问题虽然已达婚龄仍然找不到合适的配偶。爱情与婚姻对他们来说只能是一种奢望。一般人不愿意和这部分人结婚，因为这意味着他们不仅会因"丧失阶级立场"和"阶级路线不清"而受到株连和打击，而且还会牵涉到子女和其他亲属。在这种情况下，婚姻丧失了人性的尊严和自由平等的价值。所以，本节试通过新中国成立后十七年间不同群体从抵制到开始接受并认可新的婚姻文化的经历来分析国家制度贯彻执行到多大程度就会产生一种规范性社会文化现象，即在各种矛盾和冲突中，民众带有规范性特征的婚姻文化是如何建立起来的，它存在哪些问题，在国家制度与婚姻文化的互动中，政府职能应如何发挥？

一　规范性社会文化的形成

当一个占有统治地位或处于上升时期的阶级的利益与既定的文化发生冲突时，统治阶级会通过一些手段来"构造"文化。这种权威通过社会制度和法律手段来组织、调整、监督和规范人们在行为过程中所形成的为全体成员共同拥有、信奉的价值标准和基本信念，即为规范性社会文化。这种文化一旦形成，它不仅包括对个人行为的外部规范，而且把社会道德需求和标准内化为个体的人格，以致它积淀在人们心理和意识之中，成为评价各项事物、指导人们行为、选择各种目标的基本准则。制度是规范性文化的组织者和推进者，它通过权力运作往往使得这种文化规范带有合法化的标签，从而加快了文化的传播。

规范性社会文化的形成可以用下图来表示（见图7－1）。

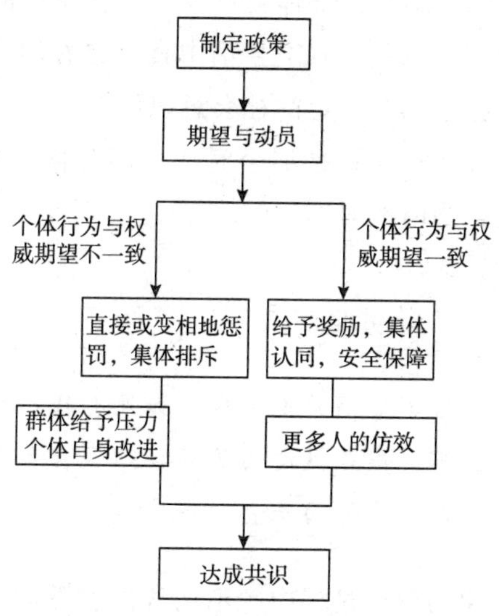

图7－1　规范性社会文化形成图示

通过图7－1，我们看到规范性社会文化在最初形成阶段有一个过程，首先是权威通过制定相关制度来希望个体遵守执行，如果个体表现出符合规范的行为，就会得到一定的酬赏，这种酬赏既包括物质方面的也包括精神方面的，比如社会荣誉、职位晋升等。新中国成立初期，在《婚姻法》的宣传和贯彻过程中，国家给予响应《婚姻法》的典型以名望和声誉，并通过入团、入党、入互助组等方式把积极响应号召的人推选为组织成员。例如，在提倡晚婚的教育中，女青年侯新霞“由于她的学习能联系思想和行动，她的进步很快，六四年已加入共青团”。[①] 得到组织的认同，意味着这些人将会获取更多的社会资源和更高的声望。在社会资源短缺的前提下，其他人也希望得到同样的酬赏，所以越来越多的人追随其行动，产生一种“众从”现象。如

① 北京市档案馆：《（1963年）以阶级教育为纲做好晚婚宣传工作》，档案号：100－1－897。

“八角村庞殿英举行新式结婚后，会后群众说，看人家多光荣，区长还给讲话……一位暂时订了婚的张姑娘说，新式结婚真好，我结婚也要这样作”。[①] 帕累托认为：“个人或集团受本能和理智的驱使有着窃取有用的或有益的物质价值并寻求如荣誉和尊敬的倾向。利益被表现在最有可能合乎逻辑的行为，即经济主体和政治主体的行为之中，表现在那些寻求为自己获得最大的物质满足以及寻求在社会竞争中获得最大的权利和荣誉的人的行为之中。”[②] 这样经过国家反复提倡和运作，群体会形成一种普遍性的尊重权威制定的规范的心理。这种心理“在人们的社会生活中直接起着调节和指导作用，而且通常会促成一定的社会思潮和一定的社会意识形态”。[③] 正如在第五章第三节中 B 女士提到的：“那个时代就是那个时代。那时候好像就是越简单越好，当时就是一种赶时髦，当时的时髦。”

下面也是笔者的访谈。

M 先生，1924 年生，籍贯北京。

受访者：那时候不提倡大吃大喝，如果有钱结婚请很多人吃饭，而且又在单位工作，那时候是挺没面子的。到现在你要是不请客，那也是没面子。那个年代是浪费没面子。

在规范性社会文化的形成过程中，不同群体、不同年龄段的人接受新文化的程度不一样的。原有文化携带得越少，就越能更早地接纳新制度，越能尽快地融入新的文化生活中。受传统文化影响较深的人，他们对新的变革有一种抗拒行为和恐惧心理，经历传统与现代的“整合”也较前者更为严重和艰难。但是无论是老者还是新人，无论接纳传统文化是深还是浅，原有的文化都不可能在一夕之间化为乌有，它们仍然或多或少地滞留在这部分人的思维和行动当中。这种情况下，人们会产生一种边缘化的状态。即原有的秩序和规范虽然已丧失权威性和约束力，但还继续存在并发挥作用。新的规范还未充分发挥作用时，人们在价值取向过程中会出现一种无章可循、无矩可蹈的失范状态。以自由恋爱为例，《婚姻法》颁布后，封建婚姻制度受到打击，而人们对新的自由恋爱又存在着困惑，从组织到个人都是如此。这些现象反

① 北京市档案馆：《北京市婚姻法执行委员会报告》，档案号：84－3－15。
② 刘创楚、杨庆堃：《中国社会：从不变到巨变》，香港中文大学出版社，2001，第 27 页。
③ 马守良主编《大转折时期的社会心态》，浙江人民出版社，1996，第 10～11 页。

映在时代剧变的环境下，人们不得不抛弃旧模式的同时，又暂时没有找到更适合更为大众所认可的婚恋方式而产生的困惑与无奈。又如，新中国成立后的服装变化也是如此，反映民众的这种心理（见图7－2）。

图 7－2　互相观望

图片来源：《中国青年》1956 年第 6 期。

由图 7－2 可以看出，在新旧交替时期，到底是穿代表革命与艰苦朴素的干部服还是穿漂亮的长裙，人们产生了一系列复杂的心理和行为。对于人们的这种状态，权威通过教育或者通过某些资源作为交换条件以降低人们对新文化的抗拒，甚至还会以强制的办法，诸如调职、取消升迁、集体批判的手段，迫使其思想和行为尽快转新的秩序和文化当中。如西城区团员管理处的王淑英经过晚婚教育后，主动和男的断了关系，“已入了团，担任了毛主席著作学习小组长和辅导员”。① 东杨坨村葛贞反对父母包办，并举行新式婚礼，“她和她的爱人，都当选了村治安组委员会委员”。② 而甘水桥小学教员郑桂兰，在晚婚教育后仍然要坚持举行婚礼，“党团支部书记几次找她谈话，批评她不响应党的号召，并召开团支部会对她进行批评。让她写书面检讨，

① 北京市档案馆：《（1963 年）以阶级教育为纲做好晚婚宣传工作》，档案号：100－1－897。

② 北京市档案馆：《（1951）北京市第十五区婚姻法执行情况检查委员会关于宣传、检查、执行婚姻法情况的报告》，档案号：9－1－114。

直到4月27日本人要结婚的当天下午，党支部书记找她个别谈话，并通知她已决定下放农场劳动”。[①]

下面一个事例更能反映这种变化的心路历程。

> 在工作中，我的情绪高，劲头足……我还喜欢唱歌，所以在工作之余我们这些青年总爱唱唱跳跳，热热闹闹，而我总是带头。没想到，在我申请入党后不久，党支部的一位委员很认真的对我说：“你的生活作风不够严肃，希望加以克服和改进，组织上才有可能考虑你的入党问题”……还有一次我把头发卷起来了，党支书马上叫团支书给我提意见，说：“头发卷起来像个什么样子，充分的表现了资产阶级思想意识。”慢慢地，我的情绪开始变化，有意识的注意周围环境，努力改变自己的活泼性格，要学“大人”样儿，学“老成”样儿，一切的言语行动都是多方考虑，缩手缩脚的。[②]

处于制度控制下的个体，如果不服从或反抗，会引发社会舆论或者会受到严厉的惩罚，甚至会导致在与其他人共事时遇到困难和麻烦。比如，在择偶过程中，政治条件较优越的一方与政治条件较差的一方结合，会受到组织的压制、社会舆论的打击以及家庭的反对，甚至会影响以后的个人前途以及子女的前途。这些在前面已经提到，恕不赘述。所以，无论规范性文化正确与否，在社会控制的机制下，大家都会“心甘情愿”地去遵守和执行。这个过程中，个体会对自己的行为、态度和意见与他人比较，进行自我评价，以便了解他人的接受和认同程度。如果他人的行为与自己相同，那么，就是“正确”的，反之，就是“错误”的。“社会比较理论”认为：“我们一般都通过与其他有关的人比较来评价自己，看看是否相同，是否与己不利，而且我们希望别人喜欢或接受自己而不是厌恶或拒绝自己。”[③] 这是一个带有外化了的社会评价标准的心理活动。虽然这种取舍在很大程度上是在考虑自身利益的前提下应对国家与社会的，但也包含民众主观积极的选择。因为只有这样人们才能应对社会的变迁而“存活”。正如马克思所说：在改造世界的生产活动中，“生产者也改变着，炼出新的

① 北京市档案馆：《（1964年）关于晚婚避孕工作的情况简报》，档案号：100－1－897。

② 汪善：《我这样就是“生活作风不严肃”吗?》，《中国青年》1956年第11期。

③ 〔美〕斯蒂文·达克著《日常关系的社会心理学》，姜学清译，李德民校，上海三联书店，2005，第157页。

品质，通过生产而发展和改造着自身，造成新的力量和新的观念，造成新的交往方式，新的需要和新的语言。"[①] 这一时期，所谓“时髦”的新式婚礼就是在这种情况下产生并迅速流行的。

对权威而言，他们要在群体内部倡导一种规范性文化，也必须对传统做出一定的让步。例如在宣传《婚姻法》的初期，在占人口大多数的老百姓中，特别是在打上家庭经济烙印的农业、手工业居民中，家长、已婚男人和婆婆，都成为贯彻《婚姻法》的抗拒力量。因此，在实施过程中，会对这些人做出一些让步，比如承认订婚、彩礼现象的存在，组成家庭后按照家庭经济的逻辑来行事等就是其表现。也就是说，新的制度和文化如果要为更多的人更快地接纳，其制定者和执行者需要在情、礼、法之间进行权衡。

除了上述行为外，制度的执行者还会给民众带来一些整体利益的行为。对处于新旧文化碰撞阶段下的“边缘化心态”的人来说，这种行为可以加快其接纳权威所倡导的新文化的速度。以北京市政建设为例，国民党统治时期，只有在东城、西城一些“达官贵人”所居住的地区有自来水、下水道、医院和学校，至于普通百姓集中的南、北城，则没有一条像样的街道，没有一间结实的房子。尤其是南城天桥逶迤东的龙须沟，一年有九个月腾着臭气，一到夏天，蚊子、苍蝇成群，每年有不少人因传染伤寒、疟疾而死去。新中国成立后，政府为龙须沟新修了一条十几里长的暗沟，“还在市内建了泔水池四百个，和男女公共厕所一百个”。日本人在占领时期，对用户分区供电；国民党统治时期，经常停电，且灯泡也经常被偷。更有一个时期，即伪市政府时期，曾发出通告说：“为节省电力，凡有月光之夜，路灯停止供电。”新中国成立后，情形完全变了，许多黑暗的胡同都安装了路灯，“不但保证了市内的光明，还减少了撞车等交通事故”。[②] 这种利于全体民众的行为，无疑是取得民众对其政策和文化认同的一种有力的方式。因为权威给民众带来益处，其提倡的价值观和行为在民众当中就会产生一种普遍性的感性认知，民众会认为其所倡导的规范是利于民众自身的正确行为，这种观念会在人们头脑中加以扩大，进而认为权威的所有制度和行为都是有益民众的，所以会积极地加以支持和拥

① 《马克思恩格斯全集》第46卷，上册，人民出版社，1979，第494页。

② 《河水清，道路平，大街小巷放光明》，《北京妇女》1951年第20期。

护。我们也就不难理解为什么当时的每一个运动都会有一种“振臂一呼、应者云集”的气势了。

在人们对权威认同的前提下，新的文化就更加快速地内化为人们的信念和追求。当多数人赞同并在心理上产生一定共鸣之后，新的社会价值判断标准就会形成。公众舆论也就会异常活跃，新的社会思潮、社会风尚、社会风气也随即形成。它反映了一定社会条件下，人们的价值追求、社会心理和精神风貌。

可见规范性社会文化反映了人们共同具有的价值观、社会信念和内心尺度，是人们用来评价和选择各种行为的准则。

规范性社会文化具有相对稳定性和持久性特征。它不是成员个人价值观的简单叠加，也不是领导者的价值观。它是组织成员拥在相互作用的成果实践中将形成的期望行为和共同感知。它促使成员迅速达成共识。也能引导个体价值取向逐渐向组织靠拢，从而为组织和管理提供重要的基础。

二　规范性社会文化存在的问题

规范性社会文化产生后，其弊病也是显而易见的，主要表现在以下方面。

首先，规范性社会文化会造成多元性的泯灭。新中国成立后十七年间，整个资源高度集中，每一个成员除了依赖所属的组织之外，没有其他获取资源的渠道，所以会对组织产生高度的依赖。如果不认同组织规范，个体就会受到排斥，进而会在经济、政治和社交方面受到制约。这种情况下，人们的情感生活和行为方式会变得单一，多元性会逐渐泯灭。有不同意见的个体也只能采取退缩或压抑的方式。这种功效“淹没了个体人的自由，遏止了发展个体才智的机会”。[①]

其次，规范性社会文化会造成集体无意识性。人们对权威的认同很可能把群体拉向对权威的盲目遵从上。越来越多的人会在群体氛围的感染下，跟上这种时尚，即使这种“时尚”是对国家、社会和他人不利的规范和行为，有人称之为“病态社会心理”。[②] 当人们患上这种“病”后，并不会感到自

① 梁景和：《近代中国陋俗文化嬗变研究》，首都师范大学出版社，2009，第261页。

② 沙莲香：《社会学家的沉思：中国社会文化心理》，中国社会出版社，1998，第227页。

己是异常的，反而会津津乐道，并把不带有这种“毛病”的人视为不正常的，如当时人们对别人的私事特别感兴趣。我们很难对这种人格进行心理定位，因为除了个别人希望利用别人的事来达到某些目的外，但确实有一部分人无非是想做一个“高尚的人，一个纯粹的人，一个有道德的人，一个脱离了低级趣味的人，一个有益于人民的人”。这种心态和行为非常情绪化，缺乏理智，具有相当大的盲动性，是一种既带有盲目色彩又带有理性色彩的社会价值观念和行为模式。下面是笔者的访谈。

M 女士，北京人，1945 年生。

> 受访者：刚解放我党确实是伟大，方针政策确实有利于国家，有利于人民，人民确实一心一意。所以极“左”来了大家也认识不到，觉得这是对的，所以这种运动热情一下就点起来啦。到后来大家在“文化大革命”时期有过种疑惑，但因为是毛主席提出来的，党中央提出来的，那肯定没错，肯定有“走资派”呀。所以听党的话，咱们就在一个小单位里边找，也不知道别的地方是否有“走资派”。一说别的地方怎样，大家一呼起来保护党中央，保护毛主席。

最后，规范性社会文化存在着被曲解的可能性。“文化存在着相悖的功能和特征。当一种文化发挥的特征和功能恰与社会相协调，可产生多方面的积极功效，并为人们所接受。此时的文化功效和特征自然为人们所肯定。然而就在对其肯定的同时，自觉不自觉地夸大了这种文化特征和功效，或者人为地利用它，使其不知不觉地转移了方向”。[①] 再加上规范性文化忽视了个体成员的利益，只是强调为集体共有的目标服务，就更容易使得一些内容被曲解。在新中国成立后的相当长一段时间内，因为政治原因，许多昔日故友因此而“老死不相往来”，曾经的患难夫妻也因此而妻离子散，甚至连最基本的人伦道德也被抹杀的一干二净。如《中国妇女》杂志曾发表文章号召广大贫下中农，“在春节期间走亲戚时，一定要分清敌我，一定不要和地富反坏的亲戚拉扯在一起，吃吃喝喝，模糊了自己的阶级立场”。[②] 有人甚至穿一件花衣服就被扣上“资产阶级”的帽子，在那个“逢人且说三分话，未可全抛一片心”的年代，有人因为说“错”一句话就成为“反革命分子”。在

---

① 梁景和：《近代中国陋俗文化嬗变研究》，第 261 页。

② 王秀臻：《走亲戚要分清敌我》，《中国妇女》1966 年第 1 期。

“三反”“五反”运动中，很多人在各种报告中检举他人或动员配偶坦白，很多夫妻为此划清界限，这种行为不仅被认为是合法的，而且还受到政府的保障和舆论的鼓励。子女在这种“到处都有阶级斗争”的环境下成长，形成一种习以为常的“政治意识”。导致“文革”爆发后极度夸张且极度扭曲的文化伦理和道德意识流行于世。国家用对社会主义的集体忠诚来取代对家庭的忠诚，用集体主义来取代家庭至上。这样，国家为个体特别是青年个体的发展开辟了空间和条件。这种国家通过自上而下的方式使得青年个体在没有经过任何抗争和努力的前提下获得了在家庭中的权利，使他们敢于同父辈相抗衡，并认为这是一种当然的、理所应得的权利。而家庭是由不同元素构成的，在国家缺乏完善的社会保障体系解决养老问题的前提下，在传统的孝道文化受到冲击后，对无行动能力和无稳定经济来源的老人的赡养问题就凸显了。特别是当国家撤出或放松对青年的控制和管理后，青年会无视对父辈应承担的责任。

三　规范性婚姻文化的良性构建

在制度与文化之间，笔者认为，国家制度对个人生活的干预应有度。即既不能让私人生活放任自流，也不能让行政力量干预过度，也就是说，政府职能的发挥应当有一个合理的界定。对于婚姻文化而言，笔者认为应从以下方面着手。

1. 社会资源的合理分配

社会的和谐共生，一个很重要的方面就是国家运用法律政策等行政手段，使得区域之前、两性之间、阶层之间的利益关系得到协调，使得人们能够在一个合理的限度之内共同拥有各种社会资源，共同分配社会成果。从而使得人们在选择配偶和经营婚姻的过程中，对精神和情感需求所占的比重多于对物质需求的。不会因为社会成员拥有的物质资源差异过大或者物质需求达不到社会的平均水平，而引起单纯地追求物质利益的心态和行为，也会减少“宁可坐在宝马车里哭，也不愿坐在自行车上笑”等畸形婚姻形态的存在。

2. 对不同年龄、不同群体、不同婚姻历程的人予以阶段性婚姻教育

婚姻是社会上绝大多数人都要面临和考虑的问题，与绝大多数人的生活密切相关。它很容易受周围环境如社会制度、政治气氛、公众舆论等因素的

影响。它代表一定时期一定社会内成员的共同认知，可以在较短的时间内改变一代人的婚姻价值观。正如王美秀教授所说的那样："在社会文化价值体系中婚姻家庭是所有社会组织中反映社会生活变化最敏感、最迅速的单元。"所以，随着生活方式和价值观念的变化，人们对婚姻应具有充分的认识和思想准备，以增强应变能力。因此，笔者建议，在婚姻历程的不同阶段，都应对全社会成员予以婚姻教育，既包括婚前的择偶教育、恋爱教育、性教育，也包括婚姻经营教育。从事婚姻教育的机构既包括学校和社会的，也包括家庭和父母。婚姻教育，主要是进行阶段性婚姻心理教育，即不仅要对婚姻出现问题的家庭和个人，而且要对所有人群，给予阶段性和层次性的教育、引导和干预。目前社会上提供的服务如热线电话、个案面询、团体及家庭治疗等，面对的主要是已经出现婚姻问题的家庭或个人，而积极预防婚姻出现问题的专业化婚姻机构和相应教措施却期待出现。而且随着社会发展和变化，婚姻还会面临着许多问题，如何使其既能发挥作用，又能在最大程度上降低负面效应，都需要各方面的努力。只有在包括家庭在内的多部门、多机构的共同干预下，才能让处于婚姻不同阶段的人们接受相应的婚姻教育，才能使人们在不同的历史时期和不同婚姻阶段的人们及时做出调整，才能够促进婚姻家庭的和谐。因此，培养和训练婚姻能力是时代向每一对夫妻提出的新课题，尤其是像我们这样一个既崇尚"白头偕老"又倚重家庭和社会为本位的国家来说，更需如此。

3. 树立全社会的性别平等意识

在探讨婚姻文化嬗变的过程中，笔者发现从择偶到结婚再到离婚，存在着种种性别不平等因素。在择偶过程中，无论是在群体范围内部择偶还是在群体之间择偶，多数女性遵循的是"上行路线"，即"男高女低"模式，不仅男性认为如此，而且女性也认为理所应当。也就是说，全社会形成一种"社会刻板印象"，即认为这种模式合乎道德规范，而且在择偶标准的层次上来说，多数女性还未摆脱对物质的需求，但一部分男性考虑的是非物质需求，如合得来、年轻美貌等，说明男女在择偶方面存在着质上的差别。再以婚后建立家庭为例，女性虽然取得与男性平等的地位，但是在家庭这个最为基本的社会单元内，女性承担的家务远远多于男性。有人认为女性的天性如此，心细、考虑的事情较多。其实这种现象的背后有着深层的社会原因，既有传统伦理道德的影响，又有社会赋予女性的权利远远低于男性的因素在内，同时还包含着人们的社会教育理念和性别差异。所以，促使政策制定者、执行者以及全社会成员树立社会性别平等意识是非常必要的。只有在承认生理差别的原则下，两性平等地进行社会活动，婚姻才会更加和谐。

当然，民众并不是消极地迎合国家制度对个人生活的有关规定。以新中国成立初期的婚礼为例，人们在简化婚礼程序的同时，积极与国家意识形态紧密结合，如邀请党团干部作为国家组织的各级代表参加并主持婚礼，向领袖像鞠躬代替了传统的对祖先和神灵的祭拜，以唱革命歌曲代替传统的闹洞房，等等，说明人们对社会主流意识形态采取了一种积极的回应态度，在政策与对策之间选择了一条既适合自身又不违背国家法律的对应策略。

笔者认为强有力的制度的推行可加快文化变迁的速度、推进文化变迁的广度和深度。强有力的制度不等同于强权，它与国家的行政建制、国家政权对民众的控制力度、实施计划、实施步骤、民心的倾向、民众的接受程度、认同程度、应对措施等密切相关。强有力的制度的推行容易导致规范性文化的生成，即国家政权通过强有力的制度使得绝大多数人在较短的时间内对某些理念达成共识，形成认同。但这种文化对人类的发展是一把双刃剑，正如新中国“十七年”间婚姻文化的变迁一样，党和政府的能动干预和引导以及国家政策法律的制定是新中国婚姻文化演变的决定因素，国家政权通过强有力的制度的推行，使得《婚姻法》迅速为民众所接受。一夫一妻的推行与倡导，使个人脱离了家庭、家族的束缚，有了更为自由的婚姻，拥有了更多的精神和情感体验。这对“人”的发展而言，不能不说是一个进步。又如，在实施《婚姻法》过程中，更多的女性走出家庭，走向社会，她们自发地用学到的新标准来审视自己的婚姻，并力争摆脱封建婚姻枷锁的羁绊，这解放了占人口近一半女性的生产力，进而对社会的发展起不可低估的作用。然而，如前所述，规范性社会文化也存在着很多弊端。社会还在不断变迁和发展，物质生活、文化生活以及人们的精神与情感都在不断变化。在人类生命流动过程中，良好的制度可以改善人们的物质生活和文化生活，促进人类社会的文明进步。而人类社会的文明进步又可以推进制度的改革。鉴于社会文化具有“滞后性”[①] 的特点，特别是我国这样一个在某些方面还具有“后发展外生

① “文化滞后”也叫“文化堕距”或“文化落后”。美国社会学家 W. F. 奥格本首先使用这一概念，用于指称物质文化和非物质文化在社会变迁速度上所发生的时差。该理论认为，有相互依赖的各部分所组成的文化在发生变迁时，各部分变迁的速度是不一致的，有的部分变化快，有的部分变化慢，结果就会造成各部分之间的不平衡、差距、错位，由此产生问题。该理论认为，一般来说，物质文化的变迁速度快于非物质文化，两者不同步，于是就产生差

型"[①]特点的国家来说，文化的发展更需要制度的强有力的推动和支持。在这个过程中，社会制度与社会文化之间应当寻找一个适当度，尽可能地掌握、协调各个方面存在的问题，社会才能更为健康和谐地向前发展。

距。就非物质文化的变迁来看，它的各构成部分的变化速度也不一致，一般来说总是制度首先变迁或变迁速度较快，其次是风俗、民德变迁，最后才是价值观念的变迁。

① "后发展外生型"是相对西方发达国家所走过的"先发内生型"而言的。由于世界历史发展的不平衡性，先后出现了两种具有代表性的、性质不同的现代化发展道路，"先发内生型"现代化进程，萌芽于文艺复兴时期，肇始于工业革命，成就于"二战"以后，其现代化动力主要来自于内生的技术、经济和文化因素。而"后发外生型"现代化进程，萌芽于西方列强的殖民扩张，肇始于民族独立运动，成长于"冷战"时期，其现代化动力首先来自于外生的先发现代化国家所施加的影响和压力，甚至直接来自于西方列强的坚船利炮和殖民统治，其次来自于政府权威的推动和文化转型的内驱力。两者所走的道路完全不同，这也决定了发达国家与发展中国家对文化的理解也不尽相同。

参考文献

一　文集

康有为：《大同书》，中华书局，1956。

《康有为全集》，上海古籍出版社，1987。

《马克思恩格斯选集》第4卷，人民出版社，1972。

《马克思恩格斯全集》第46卷上册，人民出版社，1979。

《毛泽东农村调查文集》，人民出版社，1982。

《谭嗣同全集》（增订本）下册，中华书局，1981。

《严复集》第2册，中华书局，1986。

杨立新主编《大清民律草案·民国民律草案》，吉林人民出版社，2002。

中华全国妇女联合会编《中国妇女运动史》，春秋出版社，1989。

二　档案、方志

北京市档案馆相关档案、朝阳区档案馆相关档案、崇文区档案馆相关档案（现藏于东城区档案馆）、东城区档案馆相关档案、丰台区档案馆相关档案、海淀区档案馆相关档案、门头沟区档案馆相关档案、石景山区档案馆相关档案、西城区档案馆相关档案、宣武区档案馆相关档案（现藏于西城区档案馆）

北京市地方志编纂委员会：《北京志·综合卷·人口志》，北京出版社，2004。

三　报纸、杂志

报纸：《北京日报》（1952.10.1～1966.5.16）、《人民日报》（1949.1.31～

1966.5.16)、《中国青年报》(1951.4.27～1966.5.16)、《清议报》(1901)、《天义报》(1907)。

杂志:《北京工人》(1950.5～1966.5)、《北京妇女》(1949.11～1952.4)、《新华月报》(1953.3)、《中国妇女》(1949.7～1966.5)、《人民画报》(1953)。

四 口述史料

梁景和主编《中国现当代社会文化访谈录》第一辑，首都师范大学出版社，2010。

梁景和主编《中国现当代社会文化访谈录》第二辑，首都师范大学出版社，2011。

梁景和主编《中国现当代社会文化访谈录》第三辑，首都师范大学出版社，2013。

五 论著

1. 国内论著

白国琴编著《百年中国社会图谱，从旧婚丧嫁娶到新礼仪风俗》，四川人民出版社，2003。

《蔡畅、邓颖超、康克清妇女解放问题文选》，人民出版社，1988。

陈东原:《中国妇女生活史》，上海书店出版社，1984。

陈鹏:《中国婚姻史稿》，中华书局，2005。

曹诗权:《婚姻家庭继承法学》，中国法制出版社，1999。

陈友华:《中国和欧盟婚姻市场透视》，南京大学出版社，2004。

定宜庄:《满族妇女生活与婚姻制度》，北京大学出版社，1999。

费孝通:《江村经济:中国农民的生活》，戴可景译，商务印书馆，2001。

房绍坤、范李瑛、张洪波编著《婚姻家庭与继承法》，中国人民大学出版社，2007。

国家统计局社会统计司编《中国劳动工资料 1949～1985》，中国统计出版社，1987。

郭于华主编《仪式与社会变迁》，社会科学文献出版社，2000。

高洪兴：《黄石民俗学论集》，上海文艺出版社，1999。

顾鉴堂、顾鸣堂：《中国历代婚姻与家庭》，商务印书馆，1996。

黄传会：《天下婚姻：共和国三部婚姻法纪事》，文汇出版社，2004。

河南省民主妇女联合会宣传部编《如何正确对待恋爱、婚姻和家庭问题》，河南人民出版社，1955。

何勤华、殷萧虎：《中华人民共和国民法史》，复旦大学出版社，1999。

韩延龙、常兆儒：《中国新民主主义革命时期根据地法制文献选编》，中国社会科学出版社，1984。

吉国秀：《婚姻仪礼变迁与社会网络重建》，中国社会科学出版社，2005。

金受申：《金受申讲北京》，北京出版社，2005。

刘宝驹：《社会变迁中的家庭——当代中国城市家庭研究》，巴蜀书社，2006。

刘创楚、杨庆堃：《中国社会：从不变到巨变》，香港中文大学出版社，1989、2001。

梁景和：《近代中国陋俗文化嬗变研究》，首都师范大学出版社，2009。

梁景和：《五四时期社会文化嬗变研究》，人民出版社，2010。

梁景和主编《社会生活探索》第一辑，首都师范大学出版社，2009。

梁景和主编《社会生活探索》第二辑，首都师范大学出版社，2010。

梁景和主编《社会生活探索》第三辑，首都师范大学出版社，2012。

梁景和主编《社会生活探索》第四辑，首都师范大学出版社，2013。

梁景和主编《婚姻·家庭·性别研究》第一辑，社会科学文献出版社，2012。

梁景和主编《婚姻·家庭·性别研究》第二辑，社会科学文献出版社，2012。

梁景和主编《婚姻·家庭·性别研究》第三辑，社会科学文献出版社，2013。

梁景和主编《社会·文化与历史的思想交汇》第一辑，社会科学文献出版社，2011。

梁景和主编《社会·文化与历史的思想交汇》第二辑，社会科学文献出版社，2013。

梁启超：《变法通议·论女学》，华夏出版社，2002。

林语堂：《京华烟云》（上），作家出版社，1995。

李立志：《变迁与重建——1949～1956年的中国社会》，江西人民出版社，2002。

李砌南：《当代北京婚恋史话》，当代中国出版社，2009。

李秀华：《婚姻家庭妇女法律地位实证研究》，知识产权出版社，2004。

李煜、徐安琪：《婚姻市场中的青年择偶》，上海社会科学院出版社，2004。

刘文明、刘宇编著《性生活与社会规范：社会变迁与多元文化视野中的性》，武汉大学出版社，2006。

马起：《中国革命与婚姻家庭》，辽宁人民出版社，1959。

马守良主编《大转折时期的社会心态》，浙江人民出版社，1996。

孟韶华等：《中国婚姻与婚姻管理史》，中国社会出版社，1992。

潘允康主编《中国城市婚姻与家庭》，山东人民出版社，1987。

彭国亮主编《民生记忆六十年》，湖南人民出版社，2009。

苏冰、魏林：《中国婚姻史》，台北，文津出版社，1994。

沈崇麟、杨善华主编《世纪之交的城乡家庭》，中国社会科学出版社，1999。

沙莲香：《社会学家的沉思：中国社会文化心理》，中国社会出版社，1998。

孙淑敏：《农民的择偶形态——对西北赵村的实证研究》，社会科学文献出版社，2005。

孙晓：《中国婚姻小史》，光明日报出版社，1988。

陶毅、明欣：《中国婚姻家庭制度史》，东方出版社，1994。

杨东平：《城市季风：北京和上海的文化精神》（修订本），新星出版社，2006。

杨继绳：《中国当代社会阶层分析》（最新修订本），甘肃人民出版社，2006。

阎云祥：《礼物的流动：一个中国村庄的互惠原则与社会网络》，李放春等译，上海人民出版社，2000。

阎云翔：《私人生活的变革：一个中国村庄里的爱情、家庭与亲密关系：1949～1999》，上海书店出版社，2006。

阎云翔：《中国社会的个体化》，上海译文出版社，2012。

巫昌祯：《婚姻家庭法新论》，中国政法大学出版社，2002。

巫昌祯：《我与婚姻法》，法律出版社，2001。

吴德清：《当代中国离婚现状及发展趋势》，文物出版社，1999。

巫昌祯、夏吟兰：《婚姻法执行状况调查》，中央文献出版社，2004。

王歌雅：《中国婚姻伦理嬗变研究》，中国社会科学出版社，2008。

《王家福法学研究与法学教学六十周年暨八十寿辰庆贺文集》，法律出版社，2010。

王丽萍主编《婚姻家庭继承法学》，北京大学出版社，2004。

吴诗池、李秀治：《中国人的婚姻观与婚俗》，厦门大学出版社，1993。

王新宇：《民国时期婚姻法近代化研究》，中国法制出版社，2006。

王跃生：《社会变革与婚姻家庭变动：20世纪30～90年代的冀南农村》，三联书店出版社，2006。

肖爱树：《20世纪中国婚姻制度研究》，知识产权出版社，2005。

谢振民编著《中华民国立法史》，中国政法大学出版社，2000。

赵超构：《延安一月》，上海书店，1992。

中国近代史资料丛刊：《戊戌变法》，上海人民出版社，1957。

周建国：《紧缩圈层结构论——一项中国人际关系的结构与功能分析》，上海三联书店，2006。

祝瑞开主编《中国婚姻家庭史》，学林出版社，1999。

张一兵、郎太岩：《中国婚姻发展史》，黑龙江教育出版社，1990。

张希坡：《中国婚姻立法史》，人民出版社，2004。

张志永：《婚姻制度从传统到现代的过渡：1950～1956年河北省婚姻制度改革研究》，中国社会科学出版社，2006。

刘新平：《百年时尚婚姻中国》，中国工人出版社，2002。

（1）国外论著

Alford, William P. , *Realms of Freedom in Modern China*, William C. Kirby ed. , Stanford University Press, 2004.

Croll, Elsabeth Joan, *The Politics of Marriage in Contemporary China*, New York: Cambridge University Press, 1981.

Davis, Deborah and Harrdll, Steven. , *Chinese Families in the Post – Mao Era*, eds. , Berkeley: University of California Press, 1993.

Freedman Maurice. , *The Study of Chinese Society*, California: Stanford Univrsity, Press. 1979.

Leach, E. R., *Rethinking Anthropology*, London School of Economics Monographson Social Anthropology, No. 22, London: The Athlone Press, 1961.

Link, Perry, Madsen, Richard and Pickowicz, Paul G. eds., *Unofficial China*, Boulder: Westview Press, 1989.

Neil J. Diaman, *Revolutionizing the Family: Politics, Love and Divorce in Urban and RuralChina, 1949 - 1968*, University of California Press, 2000.

Wolf, Arthur P. ed., *Religion and Ritual in Chinese Society*, Stanford: Standford University Press, 1974.

Yang, Mayfair Mei - hui, *Gift, Favors, and Banquets: The Art of Social Relationship*, Ithaca: Cornell University Press, 1994.

〔德〕罗梅君:《北京的生育婚姻和丧葬——19世纪至当代的民间文化和上层文化》，王燕生等译，中华书局，2001。

〔法〕安·比尔基埃等:《家庭史》第一卷，袁书仁等译，三联书店，1998。

〔法〕勒庞:《乌合之众：大众心理研究》，冯克利译，中央编译出版社，2005。

〔芬兰〕韦斯特·马克:《人类婚姻简史》，刘小幸、李彬译，商务印书馆1992。

〔美〕巴巴拉·安德森:《北京婚姻、家庭与妇女地位研究》，王树新、张坚译，北京经济学院出版社，1994。

〔美〕克利福、〔德〕格尔茨:《文化的解释》，纳日碧力戈等译，上海人民出版社，1999。

〔美〕尼姆·韦尔斯:《红色中国内幕》，马庆军、万高潮译，华文出版社，1991。

〔美〕史蒂文·达克:《日常关系的社会心理学》，姜学清译，李德明校，上海三联书店，2005。

〔英〕埃德蒙·利奇:《文化与交流》，郭凡等译，上海人民出版社，2000。

〔英〕艾华:《中国的女性与性相——1949年以来的性别话语》，施施译，江苏人民出版社，2008。

〔英〕马雷特:《心理学与民俗学》，张颖凡等译，山东人民出版社，1988。

〔英〕弗里德曼：《中国东南的宗族组织》，刘晓春译，上海人民出版社，2000。

六　论文

1. 期刊论文

崔兰萍：《陕甘宁边区婚姻制度改革探析》，《西北大学学报》（哲学社会科学版）2000年第4期。

蔡华：《婚姻制度是人类生存的绝对必要条件吗？》，《广西民族学院学报》（哲学社会科学版）2003年第1期。

龚义江：《几个传统剧目中的婚姻与爱情问题》，《上海戏剧》1961年第10期。

黄桂琴、张志永：《建国初期婚姻制度改革研究》，《政法论坛》（《中国政法大学学报》）2004年第2期。

贾鉴：《郭小川50年代叙事诗中的革命与恋爱》，《上海大学学报》（社会科学版）2000年第3期。

吉国秀：《文献、田野与自我：关于民俗学研究的方法论的反思——以〈婚姻仪礼变迁与社会网络重建〉为例》，《民俗研究》2005年第3期。

梁景和、王胜：《关于口述史的思考》，《首都师范大学学报》（社会科学版）2007年第5期。

李若建：《大跃进与困难时期的家庭、婚姻与生育研究》，《开放时代》2000年第5期。

李勤友：《休闲体育：人类精神家园的永恒追求》，《南京体育学院学报》2010年第5期

李秀清《新中国婚姻法的成长与苏联模式的影响》，《法律科学》2002年第4期。

刘鹏：《老北京的婚姻风俗》，《北京档案》2008年第11期。

陆子奇：《关于当前婚姻财礼的性质及处理原则的探讨》，《法学》1957年第5期。

马起：《婚姻和家庭在历史上的演变》，《吉林大学社会科学学报》1956年第4期。

孟艳玲：《妇女·信仰·婚姻——从妇女神学角度探讨妇女面临的婚姻挑战》，《金陵神学志》2003年第2期。

〔美〕迈克尔·赫茨费尔德：《人类学：付诸实践的理论》，《国际社会科学杂志》（中文版）1998年第3期。

庆格勒图：《建国初期绥远地区贯彻婚姻法运动》，《内蒙古社会科学》（汉文版），2000年第2期。

秦燕：《陕甘宁边区婚姻法规变动及其启示》，《妇女研究论丛》1994年第4期。

人大一分校婚姻问题调查组（尹石执笔）：《北京工人恋爱、婚姻情况抽样调查简述》，《道德与文明》1983年第1期。

孙宝俊、高海萍：《观念的博弈——对1950～1953年我国婚姻法贯彻活动的历史考察》，《法学与法制建设》2007年第2期。

涂兵兰：《从婚礼仪式用语看中西文化的差异》，《湖南医科大学学报》（社会科学版）2003年第4期。

巫昌祯：《中国婚姻家庭法学四十年》（上、下），《中国政法大学学报》1989年第4、5期。

肖爱树：《建国初期妇女因婚姻问题自杀和被杀现象研究》，《齐鲁学刊》2005年第2期。

姚周辉：《论传统婚礼习俗中的性别歧视》，《云南师范大学学报》（哲学社会科学版）1998年第3期。

徐安琪：《五十年变迁及其原因分析》，《社会学研究》2000年第6期。

徐莉：《试论婚礼服饰的变迁》，《北京城市学院学报》2006年第3期。

郑长兴、上官绪智：《中华苏维埃共和国婚姻法对我国婚姻家庭制度的影响》，《黄河科技大学学报》2009年第3期。

中国第二历史档案馆：《北京民间婚姻礼俗》，《民国档案》1994年第3期。

张蕾：《满汉传统婚礼习俗的研究》，《才智》2010年第11期。

周云富：《略论城乡婚姻礼俗的演变与改革》，《西昌师范高等专科学校学报》2002年第4期。

2. 学位论文

杜晓光：《论“红色经典”中的爱情叙事》，硕士学位论文，东北师范大学历史系，2006。

甘琳琳：《当代中国人的择偶偏好及其影响因素》，硕士学位论文，华中师范大学历史系，2007。

葛世涛：《新婚姻法于建国初期妇女婚姻家庭研究》，硕士学位论文，广西师范大学历史系，2006。

黄东：《中国现代婚姻文化嬗变研究》，硕士学位论文，首都师范大学历史学院，2002。

胡姝昀：《中国传统婚礼中吉祥话的顺应性研究》，山西大学硕士研究生学位论文，2006。

贾大正：《新中国初期北京地区婚姻文化嬗变研究（1946—1966）》，硕士学位论文，首都师范大学历史学院，2009。

李二苓：《婚恋观转变与基层行政》，硕士学位论文，首都师范大学历史学院，2009。

李兴峰：《新中国初期北京地区家庭关系与家庭教育研究（1949—1966）》，硕士学位论文，首都师范大学历史学院，2009。

李亚娟：《建国以来的婚姻法律与婚姻家庭变迁——从1950年婚姻法到2001年婚姻法修正案》，硕士学位论文，西北工业大学历史系，2003。

罗慧林：《论解放区小说的爱情叙事》，硕士学位论文，福建师范大学历史系，2004。

刘芳波：《论农业合作化小说中的婚恋叙事 》，博士学位论文，吉林大学历史系，2009。

王增文：《百花时代．短暂的激情与永久的规则》，硕士学位论文，湖南师范大学历史系，2009。

王宗燕：《50年代小说中的婚恋书写》，硕士学位论文，西南大学历史系，2010。

王歌雅：《中国婚姻伦理嬗变研究》，博士学位论文，黑龙江大学历史系，2006。

文齐贤：《中国传统贞节观的嬗变与当代婚姻道德》，硕士学位论文，中南大学历史系，2009。

姚立迎：《新中国十七年婚姻文化嬗变研究（1949～1966）》，硕士学位论文，首都师范大学历史学院，2007。

姚红梅：《新中国第一部婚姻法若干问题探讨》，硕士论文，中共中央党校，2006。

张丽华：《择偶观与青年婚姻稳定性的关系研究》，硕士学位论文，湖南师范大学历史系，2010。

张翼：《“革命＋恋爱”再解读》，硕士学位论文，郑州大学历史系，2003。

周进：《北京人口与城市变迁》，博士学位论文，中国社会科学院研究生院，2011。

七 传记、日记、纪实文学、回忆录

戴煌：《九死一生——我的“右派”历程》，学林出版社，2000。

窦忠如：《梁思成传》，百花文艺出版社，2007。

谷斯涌：《两代悲歌——陈布雷和他的女儿陈琏》，团结出版社，2006。

黄新原：《真情如歌——五十年代的中国往事》，中国青年出版社，2007。

李敏：《我的父亲毛泽东》，辽宁人民出版社，2000，第271页

李淑贤忆述，王庆祥撰写《我的丈夫溥仪》，东方出版社，1999。

沈美娟：《我的父亲沈醉》，中国文史出版社，2002。

邵绡红：《我的爸爸邵洵美》，上海书店出版社，2005。

阎宇：《我的爸爸阎肃》，团结出版社，2007。

万耀球：《滚爬血腥路——忆我贱民平民人生》，香港，五七出版公司，2009。

郑必俊、陶洁主编《中国女性的过去、现在与未来》，北京大学出版社，2005。

张海惠：《一天又一天——六七十年代北京人生活素描》，中国文史出版社，2007。

赵青：《我和爹爹赵丹》，昆仑出版社，1998。

郑闻慧：《炎黄痴子——回忆我的丈夫黄胄》，中国青年出版社，2001，第41页

赵鑫珊：《我是北大留级生》，江苏文艺出版社，2004。

周一良：《钻石婚杂忆》，三联书店，2002。

八 歌剧、小说、电影

东北戏曲研究院集体编剧《小女婿》，中国戏剧出版社，1959。

《儿女亲事》，《中国经典老电影·流金岁月·珍藏版》，福建省音像出版社，2007。

郭宝昌：《大宅门》，人民文学出版社，2001。

郭小川著，郭晓蕙、郭小林整理《郭小川1957年日记》，河南人民出版社，2000。

罗点点：《红色家族档案——罗瑞卿女儿的点点记忆》，南海出版公司，1999。

《刘巧儿》，《中国经典老电影·流金岁月·珍藏版》，福建省音像出版社，2007。

李文元：《婚事》，中国青年出版社，1964。

李凖：《李双双小传》，人民文学出版社，1977。

《劳工之爱情》，《中国早期经典电影1905—1955》，福建音像出版社

柳青：《创业史》，中国青年出版社，1979。

马烽、西戎：《结婚》，人民文学出版社，1956。

王蒙：《恋爱的季节》，《王蒙文存》，人民文学出版社，2003。

萧也牧：《我们夫妇之间》，时代文艺出版社，2000。

叶童、朗月：《激荡的情史——1949～1999中国的婚恋》，中国文史出版社，1999。

燕秋：《我嫁给了烈士遗孤》，中国电力出版社，2001。

岩岩：《倾听名人之后的讲述》，中国文联出版社，2005。

张策：《无悔追踪》，中国人民公安大学出版社，2007。

赵树理：《赵树理代表作·小二黑结婚》，华夏出版社，2008。

九 网站

《1950年〈婚姻法〉与婚姻家庭法学研究》，http://www.iolaw.org.cn/showarticle.asp?id=2790。

《大清律例》，http://eshuba.com/soft/30676.htm。

洪君彦：《不堪回首：我和章含之离婚前后》，http://www.360doc.com/content/11/0629/21/697426_130442412.shtml。

毛信真：《透视围城——婚姻行为的经济学分析》，http://bbs.cenet.org.cn/html/board92523/topic8342.htm。

《社会决定论》http://baike.baidu.com/view/2549276.htm。

张志永：《1950年代初期中共干部婚姻问题初探》，http://hi.baidu.com/%B4%F3%D1%A9/blog/item/9b19b7cabc25d187c9176891.html。

后　记

本书是在我博士毕业论文的基础上修改完成的。感谢命运的垂青，让我有幸成为梁景和老师的弟子。从中国古代史跨越到中国近现代史，对我而言是一个挑战，然而恩师从不嫌弃我的无知，他给予我足够大的空间和自由，让小小的我在学术天地里任意驰骋。每次和恩师谈话，都能够感受到他精辟独到的学术见解和乐观豁达的心胸。每次谈话结束，我仿佛都经历过一次脱胎换骨。先生对我的鼓励、启发和帮助成为我源源不竭的学习动力。本书距恩师的期望值还有很远，更没有达到他要求的目标："博士学位论文是一个学者治学生涯中的一座高峰，而且很可能是唯一一座高峰。"虽然我已尽了最大的努力，但总觉得有愧于恩师。

感谢魏光奇老师、迟云飞老师和史桂芳老师对我的教导和帮助。记得刚入学时，俊领学长就告诉我："梁景和老师、魏光奇老师和迟云飞老师是我们中国近现代史专业的'三驾马车'。"记得在迟老师的第一堂课上，他曾和我们说："如果有人问起你们的导师是谁？说我们三个当中的任何一个人都可以。"我从中品味出了这个团队的协作精神和三位老师的人格和品德。他们不仅是授业恩师，也是我们生活态度乃至精神追求上的导师。和他们在一起，好多时候我都感受到智慧的启迪和心灵的洗礼。在博士二年级的时候，史桂芳老师来到我们中国近现代史专业，虽然我没有听过史老师的课，但出于性别意识的敏感，让我对这位女性博士生导师崇拜有加。记得在"优秀博士论文培育计划"资助获得者验收工作会上，在我短短几分钟的 PPT 演示后，史老师给我的博士论文提出了宝贵的建议，更是令我敬佩不已。

感谢中国社会科学院的李长莉老师、中央民族大学的徐永志老师，他们为我写作本书提出了宝贵的建议。

首都师范大学历史学院和研究生院想尽办法为我们搞科研提供了各种机会和资助，感谢于展、赵山花、刘屹、刘城等诸位老师。

首都师范大学中国女性文化研究中心的王红旗老师是我的老乡，我刚入学时，王老师得知我是山西人而且是从老区考来北京时，非常激动和高兴。长期从事性别研究的她知道一位女性从一个偏远的山区走出来是多么不易。她还以女娲的后裔来鼓励我。和善豁达的王老师总给我一种如沐春风的感觉。

硕士导师白文固老师一直关注着我的成长，每次电话里白老师都要问寒问暖，关怀备至。

感谢首都师范大学社科处黄胤英老师和芦苇老师，年龄相仿的我们在相处中结下了浓浓的情谊。

感谢李俊领、王胜、刘荣臻、王宇英、黄巍、隋子辉、潘鸣、姜红、张弛、李志成、宋雪春、董大学、谭君、孙卫、沈钰、王唯、郑丽霞、汤诗艺、孟丽媛、刘玲、廖喜辰、王铮、杨鸿蛟、张静、赵文慧、彭海涛、邱志成、杨宏伟、陈朝阳、陈向阳、邢科等同学，在读书生活中，同级、同门、同窗之间互进、互助，任何时候回想起这个温暖的集体始终是那么留恋，那么值得回味。

2011年，我还有幸到古老悠久的维也纳大学汉学系学习。感谢维也纳大学副校长、汉学系主任魏格林（Susanne Weigelin - Schwiedrzik）教授给予我的帮助，这位果断、干练、办事效率极高的女教授给我留下了非常深刻的印象。李雅瑞（A. Lipinsky）教授是我在维也纳大学期间接触最多的一位老师，她对中国的妇女、婚姻和法律问题都有研究。谈话中，我们共同的话题很多，谈起来非常愉快。她富有好奇心，遇到“新鲜的事情”会邀请我一起去参加。文浩（Felix Wemheuer）教授是一位年轻的中国女婿，中国文化已经积淀在他的内心深处，我们一起探讨如何进行访谈，他还邀请我为学生做了一场关于新中国“十七年”间北京市婚姻问题的报告。汉学系里的其他老师也积极地给我提供了各种帮助。感谢他们让我在异国他乡的日子里感到了温暖。

从奥地利回国不久，我又到香港中文大学参加第八届当代中国问题国际研讨班。来自世界各地40多位博士生互相交流，不同学科之间的摩擦和碰撞时不时会激起我的学术灵感，感谢这个高水准、高质量的研讨会。同时，也向香港中文大学中国研究服务中心的王韶光主任、高琦博士、陈婉萍女士及其他老师致以谢意。

在我的求学生涯中，我特别感谢我的忘年之交段存章老师和曹艳芳老师。段老师是我的同乡，靠自学成才，是人民日报社唯一一位没有文凭的高级记者。在我很小的时候，他就是我的榜样，正是这种崇拜感让我走进省城，走进京城。无论是在山西老家还是在遥远的青海，在我求学的道路上都会有段老师全家人的问候。记得只身一人来北京参加博士生入学考试时，段老师专门为我写了一首小诗，他在电话那端念给我听的时候，电话这边的我早已是泣不成声。他们给予我亲人般的关怀渗透到点点滴滴的生活细节当中，这种恩情令我永生难忘。

父母是我求学生涯中最大的支持者和坚强后盾。当和我一起长大的伙伴早已是为人妻、为人母的时候，30 多岁的我还能无忧无虑、安安静静地在校园里读书，这实实在在是一种幸福。父母之爱，亘古绵长。叔叔、婶婶、舅舅侯建华，以及妹妹、弟弟一直关心着我，我每到一个地方求学，他们都全方位地、慎重地替我考虑，并给予建议和帮助。

感谢北京市档案馆、北京市各城区档案馆、国家图书馆和首都师范大学图书馆为我提供的有价值的资料和耐心周到的服务。感谢周海南、张新占等老师。感谢我的受访者，让我了解到那个时代，他们是本书的直接参与者。

衷心地祝福各位老师、同学、朋友和亲人健康、愉快、幸福！

李慧波

2013 年 7 月 20 日

图书在版编目(CIP)数据

北京市婚姻文化嬗变研究：1949～1966 / 李慧波著. —北京：社会科学文献出版社，2014.8
(中国近现代社会文化史论丛)
ISBN 978-7-5097-6159-5

Ⅰ.①北… Ⅱ.①李… Ⅲ.①婚姻-文化研究-中国-1949～1966 Ⅳ.①D669.1

中国版本图书馆 CIP 数据核字（2014）第 126398 号

·中国近现代社会文化史论丛·
北京市婚姻文化嬗变研究（1949～1966）

著　　者 / 李慧波

出 版 人 / 谢寿光
出 版 者 / 社会科学文献出版社
地　　址 / 北京市西城区北三环中路甲 29 号院 3 号楼华龙大厦
邮政编码 / 100029

责任部门 / 人文分社（010）59367156
责任编辑 / 吴　超
电子信箱 / renwen@ ssap. cn
责任校对 / 王绍颖
项目统筹 / 宋月华　吴　超
责任印制 / 岳　阳
经　　销 / 社会科学文献出版社市场营销中心（010）59367081　59367089
读者服务 / 读者服务中心（010）59367028

印　　装 / 三河市尚艺印装有限公司
开　　本 / 787mm×1092mm　1/16
印　　张 / 27
版　　次 / 2014 年 8 月第 1 版
字　　数 / 469 千字
印　　次 / 2014 年 8 月第 1 次印刷
书　　号 / ISBN 978-7-5097-6159-5
定　　价 / 99.00 元